# Autoridade Nacional de Proteção de Dados e a Efetividade da Lei Geral de Proteção de Dados

# Autoridade Nacional de Proteção de Dados e a Efetividade da Lei Geral de Proteção de Dados

De acordo com a Lei Geral de Proteção de Dados (Lei n. 13.709/2018 e as alterações da Lei n. 13.853/2019), o Marco Civil da Internet (Lei n. 12.965/2014) e as sugestões de alteração do CDC (PL 3.514/2015)

2020

Cíntia Rosa Pereira de Lima

ALMEDINA

**AUTORIDADE NACIONAL DE PROTEÇÃO DE DADOS
E A EFETIVIDADE DA LEI GERAL DE PROTEÇÃO DE DADOS**
DE ACORDO COM A LEI GERAL DE PROTEÇÃO DE DADOS (LEI N. 13.709/2018
E AS ALTERAÇÕES DA LEI N. 13.853/2019), O MARCO CIVIL DA INTERNET
(LEI N. 12.965/2014) E AS SUGESTÕES DE ALTERAÇÃO DO CDC (PL 3.514/2015)
© Almedina, 2020
AUTOR: Cíntia Rosa Pereira de Lima
DIAGRAMAÇÃO: Almedina
DESIGN DE CAPA: FBA
ISBN: 9788584936380

Dados Internacionais de Catalogação na Publicação (CIP)
(Câmara Brasileira do Livro, SP, Brasil)

Lima, Cíntia Rosa Pereira de
 Autoridade nacional de proteção de dados e a
efetividade da Lei Geral de Proteção de Dados : de
acordo com a Lei Geral de Proteção de Dados (Lei
n. 13.709/2018 e as alterações da Lei n. 13.853/2019), o
Marco Civil da Internet (Lei n. 12.965/2014) e as
sugestões de alteração do CDC (PL 3.514/2015) /
Cíntia Rosa Pereira de Lima. - São Paulo : Almedina,
2020.

Bibliografia.
ISBN 978-85-8493-638-0

1. Direito à privacidade 2. Direito à privacidade - Brasil
3. Proteção de dados - Leis e legislação I. Título.

20-34268                                                                             CDU-342.721

Índices para catálogo sistemático:

1. Proteção de dados pessoais : Direito 342.721

Cibele Maria Dias - Bibliotecária - CRB-8/942

Este livro segue as regras do novo Acordo Ortográfico da Língua Portuguesa (1990).

Todos os direitos reservados. Nenhuma parte deste livro, protegido por copyright, pode ser reproduzida, armazenada ou transmitida de alguma forma ou por algum meio, seja eletrônico ou mecânico, inclusive fotocópia, gravação ou qualquer sistema de armazenagem de informações, sem a permissão expressa e por escrito da editora.

Abril, 2020

EDITORA: Almedina Brasil
Rua José Maria Lisboa, 860, Conj.131 e 132, Jardim Paulista | 01423-001 São Paulo | Brasil
editora@almedina.com.br
www.almedina.com.br

## SOBRE A AUTORA

**Cíntia Rosa Pereira de Lima** é Professora de Direito Civil da Faculdade de Direito da USP Ribeirão Preto – FDRP.

Livre-docente em Direito Civil Existencial e Patrimonial pela Faculdade de Direito da USP Ribeirão Preto – FDRP.

Pós Doutora em Direito Civil na Università degli Studi di Camerino – Itália com fomento FAPESP e CAPES.

Doutora em Direito Civil pela Faculdade de Direito da USP com estágio na Ottawa University – Canadá com bolsa CAPES – PDEE – Doutorado Sanduíche.

Líder e Coordenadora dos Grupos de Pesquisa "Tutela Jurídica dos Dados Pessoais dos Usuários da Internet" e "Observatório do Marco Civil da Internet", cadastrado no Diretório de Grupos de Pesquisa do CNPq.

Associada Titular do IBERC – Instituto Brasileiro de Responsabilidade Civil.

Associada fundadora do IBDCONT – Instituto Brasileiro de Direito Contratual.

Associada fundadora e Presidente do IAPD – Instituto Avançado de Proteção de Dados.

Advogada.

Dedico esta obra aos meus amados pais, *Ely Damasceno de Lima* e *Izaías Pereira de Lima,* que durante toda a minha vida não mediram esforços para me dar as ferramentas que precisei para chegar até aqui. A vocês: minha eterna gratidão e profundo amor!

*"I don't want to live in a world where everything that I say, everything I do, everyone I talk to, every expression of creativity or love or friendship is recorded."*

Edward Snowden (*The Guardian*, 08 de julho de 2013)

## AGRADECIMENTOS

Agradeço a Deus por ter me dado condições para a realização deste trabalho. Foram anos de pesquisa em que me isolei em muitos momentos, mas nunca estava só, pois pude sentir a força divina a todo tempo.

A realização deste trabalho contou com a colaboração de muitas pessoas e instituições, as quais não poderia deixar de agradecer neste momento tão especial. Inicialmente, agradeço meu esposo *Heverton Gustavo Machado de Lima*, companheiro e apoiador de todos os meus sonhos, cujo amor me abastece de energia e força todos os dias.

Igualmente agradeço o apoio e incentivo da minha família, em especial dos meus pais, *Ely Damasceno de Lima* e *Izaías Pereira de Lima*, que tem sido um porto seguro e imprescindível não só para a conclusão desta obra, mas por toda a minha história de vida e trajetória acadêmica.

Também agradeço aos meus irmãos, *Priscila Damasceno de Lima, Izaías Pereira de Lima Júnior, Lucas Damasceno de Lima* e *Tereza Marcelina Ferreira* e cunhados, *Roberta Masunari, Rute Ester Fernandes de Lima* e *Sérgio Redher*. Aos meus maravilhosos sobrinhos: *Laura, Lorenzo, Luís, Aron, Nora, Audrey* e *Isabela*. E aos tios *Kesia Breda Damasceno* e *Ricardo Nogueira Damasceno* e a meu primo *Nicolas Breda Damasceno* que, com certeza, fazem parte desta história e desta obra também.

Fundamental foi a contribuição da *Professora Maria Cristina De Cicco* que, desde dezembro de 2013, tem colaborado para a realização das pesquisas para a elaboração desta obra, a quem agradeço sinceramente.

Igualmente agradeço ao *Professor Titular Newton De Lucca, Professor Titular Nelson Nery Júnior, Professor Associado Gustavo Saad Diniz, Professor Associado Cláudio Luiz Bueno de Godoy* e *Professor Associado Augusto Tavares Rosa*

*Marcacini* pelos apontamentos e pelas sugestões feitas durante o concurso de Livre Docência na Faculdade de Direito de Ribeirão Preto (FDRP/USP) em 2016.

À Editora Almedina e, em especial, à Manuella Santos de Castro, minha gratidão pelo incentivo e apoio a esta obra, sem os quais, não viria a lume.

Aos amigos e parceiros do *Instituto Avançado de Proteção de Dados – IAPD*, o qual tenho a honra de presidir em conjunto com o *Professor Titular Newton De Lucca*, minha gratidão especial por inestimável incentivo, e aos amigos *Professor Adalberto Simão Filho, Professora Cristina Godoy Bernardo de Oliveira, Professor Evandro Eduardo Seron Ruiz, Heverton Gustavo Machado de Lima, Rafael Meira Silva, Tiago Rodrigo Vaz, José Luis Duarte Coelho, Kelvin Peroli, Emanuele Pezati Franco de Moraes, Ana Carolina Benincasa Possi, Ana Beatriz Benincasa Possi* e *Janaína de Sousa Cunha Rodrigues*.

Nesta oportunidade, destaco a colaboração dos meus alunos, em especial *Kelvin Peroli* e *Emanuele Pezati Franco de Moraes*, que auxiliaram na revisão e atualização desta obra. E a todos os integrantes dos grupos de pesquisa *"Tutela jurídica dos dados pessoais na internet"* e *"Observatório do Marco Civil da Internet no Brasil"*. Estendo os agradecimentos aos meus orientandos da pós-graduação da Faculdade de Direito de São Paulo, hoje, mestres e doutor, *Bruno Ricardo Bioni, Caroline Narvaez Leite, Lívia Froner, Wévertton Gabriel Gomes Flumignan, Daphne Noronha, Ricardo Nicotra*, e *Silvano Gomes Flumignan*.

Agradeço à *Faculdade de Direito de Ribeirão Preto (FDRP)* que me acolheu desde janeiro de 2010 quando tomei posse nesta renomada instituição como professora de Direito Civil e passei a desenvolver meus projetos de pesquisa. Agradeço especialmente à *Professora Mônica Herman Salem Caggiano*, digníssima diretora da Faculdade de Direito de Ribeirão Preto (2017-2021), e aos meus amigos: *Professor Alessandro Hirata, Professora Eliana Franco Neme, Professor Gustavo Assed Ferreira, Professora Marta Rodrigues Maffeis* e *Professora Cristina Godoy Bernardo de Oliveira*.

Agradeço ao apoio recebido pelo Departamento de Direito Privado e Processo Civil, na pessoa do *Professor Jair Aparecido Cardoso* (Chefe), e aos demais colegas, professores deste Departamento. Estendo meus sinceros agradecimentos aos demais Professores da FDRP.

Nas bibliotecas da Faculdade de Direito de Ribeirão Preto e da *Università degli Studi di Camerino*, pude encontrar o material necessário para o desenvolvimento desta tese e, não poderia deixar de expressar meus agradecimentos em especial a *Luciana Campetella* da UNICAM e *Tamie* e *Milena* da FDRP. Outrossim, agradeço *os funcionários e alunos da Faculdade de Direito de São Paulo (FADUSP)* e da *Faculdade de Direito de Ribeirão Preto (FDRP/USP)*.

Da parte da *Coordenação de Aperfeiçoamento do Ensino Superior – CAPES*, recebi o fomento para realizar o pós-doutorado na UNICAM, essencial para à dedicação à pesquisa e à elaboração desta tese (proc. n. BEX 6189/14-8).

Aos caríssimos colegas do *IBERC – Instituto Brasileiro de Responsabilidade Civil*, do qual sou membro associado e do *IBDCONT – Instituto Brasileiro de Direito Contratual*, do qual sou membro fundador.

Agradeço a você leitor, para quem espero contribuir a desvendar alguns pontos problemáticos sobre o sistema de proteção de dados pessoais, em especial a atuação da Autoridade Nacional de Proteção de Dados (ANPD). Além de tantos outros que contribuíram, cada um a seu modo, para a concretização desta obra durante estes longos anos, o que impossibilita a identificação individual. *A todos vocês: minha gratidão!*

## NOTA DA AUTORA

Esta tese foi elaborada a partir do fomento da Coordenação de Aperfeiçoamento do Ensino Superior (CAPES), com o auxílio Pós-Doutorado na *Scuola di Giurisprudenza* da *Università degli Studi di Camerino* – UNICAM, mediante o convite da Professora Maria Cristina De Cicco (proc. n. BEX 6189/14-8).

Esta tese, embora tenha sido financiada pela CAPES, reflete os pensamentos e as convicções da autora que assume total responsabilidade, não podendo ser atribuídos a agência de fomento.

O resultado foi a tese de livre-docência, intitulada *"A imprescindibilidade de uma entidade de garantia para a efetiva proteção dos dados pessoais no cenário futuro do Brasil"*, defendida em maio de 2016 na Faculdade de Direito de Ribeirão Preto da Universidade de São Paulo (FDRP/USP).

## APRESENTAÇÃO

No ano de 2014, a autora, Cíntia Rosa Pereira de Lima, iniciou seu pós-doutorado (FAPESP) na *Università degli Studi di Camerino*, ocasião em que desenvolveu uma pesquisa sobre o polêmico direito ao esquecimento. A colaboração iniciada em 2014 vai além o âmbito estritamente científico e já resultou em outros frutos como o Duplo Diploma na graduação entre a Faculdade de Direito de Ribeirão Preto e a *Scuola di Giurisprudenza* da *Università degli Studi di Camerino*.

Ao realizar a pesquisa sobre direito ao esquecimento, a autora pôde constatar a importante atuação das Autoridades Nacionais de Proteção de Dados Pessoais em diversos países na Europa nos diversos casos envolvendo o *diritto all'oblio*. Assim, a autora retornou a Camerino para o segundo pós-doutorado (CAPES), em 2015, quando estudou a atuação das denominadas *Data Protection Authorities*.

Realmente, este foi um dos grandes impasses da Lei Geral de Proteção de Dados brasileira (LGPD), pois nas diversas versões dos projetos de lei sobre o tema, este órgão ora aparecia, ora era suprimido. Enfim, a LGPD foi aprovada com o veto de todos os artigos que faziam referência à Autoridade Nacional de Proteção de Dados (ANPD), reinserida na LGPD pela Medida Provisória n. 869, de 27 de dezembro de 2018 convertida na Lei n. 13.853, de 08 de julho de 2019.

Ainda sendo um tema totalmente novo no Brasil, pois o órgão não foi materialmente criado na medida em que seus membros ainda não foram designados, a autora realiza uma análise a partir do modelo preconizado na Convenção de Estrasburgo n. 108 de 1981, sobre a proteção das pessoas em relação ao tratamento automatizado de dados pessoais, para demonstrar que a ANPD desempenhará um papel de suma importância para o *enforcement* da LGPD.

Portanto, com base na atuação da *Autorità Garante per la protezione dei dati personali* italiana, bem como do que dispõe o Regulamento Geral sobre

Proteção de Dados (GDPR), a obra revela uma cuidadosa análise de como a ANPD deverá desempenhar suas diversas atribuições elencadas no art. 55-J da LGPD. De sorte que a autora permeia toda a principiologia, os direitos dos titulares e as obrigações dos agentes de tratamento enfatizando a atuação do que se espera da ANPD.

Esta obra oferece subsídios aos estudantes, profissionais que atuam em proteção de dados, bem como à toda sociedade brasileira, para a compreensão do atributo, das missões e das competências da ANPD. Assim, a autora conclui que o Brasil está adequado ao padrão europeu de proteção de dados pessoais, mas que apenas o tempo e a atuação necessariamente independente deste órgão poderão confirmar.

Os desafios são muitos, tais como a estrutura transitória da ANPD como órgão da administração pública direta, integrante da Presidência da República (art. 55-A), o que poderá ser revisto em até 2 anos. O debate quanto à estrutura da ANPD diz respeito a mantê-la como está ou alterar para um órgão da administração pública indireta em regime de autarquia como as demais agências reguladoras. A obra destaca que as competências da ANPD estão muito próximas às agências reguladoras, tais como poder regulamentar, poder fiscalizatório e poder sancionatório, sendo esta a forma mais adequada para estes órgãos haja vista a experiência europeia, amplamente demonstrada neste livro. Todavia, para se atingir tal objetivo é necessário e indispensável prever e salvaguardar a sua independência máxima, e evitar de esvaziar, na raiz, a sua função. A independência de uma Agência reguladora é fundamental para o exercício independente de suas funções, como sempre evidenciado pela doutrina italiana, que alerta para o risco de considerá-la como uma «mera expressão tautológica».

Certamente esta obra passará a integrar a sólida doutrina brasileira sobre proteção de dados pessoais que vem sendo construída desde a década de 1990, porém de maneira muito tímida. A obra é resultado de anos de pesquisa, revisada e atualizada conforme o GDPR, da qual pude colaborar nas pesquisas de pós-doutorado da autora.

Camerino, 28 de janeiro de 2020.

Maria Cristina de Cicco
*Professora associada de Direito Privado da Faculdade de Direito da Universidade de Camerino (Itália)*

# PREFÁCIO

***Quis custodiet ipsos custodes?***

Sempre que sou convidado a escrever algum prefácio – ou quando resolvo eu mesmo prefaciar algum dos meus livros, como ocorreu, recentemente, com o meu derradeiro livrinho de poemas,[1] vem-me à mente uma passagem, extremamente curiosa, de Fernando Pessoa, citada pela Profª Teresa Rita Lopes, na sua arguta apresentação da obra *Pessoa Inédito*, sob sua coordenação. Diz ela: *"Pensei pôr um prefácio a este livro, mas, como me ocorreu que os prefácios só têm sentido depois de se ler o livro, e depois de se ler o livro se dispensam prefácios, decidi não prefaciar"*...[2]

A despeito de a professora Cíntia Rosa Pereira de Lima dispensar qualquer tipo de apresentação ou de prefácio – bastando lembrar que ela, além de exercer, com proficiência e dedicação deveras invulgares, a jurisdocência há muitos anos, na Faculdade de Direito da Universidade de São Paulo, em Ribeirão Preto, é também autora de diversas obras jurídicas de relevo dadas à estampa anteriormente –, honrou-me ela com o pedido de um prefácio a esta sua obra verdadeiramente seminal a respeito da matéria. E assim, não obstante a pertinência da citação de Fernando Pessoa feita acima, senti-me verdadeiramente instigado a fazê-lo, por mais despiciendo que possa ser considerado.

Fruto de percuciente pesquisa de pós-doutorado da autora, feita na Itália, onde foi investigar a atuação das denominadas Autoridades Nacionais de Proteção de Dados, com especial destaque para a *Autorità Garante della Privacy*, esta obra é a revisão e a atualização da sua tese de livre-docência, intitulada "*A imprescindibilidade de uma entidade de garantia para a efetiva prote-

---

*\*Quem vigia os vigilantes?*
[1] Diluições Serôdias, São Paulo: Quartier Latin, 2018, p. 9.
[2] Cf. *Pessoa Inédito*, Lisboa: Livros Horizonte, 1993, p. 17.

*ção dos dados pessoais no cenário futuro do Brasil*", defendida em maio de 2016, na mencionada Faculdade de Direito da USP de Ribeirão Preto, tendo tido eu a ventura e o privilégio de fazer parte da sua douta banca examinadora, composta por professores de nomeada do cenário jurídico nacional. Com esse minucioso trabalho de revisão e de atualização da referida tese, a professora Cíntia Rosa Pereira de Lima nos fornece uma inequívoca demonstração de que todo trabalho acadêmico deve ser concebido necessariamente *in fieri*, estando em constante e permanente processo de revisão e desenvolvimento.

Em 2015, ainda se discutia no Brasil algumas propostas do que deveria ser uma Lei Geral de Proteção de Dados Pessoais, havendo profundas divergências sobre a necessidade de superar-se ou não o estado de anomia em que nosso país se encontrava[3]. Ademais, diga-se de passagem, nem o chamado Marco Civil da Internet, ou simplesmente MCI, instituído pela Lei nº 12.965, de 23 de abril de 2014, nem a Lei Geral de Proteção de Dados Pessoais – LGPD, vieram a lume, na verdade, por força dos esforços internos voltados a suprir eventuais lacunas jurídicas, como era de se supor. Foram, ao contrário, ocasionados por fatores externos – dois escândalos internacionais, se assim se pode dizer –; o primeiro, decorrente das revelações de Edward Snowden sobre a atividade de espionagem digital encetada pelo governo dos Estados Unidos da América, abrangendo, no caso do Brasil, tanto a Presidência da República, quanto a nossa grande empresa de petróleo, a Petróleo Brasileiro S.A. – Petrobrás; e, o segundo, ocorrido com os usuários do Facebook, envolvendo o tratamento ilícito de seus dados por parte da Cambridge Analytica.

Seja como for, há um conhecido ditado popular que diz: "*Antes tarde do que nunca...*" Assim, ainda que um tanto serodiamente, no que diz respeito à LGPD, o fato é que hoje temos uma lei de proteção de dados no Brasil, ainda que ela não esteja em vigor, dado que estamos no longo período de *vacatio legis*, que deverá estender-se até agosto do corrente ano de 2020.[4]

---

[3] Seja-me permitido, a propósito, mencionar recente artigo sobre o tema, in: DE LUCCA, Newton; DEZEM, Renata Mota Maciel. A Lei n. 13.709, de 14 de agosto de 2018: a disciplina jurídica que faltava. In: DE LUCCA, Newton; SIMÃO FILHO, Adalberto; LIMA, Cíntia Rosa Pereira de; MACIEL, Renata Mota (Coords.). Direito & Internet IV: Sistema de Proteção de dados Pessoais. São Paulo: Quartier Latin, 2019, pp. 21/50.

[4] Destaque-se que, por ocasião da aprovação da Lei n. 13.709, de 14 de agosto de 2018 (LGPD), no Congresso Nacional, existiam cerca de dez projetos de lei sobre o tema, a saber:

Alguns desses projetos de lei mencionavam o "órgão competente" e a "Autoridade Nacional de Proteção de Dados – ANPD"; outros, não previam sua criação. De fato, somado ao *lobby* de alguns *players* contrários à sistematização da proteção de dados no Brasil, existiam condições socioeconômicas e políticas do País, desfavoráveis ao aumento de despesas que a criação da ANPD envolveria.

Todavia, a vantagem de se adotar um órgão independente para fiscalizar e regulamentar a LGPD supera em muito os possíveis inconvenientes. Neste sentido, a autora demonstra, neste livro, a relevante atuação da ANPD, cujas missões são fundamentais ao *enforcement* do sistema brasileiro de proteção de dados pessoais.

A obra está estruturada em duas partes: a primeira, "*Proteção dos Dados Pessoais e Tutela da Privacidade na Sociedade Informacional*" e a segunda, "*O Papel das Autoridades Nacionais de Proteção de Dados Pessoais*".

A necessidade de se regular o tratamento de dados pessoais ficou evidenciada no capítulo 1, no qual a autora destaca o fenômeno da "monetização dos dados pessoais". Esse fenômeno é marcante no contexto da economia informacional, caracterizada pela autora como global, "porque a produção, a distribuição e o consumo são organizados em nível global e com a interligação entre vários agentes da economia; e interconectada ("*networked*", na expressão de Manuel Castells[5]), porque as novas condições socioeconômicas impõem a interconexão em redes entre as empresas, quanto mais sólida for tal *network*, mais competitiva a produção destes agentes econômicos será."

Sobre esse ponto, a autora conclui que, qualquer que seja o sistema de proteção de dados, não pode ele ser idealizado e concebido como se fosse um entrave ao desenvolvimento econômico; ao contrário, consoante o art. 170 da CF/88, deve-se harmonizar os interesses conflitantes, como proteção de dados pessoais e o desenvolvimento econômico. Nesse sentido, as novas tecnologias, como *Big Data, Blockchain, Cloud Computing,* Internet das

---

1) o Projeto de Lei n. 4.060, de 2012; 2) o Projeto de Lei do Senado nº 330, de 2013; 3) o Projeto de Lei do Senado nº 131, de 2014; 4) o Projeto de Lei nº 7.881, de 2014; 5) o Projeto de Lei nº 1.589, de 2015; 6) o Projeto de Lei nº 1.676, de 2015; 7) o Projeto de Lei nº 2.712, de 2015; 8) o Projeto de Lei n. 6.291, de 2016; 9) o Projeto de Lei nº 5.276, de 2016, e 10) o Projeto de Lei nº 8.443, de 2017.

[5] *The information age: economy, society and culture.* Vol. I: *The rise of the network society.* Malden (MA): Blackwell Publishers, 2000.

Coisas e Inteligência Artificial, devem se alinhar aos princípios, direitos dos titulares dos dados e deveres dos agentes de tratamento de dados estabelecidos na LGPD.

No capítulo 2, a autora explica algumas expressões como "sociedade do conhecimento", "sociedade da informação" e "sociedade informacional", em que "*a própria informação é o produto e a prestação dos serviços. A informação é um valor em si mesmo considerado, e não um meio para criar bens e prestar serviços*," nas palavras da autora.

A obra apresenta um panorama geral sobre os principais desafios dos direitos de personalidade na era da sociedade informacional, fazendo distinção entre proteção de dados pessoais e outros direitos afins, como o direito à identidade pessoal, o direito à privacidade, o direito ao nome, entre outros. Não resta dúvida de que o direito à proteção dos dados pessoais é um direito de personalidade autônomo, pois é construído a partir de regras de conduta impostas para o tratamento dos dados, que consiste em operação ou conjunto de operações, automatizadas ou não, que permitem a coleta, o armazenamento, a organização, a consulta, a modificação, a classificação, o cancelamento, a transmissão ou a difusão de dados, bem como outras condutas com estas relacionadas, a depender da evolução tecnológica.

Portanto, não se pode confundir o direito à proteção de dados pessoais com o direito à privacidade, muito embora ambos tenham um ponto em comum que é a proteção do ser humano em seu pleno desenvolvimento. Nesse sentido, destaca-se a evolução cultural e jurídica do termo "privacidade" que foi sintetizada por Stefano Rodotà,[6] com a propriedade de sempre, a saber: 1) do direito de ser deixado só ao direito de manter o controle sobre suas próprias informações; 2) da privacidade ao direito à autodeterminação informativa; 3) da privacidade à não discriminação; 4) do segredo ao controle. Assim, enquanto o direito de privacidade está relacionado ao direito de ser deixado só e ao segredo, o direito à proteção de dados está ligado ao direito de manter o controle de suas informações (autodeterminação informativa) e não discriminação.

Há que se salientar, todavia, que não basta ter uma lei garantindo a proteção de dados pessoais se não for estabelecido, paralelamente a ela, um eficiente sistema de conformidade (*compliance*) que lhe dê suporte. No contexto transfronteiriço, e dados os constantes avanços tecnológicos, o

---

[6] Persona, riservatezza, identità. Prime note sistematiche sulla protezione dei dati personali. In: *Rivista Critica del Diritto Privato*, anno XV, n. 1, março 1997, pp. 583-609. pp. 588-591.

dado pessoal não fica adstrito ao país onde o titular dos dados resida, nem tampouco ao local onde a empresa tenha sua sede; ao contrário, essas informações circulam além dos limites geograficamente definidos. Assim, a Europa, ao estabelecer o critério do juízo de adequação para que informações pessoais de europeus sejam enviadas para empresas localizadas em outro país, que não faça parte da União Europeia, deve comprovar que o país destinatário dos dados tenha um sistema sólido e eficiente de proteção de dados, desencadeando o fenômeno da europeização. Este fenômeno foi analisado a partir de alguns países da União Europeia, como Espanha, França e Itália, e sua influência no sistema de proteção de dados de outros países, *e.g.* Argentina, Brasil, Canadá, Estados Unidos e Uruguai (capítulos 3, 5 e 6).

Portanto, o Brasil estava à margem do capitalismo informacional antes da LGPD e da criação da ANPD; esta, por sua vez, garante a eficiência do sistema de proteção de dados brasileiro. Esta obra destaca o modelo preconizado na Convenção de Estrasburgo (Convenção n. 108), que concluiu que esses órgãos devem ser independentes para desempenhar suas funções com a mais absoluta imparcialidade. Esse modelo foi adotado desde a revogada Diretiva 95/46/CE, e, a partir do GDPR, revelou-se muito mais acentuado, haja vista o aumento das competências atribuídas a esse órgão.

Outrossim, a autora revela como a ANPD brasileira será fundamental para a concretização dos princípios expressamente mencionados no art. 6º da LGPD, bem como para os direitos dos titulares de dados e para as obrigações dos agentes de tratamento de dados (capítulo 4).

As competências e a estrutura da Autoridade Nacional de Proteção de Dados (ANPD) são analisadas em destaque no capítulo 5, conforme o disposto na LGPD, que atribui à ANPD três funções primordiais: 1) regulatória; 2) fiscalizatória e 3) sancionatória.

No derradeiro capítulo, a autora conclui pela imprescindibilidade desse órgão para a eficácia do sistema de proteção de dados brasileiro, indicando alguns desafios a serem suplantados. O primeiro deles diz respeito ao formato da ANPD: atualmente, é um órgão da administração pública direta ligada à Presidência da República; todavia, este formato é transitório, porque o § 1º do art. 55-A, da LGPD, estabelece que o órgão poderá ser transformado pelo Poder Executivo em entidade da administração pública federal, submetida a regime autárquico especial e vinculada à Presidência da República, havendo um prazo de dois anos, de conformidade com o § 2º desse mesmo art. 55-A, para que ocorra essa avaliação sobre o órgão manter o mesmo formato, originalmente estabelecido, ou se será transformado em uma agência reguladora. Este modelo parece ser, a princípio, o mais interessante a ser adotado, tendo em vista a competência desse órgão, muito parecido com o das agências reguladoras.

O segundo é dar os passos iniciais em um contexto em que os recursos financeiros são escassos. Assim, não foi adequada a eliminação da taxa de poder de polícia previsto no texto original, que seria uma taxa proporcional ao rendimento do controlador e do operador, destinada a cobrir as despesas de manutenção desse órgão tão importante.

Por fim, a ANPD deverá articular-se com outras Autoridades Nacionais de Proteção de Dados Pessoais para auxiliar a construção do sistema de proteção de dados brasileiro. Somente assim, o Brasil poderá caminhar rumo ao reconhecimento da adequação da LGPD a outras leis de proteção de dados pessoais.

*Quem vigia os vigilantes?* Esta incógnita fica evidente ao tratar das missões atribuídas à ANPD (regulatória, fiscalizatória e sancionatória), pois deve ser assegurada a independência do órgão, e não somente a autonomia técnica e decisória, para que possa realizar suas tarefas com absoluta imparcialidade. Assim, permito-me concluir esta pálida e singela apresentação, destacando a indubitável utilidade social da presente obra, valendo-me da frase, provavelmente inspirada em Norberto Bobbio,[7] de Yuval Noah Harari:[8] *"Se quisermos evitar a concentração de toda a riqueza e de todo o poder nas mãos de uma pequena elite, a chave é regulamentar a propriedade dos dados."*

São Paulo, 30 de janeiro de 2020.

NEWTON DE LUCCA
*Professor Titular da Faculdade de Direito da Universidade de São Paulo*
*Desembargador Federal Presidente do Tribunal Regional Federal da 3ª Região (biênio 2012/2014)*
*Membro da Academia Paulista de Direito*
*Membro da Academia Paulista de Letras Jurídicas*
*Membro da Academia Paulista dos Magistrados*

---

[7] A pergunta, "Quem controla os controladores", foi formulada por Bobbio, em uma de suas fundamentais obras, intitulada "O Futuro da Democracia", na qual esse grande jurista, político, historiador e filósofo peninsular analisou, com a profundidade de sempre, as promessas absolutamente descumpridas pela democracia real em cotejo com a democracia ideal.
[8] *21 lições para o século 21*. Tradução de Paulo Geiger. 9ª reimp. São Paulo: Companhia das Letras, 2018. p. 107.

# LISTAS DE SIGLAS E ABREVIATURAS

**AEPD** – Agencia Española de Protección de Datos
**ANPD** – Autoridade Nacional (brasileira) de Proteção de Dados e da Privacidade
**APEC** – Asia-Pacific Economic Cooperation
**APL/PD** – Anteprojeto de Lei de Proteção de Dados
**ARPA** – Advanced Research Projects Agency
**ARPANET** – Advanced Research Projects Agency Network
**ADCT** – Ato das Disposições Constitucionais Transitórias
**BGB** – Bürgerliches Gesetzbuch (Código Civil Alemão)
**CADE** – Conselho Administrativo de Defesa Econômica
**Câm.** – Câmara
**Cap(s).** – Capítulo(s)
**c/c** – "Combinado com"
**CC/02** – Código Civil brasileiro de 2002 (Lei n. 10.406, de 10/01/2002)
**CC/16** – Código Civil de 1916 (Lei nº 3.071, de 1º de janeiro de 1916)
**CDC** – Código de Defesa do Consumidor brasileiro (Lei n. 8.078, de 11/09/1990)
**CDC/US** – Centers for Disease Control and Prevention
**CE** – Comunidade Europeia
**CEE** – Comunidade Econômica Europeia
**CEJ** – Corte Europeia de Justiça
**CERN** – Conseil Européen pour la Recherché Nucléaire
**CF/88** – Constituição da República Federativa do Brasil de 05/10/1988
**CGI.br** – Comitê Gestor da internet no Brasil

**CJE** – Centro de Estudos Judiciários – CJE, do Conselho da Justiça Federal
**CONAR** – Conselho Nacional de Autorregulamentação Públicitária
**CNIL** – Commission Nationale de l'Informatique et des Libertés
**CNJ** – Conselho Nacional de Justiça
**CNMP** – Conselho Nacional do Ministério Público
**CONTEL** – Conselho Nacional de Telecomunicações
**COPA** – Children's Online privacy Protection Act
**CPC/1973** – Código de Processo Civil de 1973
**CPC/2015** – Código de Processo Civil, Lei n. 13.105, de 16 de março de 2015
**Des.** – desembargador
**Dir.** – Diretiva
**DNPDP** – Dirección Nacional de Protección de Datos Personales (Argentina)
**EC** – European Commission (tradução livre de Comissão Europeia)
**ECA** – Estatuto da Criança e do Adolescente (Lei n. 8.069, e 13 de julho de 1990)
**Ed.** – Edição
**e. g.** – Exempli gratia
**ePrivacy Directive** – Diretiva 2002/58/CE
**EU** – European Union (vide UE)
**FERPA** – Family Educational Rights and Privacy Act de 1974
**FIPPs** – Fair Information Practice Principles
**FIPs** – Fair Information Practices
**FTC** – Federal Trade Commission
**GDPR** – General Data Protection Regulation (Regulation 2016/679)
**GPEN** – Action Plan for the Global Privacy Enforcement Network
**G.U.** – Gazzetta Ufficiale della Republica italiana
**HIPAA** – Health Information Portability and Accountability Act de 1996
**IaaS** – Infraestructure as a Service

## LISTAS DE SIGLAS E ABREVIATURAS

**ICTs** – Information and Communications Technologies
**i.e.** – Id est
**IMP** – Interface Message Processor
**IP** – Internet Protocol (Protocolo de Internet ou Protocolo de Interconexão)
**IPTO** – Information Processing Techniques Office
**j.** – data do julgamento
**LAI** – Lei de Acesso à Informação (Lei n. 12.527, de 18/11/2011)
**LICRA** – Ligue Contre La Racisme Et L'Antisémitisme
**LINDB** – Lei de Introdução às Normas de Direito Brasileiro (Decreto-Lei n. 4.657/42, com a redação dada pela Lei n. 12.376, de 30 de dezembro de 2010)
**LEPD** – Ley nº 1581 de 2012, Ley Estatutaria de Protección de Datos Personales (Colombia)
**LGPD** – Lei Geral de Proteção de Dados (Lei n. 13.709, de 14 de agosto de 2018 e as alterações trazidas pela Lei n. 13.853, de 08 de julho de 2019)
**LOPD** – Ley Orgánica de Protección de Datos de Carácter Personal, Ley Orgánica n. 15, de 13 de dezembro de 1999.
**LORTAD** – Ley Orgánica de Regulación del Tratamiento Automatizado de Datos de Caráter Personal, Ley Orgánica n. 5, de 29 de outubro de 1992.
**MCI** – Marco Civil da Internet (Lei n. 12.965, de 23/04/2014)
**MIT** – Massachusetts Institute of Technology
**MJ** – Ministério da Justiça
**NIST** – National Institute of Standards and Technology
**NSA** – U.S. National Security Agency
**OCDE** – Organização para a Cooperação e Desenvolvimento Econômico
**OCSE** – Organizzazione per la Cooperazione e lo Sviluppo Economico
**OECD** – Organisation for Economic Co-operation and Development
**Op. cit.** – opus citatum (obra citada)

**PaaS** – Plataform as a Service
**PC** – **Personal computer** (computador pessoal)
**PIPEDA** – Personal Information Protection and Electronic Documents Act ("Lei sobre Proteção da Informação Pessoal e dos Documentos Eletrônicos")
**RE** – Recurso Extraordinário
**Rel.** – Relator
**REsp** – Recurso Especial
**RFID** – Identificação por radiofrenquencia
**SaaS** – Software as a Service
**SENACON** – Secretaria Nacional do Consumidor
**STF** – Supremo Tribunal Federal
**STJ** – Superior Tribunal de Justiça
**T.** – Tomo
**TCP** – Transmission Control Protocol (Protocolo de Controle de Transmissão)
**TJ/SP** – Tribunal de Justiça do Estado de São Paulo
**UCLA** – California University em Los Angeles
**UE** – União Europeia (vide EU)
**UEJF** – Union des Estudiants Juif de France
**URCDP** – Unidad Reguladora y de Control de Datos Personales
**US** – "United States of America" (Estados Unidos da América)
**U.S.C.** – "United States Code" (Código dos Estados Unidos)
**Vol.** – Volume
**WP 29** – Working Party article 29
**www** – World Wide Web

# SUMÁRIO

AGRADECIMENTOS 11

NOTA DA AUTORA 15

APRESENTAÇÃO 17

PREFÁCIO
*Quis custodiet ipsos custodes?* 19

LISTAS DE SIGLAS E ABREVIATURAS 25

INTRODUÇÃO 33

**PARTE I. PROTEÇÃO DOS DADOS PESSOAIS E TUTELA DA PRIVACIDADE NA SOCIEDADE INFORMACIONAL** 45

CAPÍTULO 1. ECONOMIA INFORMACIONAL 47
  1.1 Alguns Desafios da Economia Informacional 58
    1.1.1 *Big Data* e Proteção dos Dados Pessoais 63
    1.1.2 *Cloud Computing* e Proteção dos Dados Pessoais 67

CAPÍTULO 2. DIREITOS DE PERSONALIDADE NA ERA DIGITAL 71
  2.1 Proteção dos Dados Pessoais como um Direito de Personalidade Autônomo 90
    2.1.1 Distinção entre o Direito à Proteção dos Dados Pessoais e Outros Direitos Afins 112
      2.1.1.1 Direito à Proteção dos Dados Pessoais *versus* Direito à Privacidade e à Intimidade 112

2.1.1.2 Direito à Proteção dos Dados Pessoais *versus*
Direito à Identidade Pessoal ................................ 113
2.1.1.3 Direito à Proteção dos Dados Pessoais *versus*
Direito ao Nome ........................................................ 115
2.2 Desafios da Tutela da Privacidade, Vida Privada e Intimidade ... 117
2.3 Desafios da Proteção de Dados Pessoais ............................................. 121

## CAPÍTULO 3. ALGUNS SISTEMAS ESTRANGEIROS RELEVANTES DE PROTEÇÃO DOS DADOS PESSOAIS ... 125

3.1 O Modelo Europeu de Proteção de Dados Pessoais: da Convenção de Estrasburgo às Recentes Reformas do Sistema de Proteção de Dados na União Europeia ... 130
   3.1.1 O Sistema Francês de Proteção de Dados Pessoais ... 142
   3.1.2 O Sistema Espanhol de Proteção de Dados Pessoais ... 147
3.2 O Modelo Canadense de Proteção de Dados Pessoais ... 153
3.3 O Modelo Estadunidense de Proteção de Dados Pessoais e o EU-US *Privacy Shield* ... 158
3.4 O Sistema Argentino de Proteção de Dados Pessoais ... 165

## CAPÍTULO 4. A PROTEÇÃO DE DADOS PESSOAIS NO DIREITO ITALIANO E SUA INFLUÊNCIA NO SISTEMA BRASILEIRO DE PROTEÇÃO DE DADOS PESSOAIS ... 169

4.1 Princípios Específicos para a Proteção de Dados Pessoais e a Relevância da Autoridade Nacional de Proteção de Dados para a sua Concretude ... 192
   4.1.1 Princípio da Finalidade ... 196
   4.1.2 Princípio da Proporcionalidade ou Adequação ... 198
   4.1.3 Princípio da Necessidade ... 199
   4.1.4 Princípio do Livre Acesso ... 200
   4.1.5 Princípio da Qualidade ou Exatidão dos Dados ... 201
   4.1.6 Princípio da Transparência ... 202
   4.1.7 Princípio da Segurança ... 204
   4.1.8 Princípio da Prevenção ... 206
   4.1.9 Princípio da Não Discriminação ... 209
   4.1.10 Princípio da *Accountability* ... 209
4.2 Direitos e Garantias do Titular dos Dados Pssoais e a Relevância da Atuação da Autoridade Nacional de Proteção de Dados ... 210

  4.2.1 Direito à Informação            211
  4.2.2 Direito de Consentir: o Mito do Consentimento  213
  4.2.3 Direito de Acesso             215
  4.2.4 Direito de Retificação, Oposição e Cancelamento  217
4.3 Obrigações dos Agentes de Tratamento de Dados Pessoais 219
  4.3.1 Dever de Notificação ou Avaliação de Impacto sobre a
      Proteção de Dados Pessoais           225
  4.3.2 Códigos de Boas Práticas           227
  4.3.3 Dever de Informar             229
  4.3.4 Dever de Adotar Medidas de Segurança e Dever de Sigilo 232
4.4 Circulação Transfronteiriça de Dados Pessoais e a Necessária
    Uniformização das Regras sobre Proteção de Dados    234
  4.4.1 Jurisdição, Dúvida sobre a Lei Aplicável e Eficácia
      das Normas de Proteção de Dados Pessoais no Contexto
      Transfronteiriço               238
4.5 Formas de Tutela dos Dados Pessoais         244
  4.5.1 Tutela Administrativa            245
  4.5.2 Tutela Jurisdicional             246

## PARTE II. O PAPEL DA AUTORIDADE NACIONAL DE PROTEÇÃO DOS DADOS PESSOAIS     249

## CAPÍTULO 5. A ATUAÇÃO DA *AUTORITÀ GARANTE DELLA PRIVACY E DEI DATI PERSONALI* NA EXPERIÊNCIA ITALIANA E OS POSSÍVEIS CAMINHOS PARA A AUTORIDADE NACIONAL DE PROTEÇÃO DE DADOS PESSOAIS (ANPD)   251

5.1 Missões e Atribuições das Autoridades de Controle   255
  5.1.1 Controle e Fiscalização            258
  5.1.2 Padrões Técnicos que Garantam a Proteção
      dos Dados Pessoais              260
      5.1.2.1 *Privacy by Default* e *Privacy by Design*  260
  5.1.3 Tutela dos Dados Pessoais Mediante Ações Coletivas
      ou Reclamação do Interessado          265
  5.1.4 Iniciativa Legislativa sobre Proteção de Dados Pessoais 267
  5.1.5 Desenvolvimento de Políticas Públicas em Prol da
      Proteção de Dados Pessoais           268

       5.1.6 Definição de Regras Denominadas "Código de Boas Condutas" — 269
       5.1.7 Publicação de Relatórios Anuais de suas Atividades — 271
       5.1.8 Circulação Transfronteiriça de Dados — 272
   5.2 Estrutura, Organização e Composição da Autoridade Nacional de Proteção de Dados Pessoais — 273

## CAPÍTULO 6. A EXPERIÊNCIA DE ALGUNS PAÍSES QUE ADOTARAM O MODELO PRECONIZADO NA *CONVENÇÃO DE ESTRASBURGO* — 277

   6.1 *Commission Nationale de l'Informatique et des Libertés* (CNIL) — 281
   6.2 *Agencia Española de Protección de Datos* (AEPD) — 283
   6.4 *Privacy Commissioner* na Experiência Canadense — 286
   6.5 A Atuação do *Federal Trade Commissioner* nos Estados Unidos — 289
   6.6 *Dirección Nacional de Protección de Datos Personales* (DNPDP) — 292

## CAPÍTULO 7. A IMPRESCINDIBILIDADE DA AUTORIDADE NACIONAL DE PROTEÇÃO DOS DADOS PESSOAIS (ANPD) NO CONTEXTO SOCIOECONÔMICO BRASILEIRO — 295

   7.1 Os Desafios a Serem Suplantados pela Autoridade de Proteção de Dados Brasileira — 299
   7.2 Vantagens e Desvantagens da Criação de um "Órgão Brasileiro Independente" para a Proteção dos Dados Pessoais — 303

## CONCLUSÕES — 305

## REFERÊNCIAS — 317

# Introdução

A economia informacional resultou da Revolução da Tecnologia da Informação. O conhecimento, a ciência e a tecnologia sempre foram importantes para qualquer tipo de economia, mas estes eram utilizados para criar bens de consumo e prestar serviços. Em outras palavras, o resultado deste conhecimento e tecnologia era a base da sociedade industrial. Atualmente, a economia informacional destaca-se porque a própria informação é o produto e a prestação dos serviços. A informação é um valor em si mesma e não um meio para criar bens e prestar serviços.

Disto decorre o fenômeno identificado como monetização dos dados, isto é, os dados pessoais têm um valor, impulsionando a corrida pelas empresas em controlar estas informações. Assim, quem detém estes dados, terá, também, uma posição de destaque na economia informacional.

Os investimentos governamentais de alguns países, com destaque para a Rússia, os Estados Unidos e alguns países da Europa, no desenvolvimento da informática, foram impulsionados, na década de 1970, quando se percebeu o potencial desta ciência para o fortalecimento da economia do país. Com os avanços tecnológicos, aumentou consideravelmente a capacidade de armazenamento de informações pelos computadores, capazes, inclusive, de organizar e estruturar milhares de dados a um custo cada vez mais baixo.

Diante deste diagnóstico, a preocupação em proteger os dados pessoais passou a estar na ordem do dia. A ideia é harmonizar os interesses econômicos do capitalismo informacional e a proteção de direitos e garantias fundamentais. Assim, as *Diretrizes da OCDE (Guidelines on the*

*Protection of Privacy and Transborder Flows of Personal Data*) de 1980 foram uma *soft law* precursora no tema, revisitadas em 2013 em razão dos constantes avanços da informática e telemática.

Seguindo estas diretrizes, a União Europeia iniciou diversos estudos sobre o tema, com destaque para a *Convenção de Estrasburgo*, de 28 de janeiro de 1981, alterada em 2001 por meio de um protocolo, para enfatizar que a proteção dos dados pessoais depende de fiscalização, regulamentação e imposição de sanções por um órgão independente, ou seja, as denominadas *Supervisory Authorities*.

Estes órgãos foram criados na União Europeia pela Diretiva 95/46/CE, no art. 28, muito embora alguns países como a França e Alemanha, por exemplo, já detivessem uma entidade nacional, que desempenhava este papel, e cujas atribuições foram ampliadas e adequadas ao direito comunitário europeu. A Diretiva 95/46/CE foi revogada pelo Regulamento (UE) 2016/679 do Parlamento Europeu e do Conselho da União Europeia, de 26 de abril de 2016 (*General Data Protection Regulation – GDPR*)[9], com efeitos desde 25 de maio de 2018, de modo a impor a necessária adequação do direito de cada Estado da União Europeia com seus parâmetros mais rígidos, além do enfrentamento de novas tecnologias, tais como *privacy by default* e *privacy by design* e etc.

A missão destas entidades é das mais importantes, pois a proteção dos dados pessoais foi consagrada como um direito humano fundamental na "Carta dos Direitos Fundamentais" (*Charter of Fundamental Rights of the European Union* – 2000/C 364/01), de 07 de dezembro de 2000, em seu art. 8º.[10]

No mesmo sentido, no Brasil, a Proposta de Emenda à Constituição n. 17/2019,[11] pretende alterar a CF/88 para incluir no art. 5º (direitos e

---

[9] UNIÃO EUROPEIA. *Regulation (EU) 2016/679 of the European Parliament and of the Council of 27 April 2016 on the protection of natural persons with regard to the processing of personal data and on the free movement of such data, and repealing Directive 95/46/EC (General Data Protection Regulation)*. Disponível em: < https://eur-lex.europa.eu/legal-content/EN/TXT/HTML/?uri=CELEX:32016R0679&from=EN>, acessado em 20 de janeiro de 2020.

[10] Idem. Charter of Fundamental Rights of the European Union. Disponível em: < https://eur-lex.europa.eu/legal-content/EN/TXT/HTML/?uri=CELEX:12012P/TXT&from=EN>, acessado em 20 de janeiro de 2020.

[11] BRASIL. Senado Federal. *Proposta de Emenda à Constituição n. 17/2019*. Acrescenta o inciso XII-A, ao art. 5º, e o inciso XXX, ao art. 22, da Constituição Federal para incluir a proteção de dados pessoais entre os direitos fundamentais do cidadão e fixar a competência privativa

garantias fundamentais) o XlI-A, cuja redação proposta: "é assegurado, nos termos da lei, o direito à proteção de dados pessoais, inclusive nos meios digitais". Além disso, a EC n. 17/2019 pretende acrescentar a proteção de dados pessoais dentre as matérias de competência privativa da União sugerindo acrescentar o inc. XXX ao art. 22 da CF/88. Esta proposta é benéfica à sociedade brasileira, pois seria muito difícil aos titulares de dados pessoais e às empresas conviverem com leis estaduais ou municipais de proteção de dados pessoais, além da Lei Geral de Proteção de Dados Pessoais.

Ora, considera-se a tutela dos dados pessoais como extensão da personalidade humana, daí a necessidade de se estabelecerem mecanismos eficazes para resguardar este direito. Os desafios, contudo, dizem respeito ao desenvolvimento tecnológico, que viabiliza a coleta, o armazenamento e a associação de informações pessoais dos usuários da Internet por meio de cadastros diversos, como em redes sociais, *sites* de busca, de compras e etc., além da circulação transfronteiriça destes dados, sem que o indivíduo tenha conhecimento de tal prática.

A Diretiva 95/46/CE consagrou o princípio da transparência, para que o indivíduo possa, de fato, saber sobre o manejo de seus dados e o conteúdo deste; o princípio do consentimento, isto é, o indivíduo tem que consentir na coleta e no tratamento de seus dados; o princípio da finalidade, em que se deve observar estritamente a finalidade do armazenamento e utilização destes dados, dentre outros. O destaque dessa Diretiva é a criação de um órgão independente para a efetiva proteção dos dados pessoais, denominada *Autoridade de Garantia*, em muitos países.

Na Itália, essa Diretiva foi transposta para o direito interno pela *Legge sulla Privacy* (*Legge* 675/96), um ano depois da Diretiva 95/46/CE. Essa lei criou a "Autoridade de Garantia" italiana, que foi mantida pelo *Codice della Privacy* (Decreto Legislativo n. 169), substituto da lei anterior e já atualizado segundo o GDPR. Portanto, o *Codice in Materia di Protezione dei Dati Personali*, publicado em 29 de julho de 2003 e em vigor desde 1º de janeiro de 2004, estabeleceu um verdadeiro sistema de proteção de dados pessoais, da identidade pessoal e da privacidade.

---

da União para legislar sobre a matéria. Disponível em: <https://www25.senado.leg.br/web/atividade/materias/-/materia/135594 >, acessado em 20 de janeiro de 2020.

Desde a sua criação, a *Autorità Garante per la Protezione della Privacy e dei Dati Personali* tem-se destacado na efetiva tutela destes direitos, como ressaltado pelo ex-presidente deste órgão, Stefano Rodotà, por ocasião de sua posse, em 2004, que já alertara para a necessidade de efetivar direitos fundamentais na sociedade informacional.

Daí porque, esta obra se debruça, especificamente, sob a análise de uma autoridade de garantia de proteção dos dados pessoais, procurando-se aliar as premissas teórico-normativas de tal mecanismo para a proteção dos dados pessoais a sua atuação prática, tendo em vista o aprofundamento da matéria de proteção de dados no Brasil, a partir do Marco Civil da Internet – MCI (Lei n. 12.965, de 23 de abril de 2014), da Lei Geral de Proteção de Dados Pessoais – LGPD (Lei n. 13.709, de 14 de agosto de 2018) e da Lei n. 13.853, de 08 de julho de 2019, que criou a "Autoridade de Garantia" brasileira ao converter a Medida Provisória n. 869, de 27 de dezembro de 2018.

É importante que exista uma espécie de "carta" de direitos fundamentais no atual contexto do desenvolvimento científico e tecnológico. No Brasil, não havia uma lei específica sobre proteção de dados. Contudo, o Marco Civil da Internet (Lei n. 12.965/2014) estabeleceu um padrão principiológico, para a garantia de direitos fundamentais aos usuários da Internet. Neste sentido, menciona, entre os princípios básicos, a proteção dos dados pessoais (art. 3º, inc. III), que foi aprofundada, *a posteriori*, pela LGPD, em 2018.

Quando da tramitação do Marco Civil da Internet na Câmara dos Deputados, houve significativas mudanças do texto da lei para contemplar a esperada reação do Estado brasileiro aos escândalos de espionagem noticiados por Edward Snowden. O próprio MCI estabeleceu como um de seus princípios a proteção de dados pessoais na forma da lei (art. 3º, inc. III), deixando claro que não seria esta a lei brasileira sobre a matéria. Desta feita, intensificaram os debates sobre as medidas para a efetiva proteção dos dados pessoais, em sentido amplo.

A Secretaria Nacional de Defesa do Consumidor (SENACON) tinha apresentado um Anteprojeto de Lei sobre Proteção de Dados Pessoais em 2011, que previa a criação de uma "Autoridade de Garantia" (art. 38), porém este projeto não teve o destaque merecido. Somente após as denúncias feitas por Edward Snowden (em 2013) é que o tema foi retomado.

Assim, os trabalhos da SENACON, coordenados por Danilo Doneda, foram retomados e, em 2015, foi apresentado um outro Anteprojeto de Lei sobre Proteção de Dados Pessoais, retirando a previsão desta "Autoridade de Garantia", que foi substituída por um "órgão competente". Este APL/PD foi submetido à consulta pública e, após muitas contribuições, em 20 de outubro de 2015, foi apresentado um outro APL/PD, que previu muitas atribuições importantes para o que chamou de "órgão competente" (art. 53) e criou o "Conselho Nacional de Proteção de Dados Pessoais e da Privacidade" (art. 54). Muito embora este APL/PD apresentasse muitos avanços, caso aprovado, não teria trazido uma efetiva proteção dos dados pessoais, na medida em que, para sua concretização, dependia deste "órgão competente", que não havia sido previsto.

Portanto, urgia a necessidade de se estabelecer não só um marco regulatório que elencasse a proteção dos dados pessoais, assegurando alguns direitos neste sentido, mas, além disso, uma sistematização de mecanismos e uma infraestrutura adequada para a efetiva proteção dos dados pessoais, fiscalizando e fazendo cumprir as normas estabelecidas em lei, regulamentando quando necessário, aplicando sanções administrativas, bem como analisando a elaboração dos Códigos de Boas Práticas ou Boas Condutas e autorizando ou não a transferência de dados pessoais de brasileiros para outros países à luz do juízo de adequação dos respectivos sistemas de proteção de dados pessoais.

Durante a década de 2010, o Brasil deteve, assim, um cenário no qual se avistaram projetos de normatização da proteção dos dados pessoais, o que tornou pertinente, pois, investigar os mecanismos a serem nela previstos, para aperfeiçoar a mencionada tutela dos dados pessoais, dentre os quais se destaca a figura de uma autoridade independente para tal mister.

Com efeito, ao se verificar a experiência do direito estrangeiro, aponta-se, a título de exemplo, que as legislações canadense, espanhola, francesa e argentina, além da italiana, previram a criação de uma autoridade com independência para tal função, sendo, pois, um aspecto elementar para a proteção dos dados pessoais, como foi reconhecido pelo protocolo de 2001 que atualizou a Convenção de Estrasburgo de 1981.

Outrossim, para que o Brasil possa se inserir no capitalismo informacional deve demonstrar, para além da mera existência de uma Lei Geral de Proteção de Dados Pessoais, o *enforcement* do sistema normativo brasileiro. O que foi destacado pela Comissão Europeia ao analisar o reconhecimento do sistema uruguaio e argentino. No caso da Argentina, a Comissão Europeia entendeu pela adequação da Lei n. 25.326, de 04 de oubutro de 2000, porque abrange os princípios básicos necessários à proteção de dados pessoais, prevendo uma reparação judicial rápida quando for o caso, seja por meio do *Habeas Data*, seja por meio das reparações judiciais gerais. Outro fator decisivo foi a presença de um órgão independente de controle previsto no art. 29 da lei argentina, ou seja, a *"Dirección Nacional de Protección de Datos Personales"*. Segue, na íntegra, a ementa da decisão da Comissão Europeia:[12]

> ARGENTINA: 2003/490/CE. Decisão da Comissão, de 30 de junho de 2003, nos termos da Diretiva 95/46/CE do Parlamento Europeu e do Conselho relativa à adequação do nível de proteção de dados pessoais na Argentina (texto relevante para efeitos do EEE).
> 
> (14) A lei argentina abrange todos os princípios básicos necessários para assegurar um nível adequado de proteção das pessoas singulares, embora também preveja exceções e limitações de modo a salvaguardar interesses públicos importantes. A aplicação destas normas é garantida por uma reparação judicial rápida específica para a proteção de dados pessoais, conhecida como *habeas data*, juntamente com as reparações judiciais gerais. *A lei prevê a criação de um organismo de controlo responsável pela proteção de dados encarregado de realizar todas as ações necessárias para dar cumprimento aos objetivos e às disposições da lei e dotado das competências de investigação e de intervenção. Nos termos do regulamento, a "Direção Nacional de Proteção de Dados Pessoais" foi criada como organismo de controlo.* A lei argentina prevê sanções dissuasivas eficazes de natureza tanto administrativa como penal. Por outro lado, as disposições da lei argentina no que respeita à responsabilidade civil (contratual e extracontratual) aplicam-se no caso de tratamento ilícito prejudicial para as pessoas em causa.
> 
> (15) O Estado argentino apresentou explicações e deu garantias sobre o modo como a legislação argentina deve ser interpretada e garantiu que as

---

[12] UNIÃO EUROPEIA. Comissão Europeia. Decisão da Comissão, de 30 de junho de 2003, nos termos da Diretiva 95/46/CE do Parlamento Europeu e do Conselho relativa à adequação do nível de proteção de dados pessoais na Argentina. In: *Jornal Oficial* nº L 168 de 05/07/2003 p. 0019 – 0022. Disponível em: <https://eur-lex.europa.eu/legal-content/EN/TXT/HTML/?uri=CELEX:32003D0490&from=PT>, acessado em 20 de janeiro de 2020.

regras de proteção de dados na Argentina são aplicadas de acordo com essa interpretação. A presente decisão baseia-se nessas explicações e garantias e, consequentemente, depende delas. [...] (grifo nosso)

Semelhantemente, no caso do Uruguai, a Comissão Europeia concluiu que a Lei n. 18.331, de 11 de agosto de 2008, inspirou-se na Diretiva 95/46/CE, além do Decreto n. 414/2009, de 31 de agosto de 2009 que regulamentou a lei e estabeleceu o funcionamento da *Unidad Reguladora y de Control de Datos Personales – URCDP*:[13]

URUGUAI: Decisão de execução da Comissão, de 21 de agosto de 2012, nos termos da Diretiva 95/46/CE do Parlamento Europeu e do Conselho relativa à adequação do nível de proteção de dados pessoais pela República Oriental do Uruguai no que se refere ao tratamento automatizado de dados [notificada com o número C (2012) 5704]. (Texto relevante para efeitos do EEE) (2012/484/UE).

(6) As normas de proteção dos dados pessoais da República Oriental do Uruguai baseiam-se em grande medida nas normas da Diretiva 95/46/CE e encontram-se estabelecidas na Lei n. 18.331 de proteção dos dados pessoais e ação de habeas data (Ley n. 18.331 de protección de datos personales y acción de habeas data), de 11 de agosto de 2008, que é aplicável tanto às pessoas singulares como às pessoas coletivas.

(7) A referida lei é regulamentada pelo Decreto n. 414/2009, de 31 de agosto de 2009, aprovado no intuito de clarificar diversos elementos da lei e regular a organização, os poderes e o funcionamento da autoridade nacional de proteção de dados. O preâmbulo deste decreto indica que, quanto a esta questão, a ordem jurídica nacional deve ser adaptada ao regime jurídico comparável mais comumente aceito, sobretudo o estabelecido pelos países europeus através da Diretiva 95/46/CE. [...]

(10) A aplicação das normas de proteção de dados é garantida pela existência de vias de recurso administrativas e judiciais, em especial pela ação de

---

[13] UNIÃO EUROPEIA. Comissão Europeia. Decisão de execução da Comissão, de 21 de agosto de 2012, nos termos da Diretiva 95/46/CE do Parlamento Europeu e do Conselho relativa à adequação do nível de proteção de dados pessoais pela República Oriental do Uruguai no que se refere ao tratamento automatizado de dados [notificada com o número C (2012) 5704]. In: *Official Journal of the European Union*, n. 227/11. Disponível em: <https://eur-lex.europa.eu/legal-content/EN/TXT/HTML/?uri=CELEX:32012D0484&from=EN>, acessado em 20 de janeiro de 2020.

habeas data, que permite à pessoa a quem se referem os dados intentar uma ação judicial contra o responsável pelo tratamento dos dados, a fim de exercer o direito de acesso, retificação e supressão, e *por um controlo independente efetuado pela Unidade Reguladora e de Controlo de Dados Pessoais (Unidad Reguladora y de Control de Datos Personales – URCDP), que tem poderes de investigação, intervenção e sanção, seguindo o disposto no artigo 28.o da Diretiva 95/46/CE, e que atua de forma totalmente independente.* Além disso, qualquer parte interessada pode recorrer aos tribunais para pedir uma indenização por danos sofridos em consequência do tratamento ilícito dos seus dados pessoais. (grifo nosso)

No Brasil, um dos grandes debates durante a discussão e aprovação da LGPD foi a criação ou não de um órgão independente para a fiscalização e regulação do sistema de proteção de dados no país. Em uma audiência pública específica sobre o tema, realizada pela Comissão Especial da Câmara dos Deputados,[14] debateu-se sobre qual seria o modelo regulatório que a lei brasileira devesse adotar. Pelos debates, ficou claro que o caminho mais adequado e eficiente seria a criação de um órgão independente pela lei brasileira para que o Brasil pudesse pleitear o reconhecimento de seu nível de adequação ao padrão europeu o que permitirá que empresas brasileiras recebam dados pessoais de europeus, bem como de outros países fora da União Europeia, que estabeleçam o mesmo pré-requisito.

O interessante da atuação da Autoridade Garante é a desjudicialização de conflitos, na medida em que este órgão tem poderes para fazer cumprir a norma de proteção dos dados pessoais, bem como de intervir em processos judiciais, quando for o caso. Portanto, tal órgão tem uma tríplice função, quais sejam: 1) de fiscalizar o estrito cumprimento das normas de proteção de dados pessoais, inclusive com medidas de investigação, quando necessárias, e impondo sanções administrativas, ao constatar violação da lei; 2) de estabelecer padrões técnicos e administrativos para, de maneira eficaz e preventiva, garantir a proteção dos dados pessoais, bem como desenvolver políticas públicas neste tema; e

---

[14] BRASIL. Câmara dos Deputados. Audiência Pública sobre o tema: "Modelo Regulatório: órgão, agência ou autorregulamentação.". Disponível em: <https://www.camara.gov.br/proposicoesWeb/fichadetramitacao?idProposicao=548066&ord=1>, acessado em 21 de janeiro de 2020.

3) de resolver litígios pela violação das normas de proteção dos dados pessoais a partir de reclamações que receba, além de avaliar a criação de Códigos de Boas Práticas e a transferência internacional de dados pessoais.

No capítulo 1, analisam-se a economia informacional e o impacto da monetização dos dados pessoais nos modelos regulatórios sobre proteção dos dados. Neste capítulo, destaca-se a análise do desenvolvimento tecnológico, *e.g., Big Data* e *Cloud Computing*, para demonstrar que esta é uma fonte inesgotável de estudos e análise sobre a proteção de dados. Em outras palavras, estes modelos regulatórios são revisitados constantemente para se adequarem aos avanços tecnológicos.

No capítulo 2, descortina-se a análise da proteção de dados como um direito de personalidade, isto é, ressaltando a tutela privatística deste direito que é, também, um direito humano e um direito e garantia fundamental (mais voltado à tutela publicista). Neste sentido, muito embora o direito à proteção dos dados pessoais e à identidade pessoal não estejam, por enquanto, expressamente previstos, seja na CF/88 (o que pretende ser corrigido pela PEC 17/2019), seja no CC/02, tal tutela existe, pois, o rol dos direitos de personalidade é meramente exemplificativos. Ademais, a dignidade da pessoa humana (art. 1º, inc. III da CF/88) impõe a tutela ao ser humano em sua completude.

Existem muitos direitos de personalidade, cada qual com sua especificidade. Por exemplo, a tutela à integridade física não é idêntica à tutela ao nome. Portanto, neste capítulo, faz-se a distinção entre alguns direitos de personalidade, em especial o direito à identidade pessoal, à proteção dos dados pessoais e à privacidade, enfatizando os atuais desafios na tutela destes direitos na era digital.

Em uma era que desconhece limites geográficos bem definidos, a circulação de bens, serviços, pessoas e informações é cada vez mais intensa, diante da globalização e dos atuais meios de comunicação. Por isso, a circulação transfronteiriça de dados é uma realidade, o que impõe ao jurista brasileiro o conhecimento de sistemas de proteção de dados de outros países.

Assim, no capítulo 3, analisam-se alguns modelos regulatórios estrangeiros sobre proteção de dados: o modelo da União Europeia, do qual se destacam o sistema francês, espanhol e italiano; o modelo canadense; o modelo norte-americano e o argentino. O modelo da União Europeia é importantíssimo, pois é obrigatório a todos os Estados-membros, o que o torna fundamental para a compreensão da proteção dos dados pessoais no contexto global. Deste, os sistemas francês e espanhol são analisados, em razão de sua forte influência no tema.

Na América do Norte, o Canadá tem legislações bem sólidas para a proteção dos dados pessoais: o *Privacy Act* (aplicado para o tratamento de dados pelo Poder Público) e o *PIPEDA* (aplicado para o tratamento de dados realizados pelos entes privados). Quanto aos Estados Unidos, muito embora não tenham uma lei específica sobre proteção de dados, o acordo *Safe Harbor* estabeleceu os princípios de proteção de dados que devem ser adotados pelas empresas para terem o *status* de adequação dos serviços e produtos oferecidos no mercado globalizado, e que foi, em 12 de julho de 2016, suplantado pelo *EU-US Privacy Shield*, que atualizou os parâmetros de proteção de dados pessoais aos exigidos pela União Europeia. Neste sistema, mesmo com o *EU-US Privacy Shield*, a proteção é mais fraca, porque depende de atuação das empresas em adotarem ou não estes princípios, porém o *FTC* tem desempenhado um importante papel para o *enforcement* destes princípios.

Além destes, na América Latina, destaca-se o sistema argentino de proteção de dados, que é muito inspirado no modelo da União Europeia.

No capítulo 4, dá-se destaque ao sistema italiano, em razão da forte influência que exerceu sobre o Anteprojeto de Lei brasileiro sobre proteção de dados. Portanto, inegável a contribuição italiana ao cenário brasileiro de proteção de dados.

Após ter analisado sistematicamente a proteção de dados na 1ª parte desta obra (proteção de dados pessoais e tutela da privacidade na sociedade informacional), na 2ª parte é analisada a atuação das Autoridades Nacionais de Proteção de Dados.

Novamente, pelos motivos acima revelados, dá-se destaque à atuação da *Autorità Garante della Privacy e dei Dati Personali*, traçando um paralelo com o que dispõe o Anteprojeto de Lei de 2015 (em sua 2ª versão, após a consulta pública), apresentado pela SENACON, bem como com a LGPD.

No capítulo 6, analisa-se a experiência da atuação destes órgãos de garantia em outros países. Optou-se pelo sistema francês e espanhol, haja vista a relevante atuação da CNIL e AEPD, isto é, as autoridades de garantia destes países. O *Privacy Commissioner* canadense tem uma atuação interessante, pois apesar de ser constituído na forma de um *ombudsman*[15], tem uma atuação profícua, porque atua entre os próprios *players*, favorecendo um *enforcement* da legislação sobre proteção de dados e estabelecendo políticas públicas eficientes para o avanço da matéria. Neste capítulo, investiga-se, também, a atuação do *FTC* nos Estados Unidos, que desempenha um relevante papel quanto à observância dos princípios básicos de proteção de dados. Por fim, observa-se a criação deste órgão na Argentina, o que impulsionou o debate na sociedade brasileira, tendo em vista o fortalecimento do Mercosul, diminuindo os *gaps* entre os seus países membros.

Por fim, no capítulo 7, analisa o modelo previsto na LGPD para a Autoridade Nacional de Proteção de Dados brasileira, levando-se em consideração as funções e atribuições que este órgão deve desempenhar, entre as quais estão o poder regulatório, decisório e sancionatório, apresentando as vantagens e ponderando alguns desafios que a ANPD brasileira enfrentará.

Em suma, o modelo de proteção de dados pessoais depende, para sua eficácia, da atuação constante deste órgão independente. O desafio atual é moldar a Autoridade Nacional de Proteção de Dados (ANPD) à realidade socioeconômica brasileira, pois a criação de mais um órgão da administração pública indireta representaria gastos que não podem ser suportados na atual conjuntura política e econômica do país, enquanto sua criação na administração pública direta, como instituída pela Lei n. 13.853/2019, pode ser para o órgão um suporte, nesse quesito. Um modelo de autorregulação, por outro lado, também não parece ser adequado, na medida em que impõe a aplicação de sanção e a consequente coerção legal ("poder de polícia") para o setor privado, o que poderia gerar sérios conflitos de interesses capazes de colocar em xeque o sistema de proteção de dados.

---

[15] Entendido como o ente designado pelo Estado para defender os direitos dos cidadãos, para tanto, pode receber e investigar as reclamações e denúncias de abuso de poder ou de mau serviço na espera de sua competência.

# Parte I
# PROTEÇÃO DOS DADOS PESSOAIS E TUTELA DA PRIVACIDADE NA SOCIEDADE INFORMACIONAL

> *As imagens se multiplicam, e seus significados podem ser virados de cabeça para baixo. Não existem apenas "the vitreous man", efetivamente nu e indefeso diante dos detentores do poder informático. Retorna também a imagem da "casa de vidro", com a qual sempre se pretendeu indicar um poder público totalmente visível e, logo, inteiramente controlável pelos cidadãos.*
>
> Stefano Rodotà[16]

---

[16] RODOTÀ, Stefano. *A vida na sociedade da vigilância*: a privacidade hoje. Trad. de Danilo Doneda e Luciana C. Doneda. Rio de Janeiro: Renovar, 2008. p. 47.

# Capítulo 1
## Economia Informacional

*A new economy emerged in the last quarter of the twentieth century on a worldwide scale. I call it informational, global, and networked to identify its fundamental distinctive features and to emphasize their intertwining.*

Manuel Castells[17]

Atualmente, fala-se em uma nova economia: a economia informacional, cujo embrião remonta à década de 1970, nos Estados Unidos, onde foram desenvolvidos a ARPANET[18], ALOHANET[19] e SATNET[20]. Há muitos livros e artigos interessantes que relatam com detalhes o surgimento e

---

[17] CASTELLS, Manuel. *The rise of the network society*. 2 ed. Vol. I. Oxford: Blackwell, 2000. p. 77.)
[18] Esse projeto será tratado mais a frente com destaque em razão de sua forte influência para o desenvolvimento científico relacionado à informática e telemática.
[19] Essa foi uma rede construída por um Professor do Havaí em 1969, que conectou sete computadores em 7 ilhas diferentes do arquipélago. E as informações eram transmitidas via comunicação semelhante à dos rádios. O interessante desta rede é que a informação era transmitida ainda que houvesse interferências, quando a informação seria reenviada por outro canal de radiofrequência. Diferente da ARPANET que somente permitia a transmissão desde que o canal de comunicação estivesse livre e preparado para tal tráfego de dados.
[20] Esta rede é caracterizada pela transmissão via satélite.

desenvolvimento desta fascinante ferramenta, que é a Internet[21], de maneira que o objetivo não é tecer em detalhes a sua história e desenvolvimento, mas, tão somente, ressaltar alguns pontos da gênese e evolução da Internet que sejam fundamentais para a melhor compreensão o fenômeno da monetização dos dados pessoais.

O projeto original da Internet foi impulsionado pela grande surpresa e temor dos Estados Unidos quando a União Soviética lançou o primeiro objeto feito por um ser humano no espaço, o satélite Sputnik, em 04 de outubro de 1957. Tal fato deixou os Estados Unidos em alerta, para que não fossem mais surpreendidos na área da tecnologia. Por isso, o Presidente Eisenhower criou um órgão, ligado ao Departamento de Defesa, denominado *Advanced Research Projects Agency* (conhecido pela sigla ARPA), em 07 de fevereiro de 1958.[22]

Esse órgão tinha por objetivo desenvolver projetos de pesquisa tecnológica para uso civil ou militar. Assim, o grande desafio era justamente os altos custos dos equipamentos utilizados. Notadamente, na década de 1960, um computador era extremamente caro, o que inviabilizava que cada pesquisador tivesse seu próprio computador. Portanto, a solução era compartilhar as fontes de pesquisa de maneira mais eficiente. Então, o Prof. J. C. R. Licklider, um renomado professor da psicologia experimental do Instituto de Tecnologia de Massachusetts (MIT – *Massachusetts Institute of Technology*), que estudava a necessária e possível interação entre o ser humano e a tecnologia, teria sugerido algumas ideias para tal compartilhamento se concretizar.[23] Licklider, na época um visionário, idealizou uma rede sem fio interligando computadores por meio de um sistema de comunicação. Por isso, ele foi nomeado para ser

---

[21] HAFNER, Katie; LYON, Matthew. *Where Wizards Stay Up Late*: the origins of the Internet. Nova Iorque: Touchstone, 1998. LEINER, Barry M.; CERF, Vinton G. CLARK, David D. Clark; KAHN, Robert E. Kahn; KLEINROCK, Leonard; LYNCH, Daniel C. Lynch; POSTEL, Jon; ROBERTS, Lawrence G.; WOLFF, Stephen. A Brief History of the Internet. Disponível em: <http://www.internetsociety.org/sites/default/files/Brief_History_of_the_Internet.pdf>, acessado em 10 de agosto de 2015.

[22] MURRAY, Andrew. *Information Technology Law*: the law and society. Oxford: Oxford University Press, 2010. p. 17.

[23] LICKLIDER, J. C. R. Man-Computer Symbiosis. *In*: *IRE Transactions on Human Factors in Electronics*, março de 1960. Disponível em: < http://worrydream.com/refs/Licklider%20-%20Man-Computer%20Symbiosis.pdf>, acessado em 20 de agosto de 2015.

o Diretor do Departamento de Técnicas em Processamento de Informação do Projeto ARPA (*Information Processing Techniques Office* ou IPTO).

Posteriormente, Licklider nomeou um grupo de cientistas para auxiliá-lo na empreitada de construir um sistema de interconexão sem fio entre computadores (pois havia somente a INTRANET, ligação entre computadores por meio de fios, portanto, no mesmo espaço geográfico ou muito próximos). Esse grupo era formado por Wes Clark[24], Bob Taylor (NASA) e dois doutorandos do Laboratório Lincoln (MIT), Larry Roberts e Leonard Kleinrock, que juntos desenvolveram o projeto denominado *Advanced Research Projects Agency Network* (ARPANET).[25]

Em 29 de outubro de 1969, as ideias de Licklider foram concretizadas com a colaboração de todos os cientistas integrantes do projeto, quando um estudante da Universidade da Califórnia, em Los Angeles (UCLA), conectou-se pela primeira vez a um computador que estava em *Stanford Research Institute,* ligando estes dois centros de pesquisa (acrescentando-se, posteriormente, a Universidade da Califórnia em Santa Barbara e a Universidade de Utah, em dezembro de 1969).

A ideia dos integrantes do ARPANET foi estruturar o que se denominou "camadas" e transportar as informações por meio de pacotes de dados, ao invés dos circuitos tradicionais. Assim, uma mensagem, quando digitada no computador, é dividida em "blocos" e estes "pacotes de dados" são transmitidos por meio de um sistema denominado IMPs (*Interface Message Processor*). Este sistema viabilizava o envio dos "pacotes de dados" e foi utilizado de 1960 a 1989, com a finalidade de uniformizar os sistemas de processamento de dados utilizados pelos computadores, viabilizando a interconexão sem fio destes.[26]

---

[24] On-line Man Computer Communication. In: *Packet Communications Networks,* vol. 66, n. 11 de novembro de 1978.
[25] MURRAY, Andrew. *Op. cit.,* p. 19.
[26] Este é um conceito técnico, para melhor compreender o sistema IMPs: "The Interface Message Processor provided a system independent interface to the ARPANET that could be used by any computer system, thereby opening the Internet network architecture from the very beginning. The idea for the Interface Message Processor (IMP) was suggested by Wesley Clark at the "ARPANET Design Session" held by Lawrence Roberts at the IPTO Principal Investigator meeting in Ann Arbor Michigan in April, 1967. Roberts' plan called for each site to write the software to connect their computer to the network, which looked like a lot of work to the attendees since there were so many different kinds of computers and operating systems in use throughout the DARPA community. Clark told Roberts that

Essa descrição sintética do surgimento e desenvolvimento da Internet é fundamental para compreender a constatação feita por Manuel Castells[27] de que a nova economia tem um espaço determinado para seu surgimento, ou seja, os Estados Unidos, mais especificamente o Estado da Califórnia (onde a primeira transmissão *wireless* de pacotes de dados entre computadores foi concretizada).

Interessante notar que a partir dessa constatação, é possível compreender a facilidade em que os Estados Unidos acessam as informações provenientes de várias partes do mundo. Isto porque as grandes indústrias tecnológicas surgem na Califórnia e aí desenvolvem suas grandes matrizes ou sedes. Por isso é muito comum que quase todas as comunicações via Internet sejam transmitidas por *backbones*[28] localizados nos Estados Unidos, viabilizando o acesso às informações transmitidas neste país.

Provavelmente, este fluxo de informação que se concentra em *backbones* nos EUA revela o porquê deste país não ter interesse em estimular um sistema de proteção de dados. Antes de tratar especificamente deste

---

he thought the design was inside out. After the meeting Roberts stayed behind and Clark elaborated on his concept -- deploy a minicomputer called an "interface message processor" at each site to handle the interface to the ARPANET network, so each site would only have to write one interface to the one standard IMP." Disponível em: <http://www.livinginternet.com/i/ii_imp.htm>, acessado em 20 de agosto de 2015.

[27] *The rise of the network society*: the information age: economy, society and culture. Cornwall: Blackwell Publishers, 2000. V. 1. pp. 147-148.

[28] Este é um termo técnico e significa literalmente "espinha dorsal", ou seja, é a tecnologia que viabiliza a conexão entre computadores a longas distâncias. Há *backbones* nacionais, por exemplo, Embratel, Rede Nacional de Pesquisa (RNP), Oi, KDD Nethal, Comsat Brasil, Level 3 (Impsat/Global Crossing), AT&T, NTT, UOL Diveo, CTBC, Mundivox do Brasil, Telefonica e TIM Intelig; e *backbones* internacionais e mesmo intercontinentais, por exemplo, TeliaSonera International Carrier, CenturyLink, Vodafone, Verizon, Sprint, and AT&T Corporation. A transmissão de dados ocorre do computador que é conectado a um *backbone* nacional, que para acessar um site com domínio nos Estados Unidos, por exemplo, conecta-se a um *backbone* internacional. Esta transmissão é muito veloz, até porque há milhões de usuários da rede mundial de computadores, estima-se que cerca de 7 terabytes por segundo. Por isso 99% das transmissões é feita através de cabeamento (fibra óptica); somente 1% é transmitido via satélite porque a conexão é bem mais lenta. Disponível em: <http://www.tecmundo.com.br/internet/31311-como-a-internet-passa-de-um-continente-para-o-outro-.htm>, acessado em 20 de agosto de 2015. Vide: MALECKI, Edward J. The Economic Geography of the Internet's Infrastructure. *In: Economic Geography*, Vol. 78, No. 4 (Oct., 2002), pp. 399-424.

aspecto socioeconômico da estrutura da Internet, o seu desenvolvimento também é igualmente revelador, por outras razões, que serão analisadas.

O desenvolvimento e a disseminação do uso da Internet em nível global consolidaram-se devido aos esforços da *International Network Working Group*, capitaneada por Vint Cerf.

Somente na década de 1990, com o desenvolvimento da *World Wide Web (WWW)*, creditada ao físico Tim Berners-Lee[29], é que o uso da Internet foi realmente viabilizado ao público em geral. Tim Berners-Lee, físico formado pela *University of Oxford* em 1976, concentrou suas pesquisas para desenvolver ferramentas computacionais que pudessem melhorar as capacidades humanas no *European Particle Physics Laboratory (CERN)*. Então, ele criou o primeiro *mouse*, a interface gráfica e o programa em *hypertext*.

Por isso, Manuel Castells[30] destaca que a nova economia tem data determinada, ou seja, os anos 1990, porque somente a partir da facilitação das interfaces entre computador e ser humano é que a Internet foi difundida realmente.

Desse modo, pode-se concluir preliminarmente que é possível determinar o centro geográfico da nova economia, os Estados Unidos, e seu início temporal, os anos 1990.

É importante frisar que Internet não é sinônimo de *World Wide Web*. O físico acrescentou algumas configurações à Internet, quais sejam: 1) utilização de um novo protocolo TCP/IP, ou seja, uma nova arquitetura que possibilitou a conexão entre computadores independentemente do sistema utilizado em cada computador; e 2) a informação passou a ser distribuída usando a própria rede. Em agosto de 1991, Tim Berners-Lee e Cailliau anunciaram que esse sistema estava no domínio público, independente de *royalties*:

> *CERN's decision to make the Web foundations and protocols available on a royalty free basis, and without additional impediments, was crucial to the Web's existence. Wme ithout this commitment, the enormous individual and corporate investment in Web technology simply would never have happened, and we wouldn't have the Web today.*[31]

---

[29] MURRAY, Andrew. *Op. cit.*, pp. 32-33.
[30] *The rise of Network Society...*, *op. cit.*, p. 147.
[31] Disponível em: <https://tenyears-www.web.cern.ch/tenyears-www/>, acessado em 12 de outubro de 2015.

Esta gratuidade fez com que a *Web* fosse facilmente disseminada e rapidamente os usuários deste sistema cresceram de maneira assustadora. Em 1993, estimava-se[32] cerca de 1,3 milhões de usuários conectados nos Estados Unidos. Em 1995, o número aumentou exponencialmente para 16 milhões de usuários conectados no mundo.[33] E esses números não param de aumentar. Em uma década, ou seja, em 2005, os usuários conectados à Internet chegaram a casa de 1 bilhão de pessoas. E duas décadas depois da disseminação da WWW, em 2014, ultrapassaram 2 bilhões de indivíduos conectados pelo mundo. Atualmente, observa-se que este número duplicou em apenas 06 (seis) anos, hoje existem mais de 4 bilhões de usuários da Internet.[34]

No Brasil, existem cerca de 139 milhões de usuários conectados à Internet, o que fez com que o país subisse no *ranking* de número de usuários de Internet por país, passando a ocupar 4º lugar com maior número de usuários (1º lugar: China; 2º lugar: Índia; 3º lugar: Estados Unidos).[35] O Brasil ocupa uma posição de destaque em números absolutos de usuários conectados à rede, por isso, é fundamental a análise desta nova economia, considerando os interesses econômicos do país.

Estes dados estatísticos revelam a premente necessidade de o Brasil ter um sistema de proteção de dados pessoais eficiente, pois a coleta e processamento de dados automatizados aumentam a exposição dos cidadãos brasileiros aos riscos inerentes ao tratamento de dados.

Observe-se que na gênese da *World Wide Web*, a "gratuidade" dos *softwares* disponibilizados foi o que impulsionou a disseminação da rede em escala global, até porque a CERN não é uma associação sem fins lucra-

---

[32] Fala-se em estimação ao invés de dados estatísticos porque os números não foram coletados conforme uma metodologia adequada em razão do uso embrionário. Cf. MURRAY, Andrew. *Op. cit.*, p. 33.

[33] Disponível em: <https://www.gfmag.com/global-data/non-economic-data/internet-users>, acessado em 10 de outubro de 2015.

[34] Disponível em: <http://www.internetlivestats.com/internet-users/>, último acesso em 22 de janeiro de 2020.

[35] Fonte: Internet Live Stats (www.InternetLiveStats.com). Pesquisa feita pela *International Telecommunication Union (ITU), United Nations Population Division, Internet & Mobile Association of India (IAMAI), World Bank*. 1 de julho de 2014. Nesta pesquisa, considerou-se como usuário conectado à Internet o indivíduo de qualquer idade que acessa a rede em casa através de qualquer dispositivo. Disponível em: <http://www.internetlivestats.com/internet-users/>, último acesso em 22 de janeiro de 2020.

tivos, inclusive, tal instituto desenvolve diversos *copyright softwares*, o que nos leva a concluir que somente os programas que lhes sejam mais convenientes (lucrativos), o CERN disponibilizou "gratuitamente".

Na verdade, tal "gratuidade" tinha justamente esta finalidade de facilitar e incentivar a utilização desses programas, o que de fato ocorreu. Assim, hoje, muitos aplicativos oferecem suas vantagens "gratuitamente", com o objetivo de conquistar cada vez mais usuários. Porém, aqui se aplica o dito *"there is no free lunch"*, porque a informação é um valor em si mesma nessa nova economia informacional, por isso, quanto mais informações pessoais os grandes provedores de aplicativos tem, maior lucro e maior poder econômico eles terão.

Esta lógica pode ser resumida em uma frase de John Perry Barlow[36]: *"Noncommercial distribution of information increases the sale of comercial information. Abundance breeds abundance."*

Em suma, a distinção entre Internet e *Web* é fundamental, porque são camadas distintas: a primeira ocupa a camada lógica de infraestrutura e, portanto, a regulação da Internet deve levar em consideração essa arquitetura; a segunda, por sua vez, ocupa a camada de conteúdo e, então, a regulação deste setor está direcionado ao conteúdo da *Web* e muitos aplicativos.

Ainda sobre as características dessa "nova economia", pode-se dizer que é *informacional*, porque a produtividade e competitividade dependem da capacidade de gerar, processar e aplicar de maneira eficiente as informações baseadas no conhecimento científico e tecnológico. É *global* porque a produção, a distribuição e o consumo são organizados em nível global e com a interligação entre vários agentes da economia. É *interconectada ("networked",* na expressão de Manuel Castells) porque as novas condições socioeconômicas impõem a interconexão em redes entre as empresas. Quanto mais sólida for tal *network*, mais competitiva a produção desses agentes econômicos será.

Eli Pariser[37] traça um paralelo entre a Internet e um "filtro invisível" *(filter bubble)*, ou seja, a democracia implica estar em contato com diversos pontos de vista distintos; porém, a Internet direciona a informação

---

[36] *The Next: Economy of Ideas*. In: *Wired 8.10*. 06 páginas. Disponível em: <http:..archive.wired.com/wired/archive/8.10/download_pr.html>, acessado em 12 de outubro de 2015. p. 03.
[37] *The Filter Bubble*. Nova Iorque: Penguin Books, 2011. p. 07.

para cada indivíduo segundo o seu rótulo (histórico de navegação na rede mundial de computadores). Daí o autor conclui que cada clique representa uma informação, que, por sua vez, é uma *commodity*:

> *In the view of the "behavior Market" vendors, every "click signal" you create is a commodity, and every move of your mouse can be auctioned off within microseconds to the highest commercial bidder. As a business strategy, the Internet giants' formula is simple: The more personally relevant their information offerings are, the more ads they can sell, and the more likely you are to buy the products they're offering. And the formula works.*

Portanto, o ganho destes grandes provedores de aplicações na Internet advém do *marketing* e da coleta de dados pessoais, para que o *marketing* direto seja cada vez mais eficaz.

Os economistas[38] identificavam três principais períodos das revoluções tecnológicas, quais sejam: 1) a utilização do vapor como força motriz para otimizar a produção (fim do séc. XVIII até a última década do séc. XIX); 2) a substituição do vapor por motores movidos a combustão e elétricos (final séc. XIX até o final da 2ª Guerra Mundial, no séc. XX); e 3) utilização da fissão nuclear às fontes de energia e da eletrônica na produção. Porém, os economistas constataram um quarto período, mais recente, iniciado por volta dos anos 1980, caracterizado pela substituição de *"tecnologias intensivas em capital e energia, voltadas para linhas inflexíveis de produção em larga escala, para tecnologias intensivas em informação e informatização, flexíveis e computadorizadas".*

Essa nova economia, a economia informacional, resultou da Revolução da Tecnologia da Informação. O conhecimento, a ciência e a tecnologia sempre foram importantes para qualquer tipo de economia, todavia esses eram utilizados para criar bens de consumo e prestar serviços. Em outras palavras, o resultado deste conhecimento e tecnologia era a base da sociedade industrial.

Atualmente, a economia informacional destaca-se porque a própria informação é o produto e a prestação dos serviços. A informação é um valor em si mesma e não como um meio para criar bens e prestar serviços. Em 2004, o *Facebook* teve uma receita avaliada, inicialmente, em

---

[38] ROSSETTI, José Paschoal. *Introdução à Economia*. 19 ed. São Paulo: Atlas, 2002. p. 136.

0,4 milhões de dólares. Em 2014, suas receitas alcançaram a casa de 12,5 bilhões de dólares.[39] Por sua vez, a *Google*, em 2001, teve uma receita de 86,426 milhões de dólares. Em 2015, as suas receitas alcançaram a casa de 66,001 bilhões de dólares. E essas empresas operam com dados e informações.[40] Assim, os produtos das indústrias das novas tecnologias da Informação são ferramentas de processamento de dados e de informação. Por isso, utilizamos os adjetivos "informacional" ao tratar da economia e sociedade atuais, e não "da informação".[41]

Acrescenta-se a isso o fato de que a digitalização dos bens e da prestação de serviços viabiliza o uso simultâneo dos bens de consumo, nessa nova economia. O termo *"rival"* ou *"subtractable"* significa que um bem, quando utilizado por um indivíduo, exclui automaticamente o consumo deste bem por outros consumidores. Daí a ideia de que esses consumidores são rivais na cadeia de consumo de bens materializados (mundo dos átomos), porque a regra da física é que o mesmo corpo não pode estar simultaneamente em lugares distintos. Por exemplo, são bens rivais: automóveis, roupas, alimentos, sem se esquecer que os automóveis são bens duráveis, enquanto as roupas e alimentos, não duráveis.

Ainda que *"rival"*, o mesmo bem pode ser compartilhado, desde que durável, por exemplo, uma propriedade do tipo *time sharing*, em que a propriedade é compartilhada, mas cada indivíduo ao utilizar o bem exclui a possibilidade de sua utilização por outros.

Fazendo um paralelo com este adjetivo, os bens considerados *"non--rival"* ou *"non-subtractable"*, por sua vez, viabilizam o uso simultâneo por diversas pessoas. A digitalização de bens e de serviços aumentou consideravelmente os exemplos de bens não rivais.[42] Antes, estes bens eram basicamente os bens públicos e de uso comum, tais como parques públicos, praias, dentre outros. Atualmente, a digitalização dos bens e serviços aumentou estes exemplos, pois uma música digitalizada pode, por *streaming*, ser reproduzida por vários indivíduos conectados pela Inter-

---

[39] Disponível em: http://en.wikipedia.org/wiki/*Facebook*, acessado em 05 de maio de 2015.
[40] Disponível em: <https://investor.*Google*.com/financial/tables.html>, acessado em 10 de maio de 2014.
[41] CASTELLS, Manuel. *The rise of Network Society...*, op. cit., p. 78.
[42] MURRAY, Andrew. *Op. cit.*, p. 12-13: "Goods that are nonrivalrous are therefore goods that can be enjoyed simultaneously by an unlimited number of consumers".

net, em qualquer parte do mundo. Da ideia de recursos finitos, a humanidade se depara com a possibilidade de bens econômicos infinitos (os dados e as informações).

Nesse sentido, os economistas trabalham com estes dois conceitos. O de bens rivais *(rivalrous)* significa que o uso destes por alguém impede o uso do bem por outrem ao mesmo tempo; ao contrário, os bens não rivais *(non rivalrous)* permitem o uso simultâneo por duas ou mais pessoas. Partindo dessa ideia, Lawrence Lessig[43] fez uma comparação entre um parque e a linguagem, exemplificando a ideia com um parque no centro de Boston, Massachusetts, Estados Unidos *(Boston Common)*, para explicar que, ainda que seja um bem público, *"o meu uso do parque compete com o seu uso dele"*; enquanto a linguagem, em seu turno, é pública, porém o *"meu uso dela não inibe o seu"*. Este é um ponto importante da economia informacional, ou seja, a ideia, a imagem, o arquivo multimídia, uma informação que circula na rede mundial de computadores viabiliza o acesso de muitas pessoas simultaneamente, o que leva à conclusão de que essa fonte de recursos é inesgotável. E, portanto, a lógica do mercado quanto aos bens *nonrivalrous* é assegurar-se que colherá benefícios suficientes para estimular o investimento: *"The problem with nonrivalrous resources is to assure that I reap enough benefit to induce me to sow."*[44]

Para que se possa compreender este raciocínio no contexto da Internet, deve-se estratificá-la em camadas: a primeira camada é denominada camada física *("physical layer")*, ou seja, os computadores e fios, ligados ao sistema de comunicação, que é essencialmente controlado; a segunda é a camada lógica *("code layer")*, isto é, responsável pelo funcionamento do *hardware*, como, por exemplo, os *softwares* e protocolos (que eram livres para que o uso da Internet pudesse ser disseminado); e, a terceira camada, é a camada de conteúdo *("content layer")*, composta por ima-

---

[43] *The future of ideas*: the fate of the commons in a connected world. Nova Iorque: Random House, 2001. p. 21: "The economists are right. This list of resources held in 'the commons' does conflate rivalrous with nonrivalrous resources. But our tradition is not as tidy as the economists' analytics. We have always described as 'commons' both rivalrous and nonrivalrous resources. The Boston Common is a commons, though its resource is rivalrous (my use of it competes with your use of it). Language is a commons, thought its resource is nonrivalrous (my use of it does not inhibit yours)."

[44] Lessig, Lawrence. *The future of ideas...*, op. cit., p. 21.

gens digitais, textos, etc. Esta terceira camada pode ser controlada e, geralmente, o é pelos direitos autorais.[45]

Em síntese, a Internet é estratificada em camadas, sendo que cada indústria opera em uma camada com especificidades em sua prestação de serviços e oferecimento de produtos.[46]

A primeira camada é ocupada pelas empresas que fornecem a infraestrutura para a Internet, ou seja, as empresas de telecomunicações, os provedores de conexão à Internet, as empresas que mantém os *backbones* e empresas que fornecem os *hardwares* para os usuários finais. Alguns exemplos dessas empresas são: Compaq, Qwest, Corning e Mindspring. A concentração geográfica desses prestadores e, portanto, da renda proveniente destes produtos e serviços, está nos EUA, o que é compreensível, tendo em vista a gênese e o desenvolvimento da Internet.

A segunda camada é formada pelos provedores de aplicações de Internet, isto é, os *softwares* que são utilizados na *Web* (conteúdo). As indústrias dessa camada mais conhecidas são Oracle, Microsoft, Netscape e Adobe.

A terceira camada revela um setor dessa economia informacional inovador, porque o lucro destas empresas não está diretamente relacionado ao negócio oferecido por elas, mas, em realidade, ele advém da publicidade, de taxas de adesão ou comissões.

Aparentemente essas empresas oferecem serviços e produtos de maneira gratuita, mas, na verdade, o ganho advém de outras fontes. A remuneração indireta já foi reconhecida, no Brasil, pelo Superior Tribunal de Justiça (STJ)[47], inclusive para fins de aplicação do Código de Defesa do Consumidor (CDC):

RISCO INERENTE AO NEGÓCIO. INEXISTÊNCIA. CIÊNCIA DA EXISTÊNCIA DE CONTEÚDO ILÍCITO. RETIRADA IMEDIATA DO AR. DEVER. DISPONIBILIZAÇÃO DE MEIOS PARA IDENTIFICAÇÃO DE CADA USUÁRIO. DEVER. REGISTRO DO NÚMERO DE IP. SUFICIÊNCIA.

---

[45] Lessig, Lawrence. *The future of ideas...*, op. cit., pp. 23-24.
[46] Castells, Manuel. *The rise of Network Society...*, op. cit., p. 150-152.
[47] REsp 1186616/MG, Rel. Ministra Nancy Andrighi, TERCEIRA TURMA, julgado em 23/08/2011, DJe 31/08/2011.

1. A exploração comercial da internet sujeita as relações de consumo daí advindas à Lei nº 8.078/90.
2. O fato de o serviço prestado pelo provedor de serviço de internet ser gratuito não desvirtua a relação de consumo, pois o termo "mediante remuneração", contido no art. 3º, § 2º, do CDC, deve ser interpretado de forma ampla, de modo a incluir o ganho indireto do fornecedor.
3. A fiscalização prévia, pelo provedor de conteúdo, do teor das informações postadas na web por cada usuário não é atividade intrínseca ao serviço prestado, de modo que não se pode reputar defeituoso, nos termos do art. 14 do CDC, o site que não examina e filtra os dados e imagens nele inseridos. [...] (grifo nosso)

Manuel Castells[48] identifica a quarta camada dessa nova economia informacional, a qual compreende as empresas que operam exclusivamente em *e-commerce*, tais como Amazon, E-toys e Dell-Direct World.

Em suma, esses novos *players* na economia informacional tem uma contribuição socioeconômica relevante, como, nos exemplos mais óbvios, criação de empregos, geração de rendas e acesso à informação. Todavia, a monetarização da informação oferece riscos aos quais o Direito deve se atentar principalmente no que se refere à proteção de dados pessoais, a fim de que não seja prejudicada a efetiva tutela da dignidade da pessoa humana, nos termos do art. 170, *caput* da CF/88, dentre outros direitos fundamentais. Desta forma, deve-se buscar harmonizar os interesses financeiros e econômicos, relevantes para os particulares e a sociedade, e a tutela de direitos e garantias fundamentais.

## 1.1 Alguns Desafios da Economia Informacional

Diante das principais características da denominada "economia informacional", na qual a propriedade das coisas foi substituída pelo controle das informações – um modo revolucionário (global e interconectado) de estruturação do mercado e circulação dos produtos e serviços – e pela substituição do predomínio dos bens rivais (*rivalrousness*) para o predomínio dos bens e serviços não rivais (*nonrivalrousness*), muitos desafios são apresentados para os aplicadores do direito.

[48] CASTELLS, Manuel. *The rise of Network Society...*, op. cit., p. 151.

Guido Alpa[49] ressaltou que, quando conjugada com outros fenômenos, tais como a globalização dos mercados, a desmaterialização da moeda, o desenvolvimento planetário dos bancos de dados, a automatização das atividades humanas, a reorganização do trabalho (fenômenos frutos da *"rivoluzione digitale"* derivada da *"rivoluzione informática"*), a Internet se torna a protagonista de uma inovação que marca a história universal e individual do fim do século XX ao início do século XXI.

Esta nova realidade é desafiadora ao direito construído tendo em vista regras tradicionais, isto é, fundado em um ambiente em que os bens eram tangíveis e rivais e em que os bens intangíveis eram protegidos como propriedade intelectual.[50] Nesse sentido, John Perry Barlow[51] questiona se as lógicas econômica e jurídica tradicionais seriam adequadas ao ciberespaço, que, para ele, é o mundo das ideias (*native home of Mind*).

Sendo assim, Natalino Irti[52], ao analisar o fenômeno da globalização, destaca que o espaço telemático desconhece fronteiras. Portanto, o Professor da Universidade de Roma I, *La Sapienza*, conclui que o desenvolvimento tecnológico desencadeou tais fenômenos globais que colocaram em xeque as ideias de tempo e de espaço nas quais o Direito foi idealizado, de maneira que o direito que tem e deve ter uma aplicação espacial, atualmente, vê-se diante dessa noção espacial não mais adstrita às fronteiras de um determinado Estado. Ao contrário, a sociedade informacional é interconectada e coexiste em uma dinâmica transfron-

---

[49] Cyber Law. Problemi Giuridici connessi allo Sviluppo di Internet. In: *La Nuova Giurisprudenza Civile Commentata*, ano XIV, 2a parte, Rivista Bimestrale di le Nuove Leggi Civili Commentate. Padova: CEDAM, 1998. pp. 385-388. p. 385.

[50] BARLOW, John Perry. *Economy of Ideas: selling wine without bottles on the global net*. Wired 2.03, março de 1994. Disponível em: <http://archive.wired.com/wired/archive/2.03/economy.ideas_pr.html>, acessado em 12 de outubro de 2015.

[51] *Economy of Ideas: selling wine without bottles on the global net*. Vired 2.03, março de 1994. 15 páginas. Disponível em: <http://archive.wired.com/wired/archive/2.03/economy.ideas_pr.html>, acessado em 12 de outubro de 2015. p. 02: "Now, as information enters cyberspace, the native home of Mind, these bottles are vanishing. With the advento f digitization, it is now possible to replace all previous information storage forms with one metabottle: complex and highly liquid patterns of ones and zeros".

[52] Le categorie Giuridiche della Globalizzazione. In: *Rivista di Diritto Civile*, ano XLVIII, 1ª Parte. Padova: CEDAM, 2002. pp. 625-635. p. 629.

teiriça, o que acentua dos desafios ao *enforcement* das leis de proteção de dados pessoais.

Os limites fronteiriços, que eram geograficamente bem definidos, tinham o direito como uma manifestação da soberania estatal. Todavia, nos dias atuais, após a abertura viabilizada pelo TCP/IP, possibilitou-se a interconexão entre indivíduos e empresas de localidades distintas de maneira fácil, rápida e, portanto, mais econômica. A circulação transfronteiriça de pessoas, produtos e serviços e de dados apresenta a clara necessidade de adoção de tratados e protocolos internacionais para que seja garantido um nível mínimo de proteção dos dados pessoais.

Nesse contexto, John Perry Barlow[53] ressalta que outro dado a ser levado em consideração é o desafio de que a Internet aproxima países e culturas distintas, o que favorece uma zona de conflito em que é impossível definir valores universais. Por exemplo, ele menciona que o conceito de crime nas sociedades ocidentais é bem distinto do conceito de crime nas sociedades orientais, o que fomenta o conflito de leis (dúvida sobre a lei aplicável), bem como a jurisdição competente no espaço digital. E este é um risco na nova economia informacional.

Destacam-se, também, os desafios da economia informacional ensejados pelo aumento da capacidade de armazenamento de dados e pelo barateamento dos *hardwares* e *softwares*. De maneira que a monetarização dos dados faz com que os agentes econômicos atuem de maneira desmedida e, muitas vezes, causando danos aos usuários cujos dados pessoais são coletados e compartilhados sem conhecimento disto e sem prévio consentimento.

Neste sentido, Alessandro Hirata[54] destaca a necessidade de um olhar atento, porque mesmo sendo estes dados públicos, sua coleta, organização, classificação e utilização ameaçam a privacidade dos titulares dos dados. Além de outros problemas graves como o fato de determinado usuário deletar seus dados ou mesmo seu perfil em determinada rede social, o provedor continua ilegitimamente usando esses dados ou, mesmo, compartilhando tais informações com terceiros.

---

[53] *The Economy of Ideas...*, op. cit., p. 03.
[54] O *Facebook* e o direito à privacidade. In: Revista de Informação Legislativa, ano 51, n. 201, separata. Brasília: Senado Federal, Secretaria de editoração e publicações, março de 2014. pp. 1-27. p. 20.

Justamente nesse contexto, ou seja, a partir da década de 1990, despertou-se a necessidade de desenhar um sistema de proteção de dados pessoais como direito e garantia fundamental autônomo, como será detalhado no próximo capítulo. Mas, importante mencionar que a "Carta dos Direitos Fundamentais" (*Charter of Fundamental Rights of the European Union* – 2000/C 364/01)[55] dedicou um artigo em separado para a proteção dos dados pessoais como fundamental à dignidade da pessoa humana:

> *Article 8 – Protection of personal data*
> *1. Everyone has the right to the protection of personal data concerning him or her.*
> *2. Such data must be processed fairly for specified purposes and on the basis of the consent of the person concerned or some other legitimate basis laid down by law. Everyone has the right of access to data which has been collected concerning him or her, and the right to have it rectified.*
> *3. Compliance with these rules shall be subject to control by an independent authority.*

Stefano Rodotà[56] destaca dois documentos internacionais de muita relevância nesta matéria da própria OCDE, nas diretrizes de 23 de setembro de 1980, adotadas pela Convenção de Estrasburgo em 28 de janeiro de 1981, quando o direito à privacidade volta a chamar a atenção, tendo em vista o advento dos grandes computadores.

Porém, a partir da década de 1990, outro fator chamou a atenção de toda a comunidade internacional, qual seja: o grande aumento na capacidade de armazenamento de dados, o despertar da sociedade imersa em *Big Data*. Isso tornou premente a necessidade de estabelecer a proteção dos dados pessoais de maneira autônoma. Em razão dessas novas tecnologias digitais (mais baratas e com maior capacidade de armazenamento), há um acúmulo de informações pessoais coletadas a todo momento e armazenadas, além de viabilizar o acesso a tais informações por qualquer pessoa de maneira rápida e cômoda.

---

[55] UNIÃO EUROPEIA. Charter of Fundamental Rights of the European Union. Disponível em: <https://eur-lex.europa.eu/legal-content/EN/TXT/HTML/?uri=CELEX:12012P/TXT&from=EN>, acessado em 20 de janeiro de 2020.
[56] Persona, riservatezza, identità. Prime note sistematiche sulla protezione dei dati personali. *In: Rivista Critica del Diritto Privato*, anno XV, n. 1, março 1997, pp. 583-609. p. 584.

Interessante a metáfora utilizada por Daniel J. Solove[57], ao adotar a expressão *"digital person"*, para destacar que a tecnologia digital permite o armazenamento de informações pessoais das mais variadas espécies, criando *"digital dossiers".* O autor utiliza a ideia dos dossiês, que são utilizados na Justiça europeia para alcançar um julgamento sobre um determinado indivíduo.

Realmente, os dossiês digitais, que são as informações tais como o rol de conhecidos, de amigos de determinada pessoa, o que ela curte e o que ela não curte em determinada rede social, os seus interesses, as escolas em que estudou, as empresas em que trabalhou e trabalha, os *sites* que acessa; enfim, todas estas informações, contidas em *digital dossiers,* servem para atingir uma perifilização, ou seja, para realizar um julgamento sobre a pessoa, que é rotulada e, a partir daí, produtos e serviços lhes são oferecidos segundo suas preferências (*marketing* direto), ou lhes são negados, por informações de créditos coletadas sem que o indivíduo saiba e possa se defender, corrigir informações equivocadas a seu respeito ou excluir outras informações que lhes sejam íntimas.

Em 2013, de acordo com a Cisco, a quantidade de tráfego de informações na Internet alcançou 667 *exabytes*.[58] E a tendência foi só aumentar, não se falando mais em *exabytes,* mas sim em *zettabytes*[59], falando-se

---

[57] *The Digital Person:* technology and privacy in the Information Age. Nova Iorque: New York University Press, 2004. p. 01-02: "Data is digitized into binary numerical form, which enables computers to store and manipulate it with unprecedented efficiency. There are hundreds of companies that are constructing gigantic databases of psychological profiles, amassing data about an individual's race, gender, income, hobbies, and purchases. Shards of data from our daily existence are now being assembled and analyzed – to investigate backgrounds, check credit, Market products, and make a wide variety of decisions affecting our lives".

[58] Observe-se que 1 Exabyte equivale a 1.000.000.000.000.000.000 *Bytes.* The economist. Data, data everywhere. A special resport on managing informaetion. Disponivel em: <http://www.emc.com/collateral/analyst-reports/ar-the-economist-data-data-everywhere.pdf>, acessado em 20 de maio de 2015.

[59] "Um Zettabyte é uma unidade de informação ou memória. Ele corresponde a 1.000.000.000.000.000.000.000 (1021) ou 1180591620717411303424 (270) Bytes, dependendo do contexto. Para não haver confusão, foi criada uma nova nomenclatura para diferenciar valores em base 10 e os em base 2, sendo esta última Zebibyte." Disponível em: <https://pt.wikipedia.org/wiki/Zettabyte>, último acesso em 26 de novembro de 2015.

na *Era do Zettabyte*[60]: "*Global mobile data traffic grew 69 percent in 2014. Global mobile data traffic reached 2.5 exabytes per month at the end of 2014, up from 1.5 exabytes per month at the end of 2013.*"

E, por isso, é imperiosa a proteção dos titulares destas informações pessoais estabelecendo princípios e assegurando direitos, relacionados no capítulo 4 deste trabalho, protegendo de maneira eficaz a proteção de dados e o direito à identidade pessoal, como emanações da dignidade da pessoa humana.

No próximo capítulo, destacar-se-ão alguns direitos de personalidade semelhantes à proteção dos dados pessoais, ressaltando a diferença entre eles. Atualmente, o tratamento automático dos dados pessoais é ainda mais ameaçador, o que impõe determinadas medidas para estabelecer um equilíbrio entre os valores da economia informacional e a dignidade da pessoa humana.

Nesse sentido, Stefano Rodotà[61] ressalta que o fio condutor, quando se fala em proteção de informações pessoais e da tutela da privacidade e da identidade pessoal, deve ser a dignidade da pessoa humana.

### 1.1.1 *Big Data e Proteção dos Dados Pessoais*

Realmente, a quantidade de dados armazenados está crescendo de maneira inimaginável. Tal crescimento é quatro vezes maior do que o crescimento da economia global, e o aumento da capacidade dos computadores em processar estas informações é nove vezes mais rápida.[62]

Contudo, a coleta, o tratamento e armazenamento de dados não são sempre ruins, o que se constata a partir do *Big Data*[63], ou seja, informações de todo o tipo podem ser associadas de tal forma a determinar um

---

[60] Disponível em: <http://www.cisco.com/c/en/us/solutions/collateral/service-provider/visual-networking-index-vni/white_paper_c11-520862.html>, último acesso em 26 de novembro de 2015: "Annual global IP traffic will surpass the zettabyte (1000 exabytes) threshold in 2016, and the two zettabyte threshold in 2019. Global IP traffic will reach 1.1 zettabytes per year or 88.4 exabytes (one billion gigabytes) per month in 2016. By 2019, global IP traffic will pass a new milestone figure of 2.0 zettabytes per year, or 168.0 exabytes per month."
[61] Persona, riservatezza, identità..., *op. cit.*, p. 584.
[62] MAYER-SCHÖNBERGER, Victor; CUKIER, Kenneth. *Big Data:* a revolution that will transform how we live, work, and think. Boston: Houghton Mifflin Harcourt Publishing Company, 2013. p. 09.
[63] MAYER-SCHÖNBERGER, Victor; CUKIER, Kenneth. *Idem*, p. 13.

conteúdo de relevância à soberania estatal, à dignidade da pessoa humana (*e. g.* prevenir pornografia infantil e atos de terrorismo e racismo), à saúde pública (*e.g.*, diagnosticando doenças endêmicas), dentre outros.

Isso ficou bem claro a partir da descoberta dos efeitos colaterais do medicamento *Vioxx*, que só foi possível mediante a coleta de dados pela Kaiser Permanente (foram constatadas, rapidamente, 27.000 mortes por problemas cardíacos dentre os usuários do medicamento Vioxx, no período de 1999 a 2003). Além deste exemplo, a grave ameaça de uma gripe, diagnosticada pela *Google*, a partir da coleta de dados em seu *site* de busca, é outro caso que pode justificar a coleta e tratamento de dados.[64]

Eli Pariser[65] destaca o fenômeno da "personalização" na distribuição de notícias, ou seja, pelo histórico dos *sites* acessados pelo usuário e nos artigos clicados no passado, o *Google* Notícias traça um perfil do usuário, o que também vem sendo denominado de "perfilização". Assim, quando este usuário acessa a página do *Google* Notícias, ele tem acesso a notícias de caráter geral e outras notícias selecionadas, de acordo com este perfil, criado virtualmente com o armazenamento de informações pessoais do mesmo usuário. Esta prática compromete o acesso à informação,[66] pois o filtro da personalização dificulta o acesso a outras notícias pelo usuário, cujo perfil foi unilateralmente traçado pela *Google*. Até que ponto tais condutas podem ser admitidas?

Por exemplo, em 2009, um novo vírus de gripe (H1N1) foi descoberto. Porém, as autoridades sanitárias necessitavam descobrir o foco da doença para evitar uma contaminação endêmica do vírus pelo mundo. A *Google* analisou os 50 milhões de termos mais usados em suas ferramentas de busca e comparou com a lista do *Centers for Disease Control and Prevention (CDC/US)* de contaminação pela gripe entre 2003 e 2008. Assim, pelo que os usuários pesquisavam na Internet, poderiam ser identificados os focos da gripe e, então, evitar a contaminação global.[67]

Porém, esta mesma tecnologia já foi utilizada para rastrear o comportamento de determinado indivíduo e oferecer produtos e serviços

---

[64] TENE, Omer; POLONETSKY, Jules. Privacy in the age of big data: a time for big decisions. *In: Stanford Law Review Online*, vol. 64, pp. 63 a 69, 2 de fevereiro de 2012. p.64.
[65] *op. cit.*, pp. 61-63.
[66] Destaca-se que a Lei n. 12.527, de 18 de novembro de 2011, denominada Lei de Acesso à Informação, tem um âmbito de aplicação restrito, pois é destinada a órgãos públicos.
[67] MAYER-SCHÖNBERGER, Victor; CUKIER, Kenneth. *Big Data...*, *op. cit.*, p. 02.

personalizados, por meio da tecnologia denominada *cookies*⁶⁸. O caso emblemático é da rede de lojas norte-americanas Target que, em razão do histórico de busca e navegação na Internet por uma adolescente de Minnesota, passou a enviar para a residência da adolescente cupons promocionais de artigos para bebês e gestantes. O pai da adolescente, desconhecendo a gravidez da filha, ficou incomodado com tal atitude da loja e foi até uma loja Target, nos arredores de Mineapolis, e pediu para falar com o gerente. O pai, inconformado, disse que a filha recebeu os cupons de artigos de gestantes e de bebês pelo correio e que era apenas uma adolescente ainda no colégio; ao final, o pai indagou se a loja Target estava estimulando a filha dele a engravidar. Alguns dias depois, o pai ligou para o gerente se desculpando, dizendo que aconteceram coisas na casa dele que ele desconhecia e que, realmente, a filha adolescente estava grávida.⁶⁹

O primeiro grande desafio desse tema é estabelecer um conceito para a expressão *Big Data*. Não há um conceito determinado, mas a ideia surge em razão do grande volume de informação que um computador não tem capacidade de armazenar e as processar. Então, surgem algumas ferramentas tecnológicas que armazenam estes dados e os processam.

Não se sabe ao certo o autor dessa expressão. Contudo, geralmente ela é atribuída a Doug Laney, em 2001⁷⁰, porém o autor a restringia a análise aos 3 *Vs* ("*Data Volume, Velocity and Variety*"). Desta forma, a definição de *Big Data* proposta por Laney é: "*Big data is high volume, high velocity, and/or high variety information assets that require new forms of processing to enable enhanced decision making, insight discovery and process optimization.*"

No entanto, atualmente, esta definição é criticada, porque é por demasiado restritiva. Portanto, Mark van Rijmenam⁷¹ acrescenta a Veracidade, Variabilidade, Visualização e Valor (*Veracity, Variability, Visualization and Value*).

---

⁶⁸ *Code version 2.0*. New York: Basic Books, 2006. pp. 47-48.
⁶⁹ www.forbes.com/sites/kashmirhill/2012/02/16/how-target-figured-out-a-teen-girl-was--pregnant-before-her-father-did/, acessado em 20 de setembro de 2015.
⁷⁰ Application Delivery Strategies. *In: Meta Goup*, 06 de fevereiro de 2001. Disponível em: <http://blogs.gartner.com/doug-laney/files/2012/01/ad949-3D-Data-Management-Controlling-Data-Volume-Velocity-and-Variety.pdf>, acessado em 12 de outubro de 2015.
⁷¹ Why The 3V's Are Not Sufficient To Describe Big Data. Disponível em: <https://datafloq.com/read/3vs-sufficient-describe-big-data/166>, acessado em 12 de outubro de 2015.

Entretanto, o processamento desse grande volume de dados acaba, por vezes, interferindo na coleta e tratamento de dados pessoais, ocorrendo o que se denomina *"datafication"*, isto é, organizar os dados quantitativamente para que possam ser tabulados e analisados.[72]

Consequentemente, o risco do *Big Data* é justamente a ameaça ao direito à identidade pessoal, à privacidade e à proteção dos dados pessoais. A obra de George Orwell[73], por exemplo, está fundada em um mundo totalitário, controlado pelo *Big Brother*, que exigia a completa obediência dos cidadãos, que eram permanentemente monitorados e espionados por meio da ferramenta denominada *"Telescreen"*, o que leva a crer que *Big Data* tem uma conexão com a ideia de *Big Brother*.

Sempre que se fala em *Big Data*, pensa-se nas grandes empresas que coletam informações na Internet (*Google, Facebook* e etc.), mas não se pode olvidar que o Estado é o precursor nesta atividade, isto é, de coletar informações pessoais e as armazenar.

Os riscos são muitos e há pouco tempo o mundo tomou conhecimento de atividades de espionagem da *U.S. National Security Agency (NSA)*, que interceptou e armazenou 1,7 bilhões de e-mails e ligações de cidadãos norte-americanos e de outras nacionalidades, inclusive autoridades.[74]

Na era do *Big Data*, geralmente, tem se adotado três medidas para a proteção dos dados pessoais, quais sejam: 1) consentimento informado do indivíduo de que seus dados estão sendo coletados, sendo que o indivíduo necessita, portanto, concordar com isso seja de maneira expressa ou de forma inequívoca por meio de condutas socialmente típicas; 2) sistema *opt out*, ou seja, deve-se viabilizar a exclusão do titular dos dados quando ele assim optar; e 3) a anonimização dos dados, ou seja, utilizar configurações que impossibilitem associar os dados a uma pessoa.

Contudo, tais medidas não parecem suficientes. Primeiro porque o consentimento, que deve ser livre e informado, não o é tendo em vista os longos Termos e Condições de Uso, utilizados pelas grandes empresas, que inviabilizam o real conhecimento pelos indivíduos, que anuem sem saber ao certo com o quê.

---

[72] MAYER-SCHÖNBERGER, Viktor; CUKIER, Kenneth. *Big Data...*, op. cit., p. 78.
[73] *1984*. Nova Iorque: Penguin Group, 1977.
[74] MAYER-SCHÖNBERGER, Viktor; CUKIER, Kenneth. *Idem*, p. 156.

ECONOMIA INFORMACIONAL

Segundo porque o sistema *opt out,* muitas vezes, é utilizado justamente para continuar rastreando as atividades dos indivíduos.

E, terceiro, porque já é cediço que a anonimização de dados na economia informacional é uma falácia, já que é possível, por meio de associações e tratamento de dados, partir de um dado anônimo e chegar a informações pessoais que revelem opção sexual, filiação partidária, convicções religiosas e etc.

Por isso, Viktor Mayer-Schönberger e Kenneth Cukier[75] concluem que o fenômeno *Big Data* permite mais e mais vigilância nas vidas dos cidadãos e, ao mesmo tempo, torna obsoleta a tradicional tutela da privacidade. Além disso, pessoas são rotuladas e penalizadas por isso, ao invés de serem ajudadas por tal ferramenta. Por isso, ameaça o livre arbítrio e a própria dignidade da pessoa humana. Ao final, os autores sugerem que esta ferramenta deve ser utilizada com um "generoso grau de humildade e humanidade" (*"It also suggests that we must use this tool with a generous degree of humility ... and humanity"*).

### 1.1.2 *Cloud Computing e Proteção dos Dados Pessoais*

É muito comum associar *Big Data* à *Cloud Computing,* em razão das semelhanças entre estas duas ideias. Assim como a primeira, a computação em nuvem lida com grande volume de informação e armazenamento. No entanto, esta última parte da ideia de ubiquidade da tecnologia da informação e bens não rivais para viabilizar o acesso às informações, simultaneamente por várias pessoas e independentemente do *hardware* e local onde estão armazenadas.

*Cloud Computing* pode ser definido como:[76]

---

[75] *Big data...*, op. cit., p. 170; 197.
[76] Hassan, Qusay (2011). "Demystifying Cloud Computing" (PDF). *In: The Journal of Defense Software Engineering* (CrossTalk) 2011 (Jan/Feb): 16–21. Retrieved 11 December 2014. Disponível em: <https://en.wikipedia.org/wiki/Cloud_computing>, acessado em 14 de outubro de 2015. Semelhante definição é dada por *National Institute of Standards and Technology* (NIST). *Definition of Cloud Computing*" (PDF). Retrieved 24 July 2011. Disponível em: <https://en.wikipedia.org/wiki/Cloud_computing>, acessado em 14 de outubro de 2015: "Cloud computing is a model for enabling ubiquitous, convenient, on-demand network access to a shared pool of configurable computing resources (e.g., networks, servers, storage, applications, and services) that can be rapidly provisioned and released with minimal management effort or service provider interaction. This cloud model is

*A cloud is an on-demand computing model composed of autonomous, networked IT (hardware and/or software) resources. Service providers offer clouds with predefined quality of service (QoS) terms through the Internet as a set of easy-touse, scalable, and inexpensive services to interested clients on a subscription basis.*

Não é fácil adotar um conceito de "computação em nuvem". O Parecer 05/2012 dedicou-se à análise deste fenômeno, de autoria do Grupo de Trabalho para a Proteção de Dados (WP29), instituído pelo art. 29 da Diretiva 95/46/CE da União Europeia traz a seguinte definição[77]:

> A computação em nuvem consiste num conjunto de tecnologias e modelos de serviços centrados na utilização e fornecimento via Internet de aplicações informáticas, de capacidade de tratamento e armazenamento e de espaço de memória. A computação em nuvem pode gerar importantes benefícios económicos, uma vez que os recursos a pedido podem ser com bastante facilidade configurados, alargados e acedidos via Internet.

No Brasil, o Projeto de Lei 5.344/2013, de iniciativa do Sr. Ruy Carneiro, propõe uma definição:

> Art. 1º, § 1º – A computação em nuvem é definida como a exploração da atividade de tratamento, armazenamento, guarda e depósito virtuais, por sistemas eletrônicos ou eletromagnéticos e mediante contrato oneroso ou gratuito, no qual o depositário recebe informações, sistemas, programas, plataformas, ou qualquer espécie de dados do depositante ou titular, sejam codificados ou não, considerados conteúdo ou bens, [...]

Entretanto, essa ideia não é nova. Desde o desenvolvimento da Internet, buscava-se ferramentas para compartilhar informações, como descrito no início deste capítulo, de maneira que na economia informacional este sistema é extremamente útil, porque viabiliza o acesso e compartilhamento das informações.

---

composed of five essential characteristics, three service models, and four deployment models."

[77] Disponível em: <http://ec.europa.eu/justice/data-protection/article-29/documentation/opinion-recommendation/files/2012/wp196_pt.pdf>, acessado em 14 de outubro de 2015.

Em suma, é cada vez mais comum que os indivíduos insiram na nuvem fotos de toda natureza, documentos importantes escaneados (muitos, ao eliminar papeis, optam em digitalizá-los e os armazenar em nuvem), e-mails e etc. Assim, não é difícil imaginar os riscos que tal prática oferece à proteção de dados pessoais e privacidade.

Esses serviços podem ser prestados de três maneiras distintas, a saber:

1) *Software as a Service (SaaS)*, em que os programas utilizados são armazenados em nuvem, ex. *GoogleDrive* e *Dropbox*. Estes serviços podem ser caracterizados pelo acesso ao aplicativo via Internet, pelo gerenciamento centralizado do aplicativo e pela universalização dos serviços oferecidos (não é individualizado);
2) *Plataform as a Service (PaaS)* é uma plataforma utilizada para criação, hospedagem e controle de *software* pelo próprio usuário; e
3) *Infraestructure as a Service (IaaS)* é um serviço que disponibiliza toda a infraestrutura necessária para o desenvolvimento, execução e armazenamento de aplicativos e dados em ambiente de nuvem. Portanto, muito mais amplo que os anteriores.

Nota-se que é muito importante que seja garantido um padrão de segurança razoável destes serviços porque, como as informações são armazenadas em *Data Centers* com capacidade de armazenamento extraordinária, os riscos de tais informações serem acessadas é maior.

Daí a necessidade de não inviabilizar esses serviços importantes para a economia informacional, mas de estabelecer padrões de segurança com a responsabilização destes provedores pelo acesso a essas informações por terceiros sem anuência do titular dos dados. Neste ponto, será fundamental a atuação da ANPD, pois dentre suas competências está justamente a de estimular a adoção de padrões para serviços e produtos que facilitem o exercício de controle e proteção dos titulares sobre seus dados pessoais (inc. X do art. 55-J da LGPD).

# Capítulo 2
# Direitos de Personalidade na Era Digital

> *The Orwellian dangers have certainly not disappeared; nor have the harms created by the sensationalistic media. But the rise of digital dossiers has created new and different problems. New privacy laws have been created in response.*
>
> Daniel Solove[78]

Assim como foi destacado no capítulo anterior sobre a economia informacional e os desafios para a proteção dos dados pessoais no capitalismo informacional, é mister esclarecer o uso da expressão "sociedade da informação", que é um termo equívoco e empregado em contextos diversos. Como bem destaca Newton De Lucca[79], o uso de tal locução não é novo, porque já era utilizado pela sociologia, pelo menos desde a década de 1970 para se referir à fase pós-industrial.[80] Em outras palavras, os

---

[78] SOLOVE, Daniel. *The digital person*: technology and privacy in the information age. Nova Iorque: New York University Press, 2004. pp. 74-74.

[79] Prefácio. In: LEONARDI, Marcel. *Tutela e Privacidade na Internet*. São Paulo: Saraiva, 2012. p. 11.

[80] Daniel Bell foi um socialista e professor da Harvard University, que desenvolveu vários trabalhos sobre a sociedade pós-industrial, preconizando que a sociedade pós-moderna é fundada na economia da informação e no fortalecimento do terceiro setor (*"post-industrialism would be information-led and service-oriented"*). BELL, Daniel. *In: Business and Society Review/*

grandes sociólogos especializados no estudo da fase pós-industrial já caracterizavam a sociedade pós-moderna como a sociedade "guiada pela informação e pelo conhecimento", segundo Daniel Bell[81].

Para poder compreender melhor essa dinâmica, importante ressaltar a origem etimológica das palavras "informação" e "conhecimento". Como tais expressões tem origem, no mundo digital, no léxico inglês, importante destacar os significados e etimologia desses vocábulos neste idioma. *Information* significa *"comunicação ou recepção de conhecimento ou inteligência; conhecimento obtido por pesquisas, estudos ou instrução"*[82]. *Knowledge*, por sua vez, significa a compreensão obtida pela experiência ou ter ciência de algo ou ter informação.[83] Observe-se que esses dois termos estão intimamente ligados nas respectivas descrições. O que eles têm em comum é a maneira pela qual se adquire informação e conhecimento, ou seja, pesquisa, estudo, instrução e experiência prática.

Dessa forma, como foi destacado no capítulo anterior, o avanço da informática surge no contexto acadêmico, isto é, em consequência de projetos de pesquisa e estudos financiados pelos Estados Unidos e por agências europeias. Portanto, é possível compreender que a fase pós-industrial foi drasticamente alterada pelos avanços científicos e tecnológicos, notadamente no campo da informática e telemática.

Em dicionários[84] da língua portuguesa, define-se "informação" como *"1. Ato ou efeito de informar; 2. Notícia (dada ou recebida); 3. Indagação; 4. Esclarecimento dado sobre os méritos ou estado de outrem".* De outro lado, "conhecimento" vem conceituado como *"1. Ato ou efeito de conhecer; 2. Noção; 3. Notícia, informação; 4. Experiência; 5. Ideia (...); 7. Trato; (...) 10. Ter perfeito conhecimento de si próprio, dos próprios méritos, do caráter próprio; 11. Instrução, saber; (...); 13. Conhecimento de causa: conhecimento ou sabedoria em relação a um assunto ou a um fato".*

---

*Innovation*. Disponível em: <https://www.os3.nl/_media/2011-2012/daniel_bell_-_the_coming_of_post-industrial_society.pdf>, acessado em 03 de junho de 2015. p. 07. Cf. BELL, Daniel. *The coming of post-industrial society:* a venture in social forecast. Basic Books, 1973.

[81] *Idem ibidem.*

[82] *Webster's New Encyclopedic Dictionary*. Nova Iorque: BD&l, 1995. p. 515. Tradução livre.

[83] *Idem*, p. 556.

[84] AURELIO, O mini dicionário da língua portuguesa. 4ª edição. Rio de Janeiro: Positivo, 2002.

Manuel Castells, em sua obra, utiliza-se da locução *"sociedad de la información"* ou *"informational society"*, que, vertida literalmente para o português como "sociedade informacional"[85], parece mais adequada, ante a utilização da expressão "sociedade do conhecimento".

Nota-se que, às vezes, utiliza-se a expressão "sociedade do conhecimento",[86] porém essa locução não parece correta, porque o conhecimento implica um estado de não-ignorância, o que muitas vezes não é o caso. Por exemplo, as informações disponíveis na Internet são tantas que não se pode assimilar tudo, nem tão pouco acessar todas as informações. Viktor Mayer-Schönberger e Kenneth Cukier[87] destacam que, na atual economia informacional, a quantidade de informação armazenada e disponibilizada é tão vasta que se fala em *"information overload"*.

Além disso, o conhecimento depende de um preparo (ensino e cultura) que nem sempre o indivíduo terá, e, portanto, não será hábil para processar a informação e atingir o conhecimento.[88]

Outros utilizam, ainda, o termo "sociedade da comunicação",[89] colocando em evidência a evolução dos meios de comunicação, notadamente, aqueles que são utilizados por meio da Internet, ou seja, utilizando *hardware* e *software* cuja transmissão é feita via satélite ou por cabos ópticos.

Nesse sentido, José de Oliveira Ascensão[90] afirmou que a expressão Sociedade da Informação *"não é um conceito técnico: é um slogan. Melhor se falaria até em sociedade da comunicação, uma vez que o que se pretende impulsionar é a comunicação, e só num sentido muito lato se pode qualificar toda a mensagem como informação".*

---

[85] CASTELLS, Manuel. A Sociedade em rede – Volume I, trad. Roneide Venancio Majer. São Paulo: Editora Paz e Terra, 2000. p. 57. No presente trabalho dar-se-á preferência à versão original da obra, com tradução livre pela autora quando necessário.
[86] Lèvy, Pierre. *Collective Intelligence:* mankind's emerging world in cyberspace. Tradução de Robert Bononno. Cambridge (MA): Perseus Books, 1997. p. 02.
[87] *Big Data..., op. cit.*, p. 09.
[88] MORATO, Antonio Carlos. O conceito de hipossuficiência e a exclusão digital do consumidor na sociedade da informação. In: _____; NERI, Paulo de Tarso (orgs). *20 anos do Código de Defesa do Consumidor*: estudos em homenagem ao professor José Geraldo Brito Filomeno. São Paulo: Atlas, 2010. pp. 09-21. p. 13.
[89] RODOTÀ, Stefano. Persona, riservatezza, identità. Prime note sistematiche sulla protezione dei dati personali. *In: Rivista Critica del Diritto Privato*, anno XV, n. 1, março 1997, pp. 583-609. p. 583: o autor utiliza a expressão *"società della comunicazione"*.
[90] ASCENSÃO, José de Oliveira. *Direito da internet e da Sociedade da Informação*, Rio de Janeiro: Forense, 2002. p. 71.

Manuel Castells,[91] em uma das obras de sua trilogia[92], destaca a diferença entre as expressões "sociedade da informação" e "sociedade informacional". Para o autor, a informação sempre esteve relacionada ao desenvolvimento social de alguma forma; no entanto, a sociedade atual é uma "sociedade informacional" porque é caracterizada pela geração, pelo processamento e pela transmissão da informação como fonte da produtividade e de poder, haja vista às novas tecnologias.

Dessa maneira, parece adequada tal distinção. Servindo de um exemplo mencionado por Manuel Castells[93], não se pode ignorar a distinção entre "indústria" e "industrial", ou seja, uma sociedade de indústria seria aquela que tem indústrias; ao passo que uma "sociedade industrial" é caracterizada pelo papel da indústria em todos os setores da sociedade, isto é, a principal fonte de produtividade e de poder econômico.[94]

Sendo assim, "sociedade da informação" seria uma sociedade que tem informação, o que se pode observar em todas as fases da evolução da humanidade; porém, a locução "sociedade informacional" destaca o papel da informação em determinada sociedade, isto é, a informação

---

[91] *The rise of the network society...*, *op. cit.*, p. 17: "To be sure, knowledge and information are critical elements in all modes of development, since the process of production is always based on some level of knowledge and in the processing of information. However, what is specific to the *informational mode* of development is the action of *knowledge upon knowledge itself as the main source of productivity* (see chapter 2). Information processing is focused on improving the technology of information processing as a source of productivity, in a virtuous circle of interaction between the knowledge sources of technology and the application of technology to improve knowledge generation and information processing: this is why, rejoining popular fashion, *I call this new mode of development informational,* constituted by the emergence of a new technological paradigm based on information technology (see chapter 1)". (grifo nosso)

[92] A trilogia é identificada por *The Information Age: economy, society and culture.* Sendo que o Vol. I, idem ibidem trata da sociedade em rede; o vol. II, do poder da identidade, vide _____. *The power of Identity.* 2 ed. Malden (MA): Blackwell Publishers, 2007.; e o vol. III, sobre os problemas do capitalismo informacional, cf. _____. End of Millennium. 2 ed. Malden (MA): Blackwell Publishers, 2006.

[93] *The rise of the network..., idem ibidem.*

[94] Portanto, adotamos como título desta primeira parte a expressão "sociedade informacional" partindo da premissa de que o corte metodológico desta tese é concentrar-se em um dos aspectos da geração, do processamento e da transmissão da informação na sociedade atual, qual seja a limitação e/ou regulação desta atividade através de um órgão independente cuja ideia será desenvolvida no transcorrer da obra.

como riqueza (economia informacional) e como instrumento de poder, conforme detalhado no capítulo anterior.

A expressão "sociedade da informação" comporta alguns significados diferentes em razão de sua abstração. Por isso, Frank Webster[95] identifica, pelo menos, cinco conceitos distintos para a locução, mas que não são excludentes, ao contrário, são complementares, quais sejam: sentido tecnológico, sentido econômico, sentido ocupacional, sentido espacial e sentido cultural.

No contexto tecnológico, sociedade da informação é a que surgiu em razão dos avanços da tecnologia da informática e da comunicação (*ICTs – information and communications Technologies*). Em síntese, a sociedade da informação, no sentido tecnológico, é vista como interligada por "rodovias de informação" (*information 'superhighway'*).[96][97]

No sentido econômico (que já foi objeto de análise no capítulo anterior), sociedade da informação é a sociedade em que o conhecimento e a informação em si mesmos são valores e determinam a produtividade. Portanto, quem detém o conhecimento e a informação detém maior poder econômico.[98]

Em outra acepção, a sociedade da informação pode ser analisada segundo seu impacto ocupacional, que, para os sociólogos, é o aspecto mais importante desta nova sociedade pós-industrial. Assim, nesse sentido, a sociedade da informação é a que atribui especial relevância aos

---

[95] *Theories of the Information Society*. 3 ed. Londres: Taylor & Francis e-Library, 2006. pp. 08 e ss.

[96] WEBSTER, Frank. *Op. cit.*, p. 10: "The rapid growth of the Internet especially, with its capacities for simultaneously promoting economic success, education and the democratic process, has stimulated much commentary. Media regularly feature accounts of the arrival of an information 'superhighway' on which the populace must become adept at driving."

[97] Ménard, Marc. Autoroutes de l'information et société de l'information: pour un renversement de perspective. In: FRÉMONT, Jacques; DUCASSE, Jean-Paul. *Les Autoroutes de l'Information: enjeux et défis*. Montréal: Faculté de Droit, Université de Montréal, 1996. pp. 103-120. p. 105: "Par autoroutes de l'information, on entend généralement des réseaux de communication a haut débits capables de transmettre de n'importe quel lieu à n'importe quel lieu, et simultanément, du son, de l'image et du texte sous forme numérique. On dit aussi que c'est la convergence du téléphone et du câble ainsi que du satellite et du microordinateur, permettant à quiconque, n'importe où, de recevoir ou de transmettre n'importe quel type d'information."

[98] *Idem*, p. 12.

serviços de coleta, armazenamento e distribuição de informação. Segundo Frank Webster:[99]

> *Here the occupational structure is examined over time and patterns of change observed. The suggestion is that we have achieved an information society when the preponderance of occupations is found in information work. The decline of manufacturing employment and the rise of service sector employment is interpreted as the loss of manual jobs and its replacement with white-collar work. Since the raw material of non-manual labour is information (as opposed to the brawn and dexterity plus machinery characteristic of manual labour), substantial increases in such informational work can be said to announce the arrival of an information society.*

No campo geográfico, o aspecto espacial da sociedade da informação é a sociedade interconectada, de maneira que as longas distâncias físicas entre os países não são mais um óbice para a realização de negócios e para a comunicação.[100]

Por fim, o quinto sentido da expressão "sociedade da informação" diz respeito a seu aspecto cultural, sendo esse o mais marcante. Assim, sociedade da informação é a sociedade em que os meios de comunicação, como rádio, imprensa e televisão, são interconectados e acessados facilmente por meio de um computador.[101]

O que muda nessa atual sociedade informacional quanto à tutela dos direitos de personalidade, em especial, a proteção dos dados pessoais?

---

[99] *Idem*, p. 14.

[100] WEBSTER, Frank. *Op. cit.*, p. 18: "No one could deny that information networks are an important feature of contemporary societies: satellites do allow instantaneous communications round the globe, databases can be accessed from Oxford to Los Angeles, Tokyo and Paris, facsimile machines and interconnected computer systems are a routine part of modern businesses."

[101] *Idem*, p. 19: "PCs, access to the Internet and the palm-held computer testify to unrelenting expansion here. There is very much more radio output available now than even a decade ago, at local, national and international level. And radios are no longer fixed in the front room, but spread through the home, in the car, the office and, with the Walkman and iPod, everywhere. Movies have long been an important part of people's information environment, but movies are today very much more prevalent than ever: available still at cinema outlets, broadcast on television, readily borrowed from rental shops, cheaply purchased from the shelves of chain stores."

Justamente os riscos que a caracterizam, em razão do desenvolvimento crescente e constante de novas tecnologias, que são cada vez mais ágeis na forma de coleta, tratamento e armazenamento de dados, bem como somados à monetarização destas atividades.

Jonathan Zittrain[102] aponta esses riscos da seguinte forma:

> The heart of the next-generation privacy problem arises from the similar but uncoordinated actions of individuals that can be combined in new ways thanks to the generative Net. Indeed, the Net enables individuals in many cases to compromise privacy more thoroughly than the government and commercial institutions traditionally targeted for scrutiny and regulation. The standard approaches that have been developed to analyze and limit institutional actors do not work well for this new breed of problem, which goes far beyond the compromise of sensitive information.

Além disso, o indivíduo é cada vez mais dependente da tecnologia em seu cotidiano, usando o *smartphone* como GPS e ativando o sistema de localização automatizada, bem como usando outras tecnologias para recordar datas de compromissos e de aniversários de parentes e amigos; inserindo tantas informações em uma rede social, como o *Facebook*; utilizando o *Google* como ferramenta de busca; dentre outros exemplos. Assim, é cada vez mais facilitado o rastreamento de um indivíduo que utiliza tais ferramentas e operações na sociedade informacional, sendo que tais informações são utilizadas de maneira muito lucrativa e sem que sejam realmente conhecidas e consentidas pelos indivíduos que as utilizam, colocando em xeque, inclusive, a ideia de dados anônimos.

Interessante o exemplo de Giusella Finocchiaro[103], que caracteriza o risco no contexto da sociedade informacional, mencionando que quando se faz uma doação anônima a uma instituição beneficente, é mais seguro que a identidade do doador não seja revelada se for feita de forma *offline*, que se o fizesse *online*. Isto porque os diversos dados que são inseridos, o mero acesso a determinados *sites*, entre outros, são agregados e analisados facilmente com as novas tecnologias.

---

[102] *The Future of the Internet and How to Stop It*. Londres: Yale University Press, 2008. pp. 200-201.

[103] *Privacy e protezione dei dati personali:* disciplina e strumenti operativi. Bologna: Zanichelli, 2012. p. 52.

Em suma, é cediço que as tecnologias da informação viabilizam novas e variadas formas de controle e de vigilância das pessoas.[104] Por exemplo, o sistema de identificação por radiofrequência (RFID), por meio do qual é possível utilizar a tecnologia capaz de armazenar e transmitir dados coletados mediante o emprego de ondas de radiofrequência, também denominada de etiqueta eletrônica (*e-tag – electronic tag*), coloca em risco a proteção da privacidade e dos dados pessoais delineada para um sistema tradicional. As primeiras grandes empresas que aplicaram essa tecnologia foram Wal-Mart, Benetton, Gilette, Tesco e Metro.[105]

Essa tecnologia funciona como um código de barras, o que torna possível a identificação do usuário na Internet, assim como de um produto na prateleira de um supermercado. Mas, com a possibilidade de o localizar por radiofrequência, compromete-se a proteção da vida privada e dos dados pessoais dos usuários. Por isso, o WP29 tornou mandatória a informação ao consumidor que deve ser desligado o sistema de radiofrequência após a compra, a menos que seja fundamental para a prestação do serviço.[106]

Portanto, alguns direitos de personalidade devem ser revisitados e reconstruídos, tendo em vista essa nova realidade tecnológica. Por exemplo, Stefano Rodotà[107] afirma que neste *"villaggio globale"* aumenta-se uma sensação de autossuficiência, pois é do conforto de sua residência e com a facilidade que a informática e telemática proporciona que o indivíduo pode estabelecer sua convivência social (*e.g.*, teletrabalho, sistema de videoconferência, comércio eletrônico, operações bancárias pela Internet, entretenimento como transmissões de programas de televisão, filmes e jogos, etc.). O problema é que neste atual contexto, o que antes era um "controle social", hoje toma um contorno mais invasivo e global, tendo

---

[104] BELLAVISTA, Alessandro. Società della sorveglianza e protezione dei dati personali. *In: Contratto e impresa*, ano 12. Padova: CEDAM, 1996. pp. 63-81, p. 63.

[105] MANTELERO, Alessandro. Identificatori a radiofrequenza (RFID): si delineano le prime linee guida comunitarie. *In: Contratto e impresa / Europa*, ano X. Padova: CEDAM, 2005. pp. 474-482. p. 474.

[106] Results of the Public Consultation on Article 29 Working Document 105 on Data Protection Issues Related to RFID Technology. Adotado em 28 de setembro de 2005. Disponível em: <http://ec.europa.eu/justice/data-protection/article-29/documentation/opinion-recommendation/files/2005/wp111_en.pdf>, acessado em 19 de outubro de 2015.

[107] Privacy e costruzione della sfera privata. Ipotesi e prospettive. *In: Politica del Diritto*, ano XXII, número 1, pp. 521-546. Bologna: Il Mulino, março de 1991. p. 523.

em vista a possibilidade de tratamento eletrônico e automatizado de todas essas informações.

Da maneira que a possibilidade de tratamento automatizado de tantos dados pessoais coletados é levada a efeito, tem-se um enorme risco à efetiva proteção de direitos de personalidade. As novas tecnologias contribuem para uma esfera privada cada vez mais fragilizada, pois esta acaba exposta a muitas formas de acesso e de tratamento de dados, antes inexistentes. Esses riscos apresentam-se com especial relevo na sociedade informacional, que é caracterizada por ser uma sociedade de serviços e rica em relações internacionais (alto nível de globalização) e com elevado padrão de condutas, as quais foram sintetizados por Rodotà:[108]

> [...] più i servizi sono tecnologicamente sofisticati, più il singolo lascia nelle mani del fornitore del servizio una quota rielevante di informazioni personali; più la rete di servizi si allarga, più crescono le possibilità di interconnessioni tra banche dati e di disseminazione Internazionale delle informazioni raccolte.

Por fim, nota-se a utilização do termo "era digital" para evidenciar o processo de desmaterialização. Nicholas Negroponte[109], na sua obra *Being Digital*, utilizou o termo "digital" para ressaltar as diferenças entre os átomos ("materialização") e os *bits* (meio alfanumérico abstrato que depende de uma máquina para sua compreensão).

Dessa forma, este capítulo parte da ideia de que o Código Civil de 2002 tem como premissa o "mundo dos átomos" e, por isso, a tutela de alguns direitos, entre os quais os direitos de personalidade, encontra-se fragilizada ou ineficaz. Mesmo porque, ao tempo de sua edição, nem mesmo se cogitava de forma concreta sobre os direitos ligados à esfera computacional, da forma como são avistados hoje. Assim, pouca relevância teria este capítulo se trouxesse apenas teorias (já magistralmente desenvolvidas pela doutrina pátria e estrangeira) sobre direitos de personalidade. Por isso, para além disso, o capítulo pretende destacar os desafios para a tutela de direitos de personalidade em destaque, quais sejam: a privacidade, a vida privada, a intimidade, a identidade pessoal e a proteção dos dados pessoais.

---

[108] Privacy e costruzione della sfera privata..., *op. cit.*, p. 528.
[109] *Op. cit.*, p. 11.

Antes de analisar esses direitos de personalidade em espécie, necessário destacar alguns aspectos relevantes sobre a doutrina dos direitos de personalidade para, então, justificar a caracterização da proteção dos dados pessoais como um direito de personalidade autônomo.

Os direitos de personalidade podem ser objetos de tutela constitucional, por exemplo, os remédios constitucionais *habeas data* e *habeas corpus*, dentre outros tidos como direitos fundamentais, cuja distinção será feita *infra*. Além disso, podem ter tutela penal, como a previsão de crimes contra a vida, contra a honra e contra a imagem, mas, neste trabalho, destaca-se a tutela privatista desses direitos.

Portanto, é muito difícil estabelecer um conceito para os direitos de personalidade, como destacou Orlando Gomes[110], para quem tal dificuldade está na própria limitação do conceito jurídico de bem. Assim, propõe que o ordenamento jurídico tutele certas qualidades, atributos, expressões ou projeções da personalidade como "direitos de natureza especial".

Nesse sentido, Pietro Perlingieri[111] ressalta que a concepção patrimonialista das relações privadas, fundada na distinção entre interesses de natureza patrimonial e de natureza existencial, não é suficiente, tendo em vista o ordenamento jurídico vigente. E, por isso, durante séculos os direitos de personalidade eram tutelados somente pelo direito público. Assim, o jurista ressalta a necessária tutela privatista dos direitos de personalidade de maneira elástica, como adiante se verá.

Daisy Gogliano[112] utiliza, então, a expressão *"direitos privados da personalidade"* para significar os direitos da personalidade sob o enfoque privatista, isto é, que tem por objeto as relações entre particulares que infringem o direito à vida, à intimidade, à privacidade, à liberdade de pensamento, à honra, ao corpo, à integridade física, dentre outros, de outros indivíduos.

---

[110] *Introdução ao Direito Civil*. 18 ed. Rio de Janeiro: Forense, 2001. p. 150-151.

[111] *Il Diritto Civile nella legalità Costituzionale*: secondo il sistema italo-comunitario delle fonti. 3. ed. Tomo II: Interpretazione sistematica e assiologica, situazioni soggettive e rapporto giuridico. Napoli: Edizioni Scientifiche Italiane, 2006. pp. 715-716.

[112] *Direitos Privados da Personalidade*. Dissertação de Mestrado. São Paulo: Faculdade de Direito da Universidade de São Paulo. 431 p., 1982. p. 03. Neste mesmo sentido: LIMONGI FRANÇA, Rubens. *Manual de direito civil direito objetivo, direitos subjetivos, direitos privados da personalidade*. 2 ed. São Paulo: Revista dos Tribunais, 1971. p. 404.

No entanto, é importante trazer uma definição de direitos de personalidade, para que se possa caracterizar a proteção dos dados pessoais como um direito de personalidade autônomo.

Gomez de Amezcua[113], em 1604, caracterizou os direitos de personalidade como *potestas in se ipsum*. Semelhantemente, Otto von Gierke[114] entendia que os direitos de personalidade conferiam ao sujeito um domínio sobre uma parte de sua personalidade:

> Chamamos direitos de personalidade aos direitos que concedem ao seu sujeito um domínio sobre uma parte da sua própria esfera de personalidade. Com este nome, eles caracterizam-se como "direitos sobre a própria pessoa" distinguindo-se com isso, através da referência à especialidade do seu objeto, de todos os outros direitos... Os direitos de personalidade distinguem-se, como direitos privados especiais, do direito geral da personalidade, que consiste na pretensão geral, conferida pela ordem jurídica de valer como pessoa. O direito de personalidade é um direito subjectivo e deve ser observado por todos.

Entretanto, não nos parece adequado caracterizar os direitos de personalidade como *potestas in se ipsum*, em um sentido restritivo do termo. Nesse diapasão, Savigny[115] questionava a possibilidade dogmática de se reconhecer um direito de propriedade em que o objeto e o sujeito são elementos idênticos: a própria pessoa.

Rebatendo tais argumentos, Rudolf von Ihering[116] ressaltou que *"[t]odas as condições de existência protegidas através do Direito objetivo são direitos subjectivos, sendo indiferente o modo por que sejam protegidos"*.

O reconhecimento dos direitos de personalidade, que já existia desde o Direito Romano, ganhou força após a Revolução Francesa, em razão da Declaração de 20 e 26 de agosto de 1789 (*Déclaration des Droits de l'Homme et du Citoyen*), sob o fundamento de que esses direitos preexis-

---

[113] *Apud* GOMES, Orlando. *Op. cit.*, p. 151.
[114] *Apud* MENEZES CORDEIRO, António. *Tratado de Direito Civil Português*. Vol. I – Parte Geral, Tomo I: Introdução, doutrina geral e negócio jurídico. 3. ed. 2ª reimp. Coimbra: Almedina, 2009. p. 373.
[115] *Apud* MENEZES CORDEIRO, António. *Tratado de Direito Civil Português*. Vol. I – Parte Geral, Tomo III: Pessoas. 2. ed. rev. e atual. Coimbra: Almedina, 2007. p. 50.
[116] *Idem*, p. 52.

tem ao próprio Estado e podem ser opostos a este (*human rights*): "Art. 1er. *Les hommes naissent et demeurent libres et égaux en droits. Les distinctions sociales ne peuvent être fondées que sur l'utilité commune.*"[117]

Portanto, tem-se neste documento uma importante característica dos direitos humanos, ou seja, são inatos e independem de reconhecimento pelo Estado. Além disto, o Cristianismo e as ideias do Humanismo Jurídico contribuíram para a consolidação desses direitos como invioláveis e indisponíveis.

Assim, é mister pontuar a diferença entre *direitos humanos, direitos fundamentais e direitos da personalidade*. António Menezes Cordeiro[118] faz tal distinção afirmando que os *direitos do homem* são próprios de qualquer ser humano onde quer que ele se encontre. Portanto, os direitos humanos, sendo inatos e essenciais à condição humana, independem de reconhecimento estatal. Por tal motivo, esta expressão, na conotação que traz, é comum aos tratados internacionais, citáveis, como exemplos, a *Declaração Universal dos Direitos Humanos* de 1948, a *Convenção Americana de Direitos Humanos* (*Pacto de San José da Costa Rica*) de 1969, entre outros, ainda que os ordenamentos nacionais também reconheçam a mesma categoria de direitos.

*Direitos fundamentais,* por sua vez, é a expressão reservada para designar direitos e garantias consagrados na Constituição de determinado Estado.[119] Por exemplo, o art. 5º da CF/88 e a Parte I da Constituição de Portugal de 1976, e tantas outras.

Por fim, *direitos de personalidade* é a expressão utilizada para se referir a *"atributos humanos que exigem especial proteção no campo das relações privadas, ou seja, na interação entre particulares, sem embargo de encontrarem também fundamento constitucional e proteção nos planos nacional e internacional."*[120]

Em suma, a distinção refere-se às fontes das quais emanam os direitos humanos, os direitos fundamentais e os direitos da personalidade.

---

[117] Disponível em: <http://www.conseil-constitutionnel.fr/conseil-constitutionnel/francais/la-constitution/la-constitution-du-4-octobre-1958/declaration-des-droits-de-l-homme-et-du-citoyen-de-1789.5076.html>, acessado em 19 de outubro de 2015.

[118] *Tratado...,* vol. I, tomo I, *op. cit.,* pp. 347-348.

[119] *Idem ibidem;* no mesmo sentido: Schreiber, Anderson. *Direitos da Personalidade...*, *op. cit.*, p. 13: "É, por isso mesmo, a terminologia que tem sido preferida para tratar da proteção da pessoa humana no campo do direito público, em face da atuação do poder estatal".

[120] Schreiber, *idem ibidem.*

Há uma parcial sobreposição entre eles, mas não podem ser considerados idênticos, porque nem todos os direitos da personalidade são direitos fundamentais ou direitos humanos e vice-versa.[121]

Segundo Rabindranath V. A. Capelo de Sousa[122], o objeto tutelado pelos artigos referentes aos direitos da personalidade é a "personalidade física ou moral" dos seres humanos, que são tidos como bens inerentes à própria materialidade e espiritualidade de cada indivíduo. Nesse sentido, Adriano De Cupis[123] afirma que a razão de ser dos demais direitos subjetivos são os direitos da personalidade, sem os quais o ser humano perderia tal condição.

Portanto, em uma primeira acepção, os "direitos da personalidade" são projeções do ser humano e cuja tutela está amparada no valor fundamental da pessoa humana ao princípio básico da liberdade e dignidade da pessoa humana, diferenciando-se, neste sentido, da concepção de direito real (sujeito-coisa).

É uma categoria de direito subjetivo especial, uma categoria de direito individual na concepção de Josef Kohler[124], em seu tratado sobre o direito ao nome, afirmando que o nome não é objeto de tutela em si mesmo; antes ele faz parte de um direito individual. Em síntese, *"o objeto do direito é a própria pessoa porquanto ela pode exigir que ninguém use alguma fórmula que provoque confusão, troca ou diminuição da pessoa, na exteriorização de actos."*

Em suma, são direitos subjetivos especiais, isto é, prerrogativas concedidas a uma pessoa pelo ordenamento jurídico, de fruir e dispor, dentro dos limites da lei, dos atributos essenciais da sua própria personalidade.

A *repersonalização* do direito, notadamente após as duas Guerras Mundiais, é uma reação contra as mazelas e atrocidades cometidas durante a guerra. Portanto, esta corrente valoriza a pessoa humana como elemento nuclear e primeiro destinatário da ordem jurídica. Nesse contexto, surge uma nova perspectiva para o direito de personalidade, fundamentado no valor máximo da *dignidade humana*. Assim, parte-se de um pressuposto de que há garantias mínimas e direitos fundamentais, tidos

---

[121] MIRANDA, Jorge. *Op. cit.*, p. 31.
[122] *O Direito Geral de Personalidade*, Coimbra: Coimbra Editora, 1995. p. 106.
[123] *I diritti della personalità*. Milão: Giuffré, 1950. p. 18.
[124] *Apud* MENEZES CORDEIRO, António. *Tratado de Direito Civil...*, vol. I, tomo III, *op. cit.*, p. 53.

como essenciais à vida digna e, por isso, deve ser assegurado a todo ser humano. Trata-se do reconhecimento universal de que a radical igualdade que há entre os homens faz com que nenhum indivíduo possa se afirmar superior aos demais[125].

Esses direitos que emanam da personalidade do indivíduo têm, nesta, seu pressuposto. Nesse sentido, a personalidade é um conjunto de caracteres próprios de um ser humano. Não se trata precisamente de um direito que todo ser humano tem; na realidade, a personalidade é o que apoia os direitos e deveres que dela irradiam (objeto de direito). Trata-se do primeiro bem que lhe pertence como primeira utilidade, para que possa efetivamente *ser* o que é, sobreviver e se adaptar[126].

Tendo em vista a caracterização de muitas posições individuais e coletivas como direitos fundamentais, Stefano Rodotà[127] chegou a mencionar, especificamente quanto aos direitos da personalidade na sociedade da informação, a necessidade de uma espécie de "Constituição Informativa" (*"Costituzione Informativa"*) ou, também denominado pelo autor de *"information Bill of Rights"*, que deve compreender o direito de procurar, receber e difundir informações, o direito à autodeterminação informacional e ao direito à denominada *"privacy informatica"*.

Semelhantemente a essa ideia, o *Marco Civil da Internet* (Lei n. 12.965, de 23 de abril de 2014) se propõe a ser um marco regulatório e principiológico, com a finalidade de garantir aos usuários da rede direitos e garantias fundamentais, muitos já garantidos como direitos humanos em tratados internacionais dos quais o Brasil é signatário, e estabelecidos na CF/88 (direitos fundamentais) e no CC/02 (arts. 11 a 21 – direitos da personalidade). Em síntese, o *Marco Civil da Internet* tutela com ênfase a liberdade de expressão, proteção da privacidade, da intimidade e dos dados pessoais, entre outros que estão elencados nos artigos 2º e 3º, a saber:

> Art. 2º A disciplina do uso da internet no Brasil tem como fundamento o respeito à liberdade de expressão, bem como:

---

[125] COMPARATO, Fábio Konder. *A Afirmação Histórica dos Direitos Humanos*. São Paulo: Saraiva, 1999. p. 1. No período pós-guerra, a ideia de um direito geral de personalidade ganha força. Cf. MENEZES CORDEIRO, António. *Tratado de Direito Civil...*, Vol. I, Tomo III, *op. cit.*, p. 53.
[126] DINIZ, Maria Helena. *Curso de Direito Civil Brasileiro*, 13 ed. São Paulo: Saraiva, 1997. p. 99.
[127] Privacy e costruzione della sfera privata..., *op. cit.*, p. 525.

I – o reconhecimento da escala mundial da rede;
II – os direitos humanos, o desenvolvimento da personalidade e o exercício da cidadania em meios digitais;
III – a pluralidade e a diversidade;
IV – a abertura e a colaboração;
V – a livre iniciativa, a livre concorrência e a defesa do consumidor; e
VI – a finalidade social da rede.

Art. 3º A disciplina do uso da internet no Brasil tem os seguintes princípios:
I – garantia da liberdade de expressão, comunicação e manifestação de pensamento, nos termos da Constituição Federal;
II – proteção da privacidade;
III – proteção dos dados pessoais, na forma da lei;
IV – preservação e garantia da neutralidade de rede;
V – preservação da estabilidade, segurança e funcionalidade da rede, por meio de medidas técnicas compatíveis com os padrões internacionais e pelo estímulo ao uso de boas práticas;
VI – responsabilização dos agentes de acordo com suas atividades, nos termos da lei;
VII – preservação da natureza participativa da rede;
VIII – liberdade dos modelos de negócios promovidos na internet, desde que não conflitem com os demais princípios estabelecidos nesta Lei.
Parágrafo único. Os princípios expressos nesta Lei não excluem outros previstos no ordenamento jurídico pátrio relacionados à matéria ou nos tratados internacionais em que a República Federativa do Brasil seja parte.

Os direitos da personalidade são os direitos que visam a defender esse elemento primordial inerente ao ser humano e seu desenvolvimento. Esses direitos consistem na prerrogativa garantida a uma pessoa pelo sistema jurídico pelos meios de direito que lhe permitam fruir e dispor dos atributos essenciais de sua personalidade, na medida em que tais atributos, seus prolongamentos e emanações são fundamentos naturais da existência e liberdade. Deve-se, portanto, haver o resguardo e a preservação da integridade física, psíquica e moral do ser humano em seu desenvolvimento[128].

---

[128] Cf. GOGLIANO, Daisy. *Op. cit.*, p. 363-364.

Portanto, as categorias e espécies de direitos de personalidade não podem ser atomizadas, pois como bem ressaltou Pietro Perlingieri[129], ainda que o fundamento da tutela dos direitos de personalidade seja único[130], as manifestações da personalidade humana são múltiplas e não se pode identificar todas estas variedades *a priori*. Neste ponto, insere-se a discussão se os direitos de personalidade seriam típicos, ou seja, apenas aqueles previstos em lei; ou se seriam atípicos, pois sua definição depende do próprio desenvolvimento da condição humana.

Em Portugal, fala-se em "tutela geral de personalidade", mediante a redação do artigo 70º do Código Civil português, *in verbis*:

SECÇÃO II – Direitos de personalidade
Artigo 70º (Tutela geral da personalidade)
1. A lei protege os indivíduos contra qualquer ofensa ilícita ou ameaça de ofensa à sua personalidade física ou moral.
2. Independentemente da responsabilidade civil a que haja lugar, a pessoa ameaçada ou ofendida pode requerer as providências adequadas às circunstâncias do caso, com o fim de evitar a consumação da ameaça ou atenuar os efeitos da ofensa já cometida.

Dessa maneira, a doutrina portuguesa[131] afirma que este artigo deixa claro que os direitos de personalidade são atípicos: *"[...] o artigo 70º dispensa uma tutela geral, podendo dar azo a diversos direitos subjetivos de personalidade, em sentido próprio: não há, neste domínio, qualquer tipicidade."*

Semelhantemente, o art. 12 do Código Civil brasileiro estabelece uma tutela geral dos direitos de personalidade: *"Pode-se exigir que cesse a ameaça, ou a lesão, a direito da personalidade, e reclamar perdas e danos, sem prejuízo de outras sanções previstas em lei."* Neste sentido, a doutrina entende que

---

[129] *Manuale di Diritto Civile*. 6. ed. Napoli: Edizioni Scientifiche Italiane, 2007. p. 149.
[130] PERLINGIERI, Pietro. *Il Diritto Civile...*, *op. cit.*, p. 719: "Dove oggetto di tutela è la persona, la prospettiva deve mutare: diviene necessità logica riconoscere, per la speciale natura dell'interesse protetto, che è proprio la persona a costituire ad un tempo il soggetto titolare del diritto e il punto di riferimento oggettivo del rapporto. La tutela della persona non può essere frazionata in isolate fattispecie concrete, in autonome ipotesi tra loro non collegate, ma deve essere prospettata come problema unitario, data l'unitarietà del valore della persona che ne è a fondamento."
[131] MENEZES CORDEIRO, António. *Tratado...*, Vol. I, Tomo III, *op. cit.*, p. 102.

os direitos de personalidade mencionados no art. 11 a art. 21 do CC/02 são exemplificativos (*numerus apertus*).[132]

É evidente que o Código Civil de 2002 foi estabelecido em um contexto tecnológico muito diverso do atual[133] e, por isso, não mencionou expressamente a proteção de dados pessoais. No entanto, o rol de direitos de personalidade é meramente exemplificativo e, por isso, nada impede que outros direitos de personalidade não mencionados expressamente no Código sejam tutelados em legislação específica.

Com o reconhecimento de um rol exemplificativo, ainda há necessidade de um "direito geral de personalidade"?

O direito geral de personalidade foi uma construção doutrinária alemã a partir do art. 2º de sua Constituição, que estabelece o direito ao livre desenvolvimento da personalidade, servindo de fundamento para o denominado "direito geral de personalidade". A função deste direito era a de complementar o rol dos direitos fundamentais.

Muito embora tal expressão seja criticada, principalmente pela doutrina portuguesa, entende-se que o "direito geral de personalidade" ainda é juridicamente útil e pode ser contextualizado no ordenamento jurídico brasileiro, no art. 1º, inc. III da CF/88, isto é, a dignidade da pessoa humana.

Portanto, entende-se que o direito geral de personalidade pode ser visto como um direito subjetivo, na medida em que gera uma pretensão, no sentido jurídico, de forma que seu titular pode exigir *erga omnes* uma conduta normativa positiva ou negativa. É uma cláusula geral, na medida em que confere ao operador do direito maior flexibilidade para que o intérprete analise os argumentos e fatos caso a caso, definindo o conteúdo da norma subjacente.[134]

---

[132] SCHREIBER, Anderson. *Direitos da Personalidade*. 2. ed. rev. e atual. São Paulo: Atlas, 2013. p. 16; DINIZ, Maria Helena. *Op. cit.*, p. 124; GONÇALVES, Carlos Roberto. *Direito Civil Brasileiro*. Vol. 1: Parte Geral. 8. ed. São Paulo: Saraiva, 2010. p. 187.

[133] Observa-se que o Código Civil brasileiro de 2002 é um projeto que tramitou desde a década de 70, sendo que as legislações estrangeiras e *supranacionais* sobre proteção de dados foram consolidadas na década de 90, principalmente a partir da Diretiva 95/46/CE; muito embora, o tema já tenha sido citado (porém de maneira vaga) em alguns diplomas da década de 80, como a Convenção de Estrasburgo de 1981 *infra* citada.

[134] MAZUR, Maurício. A dicotomia entre os direitos de personalidade e os direitos fundamentais. *In*: MIRANDA, Jorge; RODRIGUES JÚNIOR, Otavio Luiz; FRUET, Gustavo Bonato. (orgs.) *Direitos da Personalidade*. São Paulo: Atlas, 2012. pp. 25-64. p. 30-31: "O direito geral de per-

Nesse sentido, a proteção dos dados pessoais, ainda que não mencionada expressamente no art. 5º da CF/88 (o que pretende ser corrigido pela PEC 17/2019 *supra* comentada na introdução do livro) e nem nos arts. 11 a 21 do CC/02, é mencionada em vários artigos do *Marco Civil da Internet*, bem como pela LGPD, que serão objetos de análise no decorrer desta obra. Ademais, a tutela deste direito tem guarida no direito brasileiro com fundamento, por ora, no art. 1º, inc. III da CF/88, ou seja, a dignidade da pessoa humana.

Assim, Capelo de Sousa[135] traz a ideia de um direito geral de personalidade, entendido como:

> Temos, pois, que o direito geral de personalidade é um *insofismável direito subjetivo privado*, face à sua integração nas precedentes noções, com critérios bem diversos. Acresce que o direito subjetivo geral de personalidade e os direitos subjetivos especiais de personalidade têm uma tutela civil mais reforçada do que a generalidade dos demais direitos subjetivos [...] (grifo nosso)

A tutela reforçada, mencionada pelo autor, está justamente nas características desses direitos, que são intransmissíveis e irrenunciáveis (art. 11 do CC/02). Tal tutela também se encontra no art. 5º da CF/88, o qual menciona em seu texto diversos direitos da personalidade, sendo que no texto do *caput* deste artigo pode-se interpretar que esses direitos são invioláveis.

Além destas características, Orlando Gomes[136] menciona outras, a saber: 1) são direitos absolutos, ou seja, são oponíveis *erga omnes* e implicam em obrigação negativa da parte de terceiros, inclusive o Estado, que consiste na abstenção de qualquer ato, que possa, ainda que potencialmente, infringir este direito[137]; 2) vitalícios e necessários, pois acom-

---

sonalidade deve ser concebido como um **direito de autodeterminação ético-existencial,** que não pode ser restringido, no seu conteúdo de dignidade humana, por intermédio da autodeterminação ético-política da comunidade. [...] A consagração de um direito geral de personalidade é decisiva para a atribuição da **tutela geral da personalidade** ao Direito privado e realça a dicotomia entre os direitos de personalidade e os direitos fundamentais até mesmo em relação aos bens tutelados."

[135] *Op. cit.*, p. 614-615.

[136] *Op. cit.*, p. 152. Neste mesmo sentido: GOGLIANO, Daisy. *Op. cit.*, p. 379-385.

[137] Neste mesmo sentido: CAPELO DE SOUSA, Rabindranath V. A., *idem*, p. 401, segundo o qual os direitos de personalidade geram uma obrigação universal normalmente *negativa*, ou seja, de abstenção de acordo com a máxima do Direito Romano *alterum non laedere*.

panham o seu titular enquanto este viver; 3) extrapatrimoniais, não podendo ser objeto de execução coativa, decorrendo disto a imprescritibilidade e impenhorabilidade destes direitos; 4) intransmissíveis[138], pois estes direitos não podem ser objeto de transmissão, nem *mortis causae*; 5) imprescritíveis, posto que não se extinguem com o decorrer do tempo; 6) impenhoráveis, posto que não sujeitos a constrição para o pagamento de dívidas.

Entretanto, essas características devem ser reapreciadas no contexto da sociedade informacional. Nela, é inconcebível viver em sociedade e não ter informações pessoais coletadas e armazenadas. Entretanto, esta constatação não pode levar a absurdos interpretativos no sentido de mitigar a tutela dos direitos da personalidade.

Como bem destacado por Stefano Rodotà,[139] a privacidade na sociedade informacional não pode ser mais apenas entendida como o "direito de ser deixado só"; em verdade, a tutela da privacidade garante ao sujeito conhecer, controlar, identificar e interromper o fluxo de informações que lhe digam respeito. Estes aspectos colocam na ordem do dia a imperiosa tarefa da doutrina de destacar os desafios da tutela dos direitos de personalidade hodiernamente e de oferecer sugestões para que a proteção desses direitos, consolidada após décadas, não seja açoitada.

Ademais, como adiante se demonstrará, a proteção dos dados pessoais não consiste tão somente em uma obrigação negativa, no sentido de não serem coletados. Por exemplo, impossível imaginar que o indivíduo não será cadastrado no Registro Civil de Pessoas Naturais, no Cadastro de Pessoas Físicas do Ministério da Fazenda, na Secretaria de Segurança Pública de seu Estado, dentre outros órgãos. Portanto, a proteção dos dados pessoais dá-se com o uso de tais informações de maneira adequada e prevista em lei (de acordo com o princípio da transparência e o direito à informação e o consentimento livre e expresso). Neste exemplo, compete ao Estado, enquanto detentor das informações individuais pertinentes à pessoa, tomar atitudes concretas tendentes a efetivar a proteção da privacidade, tanto no que diz respeito aos cadastros em meio físico, quanto em meio digital.

---

[138] Neste sentido cf.: CAPELO DE SOUSA, Rabindranath V. A., *idem*, p. 402, esta característica decorre de o fato destes direitos serem inseparáveis e necessários à pessoa do seu titular, não podem, portanto, ser cedidos, alienados, onerados ou sub-rogados em favor de outrem.
[139] Privacy..., *op. cit.*, p. 521.

## 2.1 Proteção dos Dados Pessoais como um Direito de Personalidade Autônomo

A União Europeia, com o intuito de fortalecer o vínculo entre os Estados-membros, aprovou, em 07 de dezembro de 2000, a *Carta dos Direitos Fundamentais (Charter of Fundamental Rights of the European Union – 2000/C 364/01)*.[140] Este diploma legal complementa (nos termos do art. 52 da Carta)[141] a *Convenção Europeia sobre Direitos Humanos e Liberdades Fundamentais (Convention for the Protection of Human Rights and Fundamental Freedoms)*[142], realizada em Roma, em 04 de novembro de 1950.

Essa complementação foi necessária haja vista a evolução tecnológica e o desenvolvimento econômico e social, nos termos do *"Preâmbulo"* da *Carta*[143], que destacou a proteção dos dados pessoais em artigo próprio, mencionando, inclusive, a necessidade de criar uma autoridade independente para a eficácia destas regras:

> *Article 8 – Protection of personal data*
> *1. Everyone has the right to the protection of personal data concerning him or her.*
> *2. Such data must be processed fairly for specified purposes and on the basis of the consent of the person concerned or some other legitimate basis laid down by law. Everyone has the right of access to data which has been collected concerning him or her, and the right to have it rectified.*
> *3. Compliance with these rules shall be subject to control by an independent authority.* (grifo nosso)

Antes, a proteção dos dados pessoais era fundamentada na tutela da privacidade, que desde a Convenção de 1950 já estava garantida, em seu

---

[140] Disponível em: <http://www.europarl.europa.eu/charter/pdf/text_en.pdf>, acessado em 21 de janeiro de 2020.

[141] Article 52 [...] 3. In so far as this Charter contains rights which correspond to rights guaranteed by the Convention for the Protection of Human Rights and Fundamental Freedoms, the meaning and scope of those rights shall be the same as those laid down by the said Convention. This provision shall not prevent Union law providing more extensive protection.

[142] Disponível em: <http://www.echr.coe.int/Documents/Convention_ENG.pdf>, acessado em 04 de junho de 2015.

[143] *Idem ibidem*: "To this end, it is necessary to strengthen the protection of fundamental rights in the light of changes in society, social progress and scientific and technological developments by making those rights more visible in a Charter."

art. 8º.[144] Atualmente, entretanto, o direito à privacidade e proteção à vida privada e familiar continuam tutelados, porém em dispositivo distinto (art. 7º da *Carta*).[145] Não foi por acaso tal sistematização, mas sim por critério científico, pois, como se demonstrará, os direitos à privacidade, vida privada, intimidade e identidade pessoal são distintos do direito à proteção dos dados pessoais, que deve ser tutelado como um direito de personalidade autônomo.

Neste sentido, Víctor Gabriel Rodríguez[146] já identificou a distinção que existe entre direito à intimidade e direito à proteção de dados, ressaltando a necessidade de alçar a proteção aos dados pessoais a categoria de direito fundamental, e que deve ser tutelado tanto na esfera pública quanto na esfera privada.

Stefano Rodotà[147] destaca uma diferença importante: o direito à privacidade possui tutela estática e negativa, enquanto a tutela dos dados pessoais, estruturada a partir de regras sobre o tratamento de dados, poderes de intervenção, dentre outras, possui uma tutela dinâmica, ou seja, surge com a coleta dos dados e permanece com eles durante a circulação e armazenamento.

Sobre tal distinção, Giusella Finocchiaro[148] destaca que determinado dado pessoal, ainda que não seja privado, é objeto de tutela pela legis-

---

[144] Convenção Europeia sobre Direitos Humanos e Liberdades Fundamentais: "ARTICLE 8 – Right to respect for private and family life – 1. Everyone has the right to respect for his private and family life, his home and his correspondence. 2. There shall be no interference by a public authority with the exercise of this right except such as is in accordance with the law and is necessary in a democratic society in the interests of national security, public safety or the economic wellbeing of the country, for the prevention of disorder or crime, for the protection of health or morals, or for the protection of the rights and freedoms of others."
[145] Article 7 – Respect for private and family life – Everyone has the right to respect for his or her private and family life, home and communications.
[146] *Tutela Penal da Intimidade:* perspectivas da atuação penal na sociedade da informação. São Paulo: Atlas, 2008. p. 66.
[147] Tra diritti fondamentali ed elasticità della normativa: il nuovo codice sulla *privacy*. In: *Europa e Diritto Privato*, fasc. 01, pp. 01-11, Milão: Giuffrè, 2004. p. 03. No mesmo sentido: FINOCCHIARO, Giusella. *Privacy e Protezione... op. cit.*, p. 04-05.
[148] *Privacy e protezione..., op. cit.*, p. 36 – 37: "Da qui l'ulteriore riprova che il diritto alla riservatezza e il diritto alla protezione dei dati personali non coincidono, con riferimento ai beni oggetto dei diritti. Nel primo caso, l'oggetto della tutela è costituito dalle vicende riservate, intese come vicende intime o familiari; nel secondo caso, l'oggetto della tutela è invece costituito dai dati e dalle informazioni, anche se privi di contenuto riservato".

lação sobre proteção de dados pessoais. Portanto, conclui que a definição de dado pessoal não faz referência direta nem indireta à privacidade, como se detalhará *infra*. Em suma, o objeto do direito à privacidade é diverso do objeto do direito à proteção dos dados pessoais. O primeiro é assegurar o resguardo de parcela da vida privada; o segundo, por sua vez, é proteger os titulares de dados viabilizando o acesso e controle de suas informações (ainda que de conhecimento público) e impedindo que sejam objetos de tratamento em desacordo com as regras e códigos de condutas.

Preliminarmente, ressalta-se a distinção entre "dados[149]" e "informação". Entende-se por "dado" uma informação latente. A "informação", por outro lado, é a interpretação ou representação que se extrai do dado.[150] [151] Esses dados podem ser tratados de diferentes maneiras, a ponto de resultar em uma informação altamente identificável e com finalidade discriminatória. Estes são denominados "dados sensíveis", que serão analisados posteriormente.

Pode-se afirmar que o dado é uma fonte da qual se extrai uma informação, ou seja, a informação está contida em um ou em vários dados, dos quais ela é extraída ou inferida. Em síntese, *"a informação é a elaboração de um dado"*.[152]

A distinção entre dado e informação foi mencionada na *opinion* n. 2/2010 do *WP29*[153], ao interpretar a Diretiva 2002/58/CE, conhecida como *ePrivacy Directive,* em um parecer sobre publicidade comporta-

---

[149] O vocábulo "dado" tem origem etimológica na palavra "datum" que, por sua vez, é declinação da palavra "dare". Esta última tem o sentido de algo ser entregue, passado, ministrado. Desta forma, a sua origem etimológica reforça a ideia de que o "dado" é uma informação em seu estado natural, "entregue" pelos sentidos sem qualquer reforço de interpretação lógico-racional, pertinente à "informação".

[150] DONEDA, Danilo. *Da privacidade à proteção de dados pessoais.* Rio de Janeiro: Renovar, 2006. p. 154.

[151] RASI, Gaetano. Evoluzione del concetto di "dato personale": il diritto di tutela soggettiva del giudizio espresso. In: *Assicurazioni*, 2002, fasc. 2, pp. 271 – 273. p. 272.

[152] FINOCCHIARO, Giusella. *Privacy e protezione..., op. cit.,* p. 33.

[153] Esta instituição (http://ec.europa.eu/justice/data-protection/article-29/index_en.htm) foi criada pelos artigos 29 e 30 da Diretiva 95/46/CE e atua como uma autoridade supranacional composta por representantes das autoridades independentes indicados pelos Estados Membros. Nos termos do art. 29 citado: "Article 29 – Working Party on the Protection of Individuals with regard to the Processing of Personal Data

mental, em que fez uma distinção entre informação e dado pessoal, *in verbis*[154]:

> *Article 5(3) applies to "information" (stored and/or accessed). It does not qualify such information. It is not a prerequisite for the application of this provision that this information is personal data within the meaning of Directive 95/46/EC. Recital 24 captures the rationale of this approach by stating that "terminal equipment of users...and any information stored on such equipment are part of the private sphere of these users requiring protection under the European Convention for the Protection of Human Rights and Fundamental Freedoms". The protection of an area deemed to be the private sphere of the data subject is what triggers the obligations contained in Article 5(3), not the fact that the information is, or is not, personal data.*

Interessante notar, portanto, que neste parecer foi pontuado que "informação" não se confunde com "dado pessoal", como definido pela Diretiva 95/46/CE. Isto porque "informação" é algo que se extrai ou se infere de um dado, como mencionado. Porém, "dado pessoal" é qualquer informação que se refira a uma pessoa identificável ou identifica-

---

1. A Working Party on the Protection of Individuals with regard to the Processing of Personal Data, hereinafter referred to as 'the Working Party', is hereby set up. It shall have advisory status and act independently.
2. The Working Party shall be composed of a representative of the supervisory authority or authorities designated by each Member State and of a representative of the authority or authorities established for the Community institutions and bodies, and of a representative of the Commission.
Each member of the Working Party shall be designated by the institution, authority or authorities which he represents. Where a Member State has designated more than one supervisory authority, they shall nominate a joint representative. The same shall apply to the authorities established for Community institutions and bodies.
3. The Working Party shall take decisions by a simple majority of the representatives of the supervisory authorities.
4. The Working Party shall elect its chairman. The chairman's term of office shall be two years. His appointment shall be renewable.
5. The Working Party's secretariat shall be provided by the Commission.
6. The Working Party shall adopt its own rules of procedure.
7. The Working Party shall consider items placed on its agenda by its chairman, either on his own initiative or at the request of a representative of the supervisory authorities or at the Commission's request."

[154] Disponível em: <http://ec.europa.eu/justice/policies/privacy/docs/wpdocs/2010/wp171_en.pdf>, acessado em 21 de janeiro de 2020.

da. Em suma, há distinção entre "dado", "informação" e "dado pessoal". Entende-se que, em uma escala, o dado contém uma informação latente, sem que esta, quando processada, possa se referir a determinada ou determinável pessoa, o que se caracterizaria, se assim o fosse, um dado pessoal.

Vale destacar que a *ePrivacy Directive* preocupou-se com a publicidade comportamental e regulamentou os usos de tecnologias como os *cookies*, que coletam informações de acesso a páginas de Internet por determinado indivíduo e as armazenam, com a justificativa de otimizar a pesquisa futura do usuário. Se analisado apenas sob este ponto de vista, realmente parece oferecer vantagens tanto para os usuários como para os fornecedores. Todavia, tais tecnologias podem e são usadas com diversas finalidades, como para a coleta de informações e dados pessoais sensíveis, dentre outras, que podem, inclusive, vir a prejudicar seu titular, *e.g.*, quando utilizada para aumentar um seguro de saúde de uma população de determinada região que pesquisa muito sobre determinada doença.[155]

Eli Pariser[156] ilustra bem os riscos aos quais os usuários estão expostos na Internet, utilizando a metáfora da bolha invisível, isto é, os filtros que são implantados sem que se tenha real conhecimento deles. No entanto, esses filtros afetam a capacidade decisória dos cidadãos na medida em que, por um perfil criado com base no histórico de navegação da pessoa, os provedores disponibilizam o conteúdo que entendem de interesse daquelas pessoas. Então, pode-se levar ao que se denomina "determinismo informativo", ou seja, aquilo que o indivíduo clicou no passado determina o que ele acessará no futuro. Consequentemente, este indivíduo está fadado ao seu "destino virtual", em uma versão estática e cada vez mais restrita do ser humano.

Com a finalidade de instituir regras de conduta para a publicidade comportamental, assegurando a aplicação da *ePrivacy Directive*, o escopo desta é mais amplo ("informação") que o objeto da *Personal Data Protection Directive*, bem como do GDPR, que são os "dados pessoais".

---

[155] Andou bem a LGPD ao proibir tal conduta no art. 11: "§ 5º É vedado às operadoras de planos privados de assistência à saúde o tratamento de dados de saúde para a prática de seleção de riscos na contratação de qualquer modalidade, assim como na contratação e exclusão de beneficiários."

[156] PARISIER, Eli. *Op. cit.*, p. 20.

Para que seja caracterizada a proteção dos denominados "dados pessoais", deve-se recorrer à definição destes, que sempre consta nas legislações específicas sobre o tema. Por exemplo, a Diretiva 95/46/CE, no art. 2º, trazia várias definições, dentre as quais, dados pessoais e tratamento de dados. Atualmente, o GDPR manteve estes conceitos no art. 4º, a saber:

> *Article 4 – Definitions*
> *For the purposes of this Regulation:*
> *(1) "personal data" means any information relating to an identified or identifiable natural person ('data subject'); an identifiable natural person is one who can be identified, directly or indirectly, in particular by reference to an identifier such as a name, an identification number, location data, an online identifier or to one or more factors specific to the physical, physiological, genetic, mental, economic, cultural or social identity of that natural person;*
> *(2) "processing" means any operation or set of operations which is performed on personal data or on sets of personal data, whether or not by automated means, such as collection, recording, organisation, structuring, storage, adaptation or alteration, retrieval, consultation, use, disclosure by transmission, dissemination or otherwise making available, alignment or combination, restriction, erasure or destruction;*

Destaca-se que os dados pessoais se referem a um indivíduo não necessariamente identificado, porém identificável, pois, com o tratamento de dados, conforme acima destacado, pode-se chegar à individualização, inclusive com características de aspectos íntimos de sua personalidade sem, necessariamente, fazer referência direta ao nome ou aspectos físicos da pessoa.[157] Portanto, muito perspicaz tanto o atual texto do GDPR (que manteve o mesmo conceito adotado na *Personal Data Protection Directive*) ao se referir à tutela ainda de informações referentes a pessoas não identificadas (quando identificáveis), pois isto não pode restringir a

---

[157] Quanto ao anonimato e outras técnicas de não identificação na era da informática, são mecanismos facilmente contornados, como destaca Helen Nissenbaum: "a tecnologia da informação tem um poder imenso de extrair de dados não identificados, informações altamente individualizadas" (tradução livre). NISSENBAUM, Helen. The Meaning of Anonymity in an Information Age. *In: The Information Society*, vol. 15, pp. 141-144, 1999. (Reprinted in Readings in CyberEthics (2001) R.A. Spinello and H.T. Tavani (eds.) Sudbury: Jones and Bartlett.), document em format eletrônico, sem paginação.

referida tutela, sob pena de se tornar inócua, porque a proteção dos dados pessoais justamente existe para que o tratamento de tais dados não seja feito de maneira injustificada, não consentida pelo sujeito ou ignorada por ele.

Semelhantemente, a LGPD brasileira adota um conceito de dado pessoal no art. 5º, inc. I, considerado como "informação relacionada a pessoa natural identificada ou identificável". A ideia foi manter o que já estava previsto no Lei de Acesso à Informação (LAI – Lei n. 12.527/2011) no art. 4º, inc. IV, ao conceituar "informação pessoal": "aquela relacionada à pessoa natural identificada ou identificável". No entanto, sendo a LGPD uma proposta mais específica sobre proteção de dados não precisaria repetir o conceito da LAI, legislação de 2011, pensada para um contexto distinto. Por isso, a proposta original do Projeto de Lei n. 5.276-A que previa com conceito mais atual de dado pessoal no art. 5º, inc. I, era mais apropriada, a saber: "dado relacionado à pessoa natural identificada ou identificável, inclusive números identificativos, dados locacionais ou identificadores eletrônicos quando estes estiverem relacionados a uma pessoa". Nesta proposta, o PL exemplificava algumas hipóteses em que ocorre a determinação da pessoa. Muito embora estas não estejam no texto da LGPD, o aplicador do Direito pode se valer destes exemplos para, à semelhança do GDPR, considerar tais dados pessoais na medida em que possam identificar o sujeito a que estão relacionados.

Considerando este fato, ou seja, que nem sempre o titular dos dados pessoais é identificado desde o início, a atuação de um órgão responsável pela fiscalização e cumprimento das normas de tratamento de dados, no caso a Autoridade Nacional de Proteção de Dados, é ainda mais relevante. Assim, enquanto um titular do direito de personalidade não tiver sido identificado (ou enquanto este ignora que seus dados estejam sendo tratados), esse órgão é competente e possui atribuições, estabelecidas em lei (art. 55-J da LGPD), para impedir que o tratamento destes dados em desacordo com a lei se perpetue e que prejuízos de ordem moral e (ou) material sejam causados a seu titular. Desta forma, a ANPD poderá, por exemplo, estabelecer normas e procedimentos quanto aos números identificadores, dados locacionais ou outra ferramenta que possa identificar o titular destas informações.

Destaca-se que a proteção de dados se restringe à pessoa natural, excluindo as informações sobre pessoas jurídicas. Todavia vale mencionar que na Itália já se cogitou a possibilidade de estender a proteção de dados às pessoas jurídicas. O *Codice della Privacy* italiano (Decreto Legislativo n. 196, de 30 de junho de 2003), em seu art. 4º, alínea "b"[158], trazia uma caracterização mais ampla sobre dados pessoais, podendo referir-se, também, à pessoa jurídica, associação ou entes. Essa conceituação não havia sido mencionada pela Diretiva da União Europeia e não foi introduzida pelo GDPR[159], bem como não encontrou respaldo no Brasil, pela LGPD, que, de acordo com o conceito já esboçado pelo Projeto de Lei de Proteção de Dados, não incluiu como dado pessoal os referentes às pessoas jurídicas (art. 5º, inc. I) como analisado acima.

Na verdade, a lei italiana tutelava de maneira mais protetiva os dados pessoais, e como a Diretiva 95/46/CE era uma normativa mínima, nos termos do considerando 10[160], que estabeleceu que os Estados-Membros não podiam estabelecer nas respectivas leis nacionais regras que mitiguem a proteção dos dados pessoais, mas que podiam, ao contrário, adotar regras que fortalecessem este direito. A Itália adotava uma proteção mais ampla, afastando qualquer incongruência com a norma internacional.

No entanto, a lei italiana foi alterada pelo Decreto Legislativo 201/2011, para restringir a proteção dos dados apenas às pessoas físicas, seguindo uma tendência forte na Europa nesse sentido, haja vista a definição da Convenção de Estrasburgo n. 108 sobre Proteção de Dados Pessoais (art. 2º, alínea "a")[161], o art. 1º, alínea "b" das Diretrizes

---

[158] "b) 'dato personale', qualunque informazione relativa a persona fisica, **persona giuridica, ente od associazione**, identificati o identificabili, anche indirettamente, mediante riferimento a qualsiasi altra informazione, ivi compreso un numero di identificazione personale;". (grifo nosso)

[159] IMPERIALI, Riccardo; IMPERIALI, Rosario. *Op. cit.*, pp. 19; 75.

[160] "(10) Whereas the object of the national laws on the processing of personal data is to protect fundamental rights and freedoms, notably the right to privacy, which is recognized both in Article 8 of the European Convention for the Protection of Human Rights and Fundamental Freedoms and in the general principles of Community law; whereas, for that reason, the approximation of those laws must not result in any lessening of the protection they afford but must, on the contrary, seek to ensure a high level of protection in the Community;"

[161] Article 2 – Definitions – For the purposes of this convention: a "personal data" means any information relating to an identified or identifiable individual ("data subject");

da OCDE sobre Proteção de Dados[162] e o art. 2º, alínea "a" da Diretiva 95/46/CE[163].

Assim, seguindo essas propostas, algumas leis restringiram a proteção de dados pessoais às pessoas físicas, a saber: a legislação alemã (*Federal Data Protection Act*, de 15 de novembro de 2006[164]); a legislação britânica[165] (*Data Protection Act*, de 1998); a legislação francesa (*Loi Informatique et Libertés*, de 06 de janeiro de 1987, em seu art. 2º)[166]; a legislação espanhola (*Ley Orgánica 15/1999*, de 13 de dezembro[167], em

---

[162] 1. For the purposes of these Guidelines: [...] b) "personal data" means any information relating to an identified or identifiable individual (data subject);

[163] Article 2 – Definitions. For the purposes of this Directive: (a) 'personal data' shall mean any information relating to an identified or identifiable natural person ('data subject'); an identifiable person is one who can be identified, directly or indirectly, in particular by reference to an identification number or to one or more factors specific to his physical, physiological, mental, economic, cultural or social identity;

[164] "§ 3 *Weitere Begriffsbestimmungen* (1) Personenbezogene Daten sind Einzelangaben über persönliche oder sachliche Verhältnisse einer bestimmten oder bestimmbaren natürlichen Person (Betroffener)". "(1) Personal data" means any information concerning the personal or material circumstances of an identified or identifiable individual (the data subject)." Disponível em: <http://www.gesetze-im-internet.de/englisch_bdsg/index.html> (versão em inglês) e <http://www.gesetze-im-internet.de/bdsg_1990/BJNR029550990.html> (versão em alemão), acessado em 10 de outubro de 2015.

[165] Data Protection Act de 1998, Part I, Section 1, item (1): "'data subject' means an individual who is the subject of personal data".

[166] Article 2 – La présente loi s'applique aux traitements automatisés de données à caractère personnel, ainsi qu'aux traitements non automatisés de données à caractère personnel contenues ou appelées à figurer dans des fichiers, à l'exception des traitements mis en oeuvre pour l'exercice d'activités exclusivement personnelles, lorsque leur responsable remplit les conditions prévues à l'article 5.
Constitue une donnée à caractère personnel toute information relative à une personne physique identifiée ou qui peut être identifiée, directement ou indirectement, par référence à un numéro d'identification ou à un ou plusieurs éléments qui lui sont propres. Pour déterminer si une personne est identifiable, il convient de considérer l'ensemble des moyens en vue de permettre son identification dont dispose ou auxquels peut avoir accès le responsable du traitement ou toute autre personne.

[167] SALOM, Javier Aparicio. *Estudio sobre la Protección de Datos*. 4. ed. Cizur Menor (Navarra): Editorial Aranzadi – Thomson Reuters, 2013. pp. 29-30.

seuart. 3º, alínea "a")[168]; bem como a legislação argentina[169] (*Ley* 25.326, de 30 de outubro de 2000).

Assim, muito embora o escopo da referida Diretiva não tenha sido a proteção dos dados de pessoas jurídicas (considerando 24),[170] não houve uma vedação expressa neste sentido. Portanto, em que pese a mencionada tendência, parece que o direito italiano (antes da reforma de 2011) assegurava uma proteção de dados pessoais mais ampla, isto é, mais rigorosa, sem, contudo, criar entraves injustificáveis à iniciativa privada. Todavia, o atual GDPR estabelece (considerando 22) que a proteção de dados deve se aplicar somente às pessoas naturais, *in verbis*:

> *The protection afforded by this Regulation should apply to natural persons, whatever their nationality or place of residence, in relation to the processing of their personal data. This Regulation does not cover the processing of personal data which concerns legal persons and in particular undertakings established as legal persons, including the name and the form of the legal person and the contact details of the legal person.*

No entanto, as informações constantes dos cadastros, ainda que públicos, de pessoas jurídicas que identifiquem pessoas naturais devem ser consideradas como dado pessoal seja nos termos do GDPR, seja de acordo com a LGPD pelo que já foi exposto.

Observa-se que, no contexto da década de 2000, a lei de proteção de dados do Uruguai, *Ley n. 8.331*, de 11 de agosto de 2008, denominada *Ley de Protección de Datos Personales y Acción de "Habeas Data"*,[171] estendeu a proteção dos dados às pessoas jurídicas em seu art. 4º, item "d", ao conceituar dado pessoal como "*información de cualquier tipo referida a personas físicas o jurídicas determinadas o determinables.*"

---

[168] Artículo 3. Definiciones. A los efectos de la presente Ley Orgánica se entenderá por: a) Datos de carácter personal: cualquier información concerniente a personas físicas identificadas o identificables.

[169] ARTICULO 2º — (Definiciones).
A los fines de la presente ley se entiende por: (...)— Datos personales: Información de cualquier tipo referida a personas físicas o de existencia ideal determinadas o determinables.

[170] "(24) Whereas the legislation concerning the protection of legal persons with regard to the processing data which concerns them is not affected by this Directive;"

[171] Disponível em: <http://www.parlamento.gub.uy/leyes/AccesoTextoLey.asp?Ley=18331&Anchor=>, acessado em 10 de outubro de 2015.

Quanto à esta extensão da proteção de dados, coloca-se o questionamento de que se teriam direito à tutela de dados que a si façam referência, as pessoas jurídicas de direito privado, de direito público, associações, fundações e entes despersonalizados.[172]

O Projeto de Lei n. 5.276-A/2016 pareceu, indevidamente, restringir a proteção dos dados apenas às pessoas naturais (art. 5º, inc. I). Por outro lado, a redação original do Projeto andou bem ao se referir à qualidade identificada, bem como identificável da pessoa a quem os dados digam respeito, pelas razões acima expostas. No entanto, ficou aquém do que poderia ter feito ao restringir a aplicação da lei apenas aos dados referidos às pessoas naturais, senão vejamos, o que foi incorporado no atual texto da LGPD (art. 5º, inc. I).

Se partir da premissa de que o Código de Defesa do Consumidor (no art. 2º[173], na definição *standard* ou padrão de consumidor) estende a proteção às pessoas jurídicas, que podem se valer de direitos e princípios que direta ou indiretamente tutela os dados que lhes digam respeito, por que não estender a tutela dos dados pessoais a essas pessoas na própria legislação específica?

Sobre o âmbito de aplicação do Código de Defesa do Consumidor, o tema já foi debatido na doutrina[174], que explicou as divergências entre a teoria finalista e a teoria maximalista, sendo que a primeira prevaleceu no direito brasileiro, segundo a qual a pessoa jurídica é caracterizada

---

[172] Neste sentido, Antonio Carlos Morato (*A pessoa jurídica consumidora*. São Paulo: Revista dos Tribunais, 2008. p. 233) afirma, a respeito da possibilidade de lesões morais à pessoa jurídica: "negar a reparação do dano moral à pessoa jurídica, já que esta tem possibilidade de sofrer lesões em seu nome ou sua honra (até porque, o que dá azo a tal indenização vem a ser o fato de que a pessoa jurídica possua honra objetiva, que se projeta no seio da sociedade). A reparação do dano moral, na verdade, não exclui a pessoa jurídica, tanto por força do previsto na Constituição Federal (no art. 5o, X), como pelo disposto no Código de Defesa do Consumidor (art. 6o, VI), sendo consagrada na orientação predominante do Superior Tribunal de Justiça, por meio da Súmula 227 que admitiu que 'a pessoa jurídica pode sofrer dano moral'".

[173] "Art. 2º Consumidor é toda pessoa física ou jurídica que adquire ou utiliza produto ou serviço como destinatário final. Parágrafo único. Equipara-se a consumidor a coletividade de pessoas, ainda que indetermináveis, que haja intervindo nas relações de consumo."

[174] DE LUCCA, Newton. *Teoria geral da relação jurídica de consumo*. 2. ed. São Paulo: Editora Quartier Latin, 2008. p. 21.

como consumidora quando retira do mercado de consumo o produto sem repassar ao consumidor[175].

Atualmente, a doutrina manteve o entendimento no sentido de que as pessoas jurídicas em determinadas condições (teoria do finalismo aprofundado)[176] podem se valer dos princípios e direitos estabelecidos no CDC, notadamente quando não atuarem no seu ramo de *expertise*, destacando a vulnerabilidade técnica.

No contexto do tratamento de dados das pessoas jurídicas, o elemento teleológico da legislação deve ser o de impor regras claras para o tratamento de dados que lhes digam respeito, devendo essas serem comunicadas do tratamento ou consentirem, quando for o caso. Por isso, não parece razoável deixar de assegurar às pessoas jurídicas a proteção de seus dados, que já tem assegurada a aplicação do CDC (que direta e indiretamente serve a esta tutela) e garantidos alguns direitos de personalidade.

Inclusive, o art. 1º do Código Civil brasileiro estabelece que *"[t]oda pessoa é capaz de direitos e deveres na ordem civil."* Não foi feita restrição quanto às pessoas jurídicas e não parece razoável o fazer nas legislações sobre proteção de dados pessoais. Além disso, o art. 52 do CC/02 estabelece: *"Aplica-se às pessoas jurídicas, no que couber, a proteção dos direitos da personalidade."* Ademais, a Súmula 227 do STJ determina: *"a pessoa jurídica pode sofrer dano moral."*

---

[175] Vide MORATO, Antonio Carlos. *A pessoa jurídica consumidora... op. cit*, p. 232.

[176] Nesse diapasão, a professora Cláudia Lima Marques adota a expressão "finalismo aprofundado", entendendo que: "Interpretação finalista aprofundada: Como mencionado na Introdução, desde a entrada em vigor do CC/2002, parece-me crescer uma tendência nova entre a jurisprudência, concentrada na noção de consumidor imediato (*Endverbraucher*) e de vulnerabilidade (art. 4º, I), que poderíamos denominar finalismo aprofundado. Observando-se o conjunto de decisões 2003, 2004 e 2005, parece-me que o STJ se apresenta efetivamente mais "finalista" e executado uma interpretação de campo de aplicação e das normas do CDC de forma mais subjetiva quanto ao consumidor, porém mais finalista e objetiva quanto a atividade ou o papel do fornecedor. É uma interpretação finalista aprofundada e madura, que deve ser saudada. De um lado, a maioria maximalista e objetiva restringiu seu ímpeto, de outro, os finalistas aumentaram seu subjetivismo, mas relativizaram o finalismo permitindo tratar casos difíceis de forma mais diferenciada. Em casos difíceis, envolvendo empresas que utilizam insumos para a sua produção, mas não em sua área de expertise ou com uma utilização mista, principalmente na área dos serviços, provada a sua vulnerabilidade, concluiu-se pela destinação final de consumo prevalente". (MARQUES, Cláudia Lima; BENJAMIN, Antônio Herman V.; MIRAGEM, Bruno. *Comentários ao código de defesa do consumidor*. 3 ed. São Paulo: Editora Revista dos Tribunais, 2010. p. 30-32).

Nesse sentido, a doutrina nacional[177] posiciona-se favoravelmente ao reconhecimento de alguns atributos tidos como essenciais às pessoas jurídicas, tais como nome, marca, símbolos e honra. E por que não acrescentar os dados pessoais? Assim, estes direitos surgem com o registro das pessoas jurídicas e se extinguem com a baixa do registro, ressalvadas as hipóteses de perpetuação de alguns efeitos desses direitos mesmo após o encerramento da pessoa jurídica (nos termos do art. 16 da LGPD, por exemplo).

Alguns exemplos de extensão de direitos da personalidade às pessoas jurídicas são: direito à imagem, ao sigilo, em especial o comercial, e, sobretudo, ao bom nome desta.

O tema foi enfrentado pelo *WP29*, no parecer 4/2007[178], sobre o conceito de dado pessoal, no qual foram estabelecidos quatro requisitos que devem ser preenchidos para que seja considerado um dado pessoal, quais sejam: 1º) "qualquer informação"; 2º) "relacionada a"; 3º) "pessoa natural"; e 4º) "identificada ou identificável".

O conceito de "qualquer informação" no referido parecer é o mais amplo possível. Quanto à sua natureza, podem ser informações objetivas ou subjetivas (opiniões e impressões externadas pelos usuários), destacando ainda que não é necessário ser verdadeira ou provada para ser passível de proteção. O conteúdo dos dados pessoais também tem uma conotação ampla, podendo dizer respeito a quaisquer aspectos da vida de seu titular. Além disso, os dados que merecem proteção são aqueles disponíveis em qualquer meio, físico ou eletrônico, desde que contenha as informações sobre uma pessoa determinada ou determinável, tampouco entendeu-se que a informação ou dado deva estar inserida em um banco de dados estruturado, para ser passível de proteção.

Já o requisito de "relacionado a" ganha a conotação de que um determinado dado deve dizer respeito a um indivíduo. Em algumas hipóteses, esta relação é facilmente identificável. Contudo, o parecer aponta que, em certas ocasiões, a ligação não é tão evidente[179]. São apontados,

---

[177] BITTAR, Carlos Alberto. *Os direitos da personalidade*. 2º ed. Rio de Janeiro: Forense, 1995. p. 13.
[178] Disponível em: <http://ec.europa.eu/justice/policies/privacy/docs/wpdocs/2007/wp136_en.pdf>, acessado em 19 de junho de 2015.
[179] Cita o exemplo do valor de uma casa, que é um dado que, a princípio, não diz respeito a uma pessoa, e sim ao imóvel e, portanto, não está inserido no âmbito da proteção aos dados

no parecer, três elementos não cumulativos que podem indicar que um certo dado é relacionado a uma certa pessoa. O primeiro deles é o *conteúdo*, tratando-se de uma hipótese na qual a relação entre pessoa e dado é direta. O segundo é o *propósito*, e diz respeito às situações nas quais uma informação, apesar de não ser conectada diretamente com a pessoa, pode ser utilizada com finalidade de avaliar, tratar ou influenciar de certa forma o modo de ser de uma pessoa. Por fim, apontam o *resultado*[180] como terceira hipótese que pode qualificar esta conexão, tratando-se de casos nos quais um certo dado, apesar de não dizer respeito direta ou indiretamente a determinada pessoa, pode impactar sua esfera de interesses, motivo pelo qual merece proteção.

O quarto elemento do conceito em análise, em seu turno, é a locução "identificado ou identificável". O sujeito identificado é aquele que, em um grupo de pessoas, pode ser distinguido dos demais por suas características pessoais. Já o sujeito identificável é aquele que ainda não foi identificado, mas potencialmente pode o ser, desde que reunidos elementos suficientes. O parecer aponta que a identificação pessoal se dá à vista de elementos que individualizam um determinado sujeito, podendo ser diretos ou indiretos. O meio direto de identificação mais comum é o próprio nome da pessoa, data de nascimento, documento de identidade ou CPF que, em certas circunstâncias, podem ser combinados com outros elementos para a precisa identificação de um indivíduo.

Já os meios indiretos de identificação são aquelas "combinações únicas" de elementos extrínsecos, que permitem esse processo de individuação[181]. Relevante apontar que, no caso da Internet, tornou-se mais fácil o processo de identificação indireta, coletando informações de navegação de um computador específico, torna-se menos complexo identificar o usuário, utilizando métodos de categorização socioeconômica com base nos padrões de comportamento *online*.

pessoais e pode ser utilizado em diversas ocasiões, com avaliação de imóveis vizinhos. Contudo, quando este mesmo dado é utilizado como medida de riqueza pessoal de uma determinada pessoa, ganha conotação de dado pessoal e, consequentemente, pode ser protegido pelo direito aos dados pessoais.

[180] O exemplo dado, neste caso, é o do monitoramento de corridas de taxis para aprimorar o serviço feito que, em certas circunstâncias, podem também afetar a privacidade do usuário.

[181] O parecer cita os casos de informações fragmentárias coletadas em notícias que, individualmente, não permitem a identificação, mas, quando analisadas em conjunto, permitem a identificação da pessoa.

Com o terceiro elemento, por sua vez, o parecer restringe a proteção dos dados pessoais apenas às pessoas naturais e viventes, interpretadas em um sentido muito restrito, isto é, aquelas que tenham personalidade jurídica e, assim, afirma-se que nem os mortos nem os nascituros teriam direito à proteção dos dados pessoais.[182]

Com a devida vênia, tal restrição não se sustenta no direito brasileiro, que garante alguns direitos de personalidade do *de cujus*, sendo que o cônjuge sobrevivente, os parentes em linha reta e os colaterais até o 4º grau tem legitimidade ativa, nos termos do parágrafo único do art. 12 do CC/02.[183] Assim, como um direito de personalidade autônomo, o *de cujus* tem direito à proteção de seus dados.

Quanto ao nascituro, no mesmo parecer n. 4/2007, restringiu-se a proteção dos dados pessoais, porém tal restrição também não se demonstra adequada ao Direito brasileiro, que coloca a salvo os direitos do embrião. Com efeito, o nascituro, desde a concepção, também tem seus dados tutelados na legislação específica brasileira. É o que ensina a professora Silmara Juny de Abreu Chinellato[184], que afirma que o tratamento jurídico dado aos embriões denota e denotará a necessidade de não-restrição dos direitos da personalidade às hipóteses legais, pois isso iria contra sua própria natureza jurídica.[185]

A importância de se definir claramente o conceito de "dados pessoais" é caracterizar o âmbito de aplicação da legislação específica. Muito embora a redação do atual GDPR (idêntica ao previsto na revogada Diretiva 95/46/CE) seja muito ampla, haja vista os termos utilizados

---

[182] *Idem*, p. 21: "Information relating to dead individuals is therefore in principle not to be considered as personal data subject to the rules of the Directive, as the dead are no longer natural persons in civil law."

[183] Art. 12. Pode-se exigir que cesse a ameaça, ou a lesão, a direito da personalidade, e reclamar perdas e danos, sem prejuízo de outras sanções previstas em lei. Parágrafo único. Em se tratando de morto, terá legitimação para requerer a medida prevista neste artigo o cônjuge sobrevivente, ou qualquer parente em linha reta, ou colateral até o quarto grau.

[184] *Tutela civil do nascituro*. São Paulo: Saraiva, 2000. p. 38.

[185] Neste mesmo sentido: "O embrião, ou o nascituro, tem resguardados, normativamente, desde a concepção, os seus direitos, porque a partir dela passa a ter existência e vida orgânica e biológica própria, independente da de sua mãe. Se as normas o protegem é porque tem personalidade jurídica." (Diniz, Maria Helena. *O estado atual do biodireito*. 3 ed. São Paulo: Saraiva, 2006. p. 127).

*supra* destacados, a doutrina estabeleceu um conceito do direito à proteção dos dados pessoais.[186]

Ainda que seja ampla a caracterização de dados pessoais no direito estrangeiro, assim como na LGPD, pode-se caracterizá-lo, para fins de aplicação da lei, como quaisquer informações que digam respeito a uma pessoa determinada ou determinável e que se refiram particularmente a um número de identificação, ou outros elementos, que revelem sua identidade física, fisiológica, psíquica, econômica, cultural ou social.[187]

Atualmente, o *Codice della Privacy* italiano (alterado pelo Decreto Legislativo n. 101/2018 para adequá-lo ao GDPR) utiliza o termo *"pseudonimizzazione"* (art. 4º, n. 5), entendido como o tratamento de dado pessoal de tal modo que os dados pessoais não podem mais serem atribuídos a um interessado específico sem o uso de informações adicionais, devendo estas informações serem conservadas separadamente e submetida às medidas técnicas e organizacionais que inviabilizem a identificação da pessoa física. Este artigo combinado com o art. 2.2 do *Codice della Privacy* (que delimita o âmbito de aplicação da lei em razão da matéria), resulta que a lei se aplica aos dados pessoais, isto é, informações sobre pessoa física identificada ou identificável. Em tese não se aplica aos dados anônimos[188], entendidos como aqueles que não podem ser relacionados

---

[186] FINOCCHIARO, Giusella. *Privacy e Protezione...*, op. cit., p. 03.
[187] As proteções de dados pessoais das pessoas jurídicas não se referem à identidade fisiológica nem psíquica. Com efeito, as pessoas jurídicas são fruto de criação intelectual do legislador, e, consequentemente, não possuem corpo definido, e, tanto menos, uma formação psíquica passível de ataques subjetivos. Sua figura não se confunde com aquelas dos seus representantes, estes, sim, pessoas físicas dotadas de direitos da personalidade na sua inteireza. Contudo, relevante anotar que, no Brasil, adota-se de forma razoavelmente homogênea, a teoria da realidade orgânica da pessoa jurídica. Os defensores desta ideia postulam que não se pode deixar de reconhecer o impacto que uma pessoa jurídica gera nas relações ao seu redor. Por este motivo, e no que pertine ao presente trabalho, as pessoas jurídicas também podem ser identificáveis por meios diretos, posto que possuem nome, e indiretos, como dados sociais, econômicos, culturais ou sociais, além de outros meios como números de identificação (*e.g.* CNPJ), o que permite um início de construção no sentido de proteger seus dados pessoais.
[188] IMPERIALI, Riccardo; IMPERIALI, Rosario. *Codice della Privacy:* commento alla normativa sulla protezione dei dati personali. Milão: Il sole 24 ore, 2004. p. 63.

a nenhuma pessoa, seja em sua origem, seja após qualquer tratamento de dados.[189]

No Direito brasileiro, por sua vez, ainda se utilizou os termos "dado anônimo" e "anonimização" dentre os conceitos previstos no art. 5º da LGPD, como previsto no Projeto de Lei n. 5.276-A e Projeto de Lei n. 53 do Senado Federal que resultaram na LGPD. A lei condiciona o conceito de "dado anônimo" a um critério de razoabilidade, isto é, o dado que não possa identificar o seu titular, considerando os meios técnicos razoáveis que existiam na época do tratamento (art. 5º, inc. III).

O problema está justamente nos riscos da atual sociedade informacional: as ferramentas tecnológicas permitem facilmente *re-identificar* o indivíduo que, originalmente, forneceu seus dados, na condição de permanecerem anônimos. Por isso, não basta, por exemplo, apenas a identificação por um código para ser considerado anônimo, porque é possível uma combinação do código com outros dados e chegar à identificação do indivíduo. Nesse sentido, a Autoridade de Garantia italiana entende que não pode ser considerado anônimo, quando os dados, originariamente, não possam ser associados a um determinado indivíduo, mas que, por meio de sucessivas operações de algoritmos que correlacionam vários tipos de informações, resultam na identificação do sujeito.[190]

Por isso, Giusella Finocchiaro[191] afirma que, no mundo digital, o anonimato absoluto é muito difícil de ser atingido. Portanto, a autora conclui que o anonimato é apenas relativo, ou seja, tendo em vista algumas condições, que permitem a determinadas pessoas o tratamento destas informações originariamente anônimas, pode se resultar na *re-identificação* do indivíduo. Mas, para outras tantas pessoas que não tenham acesso a esta técnica, tal dado permanecerá anônimo. Por isso, o anonimato é um conceito relativo e funcional, que deve ser avaliado segundo o critério de razoabilidade.

Justamente em virtude desses riscos, a Diretiva 2002/58/CE sugere fortemente que as ferramentas de anonimização de dados sejam os

---

[189] Antes da reforma de 2018, o *Codice della Privacy* utilizava a expressão "dado anônimo", no antigo art. 4º, alínea "n", definido como "il dato che in origine, o a seguito di trattamento, non può essere associato ad un interessato identificato o identificabile".

[190] NIGER, Sergio. *Le nuove dimensioni della privacy:* dal diritto ala riservatezza ala protezione dei dati personali. Napoli: CEDAM, 2006. p. 127.

[191] *Privacy e Protezione...*, op. cit., p. 51; 56 – 57.

últimos recursos, estabelecendo o mínimo uso dessas tecnologias. Neste ponto particular, destaca-se o princípio da necessidade, estabelecido no GDPR, art. 5º, (c) e na LGPD, art. 6º, inc. III, segundo o qual se limita o tratamento de dados pessoais ao mínimo necessário para a realização das finalidades previstas. Mais uma vez fica evidente a importância de uma autoridade independente e com a missão de garantir a efetiva proteção de dados pessoais, que exerça um papel fundamental para impor normas e procedimentos sobre a anonimização dos dados pessoais nos termos do art. 55-J, inc. II da LGPD. Além disso, a ANPD tem a competência de requisitar informações aos agentes de tratamento sobre os procedimentos adotados ao anonimizarem os dados pessoais e quais medidas técnicas são adotadas para que as informações sejam mantidas sem identificar o sujeito (art. 55-J, inc. IV da LGPD). Com destaque para o art. 12, § 3º da LGPD que estabelece que: "A autoridade nacional poderá dispor sobre padrões e técnicas utilizados em processos de anonimização e realizar verificações acerca de sua segurança, ouvido o Conselho Nacional de Proteção de Dados Pessoais". Por fim, ressalta-se que tais procedimentos devem estar estabelecidos nos Códigos de Boas Condutas adotados pelos agentes de tratamento para que todos possam tomar conhecimento, nos termos do art. 40 da LGPD.

Quanto à outra categoria de dado pessoal, denominados "dados sensíveis", é disciplinada com maior rigor no GDPR (art. 9º), proibindo de forma genérica o tratamento de informações pessoais que revelem a etnia, origem, opinião política ou crenças religiosas ou filosóficas, bem como o tratamento de dados genéticos, biométricos, de saúde, vida sexual ou orientação sexual. Tal proibição somente deixa de existir nos termos do art. 9º, alínea 2, quando o titular tiver consentido de forma expressa, for necessário ao desempenho das obrigações dos agentes de tratamento, para a proteção da vida do interessado ou de outra pessoa, em decorrência de atividades desenvolvidas por fundação, associação ou outras organizações sem fins lucrativos nos termos do regulamento, dentre outras bases para o tratamento destes dados pessoais de categoria especial.

No GDPR houve uma mudança estrutural interessante, não se conceitua "dado pessoal sensível", ao contrário, faz parte do conceito de dado pessoal as informações relacionadas aos elementos da identidade física, fisiológica, genética, física, econômica, cultural ou social. Isto porque restou comprovado que não bastava tão somente aumentar o controle no tratamento de dados pessoais sensíveis, pois o tratamento sensível de dados pessoais acaba resultando em revelações íntimas sobre a etnia, origem, opinião política ou crenças religiosas ou filosóficas, bem como o tratamento de dados genéticos, biométricos, de saúde, vida sexual ou orientação sexual. Assim, atento a tais práticas, o *Regulamento 2016/679* proíbe o tratamento de dados pessoais que tenha por objetivo chegar a tais informações sobre o indivíduo.

Correta a opção do GDPR que é mais adequada aos perigos da monetização dos dados pessoais. Todavia, a LGPD seguiu o que existia no *Codice della Privacy*,[192] preferindo por conceituar dado pessoal sensível no art. 5º, inc. II, entendido como a informação que revele a "origem racial ou étnica, convicção religiosa, opinião política, filiação a sindicato ou a organização de caráter religioso, filosófico ou político, dado referente à saúde ou à vida sexual, dado genético ou biométrico", assim como fazia a redação antiga do "Codice della Privacy".

Existe uma discussão se esses dados sensíveis são taxativos ou meramente exemplificativos. A doutrina italiana entendia ser o rol previsto na lei italiana taxativo,[193] tendo em vista o tratamento rigoroso que a lei estabelece. Todavia, ressalte-se que não é tão somente o conteúdo da informação em si para se adequar à figura de dados sensível, além disso, deve-se considerar, também, o tratamento de dados pessoais em geral quando resultarem em informações consideradas sensíveis consoante o rol acima descrito. Em outras palavras, é vedado o tratamento de dado pessoal sensível sem o consentimento expresso do titular, além das outras bases de tratamento especificadas em lei, bem como o tratamento sensível de dado pessoal.

---

[192] Dec. Legislativo n. 196, de 30/06/2003 traz a definição de dados sensíveis no art. 4º, 1, "d": " 'dati sensibili', i dati personali idonei a rivelare l'origine razziale ed etnica, le convinzioni religiose, filosofiche o di altro genere, le opinioni politiche, l'adesione a partiti, sindicati, associazioni od organizzazioni a carattere religioso, filosofico, politico o sindicale, nonché i dati personali idonei a rivelare lo stato di salute e la vita sessuale;"

[193] FINOCCHIARO, Giusella. *Privacy e Protezione..., op. cit.*, p. 58: "L'elencazione ha natura tassativa e non esemplificativa, considerata la rigorosa disciplina prevista per la tutela accordata a questa particolare categoria di dati. In altri termini, l'elenco dei dati sensibili è chiuso: sono dati sensibili solo quelli indicati dalla norma".

A doutrina italiana defende que o direito à proteção dos dados pessoais é um direito de personalidade autônomo, que se distingue de outros direitos que, às vezes, tem pontos em comum (tais como direito à privacidade e à identidade pessoal). É, portanto, um direito absoluto (oponível *erga omnes*), indisponível e imprescritível. Em suma, o direito à proteção dos dados pessoais se configura pelo direito de um indivíduo de controlar as informações que a ele se referem e, assim, constituem seu reflexo e seu "ser" na sociedade informacional (autodeterminação informacional).[194]

Sem dúvida o direito à proteção de dados pessoais está dentro da categoria dos direitos de personalidade, tendo os atributos acima destacados. Podemos conceituá-lo como o direito de uma pessoa física ou jurídica, individualizada ou individualizável, de controlar suas informações, corrigi-las ou apagá-las, nos termos da lei.

Por fim, a caracterização de tratamento também é oferecida nas legislações sobre o tema. O GDPR traz uma proposição a respeito no art. 4, parágrafo 2, comentado anteriormente, ou seja, qualquer operação ou conjunto de operações, *automatizadas ou não*, tais como as que coletam, registram, organizam, estruturam, armazenem, adaptem ou alterem, extraem, consultem, usem, disponibilizem pela transmissão ou disseminação ou por outras ferramentas disponíveis, alinhem ou combinem, bloqueiam, apaguem ou destruam os dados referente às pessoas identificadas ou identificáveis.

Na legislação italiana, o mesmo é feito no *Codice della Privacy* (art. 4, parágrafo 2).[195] Semelhantemente, a LGPD trouxe uma ideia do que vem a ser tratamento de dados pessoais no art. 5º, inc. X: "toda operação realizada com dados pessoais, como as que se referem a coleta, produção, recepção, classificação, utilização, acesso, reprodução, transmissão, distribuição, processamento, arquivamento, armazenamento, eliminação,

---

[194] FINOCCHIARO, Giusella. *Idem*, p. 04.
[195] Conforme o Codice della Privacy: "2) 'trattamento': qualsiasi operazione o insieme di operazione, compiute con o senza l'ausilio di processi automatizzati e applicate a dati personali o insieme di dati personali, come la la raccolta, la registrazione, l'organizzazione, la strutturazione, la conservazione, l'adattamento o la modifica, l'estrazione, la consultazione, l'uso, la comunicazione mediante trasmissione, diffusione, o qualsiasi altra forma di messa a disposizione, il raffronto o l'interconnessione, la limitazione, la cancellazione o la distruzione;"

avaliação ou controle da informação, modificação, comunicação, transferência, difusão ou extração".

Note-se, claramente, que o rol acima exposto em todas as legislações citadas é exemplificativo o que fica evidenciado pelo uso das expressões: *"such as"*, *"come"* ou *"como as"*. Assim, caberá à ANPD nos termos do art. 55-J, inc. II, por meio de recomendações e provimentos, estabelecer ou reconhecer outras formas de tratamento de dados pessoais quando for o caso. Dificilmente uma conduta dos agentes de tratamento de dados não se encaixará no elenco legal que é, propositalmente, amplo. Mas, a título ilustrativo, determinada conduta dos agentes pode ser considerada tratamento no caso concreto quando, por exemplo, a ANPD receba uma reclamação de um titular de dados.

Note-se que a preocupação é em relacionar os verbos de maneira mais ampla possível. Por exemplo, "acesso", "reprodução" e "classificação", dentre outras, são condutas genericamente definidas. Em outras palavras, não se engessam (e nem se poderia fazê-lo) as hipóteses consistentes no acesso, reprodução e classificação. Isto porque a tecnologia está em constante evolução e cada vez mais em ritmo acelerado, inviabilizando uma descrição minuciosa do legislador sobre quais ações caracterizariam o tratamento de dados. Inviável seria pensar que a cada nova ferramenta tecnológica ter-se-ia que alterar a lei, para prever tal inovação como tratamento de dados.

Portanto, entende-se que este rol é meramente exemplificativo, e assim deve ser, na medida em que as condutas são amplamente elencadas como forma de direcionar o intérprete ou oferecê-lo alguns pontos de referência para caracterizar o tratamento de dados.

Imperiali e Imperiali[196] destacam, em seus comentários à lei italiana, que as ações elencadas têm função meramente descritiva e, portanto, exemplificativa e não taxativa: *"L'elencazione delle operazioni evidenzia una finalità descritiva e non sostanziale della norma. Pertanto, la lista va considerata esemplificativa e non tassativa."*

Pode-se concluir que o direito à proteção de dados pessoais é inerente ao desenvolvimento do ser humano ou das atividades desempenhadas por uma pessoa jurídica, e, por isso, deve ser tutelado como um

---

[196] *Op. cit.*, p. 73.

direito de personalidade autônomo, pelas suas características já mencionadas *supra* e que serão mais bem detalhadas no capítulo 4.

Em suma, o direito à proteção dos dados pessoais é distinto de outros direitos da personalidade. Os dados pessoais podem ser considerados externos à pessoa, mas que tem o mesmo ponto de referência objetivo, qual seja, o valor do indivíduo na sociedade. Por isso, a proteção dos dados pessoais não recai neles diretamente, mas em sua difusão e comunicação.[197]

No que tange ao direito brasileiro, pode-se afirmar que o direito à proteção dos dados pessoais diz respeito às regras de conduta impostas para o tratamento dos dados, que consiste em operação ou conjunto de operações, automatizadas ou não, que permitam a coleta, o armazenamento, a organização, a consulta, a modificação, a classificação, o cancelamento, a transmissão ou a difusão de dados, bem como outras condutas com estas relacionadas, a depender da evolução tecnológica.

Segundo a opinião de Stefano Rodotà,[198] o direito à proteção dos dados pessoais é muito importante no contexto da atual sociedade informacional, em razão dos riscos que ela oferece, como destacados *supra*, e, por isso, tal direito deve ser tutelado como um direito fundamental.

Os desafios à efetiva tutela dos direitos de personalidade dizem respeito à desmaterialização, à ubiquidade, à divulgação em larga escala do conteúdo e à porosidade de fronteiras, para mencionar algumas das características da denominada "era digital".

O pensamento de Manuel Castells[199] sintetiza os principais desafios para a efetiva proteção dos dados pessoais na atual sociedade informacional, que bem resume as constantes revisões e alterações das normativas sobre proteção dos dados pessoais nas comunicações eletrônicas, *in verbis*:

> *A network-based social structure is a highly dynamic, open system, susceptible to innovating without threatening its balance. Networks are appropriate instruments for a capitalist economy based on innovation, globalization, and decentralized concentration; for work, workers, and firms based on flexibility and adaptability;*

---

[197] NIGER, Sergio. *Op. cit.*, p. 115.
[198] Tra diritti fondamentali ... *op. cit.*, p. 04.
[199] *The rise of the network society...*, *op. cit.*, p. 501-502.

*for a culture of endless deconstruction and reconstruction; for a polity geared toward the instant processing of new values and public moods; and for a social organization aiming at the supersession of space and the annihilation of time.*

Por isso, as leis sobre proteção de dados devem ser amplas, principiológicas e com cláusulas gerais, para permanecerem adequadas ao contínuo progresso científico. Ao contrário, uma lei que estabeleça *fattispecie* descritivas, nesse contexto, acabará sendo uma lei com prazo de validade, ou *"sunset rules",* na expressão destacada por Stefano Rodotà.[200]

### 2.1.1 Distinção entre o Direito à Proteção dos Dados Pessoais e Outros Direitos Afins

Pelas características e regramento jurídico destinado à proteção dos dados pessoais, vê-se que este direito da personalidade é distinto dos demais mencionados *supra*, a saber: direito à privacidade, à intimidade e à vida privada, direito à identidade pessoal e direito ao nome, dentre outros.

#### 2.1.1.1 Direito à Proteção dos Dados Pessoais versus Direito à Privacidade e à Intimidade

Assim, urge destacar as semelhanças e diferenças entre esses direitos de personalidade limítrofes. O direito à privacidade e à intimidade são direitos tutelados negativamente, como já mencionado. Em outras palavras, o indivíduo tem direito de oponibilidade *erga omnes* para que sua esfera privada e íntima não sejam invadidas por outras pessoas. A seguir, este direito será conceituado com mais detalhes, porém, apenas para diferenciá-lo do direito à proteção de dados pessoais, tem-se, por ora, tal definição.

O direito à proteção dos dados pessoais, por sua vez, não se estrutura negativamente, até porque inviável seria a proibição absoluta de acesso e utilização dos dados pessoais na atual sociedade informacional.

Imagine que, para tanto, o indivíduo não poderia ter e-mail, não poderia usar cartão de crédito ou comprar algo pela Internet, de maneira que os dados são inevitavelmente coletados. Assim, tem-se que garantir

---

[200] Privacy e costruzione della sfera privata..., *op. cit.*, pp. 543-544; no mesmo sentido: BELLAVISTA, Alessandro. *Op. cit.*, p. 66.

que o usuário terá conhecimento disto e a possibilidade de concordar ou não com tal coleta e ulterior utilização de seus dados pessoais.

Ademais, o princípio da finalidade restringe razoavelmente a utilização e circulação destes dados pessoais, na medida em que não se pode utilizar os dados pessoais para finalidade diversa da que motivou a coleta.

### 2.1.1.2 Direito à Proteção dos Dados Pessoais versus Direito à Identidade Pessoal

O fenômeno da monetarização dos dados estimula a criação de perfis dos indivíduos com base nas suas compras realizadas pela Internet, pelos *sites* acessados, pelas buscas feitas nas ferramentas de busca, etc. Por isso, tal prática prejudica a unidade da pessoa, que é vista de maneira fragmentada, como tantas "pessoas eletrônicas" quantos os seus perfis criados pela atual lógica do mercado. Estes fatos fizeram com que Stefano Rodotà[201] proferisse o seguinte diagnóstico: "*Stiamo diventando 'astrazioni nel cyberspazio'; siamo di fronte ad un individuo 'moltiplicato', non per la sua scelta di assumere molteplici identità, ma per ridurlo alla misura delle dimensioni di mercato*".

Estes perfis, criados a partir das informações coletadas das práticas dos indivíduos na Internet, podem ir para duas direções: a primeira, podem representar fielmente a identidade do indivíduo, todavia, a segunda direção pode reduzir a pessoa às informações coletadas e tratadas de maneira automatizada. Nesta última direção, o direito à identidade pessoal, entendido como a representação do indivíduo perante a sociedade, pode não ser fiel.

Neste sentido, o GDPR traz o conceito de "profiling" no art. 4, parágrafo 4,[202] garantindo o direito de se opor às decisões automatizadas. A LGPD, no art. 20, garante o direito ao titular de solicitar a revisão das decisões tomadas de forma automatizada, incluídas as que definem o seu perfil. Percebe-se que a proteção de dados pessoais ao garantir o

---

[201] Persona, riservatezza..., *op. cit.*, pp. 605 – 606.

[202] "'profiling' means any form of automated processing of personal data consisting of the use of personal data to evaluate certain personal aspects relating to a natural person, in particular to analyse or predict aspects concerning that natural person's performance at work, economic situation, health, personal preferences, interests, reliability, behaviour, location or movements".

direito ao titular refere-se à automatização, circunstância mais específica do que pretende garantir o direito à identidade pessoal.

Na Itália, o direito à identidade pessoal foi reconhecido pela sentença histórica proferida em 06 de maio de 1974, pela *Pretura* de Roma, ao afirmar que o direito à identidade pessoal é o direito de *"non vedersi travisare la propria personalità individuale"*.[203] Dez anos depois, o direito foi reafirmado pela *Corte di Cassazione*, em 22 de junho de 1985, pela sentença n. 3769[204], como:

> [...] *l'interesse del soggetto, ritenuto generalmente meritevole di tutela giuridica, di essere rappresentato, nella vita di relazione, con la sua vera identità, così come questa nella realtà sociale, generale o particolare, è conosciuta o poteva essere riconosciuta con l'esplicazione dei criteri della normale diligenza e della buona fede oggettiva.*

Assim, a doutrina italiana[205] estabelece que o bem jurídico tutelado pelo direito à identidade pessoal é a "projeção social da identidade pessoal". Portanto, o objeto deste direito não é a imagem que o indivíduo tem de si próprio ("verdade pessoal") e, nem tão pouco, a imagem dos dados objetivos que se referem ao indivíduo ("verdade histórica"), mas sim a projeção social desse indivíduo (como uma síntese entre verdade pessoal e verdade histórica).

No Brasil, o direito à identidade pessoal não é garantido expressamente como um direito de personalidade no Código Civil, nem tão pouco na CF/88. Mas, como o rol é exemplificativo, não há empecilhos a reconhecer este direito da personalidade, que pode ser conceituado como uma *"imputação falsa de uma certa característica"*[206].

O exemplo mencionado por este autor foi o julgamento pelo STJ,[207] no qual um indivíduo teve sua foto estampada no jornal abraçando um

---

[203] In: *Giurisprudenza Italiana*, ano 1, fasc. 02, p. 514, 1975.
[204] In: *Foro Italiano*, ano 1, 1985, p. 2211.
[205] FINOCCHIARO, Giusella. *Privacy e protezione...*, op. cit., p. 11.
[206] SCHREIBER, Anderson. *Direitos da personalidade...* op. cit., p. 15.
[207] Recurso especial 1.063.304/SP, Rel. Min. Ari Pargendler, j. 26.08.2008. "CIVIL. RESPONSABILIDADE CIVIL. DANO MORAL. REPORTAGEM DE JORNAL A RESPEITO DE BARES FREQÜENTADOS POR HOMOSSEXUAIS, ILUSTRADA POR FOTO DE DUAS PESSOAS EM VIA PÚBLICA. A homossexualidade, encarada como curiosidade, tem conotação discriminatória, e é ofensiva aos próprios homossexuais; nesse contexto, a matéria jornalística, que identifica como homossexual quem não é, agride a imagem deste,

amigo em frente um bar, e a manchete descrevia o local como preferido pelo público LGBT, para os encontros às escuras, os *"blind dates"*. O indivíduo alegou violação ao direito à identidade pessoal, porque ele não era homossexual, e, portanto, a matéria jornalística noticiou o ocorrido fazendo crer que o indivíduo pertencia ao público LGBT, o que não é uma ofensa em si mesma, mas não é a sua projeção social adequada.

Em suma, o direito à identidade pessoal tutela o modo pelo qual o sujeito é projetado aos olhos do público, por meio das informações que foram coletadas sobre ele, individualizando-o por suas próprias características. É um direito que vai além da tutela dos dados pessoais sobre o indivíduo.

### 2.1.1.3 *Direito à Proteção dos Dados Pessoais versus Direito ao Nome*

O nome pode ser definido sumariamente como a "representação linguística de um ser humano", exercendo, portanto, dupla função: 1ª) vocativa, pois permite designar seu titular; e 2ª) distintiva, porque o nome distingue certo indivíduo dos demais.[208]

O direito ao nome é o direito decorrente da identificação do indivíduo na sociedade. É um direito da personalidade, portanto, um atributo da personalidade. Nesse sentido, afirma Rubens Limongi França[209]:

> O nome, de modo geral, é elemento indispensável ao próprio conhecimento, porquanto é em torno dele que a mente agrupa a série de atributos pertinentes aos diversos indivíduos, o que permite a sua rápida caracterização e o seu relacionamento com os demais. De circunstâncias que tais, não discrepa o nome civil das pessoas físicas, porque é através dele que os respectivos titulares são conhecidos e se dão a conhecer.

O nome é composto pelo prenome e patronímico. Com relação ao prenome, em regra de livre escolha dos pais, ressalte-se que os irmãos não poderão ter prenomes idênticos, salvo em duas hipóteses elencadas

---

causando-lhe dano moral. Recurso especial conhecido e provido em parte. Disponível em: <https://ww2.stj.jus.br/processo/revista/inteiroteor/?num_registro=200702365329&dt_publicacao=13/10/2008>, acessado em 19 de outubro de 2015.
[208] MENEZES CORDEIRO, António. *Tratado de Direito Civil Português...*, op. cit., Vol. I, tomo III, p. 193.
[209] *Do Nome Civil das Pessoas Naturais*. 2. ed. São Paulo: Revista dos Tribunais, 1964. p. 22.

no art. 63 da Lei de Registros Públicos (Lei nº 6.015/1973). A primeira é no caso de prenome composto. A segunda é se os nomes completos dos irmãos forem diferentes, neste caso o prenome poderá ser igual, a exemplo de João da Silva e João da Silva Oliveira. Quanto ao patronímico ou sobrenome, cabe aos pais indicarem um prenome e um sobrenome, não o fazendo, o art. 55 da Lei nº 6.015/73 preconiza que, na omissão dos pais, deverá constar do registro civil da pessoa o sobrenome do pai ou da mãe. Portanto, além de ser um elemento de identificação individual, o nome indica a procedência familiar.

Assim, a proteção jurídica do nome atende aos interesses do próprio indivíduo e da sociedade como um todo. Por isso, a Lei de Registros Públicos traz regras específicas sobre o tema. Consequentemente, é um direito *sui generis*, submetido a regras especiais, além do sistema de proteção dos direitos de personalidade.[210]

Muito embora o nome seja um dado pessoal, a proteção jurídica do nome vai além da autodeterminação informacional estabelecido no sistema de proteção dos dados pessoais. Comprova-se tal afirmação, por exemplo, a partir da proteção ao nome e as principais ações que podem ser utilizadas para a tutela do nome, quais sejam:

a) *ação de contestação:* é a ação adequada para coibir que alguém use o nome de outrem. Esta proteção decorre do art. 17 do CC/02, que expressamente prevê: *"o nome da pessoa não pode ser empregado por outrem em publicações ou representações que exponham ao desprezo público, ainda que não haja intenção difamatória."*

b) *ação de proibição:* utilizada quando o nome de alguém é usado por outrem de maneira não pessoal. Esta tutela decorre do art. 18 do CC/02, que reza que, *"sem autorização, não se pode usar o nome alheio em propaganda comercial."*

c) *ação de reclamação:* *"é a que assiste ao titular do direito ao nome, quando esse nome é ilicitamente recusado por parte de terceiro, de modo a lhe prejudicar ou ameaçar algum interesse."* [211]

d) *ação de indenização:* é cabível nas hipóteses anteriores com a finalidade de obter o ressarcimento dos danos materiais e morais causados por outrem em virtude do desrespeito ao direito ao nome.

---

[210] Gomes, Orlando. *Op. cit.*, p. 160.
[211] FRANÇA, Rubens Limongi. *Op. cit.*, p. 325 – 329.

e) *ação de retificação:* movida quando se queira corrigir algum erro gráfico do nome constante no assento civil da pessoa.

Quanto à tutela dos dados pessoais, os direitos do titular dos dados são: direito à informação da existência de dados pessoais que lhe digam respeito, direito ao acesso (inclusive mediante *Habeas Data*), direito à correção e direito ao cancelamento ou bloqueio dos dados pessoais desnecessários ou tratados em desconformidade com os parâmetros legais, dentre outros previstos no art. 18 e seguintes da LGPD.

## 2.2 Desafios da Tutela da Privacidade, Vida Privada e Intimidade

O conceito de privacidade, como já destacado, não é sinônimo de proteção de dados pessoais e, nem tampouco, este direito pode ser resumido em uma noção mais ampla de *privacy*, como se fosse uma parcela deste direito fundamental. Os escopos desses direitos são distintos e específicos, que requerem uma tutela própria.

Muitos trabalhos foram desenvolvidos sobre o tema privacidade. Alguns deles estão superados, tendo em vista a evolução tecnológica e científica. Desta feita, é pertinente a colocação de Marcel Leonardi[212], que entende que o termo, na verdade, é uma "palavra-camaleão", no sentido que se adapta a vários sentidos.

A origem do termo privacidade, no sentido jurídico moderno, remete ao famoso artigo de Samuel Warren e Louis Brandeis, intitulado *"The right to privacy"*. Nesta obra paradigmática, os autores definiram privacidade (*privacy*) como o *direito de estar só* ou, talvez mais preciso, *o direito de ser deixado só ("right to be let alone")*[213].

De maneira ampla, Capelo de Sousa[214] explica em que consiste o direito à proteção da vida privada e da intimidade, a saber:

> [...] a reserva juscivilisticamente tutelada abrange não só o respeito da intimidade da vida privada, em particular a intimidade da vida pessoal, familiar, doméstica, sentimental e sexual e inclusivamente os respectivos aconteci-

---

[212] *Op. cit.*, p. 46.
[213] WARREN, Samuel D.; BRANDEIS, Louis D. The Right to Privacy. In: *Harvard Law Review*, v.4, pp. 193-220, 1890. p. 193.
[214] *Op. cit.*, p. 318-325.

mentos e trajetórias, mas ainda o respeito de outras camadas intermediárias e periféricas da vida privada, como as reservas do domicílio e de lugares adjacentes, da correspondência e de outros meios de comunicação privada, dos dados pessoais informatizáveis, dos lazeres, dos rendimentos patrimoniais e de demais elementos privados da atividade profissional e econômica, bem como também, [...], a própria reserva sobre a individualidade privada do homem no seu ser para si mesmo [...]

A dificuldade de chegar a um senso comum sobre o conceito de "privacidade" está justamente na sua vagueza semântica, referindo-se àquilo que está na esfera privada.[215] No entanto, em que consiste tal esfera privada? Não se pode entendê-la apenas como o isolamento individual, mas sim o autocontrole de suas informações e a construção de sua própria identidade.[216]

Nesse sentido, interessante a análise feita por Stefano Rodotà[217] sobre a evolução cultural e jurídica do termo "privacidade", sistematizando tal evolução em quatro aspectos que destacam a privacidade como um "elemento constitutivo da cidadania", quais sejam:

1) do direito de ser deixado só ao direito de manter o controle sobre suas próprias informações;
2) da privacidade ao direito à autodeterminação informativa;
3) da privacidade a não discriminação;
4) do segredo ao controle.

Nessa mesma linha de raciocínio, Danilo Doneda[218] propõe outra forma de análise da privacidade, para assumir *"um caráter relacional, que deve determinar o nível de relação da própria personalidade com as outras pessoas e com o mundo exterior – pela qual a pessoa determina sua inserção e de exposição"*.

O objetivo deste livro não é trazer uma definição pacífica de privacidade, o que seria impossível fazer em um subcapítulo, não o tendo como objetivo primacial. Neste subcapítulo, apenas se pretende diferenciar

---

[215] SOLOVE, Daniel. J. Conceptualizing Privacy. *In: California Law Review*, vol. 90, Issue 4 (2002), pp. 1087-1156. p. 1101.
[216] RODOTÀ, Stefano. *Privacy e costruzione della sfera privata...*, op. cit., p. 521.
[217] Persona, riservatezza... op. cit., pp. 588 – 591.
[218] *Da privacidade à proteção de dados pessoais.* Op. cit., p. 146.

este direito do direito à proteção dos dados pessoais, destacando alguns desafios para a eficácia de sua tutela.

A privacidade, como direito e garantia fundamental, já era contemplada em vários tratados internacionais,[219] porém, a partir da década de 1980, quando surgiram os grandes computadores e os avanços tecnológicos, este direito foi reafirmado, tendo em vista o contexto socioeconômico que se vislumbrava.

Assim, a *Recommendation of the Council concerning Guidelines Governing the Protection of Privacy and Transborder Flows of Personal Data*, de 23 de setembro de 1980[220], identificou a necessidade de harmonização entre as legislações dos países membros para não criar entraves à circulação transfronteiriça de dados pessoais, e tampouco mitigar o direito à privacidade, traçando algumas diretrizes que deveriam ser seguidas.

Este influente documento lista como princípios de proteção de dados: "(1) *collection limitation principle*; (2) *data limitation principle*; (3) *purpose specification principle*; (4) *use limitation principle*; (5) *security safeguard principle*; (6) *openness principle*; (7) *individual participation principle*", os quais serão tratados no capítulo 4 desta obra.

De forma sintética, Stefano Rodotà[221] detalha o conteúdo destes princípios, afirmando que o princípio da *transparência* impõe que o tratamento de dados pessoais não pode ser realizado sem o conhecimento do titular dos dados, e este deve obter todas as informações necessárias; por sua vez, o princípio da *qualidade* requer que os dados armazenados sejam fieis à realidade, atualizados, completos e relevantes, e, por isso, a coleta e o tratamento devem ser feitos com cuidado e correção; o princípio da *finalidade*, em seu turno, restringe o tratamento de dados à finalidade

---

[219] Alguns exemplos destes tratados internacionais que asseguram direitos e garantias fundamentais, como a privacidade são: *Declaração Universal dos Direitos do Homem* aprovada em Resolução da III Sessão da Assembleia Geral das Nações Unidas traz, em seu bojo, um rol de direitos da personalidade, dentre eles, pode-se destacar o direito à vida, à liberdade e à segurança pessoal (Art. 3º); o direito à proteção de sua vida privada e o direito à honra (Art. 12); *Convenção Europeia para a Proteção dos Direitos do Homem e das Liberdades Fundamentais (CEDH, de 4 de novembro de 1950)*: artigo 8º "Todas as pessoas têm direito ao respeito pela sua vida privada e familiar, pelo seu domicílio e pela sua correspondência".

[220] Este é o texto original aprovado pelo conselho em 1980, porém a versão revisada destas diretrizes também estão disponíveis no site da OCDE.

[221] *Repertorio di fine secolo*. Bari: Laterza, 1999. p. 62.; SAMPAIO, José Adércio L. *Direito à intimidade e à vida privada*. Belo Horizonte: Del Rey, 1999. pp. 509 – ss.

comunicada ao interessado antes da coleta de seus dados; o princípio do *livre acesso* garante ao indivíduo o acesso às suas informações armazenadas em um banco de dados, podendo obter cópias destes registros; após este acesso e de acordo com o princípio da qualidade, as informações incorretas poderão ser corrigidas, aquelas registradas indevidamente poderão ser canceladas e aquelas obsoletas ou impertinentes poderão ser suprimidas, ou mesmo se pode proceder a eventuais acréscimos; o princípio da *segurança física e lógica* determina a adoção de tecnologia de segurança, bem como meios administrativos adequados contra os riscos de seu extravio, destruição, modificação, transmissão ou acesso não autorizado.

Em suma, a privacidade hoje não pode ser resumida, como antes, em "pessoa – informação – segredo", mas sim em "pessoa – informação – circulação – controle", segundo observa Stefano Rodotà.[222]

De outro ângulo, privacidade não pode mais ser entendida como o direito ao isolamento individual, o que seria impraticável.[223] Ao contrário, deve ser caracterizada como o direito de controlar o acesso à sua vida privada e intimidade.

Por exemplo, o *Facebook* viabiliza a criação de perfis nos quais são inseridas as mais variadas informações de cunho privado e íntimo. Isso não significa que o indivíduo abriu mão de seu direito à privacidade. Mas a tecnologia deve viabilizar que tal indivíduo possa decidir quais informações serão públicas, quais serão privadas e com quais pessoas o indivíduo quer compartilhar alguns aspectos de sua vida privada e íntima.

É nesse sentido que se fala em conceito dinâmico do direito à privacidade. Além disso, é um conceito relacional. Por exemplo, um paciente, portador de uma doença grave e sexualmente transmissível, como a AIDS, tem o direito de não ter tal informação divulgada no seu ambiente de trabalho (não havendo justificativa para tal divulgação, o que seria apenas com o condão discriminatório). No entanto, este mesmo paciente pode ter tal informação comunicada e compartilhada entre autoridades sanitárias competentes, para fins de controle da doença.

---

[222] Privacy e costruzione della sfera privata..., *op. cit.*, p. 522.
[223] RODOTÀ, Stefano. Persona, riservatezza..., *op. cit.*, p. 591.

Por isso, Stefano Rodotà[224] aponta três paradoxos em torno do conceito de privacidade, a saber: o primeiro paradoxo consiste no fato de que as novas tecnologias favorecem um enriquecimento da esfera privada, mas, ao mesmo tempo, a fragiliza, e, consequentemente, tem-se um reforço da proteção à privacidade, simultaneamente ao alargamento da fronteira da privacidade; o segundo paradoxo está no fato de que a democracia impõe o respeito a crenças religiosas, opção sexual, opiniões políticas, no entanto, a legislação de proteção de dados tutela com maior rigor estes dados denominados "dados sensíveis"; e, por fim, o terceiro paradoxo em torno da privacidade é que o reforço da proteção deste direito é contemporâneo às leis de acesso à informação. Em suma, não são poucos os desafios para a efetiva tutela da privacidade, da vida privada e da intimidade.

## 2.3 Desafios da Proteção de Dados Pessoais

Já foi mencionado (item 1.1) que a Convenção do Conselho Europeu de 28 de janeiro de 1981, realizada em Estrasburgo, destacou a necessária proteção dos dados pessoais, mas não só com leis. Outras medidas são igualmente necessárias, ressaltando alguns desafios à proteção efetiva dos dados pessoais. Desafios que surgiram diante do tratamento automatizado dos dados pessoais e da circulação transfronteiriça desses dados.

Não é por acaso que as diretrizes da OCDE (no art. 3º, item "c"), mencionavam que os princípios ora elencados não poderiam fragilizar a proteção de dados pessoais, assegurada em face do tratamento automatizado. Em outras palavras, o grande desafio para se assegurar a efetiva proteção de dados é o avanço tecnológico constante, que viabiliza o tratamento automatizado de dados pessoais, bem como sua circulação transfronteiriça.

Desde a 1995, no *Considerando* n. 15 da Diretiva 95/46/CE, ressaltou-se o tratamento automatizado de dados pessoais, o que foi reafirmado pelo Regulamento 2016/679 em três *Consideranda* (02, 15, 67 e 71), por ser uma característica marcante da atual sociedade informacional. No entanto, a preocupação com esse tratamento de dados deve-se justamente ao fato de que tal prática permita fácil acesso a tais informações e o consequente tratamento destas.

---

[224] Privacy e costruzione della sfera privata..., *op. cit.*, pp. 524-526.

Assim, diante dos riscos apresentados pelo capitalismo informacional, é cada vez mais difícil harmonizar os interesses econômicos e a proteção da pessoa humana. A informação é encarada como um bem jurídico e altamente valorizada no mercado.[225]

Os escândalos de espionagem revelados pelo ex-analista da Agência Nacional de Segurança dos Estados Unidos, Edward Snowden, intensificaram o discurso em torno da proteção dos dados pessoais, especialmente no cenário nacional.[226]

Não foi por acaso que uma resolução sobre a privacidade na Internet foi aprovada na Organização das Nações Unidas,[227] e, o mais importante, não poupou esforços para que viesse a lume uma legislação que enunciasse, como um dos direitos dos usuários da Internet, a proteção dos seus dados pessoais.

Nesse contexto, o Marco Civil da Internet (Lei nº 12.965/2014), quando tramitava na Câmara dos Deputados, sofreu significativas mudanças em seu texto[228], para contemplar a reação do Estado brasileiro a

---

[225] PERLINGIERI, Pietro. *Il diritto dei contratti fra persona e mercato:* problemi del diritto civile. Napole: Edizioni Scientifiche Italiane, 2003. p. 337.

[226] GEIST, Michael. Why Watching the Watchers Isn't Enough: Canadian Surveillance Law in the Post-Snowden Era. In: _____ (org.) *Law, Privacy and Surveillance in Canada in the Post-Snowden Era.* Ottawa: University of Ottawa Press, 2015. pp. 225-256. p. 236: "Data and intelligence information sharing is an important part of modern intelligence activities. Indeed, the prospect that US surveillance becomes a key source for Canadian agencies, while Canadian surveillance supports US agencies, does not strike anyone as particularly far-fetched. Wayne Easter, a former government minister with responsibility for CSIS, has said that such sharing is common. In other words, relying on the domestic–foreign distinction is necessary for legal compliance, but does not provide much assurance to Canadians that they are not being tracked."

[227] Disponível em: <http://www.onu.org.br/assembleia-geral-da-onu-aprova-resolucao-de--brasil-e-alemanha-sobre-direito-a-privacidade/> . Acesso em 19 de maio de 2014.

[228] A título de exemplo vale citar os seguintes artigos com tal mudança na redação por conta do cenário acima descrito: Na última versão do Projeto de Lei 2.126/2011 aprovado na Câmara dos Deputados, constatam-se 03 (três) dispositivos que fazem menção expressa ao consentimento para fins de proteção dos dados do usuário: Artigo 7º, inciso VII: ao não fornecimento a terceiros de seus dados pessoais, inclusive registros de conexão, e de acesso a aplicações de Internet, salvo mediante consentimento livre, expresso e informado ou nas hipóteses previstas em lei; inciso IX – ao consentimento expresso sobre a coleta, uso, armazenamento e tratamento de dados pessoais, que deverá ocorrer de forma destacada das demais cláusulas contratuais; Art. 16. Na provisão de aplicações de Internet, onerosa ou gratuita, é

tais escândalos de espionagem.[229] Entretanto, o Marco Civil da Internet não esgotou a normatização da proteção dos dados pessoais, eis que ressalvou que tal proteção deveria ser estabelecida, na forma da lei.[230]

A "agenda jurídica" nacional esteve, assim, cada vez mais inclinada para o tema da tutela jurídica da proteção dos dados pessoais, o que perpassa desde a anunciada perspectiva legislativa[231] de um corpo autônomo com regras e princípios, consolidado na Lei Geral de Proteção de Dados Pessoais (Lei nº 13.709, de 14 de agosto de 2018). Tal medida era inevitável haja vista alguns casos concretos envolvendo tal temática, como, por exemplo, a notória ação coletiva promovida contra o *Facebook* e o aplicativo *Lulu*[232], até, por fim, a criação da Autoridade Nacional de Proteção de Dados, pela Lei n. 13.853/2019.

---

vedada a guarda: inciso II – de dados pessoais que sejam excessivos em relação à finalidade para a qual foi dado consentimento pelo seu titular."

[229] Nesse sentido, são as considerações do Deputado Alessandro Molon ao explicitar o seu relatório final para a submissão do então projeto de lei à votação na Câmara dos Deputados. Disponível em: <https://www.youtube.com/watch?v=YE7wrCHqWFI>. Acesso em 19 de maio de 2014.

[230] Art. 3º A disciplina do uso da internet no Brasil tem os seguintes princípios:(...) III – proteção dos dados pessoais, na forma da lei;

[231] Nesse contexto da agenda política-jurídica é a afirmação de Ronaldo Lemos na entrevista: "Marco Civil da web é só o primeiro passo, diz idealizador O advogado afirma que, para ter rede segura e democrática, Brasil ainda precisa discutir lei de proteção de dados pessoais, entre outras medidas". Disponível em: <http://veja.abril.com.br/noticia/vida-digital/marco--civil-da-web-e-so-o-primeiro-passo-diz-idealizador>. Acesso em 17 de maio de 2014.

[232] "Segundo o Ministério Público do DF e Territórios (MPDFT), apesar de o aplicativo aparentar ser uma grande brincadeira, o consumidor brasileiro está sendo vítima de calúnia, difamação e injúria. 'Em nenhum momento da inscrição na rede social o consumidor é advertido quanto à possibilidade de compartilhamento de seus dados pessoais', explicam os promotores de Justiça. Para eles, o aplicativo descumpre a Constituição Federal, o Código Civil e o Código de Defesa do Consumidor, além de violar as boas regras de convívio social e do pleno exercício da cidadania. O MPDFT requer na ação, entre outros pedidos, que sejam excluídos, de imediato, os dados e imagens daqueles que não tenham consentido previamente em ser avaliados. Também, que seja vedada a possibilidade de avaliação anônima. Em caso de descumprimento, as empresas poderão ser multadas em R$ 500 por pessoa e por avaliação. Caso sejam condenadas, terão de pagar, a título de dano moral coletivo, o valor correspondente a 20% do seu lucro líquido no Brasil, no período em que o aplicativo esteve disponível sem o consentimento prévio, específico e informado do consumidor masculino. Esse valor será revertido ao Fundo de Defesa de Direitos Difusos." (Disponível em: <http://brasilcon.org.br/noticias/Impetrada+a%C3%A7%C3%A3o+civil+p%C3%BAblica+contra+*Facebook*+e+aplicativo+Lulu>. Acesso em 18 de março de 2014.

Tendo em vista a constante e veloz evolução tecnológica, é preciso ter como norte, para a concretização da proteção dos dados pessoais, a dignidade da pessoa humana, como apontado por Stefano Rodotà,[233] *in verbis*: "*La nozione di dignità dev'essere tenuta presente tutte le volte che bisogna identificare il significato complessivo della protezione delle informazioni personali e, in questo quadro, della tutela della riservatezza e dell'identità.*"

No entanto, a proteção dos dados pessoais não pode ser estruturada tão somente com base no consentimento livre e informado do titular dos dados, em razão de sua vulnerabilidade. Em outras palavras, o indivíduo, que necessita de serviços essenciais na sociedade informacional, quando solicitadas informações que lhe digam respeito para poder usufruir do serviço, não poderá resistir à anuência exigida pelos prestadores de serviços ao tratamento de seus dados pessoais.

Justamente por isso, o consentimento do titular dos dados é insuficiente para a efetiva proteção dos dados pessoais, daí a importância de uma entidade de controle que seja independente para desempenhar sua relevante missão, qual seja a de fiscalizar e garantir o cumprimento da legislação sobre proteção dos dados pessoais.[234]

Com efeito, ao se verificar a experiência do direito estrangeiro, aponta-se, a título de exemplificação, que as legislações canadenses,[235] da União Europeia,[236] argentina[237] e neozelandesa[238] previram, desde há muito, a criação de uma autoridade com independência para tal função, sendo, pois, um aspecto elementar para a proteção dos dados pessoais.

---

[233] Persona, riservatezza ..., *op. cit.*, p. 584.
[234] BELLAVISTA, Alessandro. *Op. cit.*, p. 63; 72.
[235] O *Personal Information Protection and Electronic Documents Act*/PIPEDA na sua secção 2 – artigos 11 a 30 – prevê a criação do *privacy commissioner*, designando-lhe uma série de atribuições para a proteção dos dados pessoais.
[236] O capítulo IV da Diretiva 95/46 da União Europeia prevê uma "Autoridade de controlo e grupo de protecção das pessoas no que diz respeito ao tratamento de dados pessoais".
[237] No capítulo V da Lei 25.236 está prevista a criação de "*Dirección Nacional de Protección de Datos Personales*", prevendo-se uma série de atribuições de fiscalização para a proteção dos dados pessoais.
[238] O *Privacy Act* de 1993 prevê na sua parte 3 a criação do *privacy commissioner* e suas funções e atribuições.

# Capítulo 3
# Alguns Sistemas Estrangeiros Relevantes de Proteção dos Dados Pessoais

> *Now, all that seems to be rather outdated in view of the changes brought about by the Internet. The rise of the Internet, the "loss of distance" and the "shrinking of time" "has been one of the hottest stories of recent times." The new technology stands for the proposition that technology--next to geography--does not just fuel economic growth. It is also the most important factor in the creation of law and of markets, and markets in turn also create law (law follows commerce!).*
>
> Bernhard Grossfeld[239]

É característica marcante do capitalismo informacional a intensa globalização e a padronização de produtos e serviços, como foi acentuado nos capítulos anteriores. Assim, a preocupação em eliminar entraves para a circulação de riquezas e de pessoas entre os países fez com que surgissem diversos blocos econômicos.

Por exemplo, na Europa, a União Europeia estabeleceu um mercado comum, inclusive com a adoção de uma moeda única e de instituições

---

[239] GROSSFELD, Bernhard. Global accounting: where internet meets geography. *In: The American Journal of Comparative Law*, vol. 48, p. 261-306, 2000.

executiva, legislativa e judiciária comuns[240] (o Parlamento Europeu, o Conselho da União Europeia, a Comissão Europeia, o Conselho Europeu, o Banco Central Europeu, o Tribunal de Justiça da União Europeia e o Tribunal de Contas Europeu).

Outro exemplo, na América do Norte, foi o *Tratado Norte-Americano de Livre Comércio* (*North American Free Trade Agreement* – NAFTA, ou *Tratado de Libre Comercio de América del Norte* – TLCAN), de 1º de janeiro de 1994, entre Canadá, México e Estados Unidos, tendo o Chile como associado, com o objetivo de estabelecer uma zona de livre comércio e eliminação de entraves aduaneiros entre os três países. O NAFTA está sendo substituído pelo *United States–México–Canada Agreement* – USMCA, que trouxe ao acordo novos temas, como a vedação de direitos aduaneiros para produtos distribuídos digitalmente (como jogos e *e-books*).

Semelhantemente, na América do Sul, o MERCOSUL (*Mercado Comum do Sul*)[241], que foi constituído pelos seguintes documentos: o Tratado de Assunção (1991)[242], o Protocolo de Brasília sobre Solução

---

[240] Originariamente, a UE era designada por Comunidade Econômica Europeia (CEE) e Comunidade Europeia (CE). Após o Tratado da União Europeia (Tratado de Maastricht), em 1992, este bloco passou a ser denominado por União Europeia (UE), cujas sedes localizam-se em Bruxelas, Luxemburgo e Estrasburgo. Atualmente, a UE é uma organização internacional composta por 27 Estados-membros, a saber: – os países fundadores são Alemanha, Bélgica, França, Itália, Luxemburgo, Países Baixos; – em 1973, admitiram-se Dinamarca, Irlanda e Reino Unido; – em 1981, Grécia; – em 1986, Espanha e Portugal; – em 1995, Áustria, Finlândia e Suécia; – em 2004, Chipre, Eslováquia, Eslovênia, Estônia, Hungria, Letônia, Lituânia, Malta, Polônia e República Checa; – em 2007, Bulgária e Romênia. Há outros que aguardam a sua admissão (países candidatos), quais sejam: Antiga República Iugoslava da Macedônia, Croácia e Turquia. A União Europeia tem muitas facetas, sendo as mais importantes o mercado único europeu (uma união aduaneira), uma moeda única (o euro, adotado por 15 dos 27 Estados-membros) e políticas agrícola, de pescas, comercial e de transportes comuns. A União Europeia desenvolve também várias iniciativas para a coordenação das atividades judiciais e de defesa dos Estados-membros. Disponível em: < http://dre.pt/ue/ue_desc.html>, acessado em 19 de outubro de 2015.
[241] http://www.mercosur.int/msweb/portal%20intermediario/PT/index.htm; em espanhol: *El Mercado Común del Sur – MERCOSUR*.
[242] "Tratado para a constituição de um mercado comum entre a República Argentina, a República Federativa do Brasil, a República do Paraguai e a República Oriental do Uruguai", que instituiu o MERCOSUL, foi firmando entre estes países em 26 de março de 1991. Disponível em: <http://www.mercosur.int/msweb/portal%20intermediario/pt/index.htm>, acessado em 22 de setembro de 2008, às 15:30 h. Sendo ratificado pelo Brasil e Argentina em 30 de outubro de 1991.

de Controvérsias (1991)[243] e o Protocolo de Ouro Preto (1994)[244], que foram assinados e ratificados por quatro[245] países da América Latina (Argentina, Brasil, Paraguai e Uruguai). Estes documentos estabelecem as normas comunitárias que regulam a relação entre os Estados-membros do MERCOSUL.

Os objetivos deste tratado são claramente delineados no art. 1º do Tratado de Assunção, isto é, os Estados-membros assumem a obrigação de harmonizar suas legislações internas. Contudo, tal Tratado não previu mecanismos jurídicos para tanto, nem previu as consequências no caso de omissão dos Estados-membros. Assim diz o art. 1º do referido Tratado[246]:

> Os Estados partes decidem constituir um Mercado Comum, que deverá estar estabelecido a 31 de dezembro de 1994, e que se denominará Mercado Comum do Sul (MERCOSUL).
> Este Mercado Comum implica:
> A livre circulação de bens serviços e fatores produtivos entre os países, através, entre outros, da eliminação dos direitos alfandegários e restrições não-tarifárias à circulação de mercadorias e de qualquer outra medida de efeito equivalente;
> O estabelecimento de uma tarifa externa comum e a adoção de uma política comercial comum em relação a terceiros Estados ou agrupamentos de Estados e a coordenação de posições em foros econômico-comerciais regionais e internacionais;

---

[243] Disponível em: <http://www.mercosur.int/msweb/portal%20intermediario/pt/index.htm>, acessado em 22 de setembro de 2008, às 16:00 h. Este instrumento instituiu o "Tribunal Arbitral *ad hoc*", art. 8º, em 17 de dezembro de 1991, porém o sistema de solução de controvérsias aqui disciplinado não goza de independência e autoridade para impor suas decisões como ocorre com o "Tribunal de Justiça das Comunidades Européias". MARQUES, Cláudia Lima. O Código de Defesa do Consumidor e o Mercosul. In: *Revista de Direito do Consumidor*, vol. 8, out./dez. 1993, p. 40-57. p. 40-41.

[244] "Protocolo de Ouro Preto – Protocolo Adicional ao Tratado de Assunção sobre a Estrutura Institucional do Mercosul", assinado em 17 de dezembro de 1994. Disponível em: <http://www.mercosur.int/ msweb/portal%20intermediario/pt/index.htm>, acessado em 22 de setembro de 2008, às 16:05 h.

[245] Mais tarde (1996), a Bolívia e Chile tornaram membros-associados; e, mais recentemente, em 2006, a Venezuela foi admitida como Estado-Membro integral, porém a Ata de Adesão de 04 de julho de 2006 ainda não foi ratificada pelo Brasil e Paraguai.

[246] Disponível em: <http://www.mercosur.int/msweb/portal%20intermediario/pt/index.htm>, acessado em 22 de setembro de 2008, às 15:30 h.

A coordenação de políticas macroeconômicas e setoriais entre os Estados Partes – de comércio exterior, agrícola, industrial, fiscal, monetária, cambial e de capitais, de serviços, alfandegária, de transportes e comunicações e outras que se acordem, a fim de assegurar condições adequadas de concorrência entre os Estados Partes; e *O compromisso dos Estados Partes de harmonizar suas legislações, nas áreas pertinentes, para lograr o fortalecimento do processo de integração.* (grifo nosso)

Não se pretende esmiuçar o estudo sobre os blocos econômicos, mas apenas foram destacados alguns deles para contextualizar a legislação sobre proteção de dados. Ora, o fortalecimento do comércio entre os países membros dos blocos econômicos impõe a circulação de dados pessoais, que, como destacado *supra*, é um valor em si mesmo e a base econômica do capitalismo informacional.

Toma-se por modelo a Internet, que é o meio mais usual de se realizar negócios jurídicos e se comunicar, na sociedade informacional. Deve-se atentar às principais características desta ferramenta, ou seja, o acesso *erga omnes,* a interatividade, a internacionalização, pautada pela regulação costumeira, aceleração do tempo histórico, facilitação da comunicação entre pessoas que residam em diferentes países, e até mesmo continentes, bem como o barateamento das transações. Neste sentido, a doutrina[247] aponta algumas especificidades da rede mundial de computadores:

> [...] – é uma rede aberta, posto que qualquer um pode acessá-la; – é interativa, já que o usuário gera dados, navega e estabelece relações; – é internacional, no sentido de que permite transcender as barreiras nacionais; – existe uma multiplicidade de operadores; – tem uma configuração de sistema autorreferente, que não tem um centro que possa ser denominado "autoridade", opera descentralizadamente e constrói a ordem a partir das regras do caos; – tem aptidão para gerar suas próprias regras com base no costume; – apresenta uma aceleração do tempo histórico; – permite a comunicação em "tempo real" e uma "desterritorialização" das relações jurídicas; – diminui drasticamente os custos das transações.

---

[247] LORENZETTI, Ricardo L. *Comércio eletrônico.* Tradução de Fabiano Menke. São Paulo: Revista dos Tribunais, 2004. pp. 25-26.

Consequentemente, é uma constante preocupação a busca pela uniformização das legislações relacionadas à proteção de dados pessoais, para que seja assegurada esta tutela a todos os seres humanos com o mesmo padrão de proteção, não importando a localização geográfica das partes envolvidas na relação jurídica. Como um direito humano, a proteção de dados deve ser resguardada por todos os países. No entanto, a soberania nacional viabiliza que estes Estados adotem legislações distintas, mitigando, muitas vezes, o modelo de proteção dos dados pessoais.

Nota-se que uma das grandes diferenças destes três blocos econômicos mencionados *supra* é que, na União Europeia, existe uma uniformidade legislativa, isto é, as Diretivas (que precisam ser incorporadas pelo direito interno de cada Estado-membro) e os Regulamentos (que são mandatórios para todos os Estados-membros, devendo, dessa forma, também ser incorporados); enquanto, no MERCOSUL e NAFTA, ao contrário, não há previsão de sanção caso o Estado membro não adote determinada norma.

Nem todos países têm leis específicas sobre proteção de dados, como se observa pela representação gráfica *infra*[248]:

FIGURA 01 – Países com regulações sobre a proteção de dados pessoais, em setembro de 2018. Em preto, países com regulações protetivas aos dados pessoais. Em cinza, países que possuem em tramitação regulações à proteção dos dados pessoais. Em branco, países que não possuem regulações à proteção favoráveis.

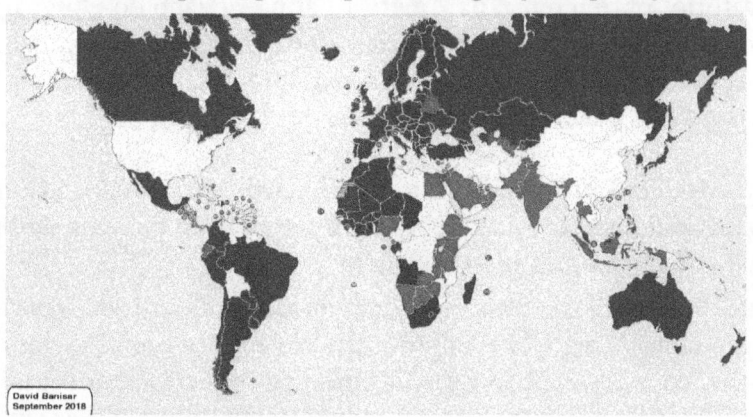

Fonte: BANISAR, David. National Comprehensive Data Protection/Privacy Laws and Bills 2018 (September 4, 2018). SSRN, 2018.

[248] BANISAR, David. National Comprehensive Data Protection/Privacy Laws and Bills 2018. *SSRN*, 2018.

Assim, por ser um modelo pioneiro e bem consolidado sobre proteção de dados, será analisado com destaque o sistema da União Europeia de proteção de dados pessoais, bem como a transposição deste modelo ao Direito interno francês, espanhol e, com destaque, ao modelo italiano.

A opção pelos modelos de proteção de dados francês e espanhol sustenta-se pela relevante atuação das Autoridades de Garantia destes países, com a finalidade de demonstrar que essa atuação é fundamental para a tutela eficiente dos dados pessoais. O destaque dado ao modelo italiano justifica-se pela forte influência nas primeiras propostas de lei brasileira sobre proteção de dados pessoais.

Além destes, o modelo canadense é muito importante, porque a entidade canadense *Privacy Commisoner* tem estabelecido normas e padrões tecnológicos que garantem maior proteção aos dados pessoais e tem influenciado, inclusive, o modelo da União Europeia.

Ao contrário destes modelos, há uma ausência de lei específica nos Estados Unidos para a proteção de dados pessoais, que é realizada de forma setorizada. Entretanto, essa deficiência foi suprida, inicialmente, pelo *Safe Harbor*, e, posteriormente, pelo *EU-US Privacy Shield*, que são interessantes para compreender a relevância da adoção de uma lei específica no país.

Por fim, o modelo argentino, muito parecido com o modelo da União Europeia, é importante porque é considerado um relevante sistema regulatório sobre o tema, na América Latina, ao lado do Uruguai, pois ambos sistemas de proteção de dados preveem órgãos cuja função seja fiscalizar, fazer cumprir a lei, solucionar conflitos, elaborar códigos de boas condutas, dentre outros exemplos.

## 3.1 O Modelo Europeu de Proteção de Dados Pessoais: da Convenção de Estrasburgo às Recentes Reformas do Sistema de Proteção de Dados na União Europeia

Diante da evolução da tecnologia da informação, a partir dos anos 1960, a Europa iniciou alguns trabalhos e estudos sobre a proteção dos dados pessoais, com destaque às duas *Diretrizes* estabelecidas por organismos supranacionais que, com certeza, influenciaram o modelo europeu de proteção de dados pessoais.[249] As *Diretrizes sobre Proteção da Privacidade*

---

[249] SCHWARTZ, Paul M. The EU – U.S. Privacy Collision: a turn to institutions and procedures. In: *Harvard Law Review*, vol. 126, pp. 1966-2009, 2013. p. 1.969-1.970.

*e Circulação Transfronteiriça de Dados Pessoais da OCDE ("Guidelines on the Protection of Privacy and Transborder Flows of Personal Data")* de 1980 foram uma *soft law* precursora no tema.[250]

Logo após estas *Diretrizes*, em 1981, foi celebrada uma Convenção sobre a Proteção de Dados Pessoais, tendo em vista o tratamento automatizado destes dados, a denominada *Convenção n. 108*, de 28 de janeiro, conforme mencionado no capítulo 2.

As principais regras estabelecidas nesse documento são: a adequada coleta e tratamento automatizado dos dados, que deve ser feita de forma lícita e observando sua finalidade específica; a proteção mais forte aos dados sensíveis; o direito à informação do titular dos dados e o direito de modificar e corrigir informações que lhe digam respeito, bem como por fim, a criação de uma entidade de fiscalização e controle do cumprimento das leis de proteção de dados pessoais, que seja independente. Em 2001, foram acrescidas regras sobre a circulação transfronteiriça de dados pessoais entre Estados-membros da União Europeia e países não participantes do bloco, obrigando que estes últimos tivessem uma entidade nacional independente de fiscalização e controle das leis de proteção de dados, para que o fluxo de dados pessoais pudesse ocorrer entre Estados-membros da União Europeia e os demais países não signatários.

Todos os Estados-membros da União Europeia ratificaram a *Convenção n. 108* de 1981 a 1999, sendo essa Convenção aberta a países não-membros do bloco com a finalidade de uniformizar a legislação de proteção de dados pessoais em todo mundo. Dentre os signatários desta Convenção, o Uruguai foi o primeiro país que não fazia parte da UE a assinar o documento, e, em 2013, o Marrocos também aderiu à Convenção.[251]

Portanto, na economia informacional, em que o conteúdo valorativo das transações está nas informações sobre os usuários, como ressaltado *supra*, a coleta de informações dos usuários da *Web* passou a ser feita desenfreadamente, a ponto de se classificar cada indivíduo segundo suas escolhas, preferências e interesses, colhidos a partir do comportamento desta pessoa na Internet. Por isso, Stefano Rodotà[252] destaca a exposição

---

[250] COLOMBO, Matteo. *Regolamento UE sulla Privacy:* principi generali e ruolo del data protection Officer. Milão: ASSO/DPO, 2015. p. 07.

[251] COLOMBO, Matteo. *Op. cit.*, p. 10-11.

[252] *Tecnopolitica* – la democrazia e le nuove tecnologie della comunicazione. Roma – Bari: Laterza, 2004. p. 134-145.

a que todos estão sujeitos diante das novas tecnologias, notadamente, a Internet. O autor afirma que o homem hoje é de "vidro", isto porque sua vida está totalmente às claras, bastando um simples clique em um ícone ou um acesso a determinado *site*.

Em outra oportunidade, Stefano Rodotà[253] narra o caso de uma escola do Estado da Califórnia que obrigou cada um de seus alunos a andar com um microchip (*smart tag*), que transmitia um sinal a distância por meio da tecnologia de radiofrequência (Rfid), para poder localizar os alunos onde quer que estivessem, sob a justificativa de garantir a segurança deles. Tal fato demonstra a fragilidade do ser humano diante do contexto das novas tecnologias.

São notórios os abusos praticados na economia informacional, por isso, a proteção dos dados pessoais foi estabelecida no Direito da União Europeia como um direito humano, em 07 de dezembro de 2000, na "Carta dos Direitos Fundamentais" (*Charter of Fundamental Rights of the European Union* – 2000/C 364/01), em seu art. 8º.[254] Este diploma legal complementa (nos termos do art. 52 da Carta)[255] a "*Convenção Europeia sobre Direitos Humanos e Liberdades Fundamentais*" (*Convention for the Protection of Human Rights and Fundamental Freedoms*)[256], realizada em Roma, em 04 de novembro de 1950, como mencionado no capítulo 2.

As *soft laws*, *supra* mencionadas, inspiraram o modelo da União Europeia de proteção de dados, sendo que o principal instrumento legislativo sobre o tema no Direito Comunitário Europeu foi, até 2018, a Diretiva 95/46/EC, denominada *Personal Data Protection Directive*, quando, então, entrou em vigor o *General Data Protection Regulation* (*Regulation 2016/679 – GDPR*).

---

[253] Prefazione. *In:* PANETTA, Rocco. *Libera circolazione e protezione dei dati personali.* Tomo I. Milano: Giuffrè, 2006. p. X-XIX. p. XI.
[254] Disponível em: <http://www.europarl.europa.eu/charter/pdf/text_en.pdf>, acessado em 04 de junho de 2015.
[255] Article 52 [...] 3. In so far as this Charter contains rights which correspond to rights guaranteed by the Convention for the Protection of Human Rights and Fundamental Freedoms, the meaning and scope of those rights shall be the same as those laid down by the said Convention. This provision shall not prevent Union law providing more extensive protection.
[256] Disponível em: <http://www.echr.coe.int/Documents/Convention_ENG.pdf>, acessado em 04 de junho de 2015.

A Diretiva 46, de 24 de outubro de 1995, do Parlamento e do Conselho Europeu, disciplinou a proteção dos dados pessoais, com a finalidade de eliminar entraves na circulação de dados pessoais entre os Estados-membros e de assegurar o fortalecimento do mercado interno. Para que tais objetivos sejam concretizados, a proteção dos dados pessoais entre os Estados-membros deve ser equivalente. A Diretiva 95/46/EC era estruturada em sete Capítulos e as Disposições finais, quais sejam:

- Capítulo I (disposições gerais), que estabelece o objeto da Diretiva, algumas definições, o escopo da norma e a forma de internacionalização, pelos Estados-membros;
- Capítulo II (regras sobre o tratamento lícito de dados pessoais), que fixa alguns princípios, condições para o tratamento lícito de dados, inclusive com ênfase a determinados dados sensíveis, tratamento de dados e liberdade de expressão, direito do sujeito de conhecer o conteúdo de seus dados que detenham outros, exceções à aplicação da diretiva, regras de direito intertemporal, autodeterminação, deveres de confidencialidade e segurança no tratamento dos dados, criação da Autoridade Garante da Proteção dos Dados Pessoais e formas de sua atuação;
- Capítulo III (sobre medidas judiciais, sanções e responsabilidade pela infração das regras da diretiva);
- Capítulo IV (sobre transferência de dados pessoais para outros países);
- Capítulo V (códigos de conduta);
- Capítulo VI (atuação da Autoridade Garante, que deve ser criada – uma ou mais – em cada Estado-membro);
- Capítulo VII (sobre a internacionalização da diretiva por cada Estado-membro, bem como a fiscalização e controle por parte da Comissão, a fim de se determinar se o Estado-membro tem uma proteção de dados efetiva de acordo com a diretiva); e
- Disposições finais.

O Regulamento (UE) 2016/679, em seu turno, foi estruturado em 11 Capítulos, quais sejam:

- Capítulo I (disposições gerais), que estabelece o objeto e os objetivos do Regulamento, seu âmbito de aplicação material e espacial e alguns conceitos;

- Capítulo II (princípios e condições ao tratamento de dados pessoais, inclusive os dados sensíveis);
- Capítulo III (sobre os direitos dos titulares);
- Capítulo IV (sobre os agentes responsáveis pelo tratamento, segurança dos dados pessoais, avaliação de impacto sobre a proteção de dados, códigos de conduta e certificação);
- Capítulo V (sobre a transferência de dados pessoais para países terceiros ou organizações internacionais);
- Capítulo VI (sobre a independência, competência, atribuições e poderes das Autoridades Garantes);
- Capítulo VII (sobre o sistema de cooperação entre as Autoridades Garantes)
- Capítulo VIII (sobre vias de recurso, responsabilidade e sanções determinadas pelas Autoridades Garantes);
- Capítulo IX (sobre a ponderação entre a proteção de dados pessoais e as liberdades de expressão e de informação, bem como de outras disposições relativas a situações específicas ao tratamento dos dados pessoais);
- Capítulo X (sobre atos delegados e atos de execução conferidos à Comissão Europeia);
- Capítulo XI (disposições finais).

As principais mudanças trazidas pelo GDPR são: a) aplicabilidade extraterritorial: o GDPR estendeu o âmbito de aplicação da norma às empresas que realizam tratamento de dados pessoais de europeus, independentemente do país de sua sede, deixando clara tal possibilidade no art. 3); aumento dos valores das multas: as empresas que violarem o GDPR podem ser obrigadas a pagar uma multa de até 4% do faturamento anual ou, até 20 milhões de euros o que for maior nos termos do art. 83; 4) consentimento: as cláusulas sobre o consentimento devem ser redigidas de maneira clara (art. 7); 5) notificação sobre violação do GDPR (*"data breach notification"*): são obrigatórias e devem ser feitas em 72 horas (art. 33); 6) direito de acesso: fortalecimento desse direito – mecanismos para empoderar os titulares dos dados pessoais para receberem todas as informações que lhes digam respeito de maneira fácil e sem custo (art. 15); 7) positivação do direito ao esquecimento (*"right to be forgotten"*): art. 17; 8) direito à portabilidade dos dados (*"data portability"*); 9) previsão sobre *"privacy by design"* e *"privacy by default"*: art. 23 – as empresas devem adotar medidas técnicas e organizacionais mais favoráveis à proteção aos dados pessoais; 10) *"Data Protection Officer"*: arts. 37 e ss., entendido como o responsável indicado pelos agentes de tratamento de dados, que passou a ser obrigatório em três circunstâncias, quais sejam: tratamento de dados realizado por autoridades públicas; quando a atividade de tratamento de dados, por sua natureza, exigir o monitoramento constante e sistemático; e/ou quando o centro da atividade do controlador ou operador for tratamento de dados em grande escala.

Destaca-se a grande novidade trazida pelo GDRP que foi o princípio da *accountability* previsto no art. 5, parágrafo 2. Este princípio é amplo e tem uma vagueza semântica que dificulta sua conceituação, mas pode ser traduzido como não somente responsabilidade, como também a prova de uma atuação responsável conforme o Parecer 3/2010 do *Working Party 29*. Giusella Finocchiaro[257] afirma que segundo este princípio, o agente de tratamento de dado deve ser capaz de demonstrar que adotou um procedimento completo, ou seja, medidas jurídicas, organizacionais e técnicas para a efetiva proteção de dados. Este princípio também foi incorporado na LGPD brasileira no art. 6º, inc. X: "responsabilização e prestação de contas: demonstração, pelo agente, da adoção de medidas eficazes e capazes de comprovar a observância e o cumprimento das normas de proteção de dados pessoais e, inclusive, da eficácia dessas medidas".

O GDPR também consolidou a figura da "Autoridade de Proteção de Dados", prevista nos arts. 2º, 85, 15 a 17 e 51 a 59 do *General Data Protection Regulation,* aumentando sua competência, funções e poderes no capítulo VI do GDPR (*"Independent Supervisory Authorities"*), que já tinha sido prevista nos arts. 3º, 9º, 12 e 28 a 30 da Diretiva 95/46/CE.

O tratamento automatizado de dados pessoais (já previsto no art. 3º da Diretiva) é importante porque estende o escopo da norma não só para o tratamento manual de dados, mas, também, para o tratamento

---

[257] Il Quadro d'Insieme sul Regolamento Europeo sulla Protezione dei Dati Personali. In: FINOCCHIARO, Giusella (coord.). *Il nuovo Regolamento europeo sulla privacy e sulla protezione dei dati personali.* Torino: Zanichelli Editore, 2017. pp. 01-22. p. 14.

realizado de maneira automática pelos diversos sistemas de informação. Neste sentido, foi ressaltado no Considerando n. 15 do GDPR, bem como no art. 2º, item 1, ao descrever o âmbito de aplicação material do Regulamento. Assim, o GDPR não se limitou a determinada tecnologia de tratamento de dados. No âmbito da sociedade informacional, são muito comuns as técnicas de coleta, transmissão, tratamento, gravação, armazenamento e comunicação de dados, de som e de imagem relativos a determinada pessoa. Por isso, o GDPR aplica-se a estes dados, bem como às informações que estiveram em bancos de dados de tratamento manual.

Não resta dúvida que o Regulamento 2016/679 se aplica às diversas formas de socialização na Internet (redes sociais) e de comunicação (e-mails, acesso de um *site*, dentre outros), isto é, a toda forma automatizada de coleta e armazenamento de dados de uma pessoa determinada ou determinável, inclusive as ferramentas de busca, que são entendidas como técnicas de coletar, armazenar e tratar dados pessoais, e, por isso, estão sujeitas às diretivas de proteção de dados pessoais, como será exposto a seguir.[258] Semelhantemente, a LGPD também se aplica ao tratamento de dados em tais circunstâncias (art. 5º, inc. X).

Quanto à limitação da proteção de dados, um ponto de tensão diz respeito ao conflito entre proteção de dados pessoais e liberdade de expressão, ou seja, pedra angular quando se trata de direito ao esquecimento ou direito à desindexação[259]. O GDPR, em seu turno, destacou a necessidade da conciliação entre a proteção de dados pessoais e as li-

---

[258] Cf. Decisão da Corte de Justiça europeia no caso Google vs. AEDP: Judgment of the Court (Grand Chamber), 13 May 2014. Google Spain SL and Google Inc. v Agencia Española de Protección de Datos (AEPD) and Mario Costeja González. Request for a preliminary ruling from the Audiencia Nacional. Personal data — Protection of individuals with regard to the processing of such data — Directive 95/46/EC — Articles 2, 4, 12 and 14 — Material and territorial scope — Internet search engines — Processing of data contained on websites — Searching for, indexing and storage of such data — Responsibility of the operator of the search engine — Establishment on the territory of a Member State — Extent of that operator's obligations and of the data subject's rights — Charter of Fundamental Rights of the European Union — Articles 7 and 8. Case C-131/12. Disponível em: <https://eur-lex.europa.eu/legal-content/EN/ALL/?uri=CELEX%3A62012CJ0131>, acessado em 22 de janeiro de 2020.

[259] LIMA, Cíntia Rosa Pereira de. *Comentários à Lei Geral de Proteção de Dados*. São Paulo: Almedina, 2020.

berdades de expressão e de informação no art. 85, fazendo remanescer a relativização da proteção de dados pessoais aos fins jornalísticos, artísticos, literários e acadêmicos (semelhantemente ao art. 9º da Diretiva 95/46/CE). Neste sentido, a LGPD traz esta limitação no art. 4º.

Os arts. 15 a 17 do GDPR (assim como previa o art. 12º da Diretiva) garantem o direito do sujeito (cujos dados estão sendo tratados) de obter as informações a seu respeito, podendo retificá-las, apagá-las ou bloqueá-las. Estes direitos, também, estão previstos nos arts. 17 e seguintes da LGPD.

Constata-se a partir desta análise que a LGPD atende ao padrão europeu de proteção de dados pessoais por apresentar um quadro normativo fundado em princípios (art. 6º), bases para o tratamento de dados pessoais (art. 7º), proteção especial aos dados sensíveis (art. 11 e seguintes). Além destes aspectos, deve-se atentar à existência de um órgão independente para fiscalização e controle deste quadro normativo.

Portanto, o Capítulo VI do GDPR (arts. 51 a 59), como acima destacado, ressalta a competência, funções e poderes do órgão responsável pela proteção dos dados pessoais. Cada Estado-membro pode criar uma ou mais autoridades garantes para a fiscalização do cumprimento das regras sobre proteção dos dados pessoais (assim como o previa a Diretiva, arts. 28º a 31º).

O interessante da atuação da Autoridade Garante é o atual potencial colaborativo à desjudicialização de conflitos, na medida em que esse órgão tem poderes para fazer cumprir a lei de proteção dos dados pessoais, impedindo que danos decorrentes de violação à lei (*data breach*), bem como recebendo reclamações dos titulares, que atendidos, não recorrerão ao Judiciário. Em outras palavras, este órgão analisa as questões pertinentes à proteção de dados de maneira eficiente e técnica.

Destaca-se que a Diretiva 95/46/EC foi de incontestável relevância para a efetiva proteção do homem no contexto narrado acima porque, dentre seus princípios, consagrou o princípio da transparência, para que o indivíduo possa, de fato, saber sobre o manejo de seus dados e seu conteúdo; o princípio do consentimento, isto é, o indivíduo tem que consentir no armazenamento e na utilização de seus dados; bem como o princípio da finalidade, em que se deve observar estritamente a finalidade do armazenamento e utilização destes dados. Na esteira da Diretiva, o GDPR desempenhará um papel fundamental à proteção destes novos direitos de personalidade.

Em 2002, o Parlamento e o Conselho Europeu aprovaram a Diretiva n. 58, relativa ao tratamento dos dados pessoais e à proteção da privacidade no contexto das comunicações eletrônicas, daí ser conhecida como *ePrivacy Directive*.

Essa Diretiva não revogou a Diretiva 95/46/CE, mas a reforçou, nos termos do Considerando n. 10. Entretanto, a Diretiva 97/66/CE do Parlamento e do Conselho Europeu, de 15 de dezembro de 1997, que disciplinava a proteção dos dados pessoais e da privacidade no setor das telecomunicações, foi revogada pela *ePrivacy Directive*. Isto porque a Diretiva revogada restringia seu escopo às telecomunicações, existindo um limbo no contexto do comércio eletrônico ou comunicações via satélite e outras tecnologias. Desta forma, corretamente, a Diretiva 2002/58/EC não restringe seu escopo à determinada tecnologia, pois é aplicável seja qual for a tecnologia adotada para a comunicação.

Esta Diretiva não foi revogada pelo GDPR, sendo muito importante no contexto atual em que o acesso a redes móveis digitais está amplamente divulgado, em razão do barateamento dos custos[260]. Além disso, constata-se o aumento da capacidade dos dispositivos eletrônicos para armazenar e processar informações relacionadas aos usuários.

Atualmente, o armazenamento em *clouds* revela justamente este argumento, isto é, a grande capacidade de armazenar dados por um custo muito baixo.

Portanto, a *ePrivacy Directive* foi uma resposta à economia informacional, acima destacada, na medida em que impõe limites à coleta, armazenamento e utilização de dados pessoais no contexto das comunicações eletrônicas, independentemente da tecnologia utilizada. Assim, essa Diretiva traz como seu objetivo principal reduzir ao mínimo o tratamento de dados pessoais e de utilizar, quando necessário, mecanismos que assegurem o anonimato do usuário (Considerando n. 09).

Esta Diretiva equipara as comunicações eletrônicas às outras formas de comunicação, como a correspondência postal e a comunicação tele-

---

[260] Tal fato pode ser percebido pelo acelerado aumento de celulares no Brasil, chegando a 280 milhões em agosto de 2015, o que corresponde a aproximadamente 137 celulares para cada 100 habitantes. Disponível em: <http://www.teleco.com.br/ncel.asp>, acessado em 03 de novembro de 2015. E este número só tende a aumentar.

fônica, assegurando o sigilo, semelhantemente (art. 5º). Tal direito está garantido no art. 7º, incisos I a III do Marco Civil da Internet. Ademais, como tais informações identificam uma pessoa, estão dentro do escopo material da LGPD.

A *ePrivacy Directive* traz em diversas citações o direito do usuário em "eliminar" informações que lhe digam respeito. Por exemplo, no item 22 dos *Consideranda*, limita o armazenamento de informações por um período de tempo superior ao necessário para transmissão, garantida a confidencialidade.

Esta Diretiva condena a utilização dos denominados "gráficos espiões" ou "programas-espiões" (*spyware, web bugs hidden identifiers*), isto é, *softwares* que são instalados nos *hardwares* dos usuários a fim de obter informações pessoais e de rastrear as atividades. Tais práticas são consideradas ilícitas, por violarem o direito à privacidade.

No entanto, os *cookies* são permitidos, porque são considerados instrumentos que, tão somente, facilitam a publicidade, ou otimizam a navegação no site, desde que o usuário tenha prévio e efetivo conhecimento desta prática, sendo garantido a eles o direito de recusarem que *cookies* ou outro *software* semelhante seja armazenado em seu equipamento terminal. O ideal é que isto possa a ser regulado pela ANPD brasileira diante de ausência de norma específica no Direito Brasileiro, não obstante ocupar a 4ª posição mundial em usuários de Internet.

A *ePrivacy Directive* tem uma estrutura mais simples que o Regulamento (UE) 2016/679, até porque esse é também aplicável às comunicações eletrônicas. Portanto, a Diretiva 2002/58/CE apenas traz regras específicas sobre a comunicação eletrônica. Desta forma, esta última Diretiva compõe-se de 21 artigos, dos quais se destacam: o art. 2º, que traz algumas definições importantes; o art. 5º, que assegura o direito de confidencialidade das comunicações eletrônicas; o art. 6º, sobre dados de tráfego, que podem ser eliminados ou tornados anônimos e só podem ser armazenados pelo tempo razoável ao fim a que se destinam; o art. 9º, sobre dados de localização, que devem ser necessariamente anônimos e mediante prévio consentimento dos usuários; o art. 13º, sobre *spam*, que impõe o consentimento prévio (*opt in*) do usuário para que receba mensagens publicitárias por comunicação eletrônica; e o art. 18º, que determina o prazo de 3 (três) anos para que esta Diretiva seja transposta para o Direito dos Estados-membros.

Alguns anos depois, em 2006, a União Europeia entendeu necessário revisar o quadro regulatório sobre os serviços de redes e comunicações eletrônicas, segundo o relatório da Comissão, em 29 de junho de 2006. Assim, diversos estudos e reuniões foram feitas a fim de acrescentar regras à Diretiva 2002/19/CE, de 07 de março de 2002 (sobre acesso e interligação de redes de comunicações eletrônicas, denominada *Diretiva Acesso*); à Diretiva 2002/20/CE, de 07 de março de 2002 (sobre a autorização para as redes e serviços de comunicações eletrônicas, conhecida como *Diretiva Autorização*); à Diretiva 2002/21/CE, da mesma data (sobre um quadro regulamentar para as redes e serviços de comunicações eletrônicas, conhecida como *Diretiva-Quadro*); à Diretiva 2002/22/CE (sobre serviços universais e direitos dos usuários dos serviços de internet e comunicações eletrônicas, denominada *Diretiva Serviço Universal*); e à Diretiva 2002/58/CE, comentada *supra*.

Esta revisão teve como pontos principais: garantir o acesso à Internet e às comunicações eletrônicas a todos os cidadãos europeus, em prol de uma sociedade da informação inclusiva, com destaque para os portadores de necessidades especiais; mais qualidades nos serviços prestados pelos provedores de acesso à Internet e aplicativos de Internet; elevar o grau de harmonização das regras dos Estados-membros quanto à proteção de dados pessoais e ao direito à privacidade, já garantidos pela Diretiva 2002/58/CE, independentemente da tecnologia adotada (em especial, os dispositivos de identificação ou localização por radiofrequência – RFID, que devem respeitar estes direitos fundamentais); impõe, aos provedores de acesso à Internet e de aplicativos de Internet, a obrigação de adotar medidas para evitar que sejam instalados *spywares* nas máquinas dos usuários de maneira inadvertida; em consequência, impõe um dever de informação desses provedores; as regras aplicadas ao *spam* são estendidas aos serviços SMS, MMS e outros semelhantes; estimula a cooperação entre os Estados-membros para o combate de *spam* ilícitos e *spyware* transfronteiriço, dentre outros.

Então, sete anos depois, a *ePrivacy Directive* foi alterada pela Diretiva 2009/136/EC, para acrescentar regras sobre os serviços universais de comunicação e as redes sociais, alterando este artigo, dentre outros, determinando que o indivíduo deva expressamente consentir para o armazenamento destas informações e possa retirar seu consentimento quando quiser:

3. *For the purpose of marketing electronic communications services or for the provision of value added services, the provider of a publicly available electronic communications service may process the data referred to in paragraph 1 to the extent and for the duration necessary for such services or marketing, if the subscriber or user to whom the data relate has given his or her prior consent. Users or subscribers shall be given the possibility to withdraw their consent for the processing of traffic data at any time.*

Tendo em vista a regulamentação do uso de *cookies* por essa Diretiva, que alterou o art. 5º (3) da Diretiva 2002/58/CE, é conhecida como *Cookies Directive*. Assim, a utilização destes *softwares* não é totalmente proibida, mas deve ser limitada segundo as regras estabelecidas, ou seja, mediante o consentimento prévio e esclarecido do usuário (que teve informações claras e completas sobre a prática). Mas não é só, deve ser observada também a finalidade para qual a informação foi coletada.

O modelo de proteção dos dados da União Europeia é de incontestável importância, porque sua influência extrapola os limites geopolíticos deste bloco. Tome-se como exemplo o *Protocolo de Safe Harbor*, oficialmente assinado pelos Estados Unidos em 2000, que impôs alguns princípios às empresas norte-americanas, para que se adequassem às regras do modelo da União Europeia sobre proteção dos dados pessoais, bem como o *EU-US Privacy Shield*, que substituiu o *Safe Harbor* e veio a uma vez mais garantir um nível de segurança dos dados pessoais em conformidade ao requerido pela União Europeia, no contexto da aprovação do GDPR, em 2016.[261] Há uma lista das empresas que estão em conformidade com tais princípios para que as empresas europeias tenham conhecimento e possam, eventualmente, transferir dados pessoais de cidadãos europeus para aquelas, desde que de acordo com os princípios estabelecidos no GDPR e na Diretiva 2002/58/CE.

Tendo em vista a relevante atuação de algumas Autoridades de Garantia, notadamente: a *Commission Nationale de l'Informatique et des Libertés (CNIL)*, na França; a *Agencia Española de Protección de Datos (AEPD)*; e a *Autorità Italiana Garante per la Protezione dei Dati Personali*, dar-se-á des-

---

[261] CONNOLLY, Chris. *US Safe Harbor: fact or fiction?* Disponível em: < http://www.galexia.com/public/research/articles/research_articles-pa08.html >, acessado em 03 de novembro de 2015.

taque para a transposição das normativas acima descritas, nos respectivos países, sendo que o modelo italiano será tratado nos capítulos 4 e 5 desta obra.

### 3.1.1 O Sistema Francês de Proteção de Dados Pessoais

Concomitante aos primeiros avanços da informática e telemática, a França, em 06 de janeiro de 1978, adotou um sistema de proteção de dados pessoais das pessoas físicas, por meio da Lei n. 78-17, conhecida como *"Loi Informatique et Libertés"*[262]. Essa lei foi resultado da preocupação com a proteção dos direitos humanos, no contexto tecnológico que tais avanços sinalizaram. A criou, na década de 1970, o órgão francês, denominado *"Commission Nationale de l'Informatique et des Libertés"* (CNIL), cuja missão era assegurar a eficácia da lei. Esse órgão independente desempenhou um papel de extrema importância, fazendo com que o sistema francês de proteção de dados ganhasse destaque no cenário internacional.[263]

Essa lei foi uma reação ao sistema SAFARI (ou *"la chasse"*), que foi utilizado pelo governo para, por meio de um computador Iris-80 com um bi-processador, arquivar mais de 100 milhões de fichas sobre cidadãos, divididas em 400 pastas, que poderiam ser utilizadas para finalidades variadas como, por exemplo, para fins de investigação criminal.[264] Nesta ocasião, este sistema foi criticado e proibido, porque violava direitos humanos fundamentais, como o direito à privacidade e à intimidade. Mas, posteriormente, a proteção de dados pessoais foi tutelada na lei específica supramencionada.

Muito embora essa lei tenha adotado uma técnica legislativa flexível, mediante o emprego de conceitos jurídicos indeterminados e cláusulas gerais, ela sofreu algumas alterações para se adaptar às Diretivas

---

[262] FRANÇA. Loi nº 78-17 du 6 janvier 1978 relative à l'informatique, aux fichiers et aux libertés. Paris, *Journal Officiel de la République française*, 09 de janeiro de 1978. Disponível em: <https://www.legifrance.gouv.fr/affichTexte.do;jsessionid=F4F9E84CAA51F016C836254D8A268655.tplgfr42s_1?cidTexte=JORFTEXT000037085952&dateTexte=20180621>. Acesso em: 16 janeiro 2020.

[263] DESGENS-PASANAU, Guillaume. *La protection des données à caractère personnel* : la loi « informatique et libertés ». Paris : LexisNexis, 2012. pp. 01 – 02.

[264] MATTATIA, Fabrice. *Traitement des données personnelles* : le guide juridique. Paris: Éditions Eyrolles, 2012. p. 19.

da União Europeia e ao GDPR, que lhe sobrevieram. Assim, em 06 de agosto de 2004, a atualização da lei atribuiu à CNIL o poder sancionador, porque, até então, competia a essa autoridade o poder regulamentador. Desta forma, a Lei n. 2004-801 transpôs ao direito interno a Diretiva 95/46/CE (de 24 de outubro de 1995) e a Diretiva 2002/58 (de 12 de julho de 2002, alterada em 2009).[265] A Lei n. 2018-493, por sua vez, tornou-a conforme às atualizações requeridas pelo GDPR[266].

Contrariamente a alguns países, como a Espanha[267] e Portugal[268], que adotaram a proteção dos dados pessoais nas respectivas Constituições, a França não acrescentou expressamente em sua Constituição esse

---

[265] DESGENS-PASANAU, Guillaume. *Op. cit.*, p. 06: "Cette directive a été transposée en droit français le 6 août 2004 par la loi n 2004-801 modifiant la loi du 6 janvier 1978. La réforme a également eu pour objectif de renforcer l'effectivité de la réglementation en allégeant les formalités administratives que les professionnels ont à effectuer auprès de la CNIL afin de permettre à celle-ci de renforcer ses missions de contrôle *a posteiori* et de prononcer des sanctions ...»

[266] FRANÇA. Loi nº 2018-493 du 20 juin 2018 relative à la protection des données personnelles. Paris, *Journal Officiel de la République française* nº 0141, de 21 de junho de 2018. Disponível em: <https://www.legifrance.gouv.fr/affichTexte.do;jsessionid=F4F9E84CAA5 1F016C836254D8A268655.tplgfr42s_1?cidTexte=JORFTEXT000037085952&dateTexte=20180621>. Acesso em: 16 janeiro 2020.

[267] Art. 18 da Constituição Espanhola de 1977, cf. *infra*.

[268] Art. 35 da Constituição Portuguesa de 1976: "Artigo 35º Utilização da informática – 1. Todos os cidadãos têm o direito de acesso aos dados informatizados que lhes digam respeito, podendo exigir a sua rectificação e actualização, e o direito de conhecer a finalidade a que se destinam, nos termos da lei.
2. A lei define o conceito de dados pessoais, bem como as condições aplicáveis ao seu tratamento automatizado, conexão, transmissão e utilização, e garante a sua protecção, designadamente através de entidade administrativa independente.
3. A informática não pode ser utilizada para tratamento de dados referentes a convicções filosóficas ou políticas, filiação partidária ou sindical, fé religiosa, vida privada e origem étnica, salvo mediante consentimento expresso do titular, autorização prevista por lei com garantias de não discriminação ou para processamento de dados estatísticos não individualmente identificáveis.
4. É proibido o acesso a dados pessoais de terceiros, salvo em casos excepcionais previstos na lei.
5. É proibida a atribuição de um número nacional único aos cidadãos.
6. A todos é garantido livre acesso às redes informáticas de uso público, definindo a lei o regime aplicável aos fluxos de dados transfronteiras e as formas adequadas de protecção de dados pessoais e de outros cuja salvaguarda se justifique por razões de interesse nacional.
7. Os dados pessoais constantes de ficheiros manuais gozam de protecção idêntica à prevista nos números anteriores, nos termos da lei.

direito. No entanto, o *Conseil Constitutionnel* já se pronunciou, em diversas decisões, fazendo referência a aplicação da Carta Europeia de Direitos Humanos, que, no art. 8º, tutela a proteção de dados como um direito do homem e do cidadão.[269]

O art. 5º da Lei *"Informatique et Libertès"* (Loi n. 78-17), de 06 de janeiro de 1978, com as atualizações feitas em 2018, estabelece as condutas que caracterizam um tratamento de dados, ou seja:

> *Un traitement de données à caractère personnel n'est licite que si, et dans la mesure où, il remplit au moins une des conditions suivantes:*
> 
> *1º Le traitement, lorsqu'il relève du titre II, a reçu le consentement de la personne concernée, dans les conditions mentionnées au 11 de l'article 4 et à l'article 7 du règlement (UE) 2016/679 du 27 avril 2016 précédemment mentionné;*
> 
> *2º Le traitement est nécessaire à l'exécution d'un contrat auquel la personne concernée est partie ou à l'exécution de mesures précontractuelles prises à la demande de celle-ci ;*
> 
> *3º Le traitement est nécessaire au respect d'une obligation légale à laquelle le responsable du traitement est soumis;*
> 
> *4º Le traitement est nécessaire à la sauvegarde des intérêts vitaux de la personne concernée ou d'une autre personne physique;*
> 
> *5º Le traitement est nécessaire à l'exécution d'une mission d'intérêt public ou relevant de l'exercice de l'autorité publique dont est investi le responsable du traitement;*
> 
> *6º Sauf pour les traitements effectués par les autorités publiques dans l'exécution de leurs missions, le traitement est nécessaire aux fins des intérêts légitimes poursuivis par le responsable du traitement ou par un tiers, à moins que ne prévalent les intérêts ou les libertés et droits fondamentaux de la personne concernée qui exigent une protection des données à caractère personnel, notamment lorsque la personne concernée est un enfant.*

Aplicam-se os princípios, direitos e deveres estabelecidos na lei sempre que forem realizadas tais atividades, cujos objetos sejam dados pessoais, identificados ou identificáveis. A definição, também, é propositalmente vaga, para permitir que tal conceito possa se adaptar às novas tecnologias.[270]

---

[269] Décision n. 2012 – 652 DC, concernant la carte d'identité biométrique, 22 mars 2012.

[270] EYNARD, Jessica. *Les données personnelles:* quelle définition pour un régime de protection efficace? Paris : Michalon Éditeur, 2013. pp. 03; 09.

O interessante do sistema francês é que, com a reforma de 2004, os responsáveis por tratamento de dados já deveriam, àquele momento, indicar um correspondente pela proteção de dados, hoje conhecido como "Data Protection Officer", segundo a Lei *"Informatique et Libertés"*.

Na França, entende-se por responsável pelo tratamento dos dados pessoais e como subcontratante (*"responsable de traitement"* e *"sous--traitant"*) aqueles indivíduos, organismos ou autoridades públicas que detêm o controle sobre os fins e os meios na atividade de tratamento de dados, em conformidade com o que dispõe o GDPR, que elucida, em seu art. 4º, itens 7 e 8:

> 7) "Responsável pelo tratamento", a pessoa singular ou coletiva, a autoridade pública, a agência ou outro organismo que, individualmente ou em conjunto com outras, determina as finalidades e os meios de tratamento de dados pessoais; sempre que as finalidades e os meios desse tratamento sejam determinados pelo direito da União ou de um Estado-Membro, o responsável pelo tratamento ou os critérios específicos aplicáveis à sua nomeação podem ser previstos pelo direito da União ou de um Estado-Membro;
> 8) "Subcontratante", uma pessoa singular ou coletiva, a autoridade pública, agência ou outro organismo que trate os dados pessoais por conta do responsável pelo tratamento destes;

De acordo com o art. 4º, item 11 do GDPR, o consentimento do titular dos dados é *"uma manifestação de vontade, livre, específica, informada e explícita, pela qual o titular dos dados aceita, mediante declaração ou ato positivo inequívoco, que os dados pessoais que lhe dizem respeito sejam objeto de tratamento"*.

O art. 7 da Lei *"Informatique et Libertés"* assegura que o tratamento de dados pessoais apenas pode ser feito mediante o consentimento do titular dos dados, seguindo as condições definidas pelo GPDR, em seu art. 4º, item 11 (que possui a definição legal do termo "consentimento"), e art. 7º do GDPR, que dispõe sobre as condições ao consentimento aplicáveis, quais sejam:

> 1. Quando o tratamento for realizado com base no consentimento, o responsável pelo tratamento deve poder demonstrar que o titular dos dados deu o seu consentimento para o tratamento dos seus dados pessoais.
> 2. Se o consentimento do titular dos dados for dado no contexto de uma declaração escrita que diga também respeito a outros assuntos, o pedido

de consentimento deve ser apresentado de uma forma que o distinga claramente desses outros assuntos de modo inteligível e de fácil acesso e numa linguagem clara e simples. Não é vinculativa qualquer parte dessa declaração que constitua violação do presente regulamento.

3. O titular dos dados tem o direito de retirar o seu consentimento a qualquer momento. A retirada do consentimento não compromete a licitude do tratamento efetuado com base no consentimento previamente dado. Antes de dar o seu consentimento, o titular dos dados é informado desse facto. O consentimento deve ser tão fácil de retirar quanto de dar.

4. Ao avaliar se o consentimento é dado livremente, há que verificar com a máxima atenção se, designadamente, a execução de um contrato, inclusive a prestação de um serviço, está subordinada ao consentimento para o tratamento de dados pessoais que não é necessário para a execução desse contrato.

É proibido o tratamento dos dados sensíveis (art. 6º), a menos que haja, por exemplo, autorização expressa do titular dos dados pessoais, seja o tratamento necessário para o cumprimento de obrigações em matéria trabalhista, para o exercício de direitos do responsável pelo tratamento ou do titular, por motivos de interesse público, dentre outras exceções descritas pelo art. 9º, item 2 do Regulamento (UE) 206/679.

No Capítulo II da Lei *"Informatique et Libertès"* estão garantidos os principais direitos do titular dos dados, quais sejam: direitos de informação (art. 48), de acesso (art. 49), de retificação (art. 50) e ao esquecimento (art. 51).

Em suma, a Loi n. 78-17, atualizada ao decorrer da evolução do cenário sobre a proteção de dados, desde os anos 1970 (em sua conformidade com o GDPR, garantida pela Lei n. 2018-493, de 20 de junho de 2018)[271], veio a lume para assegurar um equilíbrio entre a proteção de dados pessoais e os interesses comerciais, tendo em vista a monetarização dos dados. Desta feita, a lei, desde o início de sua vigência, em 1978,

---

[271] FRANÇA. Loi nº 2018-493 du 20 juin 2018 relative à la protection des données personnelles. Paris, *Journal Officiel de la République française* nº 0141, de 21 de junho de 2018. Disponível em: <https://www.legifrance.gouv.fr/affichTexte.do;jsessionid=F4F9E84CAA51F016C836254D8A268655.tplgfr42s_1?cidTexte=JORFTEXT000037085952&dateTexte=20180621>. Acesso em: 16 janeiro 2020.

não visa a proibir o tratamento de dados, mas estabelece princípios, garante direitos aos titulares dos dados e impõe deveres aos responsáveis pelo tratamento de dados nos termos da lei e da regulamentação e fiscalização pela CNIL.[272]

### 3.1.2 O Sistema Espanhol de Proteção de Dados Pessoais

Tão interessante quanto o sistema francês, o sistema espanhol revela uma sólida proteção dos dados pessoais, garantindo tal direito, entre direitos e garantias fundamentais, na própria Constituição espanhola de 1978:

> *Artículo 18*
> *1. Se garantiza el derecho al honor, a la intimidad personal y familiar y a la propia imagen.*
> *2. El domicilio es inviolable. Ninguna entrada o registro podrá hacerse en él sin consentimiento del titular o resolución judicial, salvo en caso de flagrante delito.*
> *3. Se garantiza el secreto de las comunicaciones y, en especial, de las postales, telegráficas y telefónicas, salvo resolución judicial.*
> *4. La ley limitará el uso de la informática para garantizar el honor y la intimidad personal y familiar de los ciudadanos y el pleno ejercicio de sus derechos.* (grifo nosso)

Assim, a primeira lei espanhola que regulamentou a proteção de dados no país veio quatorze anos depois, em outubro de 1992, antes mesmo da Diretiva 95/46/CE, da União Europeia. A denominada *"Ley Orgánica de Regulación del Tratamiento Automatizado de Datos de Caráter Personal"* – (LORTAD, *Ley Orgánica* n. 5, de 29 de outubro de 1992), apresentava-se por uma extensa Exposição de Motivos, servindo de importante introdução à matéria, seguida de sete títulos, contendo 48 artigos, e, ao final, regras sobre Disposições Transitórias e Finais.[273]

A crítica feita pela doutrina espanhola[274] a essa lei é que ela estabelecia diversos regimes especiais para o tratamento de dados e as sanções previstas eram muito pesadas para os entes privados. No entanto, a lei era bem mais branda quando o tratamento de dados era feito por órgãos

---

[272] _____. *La protection des..., op. cit.*, p. 15.
[273] MARCOS, Isabel Davara Fernández de. *Hacia la estandarización de la protección de datos personales*. Madrid: La Ley, 2011. pp. 64 – 67.
[274] GARCÍA, Daniel Santos. *Nociones generales de la Ley Orgánica de Protección de Datos y su Reglamento*. 2. ed. Madrid: Tecnos, 2012. pp. 28-29.

públicos. Além disso, a lei previa uma ampla liberdade para transferência de dados entre órgãos da Administração Pública. Por fim, a lei previa um alto grau de *"administrativización"* do sistema espanhol de proteção de dados, ao determinar que o Poder Executivo indicasse o Diretor da Agência Espanhola de Proteção de Dados, o que comprometeria a independência desse órgão, sendo esta garantia fundamental para que o órgão pudesse desenvolver plenamente suas missões.

Essa lei foi substituída pela *Ley Orgánica n. 15*, de 13 de dezembro de 1999, denominada *"Ley Orgánica de Protección de Datos de Carácter Personal"* (LOPD), que transpôs ao direito interno espanhol a Diretiva 95/46/CE. A LOPD foi derrogada pela *Ley Orgánica n. 03*, de 05 de dezembro de 2018, que está em conformidade ao *General Data Protection Regulation*[275].

As leis especiais eram complementadas por Regulamentos. A LOPD era completada pelo *"Reglamento 1720/2007"*, de 21 de dezembro, que revogou os regulamentos anteriores.

O modelo espanhol de proteção de dados conta, ainda, com a relevante atuação, inclusive normativa, da *Agencia Española de Protección de Datos – AEPD*, que será analisada no capítulo 5.

Portanto, a proteção de dados pessoais tem *status* constitucional, garantida como direito e garantia individual, o que foi expressamente afirmado no julgamento do Tribunal Constitucional espanhol n. 292/2000[276], em que se analisava a constitucionalidade de alguns dispositivos da LOPD (art. 21.1[277] e art. 24.1[278] e 24.2[279]), ocasião em que o Tribunal Constitu-

---

[275] ESPANHA. Ley Orgánica 3/2018, de 5 de diciembre, de Protección de Datos Personales y garantía de los derechos digitales. Madrid, *Boletín Oficial del Estado*, 6 de dezembro de 2018. Disponível em: <https://www.boe.es/eli/es/lo/2018/12/05/3>. Acesso em: 18 janeiro 2020.

[276] *Sentencia del Tribunal Constitucional, núm. 292/2000, 30 de noviembre de 2000 (BOE, núm. 4, de 4 de enero de 2001, suplemento), y Sentencia del Tribunal Constitucional, núm. 290/2000, 30 de noviembre de 2000 (BOE, núm. 4, de 4 de enero de 2001, suplemento).*

[277] Artículo 21. Comunicación de datos entre Administraciones públicas. 1. Los datos de carácter personal recogidos o elaborados por las Administraciones públicas para el desempeño de sus atribuciones no serán comunicados a otras Administraciones públicas para el ejercicio de competencias diferentes o de competencias que versen sobre materias distintas, salvo **cuando la comunicación hubiere sido prevista por las disposiciones de creación del fichero o por disposición de superior rango que regule su uso, o** cuando la comunicación tenga por objeto el tratamiento posterior de los datos con fines históricos, estadísticos o científicos. [Téngase en cuenta que se declara la inconstitucionalidad y nulidad del

cional espanhol afirmou a existência de um direito fundamental designado como *"libertad informática"*, distinguindo-o de outros direitos fundamentais, como o direito à privacidade, à intimidade e à honra, *in verbis*:

> *Este derecho fundamental a la protección de datos, a diferencia del derecho a la intimidad del art. 18.1 CE, con quien comparte el objetivo de ofrecer una eficaz protección constitucional de la vida privada personal y familiar, atribuye a su titular un haz de facultades que consiste en su mayor parte en el poder jurídico de imponer a terceros la realización una omisión de determinados comportamientos [...]*
> 
> *En cambio, el derecho fundamental a la protección de datos persigue garantizar a esa persona un poder de control sobre sus datos personales, sobre su uso y destino, con el propósito de impedir su tráfico ilícito y lesivo para la dignidad y derecho del afectado. [...]*
> 
> *A saber: el derecho a que se requiera el previo consentimiento para la recogida y uso de los datos personales, el derecho a saber y ser informado sobre el destino y uso de esos datos y el derecho a acceder, rectificar y cancelar dichos datos. [...]*
> 
> *Comparto el fallo de la Sentencia, pero, como ya expuse en las deliberaciones del Pleno, debió afirmarse de modo explícito, en la argumentación de ella, que nuestro Tribunal reconoce y protege ahora un derecho fundamental, el derecho de libertad informática, que no figura en la tabla del texto de 1978.*

inciso destacado del apartado 1 por Sentencia del TC 292/2000, de 30 de noviembre. Ref. BOE-T-2001-332]

[278] Artículo 24. Otras excepciones a los derechos de los afectados. 1. Lo dispuesto en los apartados 1 y 2 del artículo 5 no será aplicable a la recogida de datos cuando la información al afectado **impida o dificulte gravemente el cumplimiento de las funciones de control y verificación de las administraciones públicas** o cuando afecte a la Defensa Nacional, a la seguridad pública o a la persecución de infracciones penales o **administrativas**. [Téngase en cuenta que se declara la inconstitucionalidad y nulidad de los incisos destacados del apartado 1 por Sentencia del TC 292/2000, de 30 de noviembre. Ref. BOE-T-2001-332].

[279] Lo dispuesto en el art. 15 y en el apartado 1 del art. 16 no será de aplicación si, ponderados los intereses en presencia, resultase que los derechos que dichos preceptos conceden al afectado hubieran de ceder ante razones de interés público o ante intereses de terceros más dignos de protección. Si el órgano administrativo responsable del fichero invocase lo dispuesto en este apartado, dictará resolución motivada e instruirá al afectado del derecho que le asiste a poner la negativa en conocimiento del Director de la Agencia de Protección de Datos o, en su caso, del órgano equivalente de las Comunidades Autónomas. **(Anulado)**

O direito à liberdade informática foi definido, nesta sentença,[280] como o *"Derecho a controlar el uso de los mismos datos insertos en un programa informático (habeas data) y comprende, entre otros aspectos, la oposición del ciudadano a que determinados datos personales sean utilizados para fines distintos de aquel legítimo que justificó su obtención"*.

Originalmente, o art. 18 da Constituição espanhola tutelava os direitos à intimidade pessoal e familiar, assegurando o direito à honra, à própria imagem, ao sigilo das comunicações, à inviolabilidade domiciliar e à privacidade. Porém, posteriormente, foi acrescido ao artigo, expressamente, o direito à proteção dos dados pessoais, no item "4".[281]

O objeto da LOPD foi definido no art. 3, qual seja, *"cualquier información concerniente a personas físicas identificadas o identificables"*, e completado pelo art. 5, alínea "f" do Regulamento de Proteção de Dados, que estabeleceu como dados de caráter pessoal *"cualquier información numérica, alfabética, gráfica, fotográfica, acústica o de cualquier outro tipo concernente a personas físicas identificada o identificables"*.

A doutrina espanhola[282] definiu o objeto da lei como:

> [...] *aquel ámbito de la vida privada que se ve afectado por la posibilidad real de que las actuaciones cotidianas del ciudadano se observen y la información procedente de ellas se acumule y conserve, formando lo que la Exposición de Motivos de la derogada LORTAD denominó el perfil del afectado, perfil que puede ser utilizado con fines de diversa índole. La protección de la privacidad garantiza la posibilidad real de que el ciudadano tenga el control de los usos y finalidades a que se destina dicha información y pueda oponerse, en consecuencia, a que la información que genera su perfil sirva a propósitos que él rechaza.*

Na legislação espanhola, o consentimento do titular dos dados, antes mesmo do GDPR, também é a pedra angular para se garantir a proteção dos dados pessoais, isto porque, por meio do consentimento informado e livre, o indivíduo pode exercer os direitos que a lei lhe garante[283].

---

[280] *Idem ibdem.*
[281] Navarro, Emilio del Peso; Ruiz, Mar Del Peso. Intimidad *versus* Seguridad. *In:* Reilly, Marcelo Bauzá; Mata, Federico Bueno de. (coord.) *El derecho en la sociedad telemática*. Santiago de Compostela: Andavira, 2012. pp. 197-214. p. 202.
[282] Salom, Javier Aparicio. *Op. cit.* p. 65.
[283] García, Daniel Santos. *Op. cit.*, p. 67.

No art. 6 da LOPD estavam previstas uma série de situações para o caso de tratamento de dados em que o consentimento do titular deve ser obtido, *in verbis:*

*Artículo 6. Consentimiento del afectado.*
*1. El tratamiento de los datos de carácter personal requerirá el* consentimiento inequívoco del afectado, *salvo que la ley disponga otra cosa.*
*2.* No será preciso el consentimiento cuando los datos de carácter personal se recojan para el ejercicio de las funciones propias de las Administraciones públicas *en el ámbito de sus competencias; cuando se refieran a las* partes de un contrato o precontrato de una relación negocial, laboral o administrativa y sean necesarios para su mantenimiento o cumplimiento; *cuando el tratamiento de los datos tenga por finalidad* proteger un interés vital del interesado *en los términos del artículo 7, apartado 6, de la presente Ley, o cuando los* datos figuren en fuentes accesibles al público y su tratamiento sea necesario para la satisfacción del interés legítimo *perseguido por el responsable del fichero o por el del tercero a quien se comuniquen los datos, siempre que no se vulneren los derechos y libertades fundamentales del interesado.*
*3. El consentimiento a que se refiere el artículo* podrá ser revocado cuando exista causa justificada *para ello y* no se le atribuyan efectos retroactivos.
*4. En los casos en los que no sea necesario el consentimiento del afectado para el tratamiento de los datos de carácter personal, y siempre que una ley no disponga lo contrario,* éste podrá oponerse a su tratamiento cuando existan motivos fundados y legítimos relativos a una concreta situación personal. *En tal supuesto, el responsable del fichero excluirá del tratamiento los datos relativos al afectado.* (grifo nosso)

Portanto, vê-se que já havia uma grande preocupação com a caracterização do consentimento, sendo que a legislação espanhola dispensava esse consentimento em alguns casos: quando fosse essencial para a administração pública, em decorrência de uma relação contratual ou quando necessário o tratamento de dados pessoais para o cumprimento da obrigação resultante desta relação, quando essencial para a proteção da vida e integridade física, dentre outras. No entanto, quaisquer que fossem as circunstâncias, o titular dos dados poderia se opor ao tratamento, se houvesse motivos fundados e legítimos para tanto.

O reconhecimento da importância do consentimento do titular dos dados é relevante, porque, por meio desse, estabeleceu-se entre as partes uma relação jurídica desencadeadora dos princípios, direitos e deveres da LOPD. Porém, o mito do consentimento, no sentido que essa é a única ferramenta para a efetiva proteção dos dados pessoais, já caiu por terra, isso porque, o indivíduo, muitas vezes, não tem a efetiva oportunidade de consentir ou não, e, ainda assim, seus dados são tratados. Além disso, é manifesta a vulnerabilidade desses indivíduos, que necessitam do bem ou do serviço e, por isso, acabam consentindo com o tratamento de seus dados pessoais sem ter o real conhecimento sobre o que tal conduta representa.[284]

Daí a importância, mais uma vez, de um órgão independente para que fiscalize o cumprimento da lei de proteção de dados pessoais, estabeleça códigos de boas condutas e que resolva de maneira eficiente e célere conflitos relacionados ao tema.

Em suma, observa-se que a Europa tem um modelo de proteção de dados pessoais muito sólido e que, antes mesmo da Diretiva 95/46/CE, muitos países, como França, Espanha e Alemanha, já tinham legislação específica sobre o tema. No entanto, após a Diretiva de 1995 e as que a seguiram (2002, 2006, 2009 e o GDPR, em 2016, os Estados-membros da União Europeia tiveram que adaptar as respectivas legislações para transporem o direito da UE ao direito interno.

A despeito dos esforços consubstanciados nas Diretivas mencionadas, não havia uma uniformização sobre o tema; e o conflito de jurisdição e lei aplicável, mesmo no Direito da União Europeia, era uma preocupação. Isso porque, conforme mencionamos *supra*, as Diretivas sobre proteção de dados eram mínimas, ou seja, estabeleceram uma proteção mínima, podendo os Estados-membros adotarem uma proteção maior, e, por isso, não havia absoluta equiparação entre as leis dos Estados da União Europeia e nem dos Estados que compõem o espaço *Schengen*, o que foi resolvido apenas com o GDPR.[285] O problema ainda remanesce

---

[284] OLIVER-LALANA, A. Daniel; SORO, José Félix Muñoz. El mito del consentimiento y el fracaso del modelo individualista de protección de datos. *In*: TORRIJOS, Julián Valero. (coord.) *La protección de los datos personales en Internet ante la innovación tecnológica*: riesgos, amenazas y respuestas desde la perspectiva jurídica. Cizur Menor (Navarra): Editorial Aranzadi, Thomson Reuters, 2013. pp. 153-196. P. 155.

[285] MARCOS, Isabel Davara Fernández de. *Op. cit.*, p. 65. A Convenção de Schengen foi firmada em 2 de outubro de 1997 pela via do Tratado de Amsterdã, fazendo parte do quadro insti-

em nível global, haja vista o encurtamento de distância, viabilizado pelo uso da Internet.

## 3.2 O Modelo Canadense de Proteção de Dados Pessoais

A diversidade no tratamento legislativo sobre o tema dentro da União Europeia despertou o interesse em estudar e analisar outros modelos de proteção de dados pessoais. O modelo canadense tem sido precursor em consolidar muitos direitos ao titular dos dados e estabelecer padrões tecnológicos de proteção, *e.g., privacy by design* e *privacy by default*, que será tratado no capítulo 5.

Preliminarmente, deve-se ter em mente que o Canadá é formado por dez províncias e três territórios que têm competência legislativa para regulamentar o tema.[286] Para alcançar harmonização entre essas leis, a Conferência de Uniformização de Lei do Canadá (*"Uniform Law Conference of Canada* – ULLC") realiza alguns projetos de lei modelo a serem ou não seguidos pelas províncias e territórios, que mantêm a sua autonomia legiferante.

No final da década de 1960 e início da década de 1970, o tema proteção de dados despertou a atenção dos juristas e da sociedade canadense, quando a tecnologia da informação passou a ser utilizada com frequência pelo Governo e pelas empresas. Então, o Governo canadense organizou grupos de trabalhos para estudar o tema, cujos resultados foram publicados em 1972, no relatório intitulado *"Privacy and Computers"*.[287] Neste relatório, recomendou-se inserir na lei canadense sobre Direitos Humanos, o *"Canadian Human Rights Act"*, a proteção de dados pessoais armazenados em banco de dados governamentais (o que foi feito,

---

tucional e jurídico da União Europeia. Portanto, todos os Estados-membros da EU devem aceitar as condições estipuladas no Acordo e na Convenção de *Schengen*. Em linhas gerais, o denominado "Espaço *Schengen*" identifica os países nos quais há livre circulação de pessoas, sem a necessidade de apresentação de passaporte nas fronteiras, basta portar qualquer documento de identificação com foto. Disponível em: < https://pt.wikipedia.org/wiki/Acordo_de_Schengen>, acessado em 20 de novembro de 2015.

[286] *Constitution Act* 1867 (subseção 91 (2)).

[287] Department of Communications and Department of Justice, *Privacy and Computers: A Report of a Task Force* (Ottawa: Information Canada, 1972). Disponível em: <http://www.justice.gc.ca/eng/rp-pr/csj-sjc/atip-aiprp/ip/p2.html>, acessado em 20 de outubro de 2015.

em 1977), e, por fim, sugeriu-se que o tema fosse abordado em separado: primeiro o Governo deveria regulamentar o seu próprio uso das informações pessoais para, depois, regular o uso de dados pessoais pelo setor privado.[288]

Antes mesmo de 1977, em 1975, a província de Quebec (que adota o Sistema *"Civil Law"*) aprovou a lei denominada *"Charter of Human Rights and Freedoms"*, que inseriu o direito à privacidade aos residentes nesta província (*"right to respect for his private life"*).[289] Além disso, em 1991, Quebec reformou seu Código Civil para acrescentar artigos sobre privacidade (arts. 35 a 41), e, em 1994, aprovou uma lei sobre proteção de dados pessoais, sendo, portanto, a primeira província canadense a adotar legislação específica sobre o tema.[290]

Em âmbito federal, com o propósito de consolidar a proteção às informações pessoais, o Governo canadense aprovou a lei denominada *Privacy Act*.[291] Essa lei passou a garantir o acesso dos cidadãos às suas informações pessoais que estejam com órgãos da administração pública: *"Purpose of the act – art. 2. The purpose of this Act is to extend the present laws of Canada that protect the privacy of individuals with respect to personal information about themselves held by a government institution and that provide individuals with a right of access to that information."*

A aprovação dessa lei foi simultânea à lei canadense de acesso à informação (*"Access to Information Act"*).[292] Essa última, por sua vez, reconhece o direito a todo cidadão de ter acesso às informações da administração pública, complementando outras leis que tratam do tema:

*Purpose of this act*
*2. (1) The purpose of this Act is to extend the present laws of Canada to provide a right of access to information in records under the control of a government institution*

---

[288] LAWSON, Philippa. The Canadian approach to privacy protection on the internet. *In:* LIMA, Cíntia Rosa Pereira de; NUNES, Lydia Neves Bastos Telles. (coords) *Estudos Avançados de Direito Digital.* São Paulo: Campus Elsevier, 2014. pp. 13-160. p. 137.
[289] R.S.Q., c.C-12, s.5. Disponível em: <https://www.canlii.org/en/ca/laws/stat/rsc-1985-c-p-21/latest/rsc-1985-c-p-21.html>, acessado em 20 de outubro de 2015.
[290] *Act respecting the protection of personal information in the private sector,* R.S.Q., c.P-39.1.
[291] R.S.C., 1985, c. P-21. Disponível em: <https://www.canlii.org/en/ca/laws/stat/rsc-1985-c-p-21/latest/rsc-1985-c-p-21.html>, acessado em 20 de outubro de 2015.
[292] R.S.C., 1985, c. A-1. Disponível em: <https://www.canlii.org/en/ca/laws/stat/rsc-1985-c-a-1/latest/rsc-1985-c-a-1.html>, acessado em 20 de outubro de 2015.

*in accordance with the principles that government information should be available to the public, that necessary exceptions to the right of access should be limited and specific and that decisions on the disclosure of government information should be reviewed independently of government.*
*Complementary procedures*
*(2) This Act is intended to complement and not replace existing procedures for access to government information and is not intended to limit in any way access to the type of government information that is normally available to the general public.*

Posteriormente, com o objetivo de consolidar a proteção dos dados pessoais no setor privado[293], o Canadá aprovou sua "Lei sobre Proteção da Informação Pessoal e dos Documentos Eletrônicos" (*"Personal Information Protection and Electronic Documents Act – PIPEDA"*), em 13 de abril de 2000.[294]

Essa lei resultou da aglutinação de duas propostas de lei: a lei sobre proteção de dados pessoais (atualmente, a 1ª parte da PIPEDA, seções 05 a 30) e a lei sobre documentos eletrônicos (a 2ª, 3ª, 4ª e 5ª partes do mesmo diploma legal, seções 31 a 71).[295] A primeira parte desta lei visa a aumentar a confiança dos indivíduos que realizam transações eletrônicas, enquanto a segunda busca eliminar as barreiras legais com relação ao uso de documentos eletrônicos, contribuindo para o desenvolvi-

---

[293] PERRIN, Stephanie; BLACK, Heather H.; FLAHERTY, David H.; RANKIN, T. Murray. The Personal Information and Electronic Documents Act. Toronto: Irwin Law Inc., 2001. p. 125.

[294] S.C 2000, c. 5: "An Act to support and promote electronic commerce by protecting personal information that is collected, used or disclosed in certain circumstances, by providing for the use of electronic means to communicate or record information or transactions and by amending the Canada Evidence Act, the Statutory Instruments Act and the Statute Revision Act." Tradução livre: uma lei para incentivar e promover o comércio eletrônico ao proteger as informações pessoais que são coletadas, usadas e disponibilizadas em certas circunstâncias, assegurando o uso dos meios de comunicações ou informação e transações e modificação da Lei Canadense sobre Provas, Lei de Instrumentos Estatutários e Lei da Revisão dos Estatutos. Disponível em: <http://www.privcom.gc.ca/legislation/02_06_01_01_e.asp>, acessado em 18 de outubro de 2015.

[295] A aglutinação destes dois projetos de lei foi submetida ao Congresso canadense sob a "Bill C-6" em 2000, após o Primeiro Ministro Joseph Jacques Jean Chretien do Canadá ter anunciado em 22 de setembro de 1998 a estratégia sobre comércio eletrônico, para inserir o Canadá neste contexto como um líder mundial. PERRIN, Stephanie; et all; *The Personal information...*, *op. cit.*, p. 125.

mento do comércio eletrônico no Canadá. Assim, a própria lei destaca seu propósito no art. 3[296]:

> *3. The purpose of this Part is to establish, in an era in which technology increasingly facilitates the circulation and exchange of information, rules to govern the collection, use and disclosure of personal information in a manner that recognizes the right of privacy of individuals with respect to their personal information and the need of organizations to collect, use or disclose personal information for purposes that a reasonable person would consider appropriate in the circumstances.*

Além de Quebec[297], as províncias de Alberta[298] e Colúmbia Britânica[299] (*British Columbia*) aprovaram leis sobre proteção de dados em 2004, todas muito semelhantes. Desta forma, a PIPEDA federal é aplicável ao setor privado regulado por órgão federal e ao setor privado regulado pelas províncias, quando essas não tiverem leis específicas sobre proteção de dados.[300]

Essas quatro leis adotaram princípios, direitos e deveres semelhantes, tais como "*security safeguards, data accuracy, accountability, openness, and allowing individuals access to their information*".[301] Destaca-se, portanto, o princípio do consentimento, segundo o qual se exige o consentimento do titular das informações para a coleta, o uso e a circulação de seus dados pessoais.

Na tentativa de fazer com que tal princípio fosse mais eficaz, a legislação canadense adjetivou o consentimento, devendo ser informado e livre[302], proibindo que as empresas exigissem tais informações como condição para a realização da transação. Nessas quatro leis, para que a empresa possa utilizar as informações pessoais para outras finalidades,

---

[296] Disponível em: <https://www.canlii.org/en/ca/laws/stat/sc-2000-c-5/latest/sc-2000-c-5.html>, acessado em 20 de outubro de 2015.
[297] *Act Respecting the Protection of Personal Information in the Private Sector R.S.Q. ch.P-39.1 ("Quebec Act").*
[298] *Personal Information Protection Act S.A. 2003, c.P-6.5 ("Alta PIPA").*
[299] *Personal Information Protection Act S.B.C.2003, c.63 ("BC PIPA").*
[300] BERNAL-CASTILLERO, Miguel. *Canada's Federal Privacy Laws.* Ottawa: Library of Parliament, 2013. p. 06.
[301] LAWSON, Philippa. *Op. cit.*, p. 142.
[302] PIPEDA Sch.1, Principle 4.3; Quebec law s.8; Alta PIPA s.13; BC PIPA s.10.

deve obter novo consentimento do titular das informações, relatando a finalidade do tratamento.[303]

Por fim, a PIPEDA alterou a "Lei Uniforme sobre Prova" ("*Uniform Electronic Evidence Act*"), acrescentando as seções 31.1 a 31.8. Além dessa, alterou a "*Statutory Instruments Act*", para considerar como original as publicações eletrônicas do Diário Oficial do Canadá ("*Canada Gazette*"). Finalmente, alterou-se a "Lei sobre Revisão dos Estatutos", para que haja uma revisão constante das leis publicadas eletronicamente no banco de dados do Departamento de Justiça.

A PIPEDA não previu expressamente a criação de uma entidade de controle e fiscalização, mas o órgão conhecido como "*Privacy Commissioner*" atua como uma espécie de "*ombudsman*", porém sua atuação se restringe à proteção de dados pessoais e ao acesso à informação, resolvendo conflitos em primeira instância por meio da mediação e da conciliação. No capítulo 6, essa entidade será mais bem desenvolvida devido seu relevante papel para o fortalecimento do modelo canadense de proteção de dados não só em nível nacional, mas também, em nível internacional.

Em 20 de dezembro de 2001, o Canadá obteve o reconhecimento da Comissão Europeia, que oferecia a proteção aos dados pessoais adequada ao modelo estabelecido na UE com a Decisão 2002/2/CE, por meio da qual se afirmou a adequação da proteção de dados prevista no PIPEDA ao padrão previsto pela Diretiva 95/46/CE:[304]

> COMMISSION DECISION (2002/2/EC) of 20 December 2001pursuant to Directive 95/46/EC of the European Parliament and of the Council on the adequate protection of personal data provided by the Canadian Personal Information Protection and Electronic Documents Act (notified under document number C (2001) 4539)
> Article 1
> For the purposes of Article 25(2) of Directive 95/46/EC, Canada is considered as providing an adequate level of protection for personal data transferred from the

---

[303] PIPEDA Sch.1, Principle 4.3.1; Quebec Act ss.13, 18; Alta PIPA subs.8(4); BC PIPA subs.8(4).

[304] Publicada no Diário Oficial da União Europeia (*Official Journal of the European Communities*) de 04 de janeiro de 2002. Disponível em: < http://eur-lex.europa.eu/legal-content/EN/TXT/PDF/?uri=CELEX:32002D0002&from=FR>, acessado em 20 de outubro de 2015.

*Community to recipients' subject to the Personal Information Protection and Electronic Documents Act ('the Canadian Act').*

A PIPEDA manteve-se adequada aos padrões do *General Data Protection Regulation*, da UE. É importante destacar que a demora em ser aprovada a lei canadense de proteção de dados foi decorrência da prevalência da autorregulação no setor privado. A ideia de se estabelecer um padrão de proteção à privacidade e aos dados pessoais por meio de legislação específica não era bem vista pelas empresas, porque, na economia informacional, poderia criar grandes entraves ao mercado. Por isso, a maior parte das empresas canadenses sustentavam fortemente o discurso pela autorregulação pelo setor privado, inclusive para não enfraquecer os negócios entre Canadá e Estados Unidos. Esse discurso era tão forte que até o *Privacy Commissioner* do Canadá, na época, mantinha um discurso em prol de padrões definidos pela autorregulação para a proteção de dados pessoais no setor privado.[305]

## 3.3 O Modelo Estadunidense de Proteção de Dados Pessoais e o EU-US *Privacy Shield*

Como ressaltado *supra*, o modelo dos Estados Unidos de proteção de dados privilegia o sistema de autorregulação, pelo setor privado. E, por isso, não há lei específica no país para a proteção de dados pessoais, seja no âmbito federal ou estadual, a matéria é disciplinada em algumas leis setoriais. Trata-se, portanto, de um modelo distinto daquele adotado na Europa e no Canadá, no qual se observa uma lei geral de proteção de dados para o setor privado, seja qual for sua atividade, com termos genéricos, conceitos jurídicos indeterminados e cláusulas gerais.

Por outro lado, os Estados preferem regular o tema setorialmente, ou seja, adotar lei específica, tendo em vista a atividade desenvolvida pela empresa. Por exemplo, sobre dados sanitários, tem-se a lei denominada *Health Insurance Portability and Accountability Act* de 1996 (HIPAA); sobre ensino, a lei denominada *Family Educational Rights and Privacy Act* de 1974 (FERPA), *Children´s Online privacy Protection Act* (COPA), 15 U.S.C. §6501-6506, dentre outras.[306]

---

[305] LAWSON, Philippa. *Op. cit.*, p. 147.
[306] SCHWARTZ, Paul M. *Op. cit.*, p. 1975.

## ALGUNS SISTEMAS ESTRANGEIROS RELEVANTES DE PROTEÇÃO DOS DADOS PESSOAIS

Os Estados Unidos preocuparam-se em proteger a privacidade e vida privada por meio da denominada *"The Privacy Act of 1974"*, também incorporada no *"United States Code"* (5 U.S.C. § 552a), que não se trata, porém, de uma legislação específica sobre proteção de dados pessoais.

No entanto, a Diretiva 95/46/CE da União Europeia, em seu art. 25[307], determinava que o fluxo transfronteiriço de informações para países fora da União Europeia estaria condicionado à garantia de que o país destinatário das informações detivesse um nível de proteção de dados pessoais igual ou superior ao da UE, de maneira que, preocupados com os efeitos devastadores para a economia dos EUA, no caso de as suas empresas não poderem receber informações sobre cidadãos europeus, em novembro de 1998, o Departamento de Comércio dos Estados

---

[307] CHAPTER IV TRANSFER OF PERSONAL DATA TO THIRD COUNTRIES – Article 25 – Principles
1. Member States shall provide that the transfer to a third country of personal data which are undergoing processing or are intended for processing after transfer may take place only if, without prejudice to compliance with the national provisions adopted pursuant to the other provisions of this Directive, the third country in question ensures an adequate level of protection.
2. The adequacy of the level of protection afforded by a third country shall be assessed in the light of all the circumstances surrounding a data transfer operation or set of data transfer operations; particular consideration shall be given to the nature of the data, the purpose and duration of the proposed processing operation or operations, the country of origin and country of final destination, the rules of law, both general and sectoral, in force in the third country in question and the professional rules and security measures which are complied with in that country.
3. The Member States and the Commission shall inform each other of cases where they consider that a third country does not ensure an adequate level of protection within the meaning of paragraph 2.
4. Where the Commission finds, under the procedure provided for in Article 31(2), that a third country does not ensure an adequate level of protection within the meaning of paragraph 2 of this Article, Member States shall take the measures necessary to prevent any transfer of data of the same type to the third country in question.
5. At the appropriate time, the Commission shall enter into negotiations with a view to remedying the situation resulting from the finding made pursuant to paragraph 4.
6. The Commission may find, in accordance with the procedure referred to in Article 31(2), that a third country ensures an adequate level of protection within the meaning of paragraph 2 of this Article, by reason of its domestic law or of the international commitments it has entered into, particularly upon conclusion of the negotiations referred to in paragraph 5, for the protection of the private lives and basic freedoms and rights of individuals. Member States shall take the measures necessary to comply with the Commission's decision.

Unidos celebrou com a Comissão da União Europeia o denominado *Safe Harbor*.

O acordo *Safe Harbor* impôs alguns princípios às empresas estadunidenses, para que se adequassem às regras do modelo da UE sobre proteção dos dados pessoais (fenômeno identificado como europeização da proteção de dados pessoais). Este acordo pode ser entendido como:[308]

> *An uneasy compromise between the comprehensive legislative approach adopted by European nations and the self-regulatory approach preferred by the US. The Safe Harbor Framework has been the subject of ongoing criticism, including two previous reviews (2002 and 2004). Those reviews expressed serious concerns about the effectiveness of the Safe Harbor as a privacy protection mechanism.*

No entanto, somente em 2000 a Comissão da União Europeia reconheceu a adequação desse modelo de proteção de dados pessoais, por meio da decisão 2000/520/CE (invalidada, porém, em 2015),[309] *in verbis*:

> *Recital 12 shall be added: '(12) Pursuant to Council Decision 1999/468/EC and in particular Article 8 thereof, on 5 July 2000 the European Parliament adopted Resolution A5-0177/2000 on the draft Commission decision on the adequacy of the protection afforded by the 'Safe Harbor Privacy Principles' and related frequently asked questions issued by the United States Department of Commerce (5). The Commission re-examined the draft decision in the light of that resolution and concluded that although the European Parliament expressed the view that certain improvements needed to be made to the 'Safe Harbor Principles' and related FAQs before it could be considered to provide 'adequate protection', it did not establish that the Commission would exceed its powers in adopting the decision'.*

Havia, pelo *Safe Harbor*, uma lista de empresas que estavam em conformidade com tais princípios, para que as empresas europeias tivessem conhecimento e pudessem, eventualmente, transferir dados pessoais de

---

[308] Connolly, Chris. *US Safe Harbor: fact or fiction?* Disponível em: <http://www.galexia.com/public/research/articles/research_articles-pa08.html >, acessado em 03 de novembro de 2015.

[309] Publicada no Diário Oficial da União Europeia (*Official Journal of the European Communities*) de 25 de abril de 2001. Disponível em: < http://eur-lex.europa.eu/legal-content/EN/TXT/PDF/?uri=CELEX:32000D0520R(01)&from=PT>, acessado em 18 de outubro de 2015.

cidadãos da UE, desde que de acordo com os princípios estabelecidos nas Diretivas 95/46/CE e 2002/58/CE.

O problema foi que este sistema não era muito confiável, porque muitas empresas que constavam da lista já não existiam e somente 348 das 1.109 satisfaziam adequadamente os princípios elencados no *Safe Harbor*.[310] O Departamento de Comércio dos EUA emitia um selo atestando que a empresa observava os princípios *Safe Harbor* ("*Safe Harbor Certification Mark*"). Para manter tal certificação, a empresa deveria comprovar anualmente a observância dos princípios do acordo.

O acordo *Safe Harbor* estabelecia 07 (sete) princípios de observância obrigatória para obter tal certificação, quais sejam:
1) Princípio da informação (*notice*), segundo o qual a empresa deveria informar aos indivíduos a finalidade da coleta e uso de suas informações pessoais, bem como informar como entrar em contato com a empresa, caso fosse necessário;
2) Princípio da escolha/consentimento (*choice*), isto é, as empresas deveriam dar a oportunidade de escolha aos indivíduos (*opt out*), no caso de consentirem ou não que suas informações fossem compartilhadas com terceiros; para tanto, os indivíduos deveriam ter disponíveis mecanismos claros, adequados e acessíveis, para que pudessem realizar a escolha conscientemente; sendo que, para o tratamento de dados sensíveis, o titular deve manifestar seu consentimento de maneira expressa (*opt in*);
3) Princípio da transferência de dados a terceiros (*Onward Transfer*), segundo o qual, para compartilhar as informações pessoais com terceiros, deveria se observar os dois primeiros princípios (*notice and choice principles*);
4) Princípio da segurança (*security*), pelo qual as empresas deveriam adotar todas as medidas necessárias para evitar o acesso não autorizado, a perda, o mau uso, a publicação, alteração ou destruição dos dados pessoais;
5) Princípio da integridade dos dados (*data integrity*), segundo o qual o dado pessoal deveria ser relevante e adequado à finalidade do tratamento dos dados pessoais;

---

[310] CONNOLLY, Chris. *Op. cit.*, p. 04.

6) Princípio do acesso (*access*), isto é, os indivíduos deveriam ter acesso às suas informações pessoais mantidas pelas empresas, podendo corrigi-las, acrescentar e apagar as informações inadequadas;
7) Princípio da vigência obrigatória (*enforcement*), por meio do qual as empresas deveriam incluir mecanismos adequados para cumprir eficazmente o modelo regulatório de proteção de dados e da privacidade.

Muito embora esse acordo não estabelecesse competências para órgãos da administração pública dos EUA, a fiscalização dessa lei foi instituída por dois organismos, quais sejam: *Federal trade Commission (FTC)* e *Transport Department,* a depender da atividade da empresa, o que será tratado no capítulo 6.[311]

A doutrina[312] já havia observado a fragilidade desse acordo no que diz respeito aos padrões da UE de proteção de dados, de maneira que, em 06 de outubro de 2015, o Tribunal de Justiça da União Europeia considerou inválida a decisão 2000/520/CE da Comissão Europeia, de 26 de julho de 2000, que determinava a possibilidade de transferência de dados para os Estados Unidos, desde que fossem observados os princípios do acordo *Safe Harbor*.[313]

---

[311] "Government Enforcement – Depending on the industry sector, the Federal Trade Commission, comparable U.S. government agencies, and/or the states may provide overarching government enforcement of the Safe Harbor Privacy Principles. Where an organization relies in whole or in part on self-regulation in complying with the Safe Harbor Privacy Principles, its failure to comply with such self-regulation must be actionable under federal or state law prohibiting unfair and deceptive acts or it is not eligible to join the safe harbor. At present, U.S. organizations that are subject to the jurisdiction of either the Federal Trade Commission or the Department of Transportation with respect to air carriers and ticket agents may participate in the U.S.-EU Safe Harbor program. The Federal Trade Commission and the Department of Transportation have both stated in letters to the European Commission that they will take enforcement action against organizations that state that they are in compliance with the U.S.-EU Safe Harbor Framework, but then fail to live up to their statements." Disponível em: <http://www.export.gov/safeharbor/eu/eg_main_018476.asp>, acessado em 20 de outubro de 2015.

[312] Schwartz, Paul M. *op. cit.*, p. 2008.

[313] Publicada no Diário Oficial da União Europeia (*Official Journal of the European Communities*) de 25 de abril de 2001. Disponível em: < http://eur-lex.europa.eu/legal-content/EN/TXT/PDF/?uri=CELEX:32000D0520R(01)&from=PT>, acessado em 24 de janeiro de 2020.

A preocupação com as atividades do governo dos EUA foi um mote para a implementação de medidas de segurança adotadas pela União Europeia para a proteção dos dados pessoas de titulares da UE, quando da realização, enfim, do novo acordo de cooperação *EU-US Privacy Shield*.

Neste, está presente o *Privacy Shield Ombudsperson*, que garante que as reclamações feitas por titulares de dados pessoais residentes na União Europeia às autoridades de garantia competentes sejam investigadas nos EUA e recebam notificações, por meio das autoridades de garantia da UE, sobre o cumprimento ou violação das autoridades dos EUA das leis quanto ao acesso aos seus dados pessoais, justificados para os fins de segurança nacional, além da garantia de que tenham sido os casos remediados.

No entanto, o mecanismo não realiza a confirmação de que tenha sido o titular dos dados alvo de vigilância, pelas agências de inteligência dos EUA, bem como não faz a divulgação do tipo de medida adotada para remediar um caso, apenas indicando se houve o cumprimento ou a violação da finalidade de utilização dos dados pessoais (a segurança nacional).

Na decisão da Comissão Europeia de 12 de julho de 2016, foi reconhecido a adequação do sistema *EU-US Privacy Shield*:[314]

> *The Commission has carefully analyzed U.S. law and practice, including these official representations and commitments. Based on the findings developed in recitals 136-140, the Commission concludes that the United States ensures an adequate level of protection for personal data transferred under the EU-U.S. Privacy Shield from the Union to self-certified organizations in the United States.*

O *EU-US Privacy Shield* reafirmou os princípios do Safe Harbor, procurando estabelecer mecanismos para sua concretude. Assim, os atuais princípios são:

---

[314] UNIÃO EUROPEIA. COMMISSION IMPLEMENTING DECISION (EU) 2016/1250 of 12 July 2016 pursuant to Directive 95/46/EC of the European Parliament and of the Council on the adequacy of the protection provided by the EU-U.S. Privacy Shield (notified under document C(2016) 4176). Disponível em: < https://eur-lex.europa.eu/legal-content/EN/TXT/HTML/?uri=CELEX:32016D1250&from=EN>, acessado em 24 de janeiro de 2020.

1) Princípio da Informação (*Notice Principle*), em virtude deste princípio as empresas são obrigadas a informarem os titulares de dados sobre o tipo do tratamento, sua finalidade, o direito de acesso e direito de escolha em consentir ou não (*opt out*), sobre as condições para o compartilhamento dos dados pessoais com terceiros e sobre a responsabilidade dos agentes de tratamento.
2) Princípio da Integridade dos Dados e da Necessidade (*Data Integrity and Purpose Limitation Principle*), ou seja, os agentes de tratamento somente podem realizar o tratamento dos dados relevantes aos propósitos informados e consentidos pelos titulares dos dados, além de garantirem a integridade destas informações.
3) Princípio da Escolha em Consentir ou Autodeterminação (*Choice Principle*) segundo o qual os titulares devem ter a oportunidade de retirar seu consentimento a qualquer tempo, garantido o direito à oposição ao tratamento dos dados (*opt out*), destacando a observância deste princípio no *marketing direto*, além de outras circunstâncias, a ênfase deve-se ao fato dos constantes abusos praticados em virtude de tratamento de dados ilegítimo; exceção feita aos dados sensíveis, cujo tratamento deve ser precedido de consentimento expresso (*opt in*).
4) Princípio da Segurança (*Security Principle*) segundo o qual os agentes de tratamento devem assegurar medidas razoáveis e adequadas à segurança dos dados pessoais;
5) Princípio do Acesso (*Access Principle*), que garante aos titulares não só o direito de acesso às suas informações pessoais, mas também, de poder alterá-las, corrigi-las e exclui-las quando for o caso. A Comissão Europeia demonstrou muita cautela ao se referir a este princípio, pois as empresas de crédito norte-americanas tendem a não observar este princípio principalmente ao rejeitar crédito sem a devida justificativa. Além disso, as decisões automatizadas, inclusive referentes aos perfis online (*online profiling*) devem ser objeto de revisão pelos titulares se assim o quiserem. Portanto, a Comissão Europeia entendeu necessário um monitoramento destes aspectos nas revisões anuais da decisão para verificar se, realmente, o *EU-US Privacy Shield* atende ao padrão europeu de proteção de dados pessoais.

6) Princípio dos Recursos, Eficiência e Responsabilidade (*Recourse, Enforcement and Liability Principle*), pelo qual se exige das empresas a comprovação que estão adequadas ao *EU-US Privacy Shield*, sob pena de serem responsabilizadas civil e/ou administrativamente.
7) Princípio da *Accountability for Onward Transfer Principle*, que limita o compartilhamento de dados pessoais por empresas norte-americanas que somente poderá ser feito quando o titular dos dados tiver consentido e desde que o destinatário destes dados comprove que está adequado aos mesmos princípios e regras estabelecidos no *EU-US Privacy Shield*.

Importante notar que as decisões da Comissão Europeia não são definitivas, elas podem ser revistas a qualquer tempo a fim de se verificar realmente se o país externo à União Europeia está de acordo com o padrão europeu em proteção de dados.

### 3.4 O Sistema Argentino de Proteção de Dados Pessoais

O modelo da UE de proteção de dados pessoais influenciou, também na América Latina, a lei argentina de proteção de dados, denominada *"Ley de Proteccion de los Datos Personales"* (Lei n. 25.326, de 04 de outubro de 2000). A Argentina foi o país pioneiro na América Latina a adotar uma legislação sobre proteção de dados e a criar um órgão responsável pelo controle e pela fiscalização do cumprimento da lei, a denominada *"Dirección Nacional de Protección de Datos Personales"* (DNPDP). Depois da iniciativa argentina, outros países da América Latina deram tratamento legislativo ao tema: Uruguai, por meio da *Ley nº 18.3312*, de 11 de agosto de 2008, conhecida como *"Ley sobre Protección de Datos Personales y Acción de Habeas Data* e cria a *Unidad Reguladora y de Control de Datos Personales"* (URCDP); Colômbia, pela *Ley nº 1581 de 2012*, a denominada *"Ley Estatutaria de Protección de Datos Personales"* (LEPD), que entrou em vigor a partir de 18 de abril de 2013, estabelecendo que o *"Ministerio de Justicia y Derechos Humanos"*, por meio da *"Dirección General de Protección de Datos Personales"* é a Autoridade Nacional colombiana de Proteção de Dados Pessoais.

Note-se que existe um *gap* considerável entre os níveis de proteção estabelecidos nos modelos da UE e canadense e aquele promovido pela legislação na América Latina, sendo um fator prejudicial para o fortalecimento econômico do MERCOSUL e dos demais países latinos.

Ricardo Lorenzetti[315], ao comentar sobre a proteção de dados pessoais, mencionou que o tema foi amplamente discutido nas IX Jornadas Nacionais de Direito Civil, na Argentina, em que se decidiu:

> Regulamentar o uso da informática para evitar agressões à vida privada, contemplando os seguintes aspectos: a) direito do sujeito verificar a extensão e o conteúdo dos dados obtidos; b) direito de exigir e obter a correção e atualização de dados; c) limitação do direito de acesso à informação nos casos em que o acesso é amparado por um direito legítimo; e d) utilização dos dados para a finalidade pela qual foram fornecidos.

Nesse sistema, considera-se dado pessoal (art. 2º) qualquer tipo de informação que se refira a uma pessoa física ou de existência ideal, sejam elas determinadas ou determináveis, sendo considerado identificável todo aquele que possa ser identificado, direta ou indiretamente, nomeadamente por referência a um número de identificação ou a um ou mais elementos específicos da sua identidade física, fisiológica, psíquica, econômica, cultural ou social.

A Argentina também estabelece o princípio do consentimento ou da autodeterminação informacional[316] e o princípio da finalidade para o tratamento dos dados, no art. 4º, item 1 da Lei n. 25.326: "*Los datos personales que se recojan a los efectos de su tratamiento deben ser ciertos, adecuados, pertinentes y no excesivos en relación al ámbito y finalidad para los que se hubieren obtenido.*"

Ademais, proíbe-se, no art. 12, o envio dos dados de argentinos a países que não têm um sistema de proteção de dados equivalente, semelhantemente ao art. 25 da Diretiva 95/46/CE, bem como no Capítulo V (arts. 44 a 50) do GDPR. Esta restrição representava uma barreira para

---

[315] *Op. cit.*, pp. 88-89.

[316] Artigo 5º: "El tratamiento de datos personales es ilícito cuando el titular no hubiere prestado su consentimiento libre, expreso e informado, el que deberá constar por escrito, o por otro medio que permita se le equipare, de acuerdo a las circunstancias. El referido consentimiento prestado con otras declaraciones, deberá figurar en forma expresa y destacada, previa notificación al requerido de datos, de la información descrita en el artículo 6º de la presente ley".

o fortalecimento do MERCOSUL, pois o Brasil ainda não tinha, antes da LGPD, uma lei adequada sobre o tema.

Por fim, o art. 29 da Lei argentina de proteção de dados previu a criação de uma entidade independente, estabelecendo as missões deste órgão, *in verbis*:

> *Artigo 29: 1. El órgano de control deberá realizar todas las acciones necesarias para el cumplimiento de los objetivos y demás disposiciones de la presente ley. A tales efectos tendrá las siguientes funciones y atribuciones: a) Asistir y asesorar a las personas que lo requieran acerca de los alcances de la presente y de los medios legales de que disponen para la defensa de los derechos que ésta garantiza; b) Dictar las normas y reglamentaciones que se deben observar en el desarrollo de las actividades comprendidas por esta ley; c) Realizar un censo de archivos, registros o bancos de datos alcanzados por la ley y mantener el registro permanente de los mismos; d) Controlar la observancia de las normas sobre integridad y seguridad de datos por parte de los archivos, registros o bancos de datos. A tal efecto podrá solicitar autorización judicial para acceder a locales, equipos, o programas de tratamiento de datos a fin de verificar infracciones al cumplimiento de la presente ley; e) Solicitar información a las entidades públicas y privadas, las que deberán proporcionar los antecedentes, documentos, programas u otros elementos relativos al tratamiento de los datos personales que se le requieran. En estos casos, la autoridad deberá garantizar la seguridad y confidencialidad de la información y elementos suministrados; f) Imponer las sanciones administrativas que en su caso correspondan por violación a las normas de la presente ley y de las reglamentaciones que se dicten en su consecuencia; g) Constituirse en querellante en las acciones penales que se promovieran por violaciones a la presente ley; h) Controlar el cumplimiento de los requisitos y garantías que deben reunir los archivos o bancos de datos privados destinados a suministrar informes, para obtener la correspondiente inscripción en el Registro creado por esta ley.*

Por essa breve análise de algumas legislações estrangeiras sobre proteção de dados, conclui-se que existe uma forte influência do modelo da UE que, por sua vez, foi inspirado pelas *Guidelines* da OCDE, ou seja, o fenômeno da europeização da proteção de dados pessoais. Outro ponto em comum é a preocupação com a circulação transfronteiriça de dados pessoais, em virtude dos avanços dos meios de comunicação e da globalização, razão pela qual era, em verdade, imprescindível uma legislação sobre o tema, no Brasil, que assegurasse um adequado nível de proteção dos dados pessoais, para não excluir as empresas nacionais do mercado internacional.

Por fim, urge destacar o relevante papel da entidade independente nos países que adotaram leis sobre proteção de dados, o que será destacado em toda a obra, principalmente nos capítulos 5 e 6.

## Capítulo 4
# A Proteção de Dados Pessoais no Direito Italiano e sua Influência no Sistema Brasileiro de Proteção de Dados Pessoais

> *Quando la relazione tra i poteri pubblici e privati e le persone viene basata su di un ininterrotto "data mining", sulla raccolta senza limiti di qualsiasi informazione che le riguardi, e affidata poi all'algoritmo, le persone sono trasformate in astrazioni, la costruzione della loro identità viene sottratta alla loro consapevolezza, il loro futuro affidato al determinismo tecnologico.*
>
> Stefano Rodotà[317]

Na Itália, a proteção dos dados pessoais foi inaugurada pela Lei n. 675 de 31 de dezembro de 1996, um ano após a Diretiva 95/46/CE, que determinou o prazo de três anos para que os Estados membros da UE transpusessem a Diretiva aos respectivos direitos internos[318]. A Lei italiana n. 675 foi, portanto, consequência da obrigatoriedade de transpor para o direito interno italiano a normativa do direito comunitário euro-

---

[317] RODOTÀ, Stefano. *Il diritto di avere diritti*. Bari: Laterza, 2012. p. 404.
[318] MAGLIO, Marco; POLINI, Miriam; TILLI, Nicola. *Manuale di Diritto ala Protezione dei Dati Personali*. 2. ed. Santarcangelo di Romagna: Maggioli, 2019. p. 38-39.

peu. No art. 1º da *Legge sulla Privacy*, foi consagrada a proteção dos dados pessoais como um direito fundamental, que decorre da proteção à *riservatezza* e da autodeterminação do indivíduo.[319]

Esta lei representou uma reestruturação do *diritto alla riservatezza* como destacado pelo ex-presidente da Autoridade Garante italiana, Stefano Rodotà, por ocasião de sua posse em 2004.[320] Um fator positivo é ter dado uma forma a este direito ao regrar o tratamento dos dados pessoais.

No entanto, não se pode confundir proteção de dados pessoais e tutela da vida privada, isso porque, os objetos jurídicos tutelados são distintos conforme destacado no capítulo 2. Na primeira, tutela-se, em verdade, a pessoa na medida em que limita o tratamento das informações que lhe digam respeito viabilizando o controle de dados pessoais pelo titular ("autodeterminação informacional"). Na segunda, também se tutela a pessoa, porém de interferências ilícitas à sua vida privada e intimidade, por isso, a tutela é predominantemente negativa.

Com destaque que o direito à vida privada está em voga desde a década de 1970, na decisão da Corte de Cassação de 27 de maio de 1975 descrita por Sabina Kirschen[321]:

> *deve ritenersi esistente nel nostro ordinamento un generale diritto della persona alla riservatezza, inteso alla tutela di quelle situazioni e vicende strettamente personali e familiari le quali, anche se verificarsi fuori dal domicilio domestico, non hanno per i terzi un interesse socialmente apprezzabile, contro le esigenze che, sia pure compiute con mezzi leciti, per scopi non esclusivamente speculativi e senza offesa per l'onore, la reputazione o il decoro, non siano giustificate da interessi pubblici preminenti. (Cass. 27 maggio 1975 n. 2.129, G I 1976, I 1,970)*

---

[319] Art. 1. Finalità e definizioni
1. La presente legge garantisce che il trattamento dei dati personali si svolga nel rispetto dei diritti, delle libertà fondamentali, nonché della dignità delle persone fisiche, con particolare riferimento alla riservatezza e all'identità personale; garantisce altresì i diritti delle persone giuridiche e di ogni altro ente o associazione.

[320] RODOTÀ, Stefano. *Discorso del Presidente Stefano Rodotà – Relazione 2004*. Disponível em: <http://www.garanteprivacy.it/web/guest/home/docweb/-/docweb-display/export/1093776>, acessado em 20 de janeiro de 2014.

[321] Il Codice della Privacy fra Tradizione ed Innovazione. *In: Libera Circolazione e protezione dei dati personali*. A cura di Rocco Panetta. Tomo I. Milano: Giuffrè, 206. p. 03-97. p. 06.

Assegurado o direito à liberdade de expressão pela Constituição Italiana (arts. 21 e 33) e o direito à vida privada e à identidade pessoal como um direito fundamental (art. 2º da Constituição Federal italiana)[322], esse último decorre do direito à inviolabilidade da personalidade humana, o que foi amplamente reafirmado pelos tribunais italianos.

Stefano Rodotà[323] destaca que a ideia de *privacy* é uma metamorfose, em constante evolução: 1ª fase – do direito *to be let alone* ao controle das próprias informações; 2ª fase – do *diritto alla riservatezza* à autodeterminação informativa; 3ª fase – da *privacy* à não-discriminação; e 4ª fase – do segredo ao controle.

Portanto, a Lei n. 675/96 contribuiu para a construção dessa 1ª fase da metamorfose da *privacy*, na medida em que o seu art. 1º já colocava em destaque a identidade pessoal resultado desse controle feito pelo sujeito das informações. Inclusive, a doutrina[324] mencionava que a violação dos deveres de informação com relação aos dados pessoais estabelecidos na *Legge sulla Privacy* seria uma espécie de responsabilidade civil pré-contratual (quando a coleta da informação ocorrer antes de concluído um contrato, por exemplo).

Em suma, essa lei representou uma tutela efetiva à proteção dos dados pessoais como determinado na Diretiva 95/46/CE. Porém, o sistema italiano de proteção de dados foi substituído, quase sete anos depois, por um microssistema a partir do Decreto Legislativo n. 196, de 30 de junho de 2003, denominado *Codice in Materia di Protezione dei Dati Personali* ou *Codice della Privacy*, publicado em 29 de julho de 2003 e em vigor desde 1º de janeiro de 2004, composto por 186 artigos.

Essa nova lei sobre proteção de dados contou com a participação da *Autorità Garante per la Protezione dei Dati Personali*, que colaborou de maneira propositiva tendo em vista os seis anos de existência, pois fora criada em 1996 pela Lei n. 675.[325]

---

[322] Art. 2 La Repubblica riconosce e garantisce i diritti inviolabili dell'uomo, sia come singolo sia nelle formazioni sociali ove si svolge la sua personalità, e richiede l'adempimento dei doveri inderogabili di solidarietà politica, economica e sociale.

[323] La costruzione della sfera privata. In: *Repertorio di fine secolo*. Bari: Laterza, 1999. pp. 209.

[324] BILOTTA, Francesco. Consenso e condizioni generali di contratto. In: *Il trattamento dei dati personali*. Vol. II. A cura di Vincenzo Cuffaro e Vincenzo Ricciuto. Giappichelli: Torino, 1999. pp. 87-109. p. 107-108.

[325] RODOTÀ, Stefano. Tra diritti fondamentali ed elasticità della normativa..., *op. cit.*, p. 02.

Esse decreto revogou a *Legge sulla Privacy*, Lei n. 675/96, porque incorporou os dispositivos dessa lei e os da Diretiva 2002/58/EC, criando um verdadeiro microssistema legislativo no Direito Italiano sobre a proteção dos dados pessoais, a identidade pessoal e a privacidade.

Stefano Rodotà[326] critica o termo *"Codice della Privacy"*, isso porque, tradicionalmente, a ideia de um Código é que seja autossuficiente e que concentre todas as regras e princípios sobre o tema que pretende regular. Entretanto, o jurista adverte que a proteção dos dados pessoais, a autodeterminação informacional, a identidade pessoal e a privacidade são direitos cuja disciplina não pode se esgotar em um Código. Além desse corpo normativo, destacam-se as regras deontológicas e de boa conduta de competência da entidade independente para a proteção dos dados pessoais, às quais se dedicará o próximo capítulo.

Entretanto, a Diretiva 95/46/CE foi revogada pelo Regulamento da UE 679 de 2016 (RGPD) relativo à proteção das pessoas singulares no que diz respeito ao tratamento de dados pessoais, bem como à livre circulação desses dados, que entrou em vigor em 24 de maio de 2016 e diretamente aplicável nos Estados-Membros a partir de 25 de maio de 2018. Com o Tratado de Lisboa, a proteção de dados pessoais tornou-se um direito fundamental dos cidadãos e, justamente por isso, não se poderia admitir diferenças na transposição da diretiva pelos vários países da União Europeia nesta matéria. Consequentemente, o instrumento legislativo adequado seria um regulamento.[327]

Assim, o GDPR foi necessário tanto para a atualização da disciplina de proteção de dados tendo em vista as diversas mudanças sociais, econômicas e tecnológicas advindas desde 1995 (época da Diretiva 95/46/CE). Aproximadamente 25 anos atrás não se falava em "desindexação", *online profiling*, e outros tantos temas que passaram a ser debatidos após os avanços da Tecnologia da Informação e Comunicação (TIC).

---

[326] Persona, riservatezza, identità..., *op. cit.*, p. 583. p. 583. Em outro artigo, o jurista explica: "'Codice' è parola storicamente forte e, per questa sua capacità evocativa, assai appetita per designare questa o quella impresa di regolazione giuridica." (Rodotà, Stefano. Tra diritti fondamentali ed elasticità della normativa..., *op. cit.*, p. 01.

[327] MAGLIO, Marco; *et alli.*, *op. cit.*, p. 40.

Portanto, com a entrada em vigor do GDPR, os Estados-Membros da União Europeia tiveram de revogar e/ou adaptar todas as normas nacionais que violavam o Regulamento sobre proteção de dados pessoais, a Itália inclusive. A doutrina italiana[328] ressalta que esse percurso foi longo e tortuoso, concluído com o Decreto Legislativo n. 101, de 10 de agosto de 2018. Em um primeiro momento pensou-se em revogar totalmente o *Codice della Privacy*, todavia, posteriormente, concluiu ser mais apropriada sua adaptação ao GDPR. Muito embora o *Codice della Privacy* tenha sido formalmente mantido na legislação italiana, o fato é que grande parte de seus artigos foram revogados pelo Decreto Legislativo n. 101. No entanto, esta obra ainda se refere ao *Codice della Privacy* como histórico e elemento fundamental para o desenvolvimento da doutrina sobre proteção de dados pessoais que, claramente, influenciou a doutrina brasileira na matéria.

Comporta destacar, uma vez mais, que tanto a proteção dos dados pessoais quanto a garantia à privacidade são tutelados não só como direitos fundamentais[329], mas também como fundamento para a própria dignidade do interessado, como destacava o art. 2º do *Codice della privacy*, revogado pelo Decreto Legislativo 101/2018:

> *1. Il presente testo unico, di seguito denominato "codice", garantisce che il trattamento dei dati personali si svolga nel rispetto dei diritti e delle libertà fondamentali, nonché della dignità dell'interessato, con particolare riferimento alla riservatezza, all'identità personale e al diritto alla protezione dei dati personali.*
> *2. Il trattamento dei dati personali è disciplinato assicurando un elevato livello di tutela dei diritti e delle libertà di cui al comma 1 nel rispetto dei principi di semplificazione, armonizzazione ed efficacia delle modalità previste per il loro esercizio da parte degli interessati, nonché per l'adempimento degli obblighi da parte dei titolari del trattamento.* (grifo nosso)
> [hoje a redação do art. 2º]: *Art. 2. Finalità*
> *1. Il presente codice reca disposizioni per l'adeguamento dell'ordinamento nazionale alle disposizioni del regolamento.*

---

[328] *Idem*, p. 41.
[329] A Convenção de Strasbourg (1985) estabelece a proteção das pessoas em relação ao processamento automático de dados pessoais como um direito fundamental. Neste sentido: RODOTÀ, Stefano. Persona, riservatezza, identità..., *op. cit.*, p. 590.

Neste sentido, a doutrina afirma a relevância e *status* constitucional[330] desta lei, argumentando existir a *"constituzionalizzazione della tutela dei dati personali"*.[331]

Muito embora tais direitos sejam tutelados como direitos fundamentais, ou seja, um direito absoluto porque é oponível *erga omnes*. A tutela dos dados pessoais, da identidade pessoal e a tutela da privacidade não são absolutas porque comportam exceções, isto é, essas tutelas são relativizadas por motivo de segurança nacional e investigação criminal nos termos da lei (princípio da reserva legal). Por vezes, tais direitos conflitam com outros direitos fundamentais, como a liberdade de expressão e, nessa hipótese, o princípio da ponderação norteará a decisão no caso concreto.

Tendo em vista a produção normativa e doutrinária italiana sobre proteção dos dados pessoais, muito embora não tenha sido a pioneira no tema; representa, sem dúvida, um grande avanço na disciplina jurídica e abordagem doutrinária. A evolução da matéria está muito relacionada com a pricipiologia estabelecida no *Codice*, hoje substituído pelos princípios do GDPR.[332] Por isso, a opção por estudar o ordenamento jurídico italiano sobre o tema.

Além disso, uma lei principiológica que utiliza cláusulas gerais mantém-se facilmente atualizada no contexto das novas tecnologias que evoluem constantemente.[333] Mas, para evitar o risco de se discutir sobre a eficácia de uma norma principiológica, a legislação italiana incorporou

---

[330] RODOTÀ, Stefano. Persona, riservatezza, identità..., *op. cit.*, p. 592: "Cose ha voluto l'art. 1 della legge n. 675, disegnando un quadro assai ampio con il suo parlar di diritti, libertà fondamentali e dignità della persona. Si ribadisce in questo modo la fondazione costituzionale della protezione dei dati personali."

[331] RODOTÀ, Stefano. Tra diritti fondamentali ed elasticità della normativa..., *op. cit.*, p. 03: o autor estabelece que o controle das próprias informações tendo em vista a dignidade da pessoa humana, favorece o que chama de *"costituzionalizzazione della persona"*; IMPERIALI, Ricardo; IMPERIALI, Rosario. *I commentati Codice della privacy*. Milano: Sole 24 Ore, 2004. p. 22.

[332] ITALIA, Vitorio (coord.) *Codice della Privacy*: le nuove leggi amministrative. Tomo I. Milano: Giuffrè, 2004. p. 11: "L'interprete dovrà quindi considerare la coerenza interna, l'equilibrio delle varie parti, nonché l'influenza Che Le disposizioni e Le norme hanno, rispettivamente, Nei confronti delle altre disposizioni e delle altre norme."

[333] DONEDA, Danilo. Um Código de Proteção de Dados Pessoais na Itália. Disponível em: <http://www.egov.ufsc.br/portal/sites/default/files/anexos/29727-29743-1-PB.pdf>, acessado em 14 de abril de 2014. [documento em meio eletrônico sem paginação].

a coercibilidade ditada pela antiga Diretiva europeia, ou seja, conferindo eficácia concreta às normas principiológicas de proteção dos dados pessoais.

Em suma, é de extrema importância a técnica legislativa a ser adotada na legislação de proteção de dados pessoais, como aconselha Stefano Rodotà[334], para evitar o que ele chama de "regras do pôr do sol" (*"sunset rules"* ou *"tramonto"*), entendida como aquelas regras que nascem já com um curto prazo de validade, pois alterando a sociedade elas perderiam a razão de ser:

> *In ogni caso, assume particolare rilevanza il tipo di tecnica legislativa adoperato, che deve tener conto delle caratteristiche della materia da regolare, caratterizzata da una forte dinamica e da una continua tendenza al mutamento. Si è già detto che la legislazione dovrebbe prendere le mosse da clausole generali, adattabili a situazioni nuove attraverso l'attività interpretativa dei giudici o le prescrizioni regolamentari di una autorità.*

A legislação italiana sobre proteção dos dados pessoais sempre esteve fundada, acima de tudo, no princípio da dignidade da pessoa humana,[335] e em outros princípios, que serão analisados *infra*: – o princípio da necessidade do tratamento dos dados; – o princípio da finalidade; – o princípio da pertinência; – o princípio da proporcionalidade; – o princípio da harmonização; – o princípio da simplificação; – e o princípio do consentimento do interessado, que tem o direito de anuir ou recusar o tratamento de seus dados. O consentimento pode ser retirado a qualquer momento, pois, como se afirmou, é um direito fundamental e, portanto, imprescritível, irrenunciável, impenhorável e inalienável.

Quanto ao princípio do consentimento, paira um mito sobre o tema que leva à ingênua crença de que tal requisito solucionaria o tratamento ilícito de dados pessoais. No entanto, a disparidade entre poderes econômicos na sociedade e economia informacionais, coloca em xeque o mito do consentimento.[336] Assim, é essencial a presença de uma entidade independente para a garantia da parte mais fraca nessas relações jurídicas evitando "escolhas pouco esclarecidas pelos indivíduos".

---

[334] *Privacy e costruzione della sfera privata...*, *op. cit.*, pp. 543-544.
[335] RODOTÀ, Stefano. *Persona, riservatezza,* ... *op. cit.*, p. 584.
[336] RODOTÀ, Stefano. *Persona, riservatezza, identità...*, *op. cit.*, p. 600.

Além desses princípios, entre os direitos do interessado, garante-se o direito de acesso a suas informações pessoais, e o direito de corrigi--las, apaga-las ou bloqueá-las, desde que não interfira no direito à informação (notadamente quanto aos fatos históricos) e direito à liberdade de expressão (art. 101 do *Codice*, mantido com algumas mudanças após o Dec. Legislativo 101/2018).

O *Codice della Privacy* manteve a Autoridade Garante, que já tinha sido criada pela Lei n. 675/96, em atenção ao que determinou a Dir. 95/46/EC. A redação atual do *Codice* deixa expresso que o órgão mencionado no art. 51 do GDPR é a *Autorità Garante della Privacy* (art. 2-bis), caracterizada nos artigos 153 a 160-bis do "Código Italiano em Matéria de Proteção de Dados". A lei italiana deixa claro que cabe à Autoridade Garante fiscalizar o cumprimento das normas de proteção dos dados pessoais, bem como solucionar eventuais litígios extrajudicialmente nos termos do art. 154 do *Codice*.

O *Codice della Privacy* representa um grande avanço na tutela da pessoa, protegendo seus dados porque aproxima essa tutela a um direito fundamental. Por isso, Danilo Doneda[337] afirma que esse é um modelo que pode fornecer um:

> [...] interessantíssimo ensino sobre a utilização de formas de regulação que costumam ser usadas para matérias cujos vínculos com o mercado são em geral mais fortes, se não quase exclusivos. Neste sentido, é possível que o Código italiano sirva como parâmetro do caminho a ser seguido no âmbito do próprio modelo europeu de proteção de dados, visto que o legislador nele favoreceu alguns aspectos da disciplina que não atraíram tanto a atenção de todos os outros legisladores europeus.

Tal observação é muito pertinente, com a qual concordamos na íntegra, tendo em vista a pesquisa pós-doutoral do modelo de proteção de dados no ordenamento jurídico italiano. Essa experiência revelou-se extremamente produtiva na medida em que se pode aprofundar conceitos e ideias para um modelo brasileiro de proteção de dados pessoais.

---

[337] Um Código de Proteção de Dados Pessoais na Itália. Disponível em: <http://www.egov.ufsc.br/portal/sites/default/files/anexos/29727-29743-1-PB.pdf>, acessado em 14 de abril de 2014. [documento sem paginação].

Em uma obra que analisa os sete anos de proteção de dados pessoais na Itália[338], faz-se um balanço sobre a proteção dos dados pessoais na legislação italiana e sugestões para o futuro. Nessa oportunidade, destacou-se o atual esforço para regular o *marketing* no contexto das novas tecnologias, em especial os *cookies*. A sugestão é alcançar um ponto de equilíbrio entre a tutela da pessoa mediante a proteção de seus dados e os interesses mercadológicos. Por isso, proibir realmente não seria a melhor saída, mas limitar a utilização dessa tecnologia em favor do *marketing* na medida em que se condiciona a utilização dos *cookies* ao prévio consentimento esclarecido e informado do usuário e segundo a finalidade proposta.

No Brasil, por sua vez, somente em 2018, foi estabelecido um sistema de proteção de dados pessoais na Lei n. 13.709, de 14 de agosto, que entrará em vigor em agosto de 2020, em razão das alterações feitas pela Medida Provisória n. 869 convertida na Lei 18.853, de 8 de julho de 2019. Até a entrada em vigor da Lei Geral de Proteção de Dados Pessoais, a tutela dos dados pessoais dá-se pela: 1ª) Constituição Federal, que estabelece o princípio da dignidade da pessoa humana no art. 1º, inc. III; 2º) pelo Código de Defesa do Consumidor (Lei n. 8.078/1990); 3º) pela Lei de Acesso à Informação (Lei n. 12.527/2011); 4º) pela Lei de Cadastro Positivo (Lei nº 12.414/2011); e 4º) pelo Marco Civil da Internet (Lei n. 12. 965/14), que trouxe algumas regras sobre proteção de dados nos incisos do art. 7º.

A importância do tema é incontestável e requer aprofundamento doutrinário. Na *V Jornada de Direito Civil do Centro de Estudos Judiciários – CJE*, do Conselho da Justiça Federal aprovou-se o Enunciado 404[339] destacando a necessidade de consentimento expresso para o tratamento de dados sensíveis:

> A tutela da privacidade da pessoa humana compreende os controles espacial, contextual e temporal dos próprios dados, sendo necessário seu expresso consentimento para tratamento de informações que versem especialmente

---

[338] PIZZETTI, Francesco (a cura di). *Sette anni di protezione dati in Italia*: un bilancio e uno sguardo sul futuro. Torino: G. Giappichelli Editore, 2012. p. 153.
[339] Disponível em: <http://www.cjf.jus.br/CEJ-Coedi/jornadas-cej/v-jornada-direito-civil/VJornadadireitocivil2012.pdf>, acessado em 15 de outubro de 2015.

o estado de saúde, a condição sexual, a origem racial ou étnica, as convicções religiosas, filosóficas e políticas.

Na justificativa, afirmou-se que a tutela da privacidade engloba "ao menos, três nuances de controle de dados pela pessoa humana, que venham a tocar, sobretudo, as escolhas existenciais (dados/informações sensíveis)." Assim, o primeiro controle é o espacial, isto é, o titular dos dados tem direito a conhecer os locais em que suas informações são coletadas e utilizadas. O segundo controle é o temporal, que significa garantir à pessoa o direito de se opor ao uso de seus dados após o transcurso de certo tempo (art. 43, §1º, do CDC). E o controle contextual implica em conhecer a razão e o contexto em que seus dados são coletados e tratados. Nessa oportunidade, entendeu-se que tais controles somente poderiam ser exercidos por meio da ciência e do consentimento a ser outorgado pelo titular dos dados.

Com a devida vênia, há alguns equívocos nesse enunciado que já foram esclarecidos *supra*. O primeiro é a confusão entre "direito à privacidade" e a "proteção de dados pessoais" que, como visto, não são sinônimos. Por isso, o art. 21 do Código Civil não é suficiente para a proteção adequada dos dados pessoais. O segundo é atribuir ao consentimento o papel central na proteção dos dados pessoais que, como já foi demonstrado, a vulnerabilidade técnica, sócio econômica, jurídica e informática do titular dos dados coloca em xeque a voluntariedade na manifestação do consentimento, porque necessitando dos bens e serviços, o indivíduo não tem outra alternativa a não ser consentir com a coleta, uso e armazenamento de seus dados pessoais.

O CDC, muito embora não seja uma legislação específica sobre proteção de dados, quanto à proteção do consumidor, traz, no art. 43, diversos dispositivos sobre o tema: "*Art. 43. O consumidor, sem prejuízo do disposto no art. 86, terá acesso às informações existentes em cadastros, fichas, registros e dados pessoais e de consumo arquivados sobre ele, bem como sobre as suas respectivas fontes*". Portanto, o *caput* do art. 43 do CDC garante o direito de acesso ao consumidor e deve ser interpretado em consonância com a LGPD.

O artigo consagra, no § 1º, o princípio da especificação dos propósitos na medida em que exige que o responsável pelos cadastros sejam objetivos, claros e verdadeiros, utilizando linguagem de fácil compreensão. Ademais, esse mesmo parágrafo impõe um prazo de validade, estabelecendo que tais cadastros não podem conter informações negativas referentes a período superior a cinco anos.

Garante-se, também, o acesso ao Banco de Dados Movimentação (interpretação extensiva do art. 43, §2º, do CDC): "*§ 2º A abertura de cadastro, ficha, registro e dados pessoais e de consumo deverá ser comunicada por escrito ao consumidor, quando não solicitada por ele*".

Garante-se, também, o direito de corrigir informações incorretas: "*§ 3º O consumidor, sempre que encontrar inexatidão nos seus dados e cadastros, poderá exigir sua imediata correção, devendo o arquivista, no prazo de cinco dias úteis, comunicar a alteração aos eventuais destinatários das informações incorretas*".

Cabendo aos órgãos públicos de defesa do consumidor fiscalizar e controlar o cumprimento destas regras, mantendo "*cadastros atualizados de reclamações fundamentadas contra fornecedores de produtos e serviços, devendo divulgá-lo pública e anualmente. A divulgação indicará se a reclamação foi atendida ou não pelo fornecedor*" (art. 44 do CDC).

Além do CDC, a Lei do Cadastro Positivo (Lei nº 12.414/2011, com as alterações trazidas pela Lei Complementar nº 166, de 2019) prevê alguns direitos ao cadastrado, isto é, o titular dos dados armazenados, a saber:

> Art. 5º São direitos do cadastrado:
> I – obter o cancelamento ou a reabertura do cadastro, quando solicitado;
> II – acessar gratuitamente, independentemente de justificativa, as informações sobre ele existentes no banco de dados, inclusive seu histórico e sua nota ou pontuação de crédito, cabendo ao gestor manter sistemas seguros, por telefone ou por meio eletrônico, de consulta às informações pelo cadastrado;
> III – solicitar a impugnação de qualquer informação sobre ele erroneamente anotada em banco de dados e ter, em até 10 (dez) dias, sua correção ou seu cancelamento em todos os bancos de dados que compartilharam a informação;
> IV – conhecer os principais elementos e critérios considerados para a análise de risco, resguardado o segredo empresarial;
> V – ser informado previamente sobre a identidade do gestor e sobre o armazenamento e o objetivo do tratamento dos dados pessoais;
> VI – solicitar ao consulente a revisão de decisão realizada exclusivamente por meios automatizados; e

VII – ter os seus dados pessoais utilizados somente de acordo com a finalidade para a qual eles foram coletados.

Na revisão de 2019, a Lei do Cadastro Positivo mitigou o consentimento do titular dos dados no compartilhamento de dados nos termos do art. 9º: *"Art. 9º O compartilhamento de informações de adimplemento entre gestores é permitido na forma do inciso III do caput do art. 4º desta Lei. [...] Art. 4º O gestor está autorizado, nas condições estabelecidas nesta Lei, a: [...]III – compartilhar as informações cadastrais e de adimplemento armazenadas com outros bancos de dados."* Portanto, a LGPD traz como uma das bases para o tratamento de dados pessoais no art. 7º, inc. X, a proteção de crédito, observado o dispositivo na lei específica ora em análise. Da interpretação sistemática destes dispositivos resulta na dispensa do consentimento do titular dos dados.

Todavia, a Autoridade Nacional de Proteção de Dados Pessoais deve rever estes dispositivos legais que ameaçam o reconhecimento do nível de adequação do sistema brasileiro ao que dispõe o GDPR. Observe-se que na análise do juízo de adequação do *EU-US Privacy Shield*, a Comissão Europeia prestou muita atenção nas atividades realizadas pelas empresas de crédito. O melhor é a revogação destes artigos para entender necessário o consentimento inequívoco ou expresso do titular de dados mesmo nos sistemas de proteção ao crédito. Inclusive, sendo este um direito fundamental, o que a PEC 17/2019 pretende deixar expresso no art. 5º da CF/88, a constitucionalidade destes dispositivos pode ser questionada.

Neste sentido, pode-se afirmar que no Brasil, o direito à proteção de dados decorre do direito geral de personalidade (art. 1º, inc. III CF/88 e art. 11 do CC/02), isto é, caracterizado como um direito autônomo que garante ao seu titular exercer o controle sobre a coleta, o armazenamento, o tratamento e o compartilhamento de seus dados.[340] Consoante recente julgado do Superior Tribunal de Justiça, concluiu-se que:

---

[340] LIMA, Cíntia Rosa Pereira de. Direito ao esquecimento e internet: o fundamento legal no Direito Comunitário Europeu, no Direito Italiano e no Direito Brasileiro. *In*: CLÈVE, Clêmerson Merlin; BARROSO, Luis Roberto. *Coleção Doutrinas Essenciais em Direito Constitucional: direitos e garantias fundamentais*, volume VIII, São Paulo, Revista dos Tribunais, 2015, p. 511-544.

"[o]s direitos à intimidade e à proteção da vida privada, diretamente relacionados à utilização de dados pessoais por bancos de dados de proteção ao crédito, consagram o direito à autodeterminação informativa e encontram guarida constitucional no art. 5º, X, da Carta Magna, que deve ser aplicado nas relações entre particulares por força de sua eficácia horizontal e privilegiado por imposição do princípio da máxima efetividade dos direitos fundamentais." (EDcl no REsp 1630659/DF, Rel. Ministra Nancy Andrighi, TERCEIRA TURMA, julgado em 27/11/2018, DJe 06/12/2018)

Além da LGPD, o Marco Civil da Internet trouxe regras sobre proteção de dados no art. 7º sem, contudo, esgotar o tema, pois a própria lei menciona que uma lei especial irá regular a matéria. O inc. VIII do art. 7º estabelece o princípio da finalidade para a coleta, uso, armazenamento e tratamento de dados pessoais, elencando as hipóteses em que tais condutas seriam lícitas, a saber: "a) justifiquem sua coleta; b) não sejam vedadas pela legislação; e c) estejam especificadas nos contratos de prestação de serviços ou em termos de uso de aplicações de internet".

No inciso X do art. 7º, o consentimento para tais condutas deve ser expresso, não distinguindo entre dados pessoais gerais e dados sensíveis, devendo tal cláusula vir destacada das demais cláusulas contratuais em se tratando de uma relação jurídica contratual.

Por sua vez, o art. 8º, *caput*, da LGPD entende que o consentimento deverá ser por escrito ou por outro meio que demonstre a manifestação de vontade do titular. Surgindo um conflito de normas. Para solucionar este aparente conflito, deve-se entender que o Marco Civil da Internet é lei geral, na medida em que disciplina o uso da Internet no Brasil, por meio de princípios, garantias, direitos e deveres. Quanto à Lei Geral de Proteção de Dados, ainda que seja posterior ao MCI, é específica, portanto, é forçoso concluir que prevalece a lei posterior e especial. Muito embora o título "Lei Geral de Proteção de Dados", expressamente indicado na alteração feita pela Lei n. 13.853, de 08 de julho de 2019, traga o adjetivo "geral" à lei, esta é, em verdade, um microssistema de proteção de dados pessoais, à semelhança do Código de Defesa do Consumidor (CDC). Assim, as leis setoriais, como a Lei do Cadastro Positivo, quando comparadas à LGPD, são especiais, ou seja, a LGPD é geral quando dialoga com as leis setoriais.

No caso específico da polêmica em torno da adjetivação do consentimento, que deve ser visto como uma manifestação de vontade. Como já afirmamos em outra ocasião[341] é possível aplicar aos contratos eletrônicos a teoria de Karl Larenz sobre as condutas socialmente típicas ou como preceituava, Pontes de Miranda, tacitude stricto sensu. Consequentemente, o consentimento do titular dos dados pode ser por meio de condutas incompatíveis com a discordância com a coleta, o armazenamento, o tratamento e o compartilhamento de dados pessoais. Toma-se, por exemplo, a prática dos *cookies*, ou seja, um programa utilizado para rastrear a navegação do usuário, ao acessar o site, a pessoa é informada desta prática de forma clara, indicando a finalidade específica, qual seja a otimização da navegação, bem como que a conduta de continuar a navegação no site representa anuência. O usuário concorda inequivocamente quando realiza a conduta descrita (continua navegando no site), pois esta é incompatível com a recusa.

Por isso, a nosso ver a LGPD está mais apropriada à dinâmica das relações *online*, quando utiliza o termo "inequívoco" ao invés do que utiliza o MCI ("expresso"). No mesmo sentido, o GDPR no art. 4º, parágrafo 11, ao conceituar o consentimento fala em uma "indicação inequívoca" ou "uma conduta clara afirmativa", *in verbis*:

> *consent of the data subject means any freely given, specific, informed and unambiguous indication of the data subject's wishes by which he or she, by a statement or by a clear affirmative action, signifies agreement to the processing of personal data relating to him or her.*

Este debate deve se nortear pelo art. 170 da CF/88, que impõe a harmonização entre o desenvolvimento econômico e a proteção do consumidor, dentre outros aspectos, como a proteção dos dados pessoais, geralmente passível de enquadramento em uma relação jurídica de consumo (art. 42 da LGPD). Assim, quando se busca os aplicativos e outros bens e serviços na Internet, busca-se agilidade e segurança jurídica. No primeiro aspecto, é inviável exigir um consentimento expresso sempre, por isso, a LGPD fala que o consentimento pode ser inequívoco.

---

[341] LIMA, Cíntia Rosa Pereira de. *Contratos de adesão eletrônicos ("shrink-wrap" e "click-wrap") e os termos e condições de uso ("browse-wrap")*. São Paulo: Quartier Latin, 2020.

No segundo aspecto, segurança jurídica, deve-se enfatizar a transparência na coleta, no uso e no armazenamento dos dados pessoais, ou seja, informando ao usuário sobre a finalidade específica do tratamento de dados.

Contudo, quanto aos dados pessoais sensíveis, o consentimento deverá ser expresso nos termos do art. 11, inc. I além das outras bases de tratamento previstas no inc. II deste artigo.

A transparência é ressaltada em diversos dispositivos da LGPD e foi destacada dentre os princípios (art. 6º, inc. VI da LGPD). Mesmo no MCI, ao se exigir clareza sobre a coleta, o uso, o armazenamento e o tratamento de dados nas eventuais políticas de uso dos provedores de conexão à Internet e de aplicações de Internet (art. 7º, inc. XI do MCI), busca-se dar concretude ao princípio da transparência.

Ademais, a Lei de Acesso à Informação (Lei n. 12.527, de 18 de novembro de 2011[342]) trouxe regras importantes sobre proteção de dados. Esse é reflexo de um dos paradoxos do direito à privacidade mencionado por Stefano Rodotà,[343] já tratado no capítulo 2, segundo o qual a proteção de privacidade retornou à ordem do dia na sociedade informacional simultaneamente às leis de Acesso à Informação, que pretende tornar públicas informações, dando pleno acesso a essas informações pelos cidadãos.

---

[342] Art. 1º Esta Lei dispõe sobre os procedimentos a serem observados pela União, Estados, Distrito Federal e Municípios, com o fim de garantir o acesso a informações previsto no inciso XXXIII do art. 5o, no inciso II do § 3º do art. 37 e no § 2º do art. 216 da Constituição Federal.
Parágrafo único. Subordinam-se ao regime desta Lei:
I – os órgãos públicos integrantes da administração direta dos Poderes Executivo, Legislativo, incluindo as Cortes de Contas, e Judiciário e do Ministério Público;
II – as autarquias, as fundações públicas, as empresas públicas, as sociedades de economia mista e demais entidades controladas direta ou indiretamente pela União, Estados, Distrito Federal e Municípios.
Art. 2º Aplicam-se as disposições desta Lei, no que couber, às entidades privadas sem fins lucrativos que recebam, para realização de ações de interesse público, recursos públicos diretamente do orçamento ou mediante subvenções sociais, contrato de gestão, termo de parceria, convênios, acordo, ajustes ou outros instrumentos congêneres.
Parágrafo único. A publicidade a que estão submetidas as entidades citadas no caput refere-se à parcela dos recursos públicos recebidos e à sua destinação, sem prejuízo das prestações de contas a que estejam legalmente obrigadas.
[343] Privacy e costruzione della sfera privata. op. cit., p. 526.

Assim como no Canadá, a *Privacy Act* é a lei que estabelece regras de proteção de dados para o setor público; enquanto a PIPEDA, para o setor privado (haja vista o capítulo 3). A lei brasileira de acesso à informação representa, em certa medida, a possibilidade de proteção de dados pessoais coletados, usados, armazenados e tratados por órgãos da Administração Pública. Portanto, a lei traz alguns conceitos no art. 4º, entre eles, informações pessoais e tratamento de dados.[344]

A lei de acesso à informação traz uma nítida distinção entre informações públicas e informações privadas, estas últimas relacionadas à privacidade, intimidade e a vida privada do indivíduo. A diferença é que o acesso à informação pública é amplo nos termos do art. 10 da Lei de Acesso à Informação.[345] Por outro lado, quando a informação for sigilosa nos termos da lei (art. 23) ou quando versar sobre aspectos da vida privada, da intimidade e da privacidade do indivíduo nos termos do art. 31, terá seu acesso restrito durante o prazo de 100 anos contados da produção da informação, *in verbis*:

> Art. 31. O tratamento das informações pessoais deve ser feito de forma *transparente e com respeito à intimidade, vida privada, honra e imagem das pessoas, bem como às liberdades e garantias individuais.*

---

[344] Art. 4º Para os efeitos desta Lei, considera-se:
I – informação: dados, processados ou não, que podem ser utilizados para produção e transmissão de conhecimento, contidos em qualquer meio, suporte ou formato;
II – documento: unidade de registro de informações, qualquer que seja o suporte ou formato;
III – informação sigilosa: aquela submetida temporariamente à restrição de acesso público em razão de sua imprescindibilidade para a segurança da sociedade e do Estado;
IV – informação pessoal: aquela relacionada à pessoa natural identificada ou identificável;
V – tratamento da informação: conjunto de ações referentes à produção, recepção, classificação, utilização, acesso, reprodução, transporte, transmissão, distribuição, arquivamento, armazenamento, eliminação, avaliação, destinação ou controle da informação; [...]
[345] Art. 10. Qualquer interessado poderá apresentar pedido de acesso a informações aos órgãos e entidades referidos no art. 1º desta Lei, por qualquer meio legítimo, devendo o pedido conter a identificação do requerente e a especificação da informação requerida.
§ 1º Para o acesso a informações de interesse público, a identificação do requerente não pode conter exigências que inviabilizem a solicitação.
§ 2º Os órgãos e entidades do poder público devem viabilizar alternativa de encaminhamento de pedidos de acesso por meio de seus sítios oficiais na internet.
§ 3º São vedadas quaisquer exigências relativas aos motivos determinantes da solicitação de informações de interesse público.
Art. 11. O órgão ou entidade pública deverá autorizar ou conceder o acesso imediato à informação disponível.

§ 1º As informações pessoais, a que se refere este artigo, relativas à intimidade, vida privada, honra e imagem:

I – terão seu acesso restrito, independentemente de classificação de sigilo e *pelo prazo máximo de 100 (cem) anos a contar da sua data de produção*, a agentes públicos legalmente autorizados e à pessoa a que elas se referirem; e

II – poderão ter autorizada sua divulgação ou acesso por terceiros diante de previsão legal ou consentimento expresso da pessoa a que elas se referirem.

§ 2º Aquele que obtiver acesso às informações de que trata este artigo será *responsabilizado por seu uso indevido.*

§ 3º O consentimento referido no inciso II do § 1º não será exigido quando as informações forem necessárias:

I – à prevenção e diagnóstico médico, quando a pessoa estiver física ou legalmente incapaz, e para utilização única e exclusivamente para o tratamento médico;

II – à realização de estatísticas e pesquisas científicas de evidente interesse público ou geral, previstos em lei, sendo vedada a identificação da pessoa a que as informações se referirem;

III – ao cumprimento de ordem judicial;

IV – à defesa de direitos humanos; ou

V – à proteção do interesse público e geral preponderante.

§ 4º A restrição de acesso à informação relativa à vida privada, honra e imagem de pessoa não poderá ser invocada com o intuito de prejudicar processo de apuração de irregularidades em que o titular das informações estiver envolvido, bem como em ações voltadas para a recuperação de fatos históricos de maior relevância.

§ 5º Regulamento disporá sobre os procedimentos para tratamento de informação pessoal. (grifo nosso)

Dessa forma, a Lei n. 12.527/2011 oferece subsídios para a interpretação sistemática em que, quando existir conflito entre o direito à privacidade, à intimidade, de um lado, e o direito à informação, de outro, se a informação for pública e de interesse social, esse direito tende a prevalecer. Caso contrário, a própria Lei de Acesso à Informação resguarda a proteção da privacidade e da intimidade, quando as informações forem privadas, sob pena de responsabilidade pelo uso indevido (art. 31 § 2º). Todavia, a análise deve ser casuísta para sopesar esses direitos tendo como norte a dignidade da pessoa humana.

Entretanto, o Judiciário já foi instado a analisar o tema em diversos casos, reconhecendo que a coleta de dados pessoais na atual sociedade informacional é uma preocupação que deve ser enfrentada pelo Estado:

> A inserção de dados pessoais do cidadão em bancos de informações tem se constituído em uma das preocupações do Estado moderno, onde o uso da informática e a possibilidade de controle unificado das diversas atividades da pessoa, nas múltiplas situações de vida, permitem o conhecimento de sua conduta pública e privada, até nos mínimos detalhes, podendo chegar à devassa de atos pessoais, invadindo área que deveria ficar restrita à sua intimidade; ao mesmo tempo, o cidadão objeto dessa indiscriminada colheita de informações, muitas vezes, sequer sabe da existência de tal atividade, ou não dispõe de eficazes meios para conhecer o seu resultado, retificá-lo ou cancelá-lo.
>
> (...)
>
> A importância do tema cresce de ponto quando se observa o número imenso de atos da vida humana praticados através da mídia eletrônica ou registrados nos disquetes de computador. Nos países mais adiantados, algumas providências já foram adotadas. Na Alemanha, por exemplo, a questão está posta no nível das garantias fundamentais, com o direito de autodeterminação informacional (o cidadão tem o direito de saber quem sabe o que sobre ele), além da instituição de órgãos independentes, à semelhança do ombudsman, com poderes para fiscalizar o registro de dados informatizados, pelos órgãos públicos e privados, para garantia dos limites permitidos na legislação." (STJ – STJ, 4ª T., REsp 22.337-8-RS, rel. Min. Ruy Rosado de Aguiar, j. 13.02.1995.)

A LGPD começou a ser desenhada no Anteprojeto de Lei de Proteção de Dados Pessoais (APL/PD) do Ministério da Justiça, Secretaria Nacional do Consumidor (SENACON)[346]. A Primeira Consulta Pública foi em 2011, simultaneamente às Leis de Acesso à Informação e de Cadastro Positivo *supra* comentadas. Porém, tal iniciativa manteve-se em hibernação até os escândalos noticiados pelo ex-agente da NSA, Edward

---

[346] Versão de 2011. Disponível em: < http://culturadigital.br/dadospessoais/files/2011/03/PL-Protecao-de-Dados_.pdf>, último acesso em 26 de novembro de 2015. ANEXO 3.

Snowden[347], sendo retomada em 2015, revelando uma clara inspiração pela Diretiva da União Europeia 95/46/CE.

Ao apresentar a obra de Stefano Rodotà[348], Maria Celina Bodin de Moraes[349] ressaltou que seria interessante que o Brasil se espelhasse no modelo europeu. E, pode-se dizer, que assim aconteceu, principalmente com a proposta do APL/PD apresentada pelo Ministério da Justiça, bem como o Projeto de Lei n. 5.276-A.

Na verdade, vale a pena destacar três projetos de lei principais sobre o tema: 1) o Projeto de Lei n. 4.060 de 2012, de autoria do Deputado Milton Monti, que apresentava um sistema de autorregulação para a proteção de dados pessoais; 2) o Projeto de Lei n. 6.291 de 2016, de autoria do Deputado João Derly, que trazia como objeto apenas a vedação do compartilhamento de dados pessoais dos assinantes de aplicações de internet, por meio da sugerida alteração do Marco Civil da Internet, Lei n. 12.965, de 23 de abril de 2014; 3) o Projeto de Lei n. 5.276-A, de autoria do Poder Executivo, que previu a criação da Autoridade Nacional de Proteção de Dados em um sistema de corregulação como a seguir será detalhado nesta obra.[350] Assim, dada a longa experiência em pesquisa sobre o tema na Itália[351] e na *Autorità Garante della Privacy e dei Dati Personali*, nota-se uma forte inspiração desse modelo de proteção dos dados pessoais que o prevê como direito fundamental e para assegurar o livre desenvolvimento da personalidade, o que resta comprovado pela redação do "cabeçalho"[352] e artigo 1º do APL/PD 2015 (2ª versão, após da consulta pública)[353].

---

[347] Disponível em: <http://blogs.estadao.com.br/link/por-que-debater-a-lei-de-protecao--de-dados-pessoais/>. Acessado em: 18/11/2015.

[348] *A vida na sociedade da vigilância:* a privacidade hoje. MORAES, Maria Celina Bodin de (org., seleção e apresentação). Tradução de Danilo Doneda e Luciana Cabral Doneda. Rio de Janeiro: Renovar, 2008.

[349] Apresentação do autor e da obra. In: *Idem*, pp. 01-12. p.12.

[350] LIMA, Cíntia Rosa Pereira de. *Comentários à Lei Geral de Proteção de Dados*. São Paulo: Almedina, 2020.

[351] *Da privacidade...*, *op. cit., passim*.

[352] Cabeçalho do APL/PD 2015: "Dispõe sobre o tratamento de dados pessoais para a garantia do livre desenvolvimento da personalidade e da dignidade da pessoa natural".

[353] Disponível em: <http://www.justica.gov.br/noticias/mj-apresenta-nova-versao-do-ante-projeto-de-lei-de-protecao-de-dados-pessoais/apl.pdf>, último acesso em 26 de novembro de 2015. ANEXO 4: "Art. 1º Esta Lei dispõe sobre o tratamento de dados pessoais por pessoa

O Direito italiano exerce forte influência sobre o direito brasileiro em vários ramos do direito, por exemplo, no Direito Privado, o Código Civil de 2002 (com destaque para a forte influência da metodologia do direito civil na legalidade constitucional de Pietro Perlingieri).[354]

Maria Cristina De Cicco[355] afirma, inclusive, que tal metodologia tem um campo muito fértil para ser aplicada diante os desafios apresentados pelas novas tecnologias. A jurista explica que a metodologia do direito civil na legalidade constitucional destaca o papel dos princípios fundamentais nas relações de direito privado, assegurando a supremacia das relações existências sobre as patrimoniais e a eficácia plena dos princípios constitucionais.

Desta forma, é patente a influência do Direito italiano seja no APL/PD, seja no Projeto de Lei n. 5.276-A, que culminou efetivamente na Lei Geral de Proteção de Dados Pessoais.

Em linhas gerais, desde o APL/PD brasileiro de 2015 (2ª versão), constatava-se a diretriz da autodeterminação informacional, estabelecendo que a coleta, o uso, o armazenamento e o tratamento só ocorrem mediante consentimento do titular dos dados (artigo 7º)[356], estabelecendo princípios correlatos para assegurar o controle das informações

---

natural ou por pessoa jurídica de direito público ou privado, com o objetivo de proteger os direitos fundamentais de liberdade e privacidade e o livre desenvolvimento da personalidade da pessoa natural."

[354] DE CICCO, Maria Cristina. Overview of the Circulation of the Italian Legal Model in Brazil. In: *Osservatorio del Diritto Civile e Commerciale*, anno III, numero 2. Bologna: Il Mulino, 2014. pp. 361-371.

[355] *Idem*, p. 371.

[356] Art. 7º APL/PD 2015 (2ª versão), *op. cit.*,: Art 7º O tratamento de dados pessoais somente poderá ser realizado nas seguintes hipóteses: I – mediante o fornecimento pelo titular de consentimento livre e inequívoco; II – para o cumprimento de uma obrigação legal pelo responsável; III – pela administração pública, para o tratamento e uso compartilhado de dados relativos ao exercício de direitos ou deveres previstos em leis ou regulamentos; IV – para a realização de pesquisa histórica, científica ou estatística, garantida, sempre que possível, a anonimização dos dados pessoais; V – quando necessário para a execução de um contrato ou de procedimentos preliminares relacionados a um contrato do qual é parte o titular, a pedido do titular dos dados; VI – para o exercício regular de direitos em processo judicial ou administrativo; VII – para a proteção da vida ou da incolumidade física do titular ou de terceiro; VIII – para a tutela da saúde, com procedimento realizado por profissionais da área da saúde ou por entidades sanitárias; IX – quando necessário para atender aos interesses legítimos do responsável, respeitados os

interesses ou os direitos e liberdades fundamentais do titular.

pessoais (artigo 6º)³⁵⁷. O APL/PD do Ministério da Justiça de 2015 apresentou alguns avanços e retrocessos frente à sua primeira versão. Entre os avanços, estão: a preocupação com a figura do Estado para a efetiva proteção dos dados pessoais (Cap. VI, art. 23)³⁵⁸; os mecanismos de transparência (art. 24)³⁵⁹; e a vedação da transferência da informação para terceiros (parágrafo único do art. 26).³⁵⁹

§ 1º Nos casos de aplicação do disposto nos incisos II e III, o titular deverá ser informado do tratamento de seus dados.
§ 2º No caso de descumprimento do disposto no § 1º, o operador ou o responsável pelo tratamento de dados poderá ser responsabilizado.
§ 3º O tratamento de dados pessoais cujo acesso é público deve ser realizado de acordo com esta lei, considerando a finalidade, a boa-fé e o interesse público que justificou a sua disponibilização.

³⁵⁷ APL/PD 2015 (2ª versão), op. cit.,: Art. 6º As atividades de tratamento de dados pessoais deverão observar a boa-fé e os seguintes princípios: I – finalidade: pelo qual o tratamento deve ser realizado para finalidades legítimas, específicas, explícitas e informadas ao titular; II – adequação: pelo qual o tratamento deve ser compatível com as suas finalidades e com as legítimas expectativas do titular, de acordo com o contexto do tratamento; III – necessidade: pelo qual o tratamento deve se limitar ao mínimo necessário para a realização das suas finalidades, abrangendo dados pertinentes, proporcionais e não excessivos em relação às finalidades do tratamento de dados; IV – livre acesso: pelo qual deve ser garantida aos titulares consulta facilitada e gratuita sobre as modalidades de tratamento e sobre a integralidade dos seus dados pessoais; V – qualidade dos dados: pelo qual devem ser garantidas aos titulares a exatidão, a clareza, relevância e a atualização dos dados, de acordo com a periodicidade necessária para o cumprimento da finalidade de seu tratamento; VI – transparência: pelo qual devem ser garantidas aos titulares informações claras, adequadas e facilmente acessíveis sobre a realização do tratamento e os respectivos agentes de tratamento; VII – segurança: pelo qual devem ser utilizadas medidas técnicas e administrativas constantemente atualizadas, proporcionais à natureza das informações tratadas e aptas a proteger os dados pessoais de acessos não autorizados e de situações acidentais ou ilícitas de destruição, perda, alteração, comunicação ou difusão; VIII – prevenção: pelo qual devem ser adotadas medidas capazes de prevenir a ocorrência de danos em virtude do tratamento de dados pessoais; e IX – não discriminação: pelo qual o tratamento não pode ser realizado para fins discriminatórios.
³⁵⁸ APL/PD 2015 (2ª Versão): Art. 23. O tratamento de dados pessoais pelas pessoas jurídicas de direito público referenciadas no parágrafo único do art. 1º da Lei 12.527, de 18 de novembro de 2011, deverá ser realizado para o atendimento de sua finalidade pública, na persecução de um interesse público, tendo por objetivo a execução de competências legais ou o cumprimento de atribuição legal pelo serviço público.
³⁵⁹ APL/PD 2015 (2ª versão): Art. 24. Os órgãos do Poder Público darão publicidade às suas atividades de tratamento de dados pessoais por meio de informações claras, precisas e atualizadas em veículos de fácil acesso, preferencialmente em seus sítios eletrônicos, respeitando o princípio da transparência disposto no art. 5º, VI desta Lei.

Entretanto, o APL/PD 2015 representou alguns retrocessos, quais sejam: a menção de várias missões a um "órgão competente", sem definir qual seria, o que compromete substancialmente a efetividade dessa lei.

Contudo, havia propostas ainda mais sucintas, por exemplo, o Projeto de Lei n. 4.060/2012[361] (sobre o tratamento de dados pessoais), que se fundava no direito à autodeterminação informacional[362] e garantia o direito de acesso.[363] Entretanto, o Título II do PL n. 4.060, de 2012, ao estabelecer regras para a fiscalização (arts. 21 a 23), determinava a auto--regulamentação, estruturada a partir de "Conselhos de Auto-regulamentação" instituídos pelas entidades representativas dos responsáveis pelo tratamento de dados pessoais. Semelhantemente ao Conselho Nacional de Auto-regulamentação Publicitária – CONAR, que é uma sociedade sem fins lucrativos com sede em São Paulo e duração ilimitada.[364] O órgão idealizado pelo PL 4.060/2012 não estaria de acordo com o modelo europeu, fundado na corregulação, como se explicará a seguir.

Nesta mesma época, o Projeto de Lei n. 281/2012[365], hoje Projeto de Lei n. 3.514/2015 que tramita na Câmara dos Deputados, que pretende modificar o CDC para inserir regras sobre comércio eletrônico, estabelece o direito à autodeterminação informacional como um direito bási-

---

[360] APL/PD 2015 (2ª versão): Art. 26 [...] Parágrafo único. É vedado ao Poder Público transferir a entidades privadas dados pessoais constantes de bases de dados a que tenha acesso, exceto em casos de execução descentralizada de atividade pública que o exija e exclusivamente para este fim específico e determinado, observado, ainda, o disposto na Lei nº 12.527, de 18 de novembro de 2011.

[361] Projeto de autoria do Deputado Milton Antonio Casquel Monti, que dispõe sobre o tratamento de dados pessoais, e dá outras providências. Disponível em: <http://www2.camara.leg.br/proposicoesWeb/fichadetramitacao?idProposicao=548066>. Acessado em: 18/11/2015.

[362] "Art. 15: O Titular tem direito a autodeterminação das informações e dados pessoais prestados ou coletados, por qualquer meio".

[363] "Art. 20. Os responsáveis pelo tratamento de dados deverão assegurar, aos titulares dos dados pessoais, amplo acesso à sua política de privacidade, que deverá apresentar informações acerca da utilização dos dados coletados".

[364] FADEL, Marcelo Costa. Breves Comentários ao Código de Auto-Regulamentação Publicitária do CONAR. In: *Revista do Direito do Consumidor*, vol. 50, abril-junho de 2004. pp. 153-170. p. 155.

[365] Projeto de autoria do Senador José Sarney, que altera a Lei 8.078/90 (CDC), para aperfeiçoar as disposições gerais do Capítulo I do Título I e dispor sobre o comércio eletrônico. Disponível em: <http://www25.senado.leg.br/web/atividade/materias/-/materia/106768>. Acessado em 18/11/2015.

co do consumidor, sugerindo o acréscimo do inc. XI ao art. 6º do CDC: "*Art. 6º [...] XI – a autodeterminação, a privacidade e a segurança das informações e dados pessoais prestados ou coletados, por qualquer meio, inclusive o eletrônico*". Este Projeto de Lei destaca a proteção dos dados pessoais nos contratos eletrônicos de consumo:

> Art. 45-A. Esta seção dispõe sobre normas gerais de proteção do consumidor no comércio eletrônico, visando a fortalecer a sua confiança e assegurar tutela efetiva, com a diminuição da assimetria de informações, a preservação da segurança nas transações, a proteção da autodeterminação e da privacidade dos dados pessoais.
> Parágrafo único. As normas desta Seção aplicam-se às atividades desenvolvidas pelos fornecedores de produtos ou serviços por meio eletrônico ou similar.

Em 2015, o PL n. 5.276-A da Câmara dos Deputados (iniciativa do Poder Executivo) foi apensado ao Projeto de Lei n. 4.010/2012, que era anterior como exposto acima. Os dois projetos de lei foram submetidos à consulta pública e foram realizadas diversas audiências públicas resultando no Projeto de Lei n. 53 do Senado Federal que foi aprovado resultando na Lei Geral de Proteção de Dados Pessoais, Lei n. 13.709, de 14 de agosto de 2018.

Um dos grandes impasses foi a criação ou não da Autoridade Nacional de Proteção de Dados Pessoais – ANPD, inicialmente prevista como órgão da administração pública indireta, submetida a regime autárquico especial, vinculado ao Ministério da Justiça.[366] Por determinação constitucional, a criação de tal órgão deve ser de iniciativa do Poder Executivo. Entretanto, como o PL n. 5.276-A ao ser apensado ao PL n. 4.060, de iniciativa do Deputado Milton Monti, levantou a tese da possível inconstitucionalidade da criação da ANPD por vício formal. Por isso, à época, o presidente Michel Temer vetou os artigos relacionados à ANPD, os quais foram reinseridos pela Medida Provisória n. 869, de 27 de dezembro de 2018. O veto do então presidente Michel Temer deve ser enten-

---

[366] Redação originária do Projeto de Lei n. 53 do Senado Federal sobre Proteção de Dados: "Art. 55. Fica criado o órgão competente, Autoridade Nacional de Proteção de Dados, integrante da administração pública federal indireta, submetido a regime autárquico especial e vinculado ao Ministério da Justiça."

dido como um excesso de zelo em se evitar o questionamento da criação deste órgão que desempenhará uma função primordial para a efetiva proteção dos dados pessoais,[367] na medida em que é da competência do Poder Executivo, e não do Legislativo, a criação do órgão. As razões do veto presidencial relativas a esse ponto específico foram: *"Os dispositivos incorrem em inconstitucionalidade do processo legislativo, por afronta ao artigo 61, § 1º, II, 'e', cumulado com o artigo 37, XIX da Constituição."* Tais dispositivos estabelecem, de um lado, ser de competência privativa do presidente da República a iniciativa de leis que disponham sobre "criação, estruturação e atribuições dos Ministérios e órgãos da administração pública" (artigo 61, § 1º, inc. II, alínea 'e' da CF/88) e, de outro, que somente por lei específica poderão ser criadas "empresa pública, sociedade de economia mista, autarquia e fundação pública" (art. 37, inc. XIX da CF/88).

Portanto, a ANPD foi criada por Medida Provisória (MP n. 869, de 27 de dezembro de 2018, convertida na Lei n. 18.853, de 08 de julho de 2019).

## 4.1 Princípios Específicos para a Proteção de Dados Pessoais e a Relevância da Autoridade Nacional de Proteção de Dados para a sua Concretude

O modelo europeu tem por base a consolidação de princípios de proteção de dados, e, desde 1980, tal tendência fora preconizada nas Diretrizes da OCDE (*"OECD Guidelines on the Protection of Privacy and Transborder Flows of Personal Data"*)[368]. Nesse documento foram consolidados 08 (oito) princípios para a proteção de dados, a saber: 1) princípio da limitação da coleta de dados (*Collection limitation*); 2) princípio da qualidade dos dados (*Data quality*); 3) princípio da especificação dos propósitos (*Purpose specification*); 4) princípio da limitação do uso (*Use limitation*); 5) princípio de garantias de segurança (*Security safeguards*); 6) princípio da transparência (*Openness*); 7) princípio da participação individual (*Individual participation*); e 8) o princípio da responsabilidade (*Accountability*).

---

[367] Cf. DE LUCCA, Newton de; MACIEL, Renata Mota Maciel. A Lei nº 13.709, de 14 de agosto de 2018: a disciplina normativa que faltava. *In:* DE LUCCA, Newton; SIMÃO FILHO, Adalberto; LIMA, Cíntia Rosa Pereira de; MACIEL, Renata Mota. *Direito & Internet IV: Sistema de Proteção de Dados Pessoais.* São Paulo: Quartier Latin, 2019. pp. 21-50.

[368] Disponível em: <www.oecd.org/sti/security-privacy>, acessado em 15 de outubro de 2015.

Em 2013, essas diretrizes foram revisitadas, *OECD Guidelines Governing the Protection of Privacy and Transborder Flows of Personal Data*,[369] porém os princípios mencionados *supra* foram mantidos. A preocupação dessas *Diretrizes* concentra-se na circulação transfronteiriça de dados, o que será tratado adiante no item "4.3".

Esses princípios foram incorporados em vários dispositivos da antiga Diretiva 95/46/CE, por exemplo, o art. 7º[370] que consagrava o princípio da necessidade ou da limitação da coleta e o princípio da participação individual na medida em que se exige o consentimento do titular dos dados; o art. 6º[371] consagra o princípio da especificação dos propósitos ou princípio da necessidade e o princípio da responsabilidade; entre

---

[369] C(80)58/FINAL, as amended on 11 July 2013 by C(2013)79, *Idem ibidem*.

[370] SECÇÃO II – PRINCÍPIOS RELATIVOS À LEGITIMIDADE DO TRATAMENTO DE DADOS Artigo 7º Os Estados-membros estabelecerão que o tratamento de dados pessoais só poderá ser efectuado se: a) A pessoa em causa tiver dado de forma inequívoca o seu *consentimento*; ou b) O tratamento for *necessário para a execução de um contrato* no qual a pessoa em causa é parte ou de diligências prévias à formação do contrato decididas a pedido da pessoa em causa; ou c) O tratamento for *necessário para cumprir uma obrigação legal* à qual o responsável pelo tratamento esteja sujeito; ou d) O tratamento for *necessário para a protecção de interesses vitais* da pessoa em causa; ou e) O tratamento for *necessário para a execução de uma missão de interesse público ou o exercício da autoridade pública* de que é investido o responsável pelo tratamento ou um terceiro a quem os dados sejam comunicados; ou f) O tratamento for *necessário para prosseguir interesses legítimos do responsável pelo tratamento ou do terceiro ou terceiros* a quem os dados sejam comunicados, desde que não prevaleçam os interesses ou os direitos e liberdades fundamentais da pessoa em causa, protegidos ao abrigo do nº 1 do artigo 1º.

[371] SECÇÃO I – PRINCÍPIOS RELATIVOS À QUALIDADE DOS DADOS. Artigo 6º: 1. Os Estados-membros devem estabelecer que os dados pessoais serão: a) Objecto de um tratamento leal e lícito; b) Recolhidos para finalidades determinadas, explícitas e legítimas, e que não serão posteriormente tratados de forma incompatível com essas finalidades. O tratamento posterior para fins históricos, estatísticos ou científicos não é considerado incompatível desde que os Estados-membros estabeleçam garantias adequadas; c) Adequados, pertinentes e não excessivos relativamente às finalidades para que são recolhidos e para que são tratados posteriormente; d) Exactos e, se necessário, actualizados; devem ser tomadas todas as medidas razoáveis para assegurar que os dados inexactos ou incompletos, tendo em conta as finalidades para que foram recolhidos ou para que são tratados posteriormente, sejam apagados ou rectificados; e) Conservados de forma a permitir a identificação das pessoas em causa apenas durante o período necessário para a prossecução das finalidades para que foram recolhidos ou para que são tratados posteriormente. Os Estados-membros estabelecerão garantias apropriadas para os dados pessoais conservados durante períodos mais longos do que o referido, para fins históricos, estatísticos ou científicos. 2. Incumbe ao responsável pelo tratamento assegurar a observância do disposto no nº 1.

outros. Estes princípios foram mantidos no capítulo II do GDPR, art. 5º: 1) *lawfulness, fairness and transparency*; 2) *purpose limitation*; 3) *data minimisation*; 4) *accuracy*; 5) *storage limitation*; 6) *integrity and confidentiality*; e 7) *accountability*. Este último foi a grande novidade do GDPR quando comparado à Diretiva 95/46/CE.

As *Diretrizes* da OCDE, também, influenciaram os princípios adotados pela *FTC*[372], ou seja: – princípio da informação[373]; – princípio do consentimento[374]; – princípio do acesso[375]; – princípio da integridade e segurança[376]; e – princípio da eficácia da proteção dos dados pessoais, segundo o qual várias medidas devem ser tomadas para assegurar o funcionamento desta proteção[377].

A APEC (*Asia-Pacific Economic Cooperation*) publicou um documento intitulado *Privacy Framework*[378], com a finalidade de fortalecer o comércio entre os membros da APEC, já que a proteção das informações pessoais e da privacidade é fundamental para garantir a segurança e confiança no comércio eletrônico.

Os princípios estabelecidos pela APEC são: 1) princípio da prevenção (*preventing harm*); 2) princípio da informação (*notice*); 3) princí-

---

[372] Disponível em: <em http://www.ftc.gov/reports/privacy3/fairinfo.shtm>, acessado em 06 de novembro de 2015.

[373] 1. Notice/Awareness: The most fundamental principle is notice. Consumers should be given notice of an entity's information practices before any personal information is collected from them. Without notice, a consumer cannot make an informed decision as to whether and to what extent to disclose personal information.

[374] Choice/Consent: The second widely-accepted core principle of fair information practice is consumer choice or consent. At its simplest, choice means giving consumers options as to how any personal information collected from them may be used.

[375] Access/Participation: Access is the third core principle. It refers to an individual's ability both to access data about him or herself -- i.e., to view the data in an entity's files -- and to contest that data's accuracy and completeness.

[376] Integrity/Security: The fourth widely accepted principle is that data be accurate and secure. To assure data integrity, collectors must take reasonable steps, such as using only reputable sources of data and cross-referencing data against multiple sources, providing consumer access to data, and destroying untimely data or converting it to anonymous form.

[377] Enforcement/Redress: It is generally agreed that the core principles of privacy protection can only be effective if there is a mechanism in place to enforce them.

[378] Disponível em: <http://www.apec.org/Groups/Committee-on-Trade-and-Investment/~/media/Files/Groups/ECSG/05_ecsg_privacyframewk.ashx>, acessado em 20 de outubro de 2015.

pio da limitação da coleta (*collection limitation*); 4) princípio do uso da informação pessoal (*use of personal information*); 5) princípio da escolha (*choice*); 6) princípio da integridade da informação pessoal (*integrity of personal information*); 7) princípio de segurança e garantias (*security safeguards*); 8) princípio do acesso e correção (*access & correction*); e 9) princípio da responsabilidade (*accountability*).

O art. 6º da LGPD estabelece dez princípios para as atividades de tratamento de dados pessoais, muito parecidos com os princípios estabelecidos nas *Guidelines da OCDE*, da revogada Diretiva 95/46/CE, do atual GDPR e da FTC, são eles: 1º) princípio da finalidade; 2º) princípio da adequação; 3º) princípio da necessidade; 4º) princípio do livre acesso; 5º) princípio da qualidade dos dados; 6º) princípio da transparência; 7º) princípio da segurança; 8º) princípio da prevenção; 9º) princípio da não discriminação; e 10°) responsabilização e prestação de contas (*accountability*).

Os princípios têm um alto grau de abstração o que, por vezes, compromete sua aplicação. Destaca-se a posição de Norberto Bobbio[379], para quem princípios teriam natureza jurídica de norma, porém em um caráter mais generalista:

> Os princípios gerais são apenas, a meu ver, normas fundamentais ou generalíssimas do sistema, as normas mais gerais. A palavra princípios leva a engano, tanto que é velha a questão entre os juristas se os princípios gerais são normas. Para mim não há dúvida: *os princípios gerais são normas como todas as outras*. (grifo nosso)

Justamente em razão desse caráter generalista, é que a regulação sobre proteção de dados está calcada nos princípios que serão abordados, porque eles podem se amoldar com maior facilidade aos casos concretos, tendo em vista os avanços tecnológicos. Neste sentido, os princípios permitem a atualização constante da LGPD evitando que seja uma "*sunset rule*" na feliz expressão de Stefano Rodotà, ou seja, que a LGPD tenha eficácia efêmera. Esses princípios revelam a razão de ser da lei sobre proteção de dados pessoais e auxiliam na sua aplicação, funda-

---

[379] *Teoria do Ordenamento Jurídico*. 10 ed. Tradução de Maria Celeste Cordeiro Leite dos Santos. Brasília: Editora Universidade de Brasília, 1999. p. 158.

mentando, inclusive, diversos direitos elencados na lei. Portanto, destaca-se nos princípios o caráter finalístico e prospectivos[380].

Os princípios exercem uma função importante, a função interpretativa, de suma importância para a integração do ordenamento jurídico segundo Ronald Dworkin[381]. Outra função dos princípios gerais do direito é a formação de um sistema jurídico, proporcionando-lhe unidade científica. Podendo ser definido como *"pautas diretivas de normação jurídica que, em virtude da sua própria força de convicção, podem justificar resoluções jurídicas"*[382].

As Autoridades de Proteção de Dados realizam em diversos países um papel fundamental para a concretização desses princípios, por meio de provimentos e resoluções. Assim, um modelo regulatório que não preveja essa entidade fatalmente será falho e a consolidação dos princípios relativos à proteção dos dados pessoais, pouco eficaz. Além disso, a ausência de uma principiologia nesta matéria compromete a própria unidade sistêmica, pois as demandas judiciais pulverizam os conflitos e as decisões, muitas vezes conflitantes entre si.

Neste sentido, o art. 55-J da LGPD confere à ANPD competência para editar normas e procedimentos, nestes atos diversos aspectos principiológicos da lei devem ser explicados, procurando estabelecer critérios para a concretude destes princípios.

### 4.1.1 *Princípio da Finalidade*

O princípio da finalidade é de suma importância para a proteção eficaz dos dados pessoais, pois assegura que o tratamento de dados somente possa ser feito para se atingir um fim específico, para o qual o titular dos dados concordou, salvo as hipóteses em que a lei dispensa o consentimento (art. 7º, incisos II a X e art. 11, inc. II, alíneas "a" – "g" da LGPD), como para proteção de direitos vitais, quando seja essencial para a prestação de serviços contratados ou para a administração pública, etc.

---

[380] ÁVILA, Humberto. *Teoria dos princípios*: da definição à aplicação dos princípios jurídicos. 6. ed. ampl. e atual. São Paulo: Malheiros, 2006. pp. 30; 167; GRAU, Eros Roberto. *Ensaio e Discurso sobre a Interpretação / Aplicação do Direito*. 2. ed. São Paulo: Malheiros, 2003. p. 133.

[381] *A Matter of Principle*. Cambridge, Massachusetts: Harvard University Press, 1985. p. 33.

[382] LARENZ, Karl. *Metodologia da Ciência do Direito*. 3. ed. Tradução de José Lamego. Lisboa: Fundação Calouste Gulbenkian, 1997. p. 674.

Dada a relevância deste princípio, este é uma constância em diversas leis e *soft laws* sobre a matéria, como por exemplo: item "9" das *Diretrizes* da OCDE[383], no art. 18 dos Princípios da APEC,[384] no art. 6º, "b" da revogada Dir. 95/46/CE acima descrito, hoje substituído pelo art. 5º, parágrafo 1, alínea "b" do GDPR, no antigo Acordo de *Safe Harbor* (integridade dos dados), atualmente mantido no *EU-US Privacy Shield* e no art. 5º da Convenção n. 108[385].

Nos termos do inc. I do art. 6º da LGPD, ou seja, "realização do tratamento para propósitos legítimos, específicos, explícitos e informados ao titular, sem possibilidade de tratamento posterior de forma incompatível com essas finalidades.

No Direito italiano, esse princípio estava assegurado no art. 3º do *Codice della Privacy*, hoje revogado pelo Decreto Legislativo 101/2018, que adaptou a legislação italiana ao GDPR. Todavia, tendo em vista a clareza da explicação do princípio da necessidade antes previsto no *Codice*, vale a pena destacar este dispositivo legal que pode servir de base para a concretude normativa deste princípio pela ANPD brasileira:

*Art. 3. Principio di necessità nel trattamento dei dati*
*1. I sistemi informativi e i programmi informatici sono configurati riducendo al minimo l'utilizzazione di dati personali e di dati identificativi, in modo da escluderne*

---

[383] Purpose Specification Principle
9. The purposes for which personal data are collected should be specified not later than at the time of data collection and the subsequent use limited to the fulfilment of those purposes or such others as are not incompatible with those purposes and as are specified on each occasion of change of purpose.

[384] III. Collection Limitation: 18. The collection of personal information should be limited to information that is relevant to the purposes of collection and any such information should be obtained by lawful and fair means, and where appropriate, with notice to, or consent of, the individual concerned.

[385] Artigo 5º – Qualidade dos dados Os dados de carácter pessoal que sejam objecto de um tratamento automatizado devem ser: a) Obtidos e tratados de forma leal e lícita; b) Registados para finalidades determinadas e legítimas, não podendo ser utilizados de modo incompatível com essas finalidades; c) Adequados, pertinentes e não excessivos em relação às finalidades para as quais foram registados: d) Exactos e, se necessário, actualizados; e) Conservados de forma que permitam a identificação das pessoas a que respeitam por um período que não exceda o tempo necessário às finalidades determinantes do seu registo.
Disponível em: <http://www.fd.unl.pt/docentes_docs/ma/MEG_MA_5900.pdf>, último acesso em 26 de novembro de 2015.

> *il trattamento quando le finalità perseguite nei singoli casi possono essere realizzate mediante, rispettivamente, dati anonimi od opportune modalità che permettano di identificare l'interessato solo in caso di necessità.*

Fala-se em tratamento de dados lícito e ilícito, será ilícito o tratamento de dados quando feito para finalidades outras, diversas das quais justificaram a coleta e o tratamento.[386] Para que os dados possam ser utilizados para outras finalidades, deve-se obter o consentimento expresso ou inequívoco, livre e informado do titular dos dados. Salvo os dados coletados e tratados para fins históricos, estatísticos ou científicos, porque neste contexto, admite-se o tratamento sucessivo com tais finalidades.

A finalidade deve, portanto, ser determinada, explícita e legítima para que se possa averiguar se o tratamento de dados está sendo feito de acordo com tal finalidade. Interessante um provimento da Autoridade de Garantia italiana[387] que entendeu ilícito o tratamento de *e-mails* de usuários que cadastraram seus endereços eletrônicos para receberem informações sobre culinária, esportes e *hobbies*, mas receberam propaganda de um partido político. Assim, nesse provimento a Autoridade determinou que a conduta do partido político foi indevida porque os dados foram coletados e tratados para finalidade diversa da que fora estabelecido com os titulares dos *e-mails*.

Em suma, o princípio da finalidade impõe que o tratamento seja "realizado com finalidades legítimas, específicas, explícitas e informadas ao titular".

### 4.1.2 Princípio da Proporcionalidade ou Adequação

Em complemento ao princípio da finalidade, exige-se, ainda, que o tratamento dos dados seja adequado aos objetivos. Nisto consiste o princípio da proporcionalidade ou adequação, ou seja, a licitude do tratamento depende da sua compatibilidade "com as finalidades informadas ao titular, de acordo com o contexto do tratamento", nos termos do inc. II do art. 6º da LGPD.

---

[386] FINOCCHIARO, Giusella. *Op. cit.*, p. 111.
[387] *Provvedimento dell'11 gennaio 2001.* Disponível em: <www.garanteprivacy.it>, doc. n. 40823.

Esse é princípio recorrente no modelo regulatório de proteção de dados, *e. g.*, item III (art. 18, já descrito) e item VI (art.21) da APEC[388], no supramencionado art. 6º, "c" da revogada Dir. 95/46/CE, substituído pelo art. 5º, parágrafo 1, alínea "b" do GDPR, no art. 8 das *Diretrizes* da OCDE,[389] no antigo Acordo *Safe Harbor* (integridade dos dados), que foi reafirmado no *EU-US Privacy Shield* e no art. 5º da Convenção n. 108[390].

A doutrina italiana[391] entende que o *principi di pertinenza e non eccendenza* às informações coletadas, ou seja, os dados coletados devem ser pertinentes às finalidades do tratamento e não se pode coletar dados além dos que forem adequados aos objetivos. Neste sentido, por exemplo, a Autoridade de Garantia italiana[392] entendeu que a conduta do condomínio de colocar o nome do condômino devedor em mural de visibilidade ampla, tanto para os demais condôminos, quanto para as pessoas alheias ao condomínio, viola o princípio da proporcionalidade e adequação porque excede às finalidades desta informação quando ela fica a mostra publicamente (inclusive para aqueles que não são moradores). Nesse caso, entendeu-se que o condômino tem direito à retirada destas informações do mural.

### 4.1.3 Princípio da Necessidade

Decorrência do princípio da finalidade, porém com um sentido mais restrito, tem-se o princípio da necessidade, em que o tratamento dos

---

[388] VI. Integrity of Personal Information: 21. Personal information should be accurate, complete and kept up-to-date to the extent necessary for the purposes of use.
[389] Data Quality Principle
8. Personal data should be relevant to the purposes for which they are to be used, and, to the extent necessary for those purposes, should be accurate, complete and kept up-to-date.
[390] Artigo 5º – Qualidade dos dados Os dados de carácter pessoal que sejam objecto de um tratamento automatizado devem ser: a) Obtidos e tratados de forma leal e lícita; b) Registados para finalidades determinadas e legítimas, não podendo ser utilizados de modo incompatível com essas finalidades; c) Adequados, pertinentes e não excessivos em relação às finalidades para as quais foram registados: d) Exactos e, se necessário, actualizados; e) Conservados de forma que permitam a identificação das pessoas a que respeitam por um período do que não exceda o tempo necessário às finalidades determinantes do seu registo. Disponível em: <http://www.fd.unl.pt/docentes_docs/ma/MEG_MA_5900.pdf>, último acesso em 26 de novembro de 2015.
[391] FINOCCHIARO, Giusella. *Op. cit.*, p. 118.
[392] *Provvedimento del 12 dicembre 2001*, Disponível em: <www.garanteprivacy.it>, doc. n. 31007.

dados deve-se limitar "ao mínimo necessário para a realização de suas finalidades, com abrangência dos dados pertinentes, proporcionais e não excessivos em relação às finalidades do tratamento de dados" (inc. III do art. 6º da LGPD. No direito estrangeiro, os mesmos dispositivos que tratam do princípio da finalidade e do princípio da proporcionalidade, tratam, também, do princípio da necessidade. Por exemplo, o art. 6º, "d" da revogada Dir. 95/46/CE[393], substituído pelo art. 5º, parágrafo 1, alínea "c", art. 8º das *Diretrizes* da OCDE, art. 19 do quadro de princípios da APEC.

Em outras palavras, o tratamento de dados lícito é aquele feito segundo os propósitos consentidos ou, quando a lei dispense o consentimento, conforme os objetivos legalmente determinados (princípio da finalidade). Além disso, o tratamento lícito é aquele adequado às finalidades estabelecidas (princípio da adequação ou proporcionalidade). E, finalmente, o tratamento lícito é o mínimo realizado para se alcançar os objetivos (princípio da necessidade).

De maneira que o tratamento automatizado de dados pessoais somente é autorizado quando os *softwares* utilizados sejam configurados de modo a não identificar o indivíduo (salvo quando seja essencialmente necessário). A doutrina italiana[394] sintetiza esse princípio afirmando que o tratamento dos dados pessoais deve ser feito de maneira a reduzir ao mínimo o uso dos dados pessoais e dos dados identificativos, ou seja, se os objetivos do tratamento puderem ser alcançados com a utilização de dados anônimos, deve-se utilizar preferencialmente os dados não identificando o titular. De fato, a LGPD, no inc. IV do art. 18, garante ao titular de dados o direito à anonimização.

### 4.1.4 *Princípio do Livre Acesso*

O princípio do livre acesso é um dos princípios estruturantes do modelo regulatório de proteção de dados, pois sem a possibilidade de acessar os dados, o indivíduo não poderá exercer o controle de suas informações

---

[393] Exactos e, se necessário, actualizados; devem ser tomadas todas as medidas razoáveis para assegurar que os dados inexactos ou incompletos, tendo em conta as finalidades para que foram recolhidos ou para que são tratados posteriormente, sejam apagados ou rectificados.
[394] FINOCCHIARO, Giusella. *Op. cit.*, p. 115.

pessoais (autodeterminação informacional). Isto está, inclusive, destacado nos princípios do FTC (*Fair Information Practice Principles*)[395]:

*3. Access/Participation*
*Access is the third core principle. It refers to an individual's ability both to access data about him or herself – i.e., to view the data in an entity's files – and to contest that data's accuracy and completeness. Both are essential to ensuring that data are accurate and complete. To be meaningful, access must encompass timely and inexpensive access to data, a simple means for contesting inaccurate or incomplete data, a mechanism by which the data collector can verify the information, and the means by which corrections and/or consumer objections can be added to the data file and sent to all data recipients.*

Semelhantemente, o art. 23 do quadro de princípios da APEC[396] estabelece esse princípio. Esse princípio fundamenta, inclusive, o direito de acesso, que se verá adiante, porque estabelece a "garantia, aos titulares, de consulta facilitada e gratuita sobre a forma e a duração do tratamento, bem como sobre a integralidade dos seus dados pessoais" (inc. IV do art. 6º da LGPD).

### 4.1.5 *Princípio da Qualidade ou Exatidão dos Dados*

Segundo esse princípio, devem ser garantidas aos titulares A "exatidão, clareza, relevância e a atualização dos dados, de acordo com a necessidade e para o cumprimento da finalidade de seu tratamento" (inc. V do art. 6º da LGPD).[397] Está previsto na seção VI, art. 21 da APEC, art. 6º da revogada Dir. 95/46/CE, substituído pelo art. 5, parágrafo 1, alínea

---

[395] Disponível em: <http://www.ftc.gov/reports/privacy3/fairinfo.shtm>, acessado em 06 de novembro de 2015.

[396] VIII. Access and Correction: 23. Individuals should be able to: a) obtain from the personal information controller confirmation of whether or not the personal information controller holds personal information about them; b) have communicated to them, after having provided sufficient proof of their identity, personal information about them; i. within a reasonable time; ii. at a charge, if any, that is not excessive; iii. in a reasonable manner; iv. in a form that is generally understandable; and, c) challenge the accuracy of information relating to them and, if possible and as appropriate, have the information rectified, completed, amended or deleted.

[397] DONEDA, Danilo. Princípios de proteção de dados pessoais. *In*: DE LUCCA, Newton; SIMÃO FILHO, Adalberto; LIMA, Cíntia Rosa Pereira de. *Direito & Internet III:* Marco Civil da Internet (Lei n. 12.965/2014). Tomos I e II. São Paulo: Quartier Latin, 2014. pp. 369-384. p. 376.

"d", art. 8 das *Diretrizes* da OCDE, no Acordo *Safe Harbor* (integralidade dos dados), hoje o *EU-US Privacy Shield*, e no art. 5º da Convenção n. 108 (acima descritos).

Inclusive, um dos direitos do titular dos dados é o direito à atualização e à correção dos dados (previsto no art. 18, incisos II e III da LGPD).

### 4.1.6 Princípio da Transparência

O princípio da transparência no tratamento de dados determina que o indivíduo deva ser informado claramente e de maneira adequada sobre a coleta, o uso, o armazenamento e o tratamento dos dados pessoais.

Dada a importância desse princípio para a proteção dos dados pessoais, está presente em grande parte das leis e *soft laws* de proteção de dados pessoais. Por exemplo, o art. 15 da seção II da APEC[398], os arts. 10 e 11 da revogada Dir. 95/46/CE[399], atualmente o art. 5º, parágrafo 1, alínea "a" do GDPR, o art. 12 das *Diretrizes* da OCDE[400], no antigo Acordo

---

[398] 15. Personal information controllers should provide clear and easily accessible statements about their practices and policies with respect to personal information that should include: a) the fact that personal information is being collected; b) the purposes for which personal information is collected; c) the types of persons or organizations to whom personal information might be disclosed; d) the identity and location of the personal information controller, including information on how to contact them about their practices and handling of personal information; e) the choices and means the personal information controller offers individuals for limiting the use and disclosure of, and for accessing and correcting, their personal information.

[399] Art. 10: "Informação em caso de recolha de dados junto da pessoa em causa Os Estados--membros estabelecerão que o responsável pelo tratamento ou o seu representante deve fornecer à pessoa em causa junto da qual recolha dados que lhe digam respeito, pelo menos as seguintes informações, salvo se a pessoa já delas tiver conhecimento [...]" e Art. 11: Informação cm caso de dados não recolhidos junto da pessoa em causa – Se os dados não tiverem sido recolhidos junto da pessoa em causa, os Estados-membros estabelecerão que o responsável pelo tratamento, ou o seu representante, deve fornecer à pessoa em causa , no momento em que os dados forem registados ou, se estiver prevista a comunicação de dados a terceiros, o mais tardar aquando da primeira comunicação desses dados, pelo menos as seguintes informações, salvo se a referida pessoa já delas tiver conhecimento [...]".

[400] "Openness Principle: 12. There should be a general policy of openness about developments, practices and policies with respect to personal data. Means should be readily available of establishing the existence and nature of personal data, and the main purposes of their use, as well as the identity and usual residence of the data controller."

de *Safe Harbor* (Notificação), hoje no *EU-US Privacy Shield* e no art. 8 da Convenção n. 108[401].

Em uma relação de consumo, esse princípio é imperativo, posto que está previsto no artigo 4º, *caput*, do CDC, pelo qual a política nacional das relações de consumo tem como objetivo alcançar a transparência, influenciando, a partir daí todas as normas deste microssistema para concretizá-lo. O problema é que a vagueza semântica do termo traz a dificuldade de se chegar a um conceito do princípio da transparência.

A partir da compreensão do próprio vocábulo, entende-se que o elemento finalístico desse princípio é alcançar uma relação sem qualquer tipo de opacidade, obscuridade; mas, ao revés, clara, cristalina, nítida, translúcida, e, porque não, sincera, como aponta Cláudia Lima Marques.[402]

Afirma-se que o direito/dever de informar é uma garantia correlata e necessária a esse princípio,[403] pois é, justamente, esse imprescindível diálogo que irá propiciar ao consumidor/titular dos dados o necessário conhecimento para que possa exercer em sua plenitude os direitos que a lei lhe assegura.

---

[401] Artigo 8º – Garantias adicionais para o titular dos dados Qualquer pessoa poderá: a) Tomar conhecimento da existência de um ficheiro automatizado de dados de carácter pessoal e das suas principais finalidades, bem como da identidade e da residência habitual ou principal estabelecimento do responsável pelo ficheiro; b) Obter, a intervalos razoáveis e sem demoras ou despesas excessivas, a confirmação da existência ou não no ficheiro automatizado de dados de carácter pessoal que lhe digam respeito, bem como a comunicação desses dados de forma inteligível; c) Obter, conforme o caso, a rectificação ou a supressão desses dados, quando tenham sido tratados com violação das disposições do direito interno que apliquem os princípios básicos definidos nos artigos 5º e 6º da presente Convenção; d) Dispor de uma via de recurso se não for dado seguimento a um pedido de confirmação ou conforme o caso, de comunicação, de rectificação ou de supressão, tal como previsto nas alíneas b) e c) deste artigo. Disponível em: <http://www.fd.unl.pt/docentes_docs/ma/MEG_MA_5900.pdf>, último acesso em 26 de novembro de 2015.
[402] MARQUES, Cláudia Lima. *Contratos no Código de Defesa do Consumidor*: o novo regime das relações contratuais. São Paulo: Editora Revista dos Tribunais, 2011. p. 745: "A ideia central é possibilitar uma aproximação e uma relação contratual mais sincera e menos danosa entre consumidor e fornecedor."
[403] NUNES, Luiz Rizatto. *Curso de direito do consumidor*. São Paulo: Saraiva, 2011. p. 174: "O princípio da transparência será complementado pelo princípio do dever de informar, previsto no art. 6º, e a obrigação de apresentar, previamente o conteúdo do contrato está regrado no art. 46."

Portanto, o princípio da transparência é funcionalizado pelo direito/dever de informar, uma vez que é tal interação que expurgará qualquer tipo de deslealdade na projetada relação de consumo, a ponto de racionalizar as próprias decisões do consumidor, pois "somente a vontade racional: a vontade realmente livre (autônoma) e informada, legítima, isto é, tem o poder de ditar a formação, e, por consequência, os efeitos do contrato entre consumidor e fornecedor"[404], permitindo-lhe tomar uma decisão refletida.[405]

À mesma conclusão se chega analisando o sistema de proteção de dados pessoais, isto é, nos marcos regulatórios acima mencionados, bem como na LGPD brasileira, o princípio da transparência sempre menciona o direito do titular dos dados de ser amplamente informado.

Por fim, decorre desse princípio a publicidade, ou seja, a existência de bancos de dados não pode ser sigilosa, para que os titulares de dados saibam a quem se dirigir para pleitear seus direitos e mesmo para a ANPD ter ciência para fiscalizar e solicitar informações quando for o caso.[406]

### 4.1.7 Princípio da Segurança

O princípio da segurança está consagrado em todas as regulações sobre proteção de dados, até porque é inerente à proteção à própria segurança. Nesse sentido, o art. 22 do quadro de princípios da APEC[407],

---

[404] MARQUES, Cláudia Lima, *Idem.* p. 743.
[405] LORENZETTI, Ricardo Luis. *Teoria da decisão judicial*: fundamentos do direito. São Paulo: Editora Revista dos Tribunais, 2010. p. 317: "A transparência no mercado de consumo significa que a informação circule adequadamente, de modo que influencie na relação, permitindo ao consumidor tomar uma decisão refletida".
[406] DONEDA, Danilo. Princípios..., *op. cit.*, p. 376.
[407] "Art. 22. Personal information controllers should protect personal information that they hold with appropriate safeguards against risks, such as loss or unauthorized access to personal information, or unauthorized destruction, use, modification or disclosure of information or other misuses. Such safeguards should be proportional to the likelihood and severity of the harm threatened, the sensitivity of the information and the context in which it is held, and should be subject to periodic review and reassessment."

art. 11 das *Diretrizes* da OCDE⁴⁰⁸ e art. 17 da revogada Dir. 95/46/CE,⁴⁰⁹ atualmente o art. 5º, parágrafo 1, alínea "f".

Assim, faz parte do risco da atividade daqueles agentes que realizam tratamento de dados pessoais, a segurança, para tanto, os agentes de tratamento devem utilizar "de medidas técnicas e administrativas aptas a proteger os dados pessoais de acessos não autorizados e de situações acidentais ou ilícitas de destruição, perda, alteração, comunicação ou difusão" (inc. VII do art. 6º da LGPD).

O responsável pelo tratamento dos dados não pode negligenciar os padrões de segurança de tais informações, sendo a segurança uma obrigação desses agentes (art. 47 da LGPD) os quais devem elaborar os denominados Códigos de Boas Práticas, adiante analisados, para detalhar quais seriam as medidas de segurança, sejam técnicas, sejam administrativas, são adotadas em sua atividade (art. 46 a 49 da LGPD). Este é um ponto importante de atuação da ANPD, pois poderá indicar quais seriam estes padrões por meio de portarias ou regulamentos (§1º do art. 46 da LGPD).

Portanto, esse princípio fundamenta o dever do agente de tratamento todas as medidas físicas (como fechamento das salas com lacre e fechadura e etc.), bem como medidas tecnológicas (*e. g.* fazer cópias de segurança em nuvem, usar criptografia e senhas), além de medidas organizacionais, como o treinamento de funcionários para adotarem condutas em prol à proteção de dados (tais como, não deixar documentos que identifiquem pessoas sobre as mesas, inutilizar ou triturar os papéis que contenham estas informações quando for o caso e não usar como rascunho, dentre outras medidas).

Consequentemente, em vista ao princípio da segurança, devem ser utilizadas medidas tecnológicas e administrativas constantemente atualizadas, proporcionais à natureza das informações tratadas e aptas

---

⁴⁰⁸ "Security Safeguards Principle: 11. Personal data should be protected by reasonable security safeguards against such risks as loss or unauthorized access, destruction, use, modification or disclosure of data."

⁴⁰⁹ "Artigo 17 – Segurança do tratamento: 1. Os Estados-membros estabelecerão que o responsável pelo tratamento deve pôr em prática medidas técnicas e organizativas adequadas para proteger os dados pessoais contra a destruição acidental ou ilícita, a perda acidental, a alteração, a difusão ou acesso não autorizados, nomeadamente quando o tratamento implicar a sua transmissão por rede, e contra qualquer outra forma de tratamento ilícito."

a proteger os dados pessoais de acessos não autorizados e de situações acidentais ou ilícitas de destruição, perda, alteração, comunicação ou difusão. Até porque a responsabilização civil, bem como a administrativa, dos agentes de tratamento é objetiva por interpretação do art. 42 da LGPD, sendo que nas excludentes previstas no art. 43 da LGPD estão somente previstas três hipóteses, quais sejam: a) não realização do tratamento de dados pessoais que lhe é atribuído; b) não houve violação à LGPD, ainda que tenha realizado o tratamento que lhe é atribuído; ou c) culpa exclusiva do titular de dados ou de terceiro.

Ora na medida em que a lei impõe a estes agentes o dever de segurança, o acesso de pessoas não autorizadas às informações pessoais não pode ser interpretado como culpa exclusiva de terceiro, pois o agente de tratamento contribuiu para o acesso ao não adotar as medidas de segurança necessárias para evitar tal acesso (*fortuito interno*).

### 4.1.8 *Princípio da Prevenção*

Segundo o princípio da prevenção (art. 6º, inc. VIII da LGPD), deve-se adotar todas as medidas para prevenir a ocorrência de danos em virtude do tratamento de dados pessoais, ideia que se aproxima aos arts. 8º, 9º e 10 do CDC quanto à prevenção de danos ao consumidor; no entanto, sendo ineficazes as medidas preventivas, e verificando o dano sofrido pelo consumidor/titular de dados, o fornecedor/agente de tratamento deve reparar.

O problema é a dificuldade de se estabelecer um critério de segurança na seja na prestação de serviços e disponibilização de produtos no mercado de consumo, seja nas diversas atividades de tratamento de dados pessoais. A primeira dificuldade é o critério utópico de segurança absoluta em uma sociedade informacional caracterizada pelos constantes avanços tecnológicos, sendo impossível assegurar o resultado prático das atuais invenções e descobertas afirmando não existir nenhum risco ao titular de dados pessoais.

Parte-se, portanto, do princípio da segurança com o qual o CDC trabalha que é relativizado, pois sempre haverá um risco mínimo, segundo o critério da razoabilidade. Desta forma, o CDC adota alguns critérios, como o art. 8º, segundo o qual os riscos que estejam dentro de uma expectativa legítima (*periculosidade esperada*), são "admitidos", impondo ao fornecedor o dever de informar todos os possíveis riscos esperados. No entanto, hipótese que determina a *periculosidade potencial*, quando o risco de dano não é esperado, impõe o dever ao fornecedor de prestar todas as informações relevantes de forma ostensiva para evitar o dano, inclusive informando a forma mais segura de utilização do produto ou serviço (o art. 9º do CDC). Por fim, há produtos ou serviços que oferecem um risco tão alto que por isso não podem ser colocados no mercado de consumo (art. 10 do CDC), seria a denominada *periculosidade proibida* (sabida ou que presumida):

Em outras palavras, com as devidas proporções tais ideias podem ser transposta ao sistema de proteção de dados para que se o tratamento de dados apresenta uma periculosidade esperada, o agente de tratamento deverá informar todos os riscos aos titulares, instruindo-os a forma mais segura para administrar estes riscos. Por exemplo, uma determinada rede social, há um risco inerente quando a pessoa cria seu perfil e insere algumas informações pessoais, pois algumas delas, como a foto do perfil, serão públicas viabilizando um acesso irrestrito fugindo da esfera de controle do agente de tratamento de dados. Por outro lado, se a periculosidade for potencial, pois o tratamento de dados não oferece risco conhecido, por exemplo, não se espera que um *hacker* acesse o perfil do usuário de forma não autorizada, o agente de tratamento tem o dever de informar todas as medidas para evitar estes riscos, tais como controle de senhas, ferramentas de privacidade e de proteção de dados. Por fim, se o tratamento de dados oferecer uma periculosidade exacerbada, o agente de tratamento não poderá realizar esta conduta por ser ilícito o tratamento ao violar o dever de segurança e diversos princípios elencados na LGPD.

Não há uma definição geral e absoluta do grau de periculosidade, nem para as relações de consumo, nem tão pouco para as atividades de tratamento de dados. Por isso, a ANPD poderá definir estes critérios por meio de resoluções e/ou recomendações nos termos do art. 55-J da LGPD.

Além do princípio da prevenção, não se pode olvidar o princípio da precaução, muito utilizado na doutrina que estuda o meio ambiente, e que tem amparo pela LGPD, pois se busca atingir um adequado nível de proteção de dados pessoais, portanto, o princípio da precaução deve ser considerado como um norte para determinar medidas para evitar um dano aos titulares de dados pessoais e, em determinadas situações, a toda sociedade ainda que tais danos sejam desconhecidos, devendo ser previsto no Plano Nacional de Inteligência Artificial que o Brasil venha a ter.

O princípio da precaução é utilizado quando os riscos são incertos e suas causas indeterminadas. Portanto, a falta de certeza quanto à ocorrência de dano e suas causas não pode ser escusa para a não adoção de medidas eficazes a fim de impedi-los.

O critério da certeza na ocorrência do dano e de sua causa é fundamental para a distinção entre o princípio da precaução e da prevenção. Neste sentido[410]:

> Em caso de certeza do dano ambiental, este deve ser prevenido, como preconiza o princípio da prevenção. Em caso de dúvida ou incerteza, também se deve agir prevenindo. Essa é a grande inovação do princípio da precaução. A dúvida científica, expressa com argumentos razoáveis, não dispensa a prevenção.

Cabe ressaltar que os princípios da precaução e da prevenção não excluem a obrigação de reparar danos sofridos pelos titulares de dados pessoais nos termos do art. 43 da LGPD. No entanto, tais condutas dos agentes de tratamento de dados pessoais podem fundamentar as atenuantes das sanções administrativas previstas no § 1º do art. 52 da LGPD, notadamente o inc. II (boa-fé do infrator); inc. VII (cooperação do infrator); inc. VIII (adoção reiterada e demonstrada de mecanismos e procedimentos internos capazes de minimizar o dano, voltados ao tratamento seguro e adequado de dados) e inc. IX (a adoção de política de boas práticas e governança).

Por fim, ainda que a LGPD não tenha adotado os padrões *privacy by design* e *privacy by default*, eles podem ser impostos pela ANPD por meio de portarias ou regulamentos nos termos do art. 55-J da LGPD. Estes padrões estão mencionados expressamente no GDPR, art. 25 (*Data Protection by Design and by Default*), ou seja, considerando o estado da arte, o custo de implementação e a natureza, escopo, contexto e finalidades

---

[410] MACHADO, Paulo Afonso Leme. Direito Ambiental Brasileiro. São Paulo: Malheiros, 2001. p. 55.

do processamento, bem como os riscos, o responsável pelo tratamento deve, no momento da determinação dos meios de processamento e no próprio momento do processamento, implementar medidas técnicas e organizacionais apropriadas, como a pseudonimização, projetadas para implementar princípios de proteção de dados, como minimização de dados. Assim, *data protection by design* e *by default* vão ao encontro do princípio da prevenção.

### 4.1.9 *Princípio da Não Discriminação*

Além desses princípios, o inc. IX do art. 6º da LGPD elenca o princípio não discriminação, isto é, o tratamento de dados não serve à discriminação seja por qualquer natureza, sexo, cor, raça, crença, etc.

Este princípio pode inviabilizar os serviços de proteção de crédito, pois acabam realizando o tratamento de dados com finalidade discriminatória ainda que seja de maneira indireta. Neste sentido, caberá a ANPD regular as condutas praticadas pelos *bureaux de créditos,* para que não incidam em tratamento ilícito de dados por contrariar o princípio da não discriminação.

### 4.1.10 *Princípio da Accountability*

Essa foi uma das grandes novidades do GDPR, estabelecido no art. 5, parágrafo 2, segundo o qual o agente de tratamento deve se responsabilizar e demonstrar que se adequou a todos os princípios de proteção de dados estabelecidos no GDPR (acima destacados). Em complemento, o art. 24 do GDPR especifica que o agente de tratamento deve adotar todas as medidas técnicas e organizacionais para garantir e demonstrar o cumprimento das normas previstas no GDPR.

Na LGPD, o princípio está expressamente incorporado no inc. X do art. 6º, ou seja, o princípio da responsabilização e prestação de contas, segundo o qual o agente de tratamento de dados deve demonstrar que adotou medidas eficazes e capazes de comprovar a observância e o cumprimento das normas de proteção de dados pessoais, provando, inclusive a eficácia dessas medidas. Portanto, este princípio exige uma conduta proativa por parte dos agentes de tratamento de dados.

Como já foi objeto de análise no capítulo 3, em que ficou evidenciada a dificuldade em conceituar este princípio dada sua vagueza semântica, vale aqui mencioná-lo dentre os princípios dada sua relevância ao *enforcement* do sistema de proteção de dados brasileiro.

Portanto, o agente de tratamento tem um papel proativo e obrigações mais significativas, visando não apenas o cumprimento formal das regras, mas, principalmente, a adoção de todas as medidas técnicas e organizacionais necessárias a garantir o cumprimento efetivo da lei, também em termos de segurança. Em particular, deve implementar medidas adequadas e eficazes e ser capaz de demonstrar a conformidade das atividades de tratamento com o regulamento, inclusive a eficácia das medidas. Tais medidas devem levar em conta a natureza, o escopo, o contexto e a finalidade do processamento, bem como o risco aos direitos e liberdades dos indivíduos. O ônus da prova de que o processamento de dados é realizado de acordo com as disposições regulamentares recai sobre o agente de tratamento.[411]

Assim, a ANPD deverá indicar parâmetros para tais medidas técnicas mencionadas na LGPD a fim de nortear os agentes de tratamento de dados pessoais.

## 4.2 Direitos e Garantias do Titular dos Dados Pssoais e a Relevância da Atuação da Autoridade Nacional de Proteção de Dados

Os princípios servem como elementos estruturantes do modelo regulatório de proteção de dados. Dessa forma, fica evidente que muitos dos direitos assegurados aos titulares de dados decorrem dos princípios acima elencados. Sinteticamente, os direitos assegurados pela LGPD (art. 18) são: 1) direito de confirmação da existência do tratamento; 2) direito de acesso aos dados; 3) direito de correção de dados incompletos, inexatos ou desatualizados; 4) direito à anonimização; 5) direito de bloquear ou eliminar os dados desnecessários, excessivos ou tratados em desconformidade com a lei; 6) direito à portabilidade dos dados; 7) direito de informação; e 8) direito à revogação do consentimento.

Esses direitos consolidam a efetiva proteção dos dados pessoais e a possibilidade de controle de suas informações por parte do sujeito (autodeterminação informacional), inclusive, a autodeterminação infor-

---

[411] POLINI, Miriam. Principi, soggetti, diritti. *In:* MAGLIO, Marco; POLINI, Mirian; TILLI, Nicola. Manuale di Diritto ala Protezione dei Dati Personali. 2. ed. Santarcangelo di Romagna: Maggioli, 2019. pp. 121-176. p. 128.

mativa é elencada como um dos fundamentos da proteção de dados (art. 2º, inc. II da LGPD).

Esses direitos são garantidos também nas *Diretrizes da* OCDE (art. 13)[412]. Assim, no GDPR (arts. 15 e seguintes). Portanto, cabe explicá-los com destaque para a atuação da ANPD para assegurar de maneira eficiente esses direitos.

### 4.2.1 *Direito à Informação*

O direito de ser informado garante ao titular dos dados o exercício pleno dos demais direitos. Além disso, a partir da informação clara e precisa, o titular tem condições de analisar as finalidades para as quais seus dados estão sendo tratados. Por isso o capítulo III do GDPR dedica os arts. 13, 14 e 15 para disciplina-lo.

O direito à informação decorre diretamente do princípio da transparência, pois obriga os agentes de tratamento de dados a informar a existência do tratamento de dados (art. 18, inc. I da LGPD), bem como as finalidades do tratamento, compartilhamento de dados (art. 18, inc. VII) e sobre as condições do consentimento e consequências de eventual negativa (art. 18, inc. VIII). Ademais, este direito já estava previsto no Marco Civil da Internet como um direito básico dos usuários da rede (art. 7º, inc. VI).

A informação deve ser provida pelo agente de tratamento com presteza, ou seja, sem retardo injustificado. A LGPD não estabeleceu um prazo, o que deve ser sanado pela ANPD por meio de resoluções (art. 55-J da LGPD).

A LGPD não elencou os itens mínimos que devem ser informados pelos agentes de tratamento de dados, como o faz por exemplo o GDPR. Esta lacuna deverá ser suprida pela ANPD, pois será importante tanto para os agentes terem segurança sobre o que devem informar

---

[412] "Individual Participation Principle: 13. Individuals should have the right: a) to obtain from a data controller, or otherwise, confirmation of whether or not the data controller has data relating to them; b) to have communicated to them, data relating to them i. within a reasonable time; ii. at a charge, if any, that is not excessive; iii. in a reasonable manner; and iv. in a form that is readily intelligible to them; c) to be given reasons if a request made under subparagraphs (a) and (b) is denied, and to be able to challenge such denial; and d) to challenge data relating to them and, if the challenge is successful to have the data erased, rectified, completed or amended."

quanto para os titulares que não terão de solicitar tais informações aos agentes na medida em que já estarão disponíveis.

Segundo o GDPR, as informações mínimas que devem ser disponibilizadas pelos agentes de tratamento são:
1) a identidade e os contatos do responsável pelo tratamento e, se for caso, do seu representante;
2) os contatos do encarregado da proteção de dados, se for caso;
3) as finalidades do tratamento a que os dados pessoais se destinam, bem como o fundamento jurídico para o tratamento;
4) se o tratamento dos dados se basear no legítimo interesse, isso deve ser informado, detalhando o legítimo interesse no caso;
5) os destinatários ou categorias de destinatários dos dados pessoais, se os houver;
6) se for caso, a transferência internacional dos dados pessoais, informando se o país tem um nível adequado de proteção de dados;
7) o prazo de conservação dos dados pessoais ou, se não for possível, os critérios usados para definir esse prazo;
8) a existência do direito de solicitar ao responsável pelo tratamento acesso aos dados pessoais que lhe digam respeito, bem como a sua retificação ou a sua exclusão, e a limitação do tratamento no que disser respeito ao titular dos dados, ou do direito de se opor ao tratamento, bem como do direito à portabilidade dos dados;
9) se o tratamento dos dados se basear no legítimo interesse, a existência do direito de revogar consentimento a qualquer tempo, sem comprometer a licitude do tratamento efetuado com base no consentimento previamente dado;
10) o direito de apresentar reclamação a uma autoridade de controle;
11) se a comunicação de dados pessoais constitui ou não uma obrigação legal ou contratual, ou um requisito necessário para celebrar um contrato, bem como se o titular está obrigado a fornecer os dados pessoais e as eventuais consequências de não fornecer esses dados;
12) a existência de decisões automatizadas, incluindo a definição de perfis, bem como informações úteis relativas à lógica subjacente, bem como a importância e as consequências previstas de tal tratamento para o titular dos dados.

## 4.2.2 Direito de Consentir: o Mito do Consentimento

O direito de consentir é a pedra angular da autodeterminação informacional[413]. Tal modelo que é replicado, desde a emissão das *guidelines* da OECD em 1980,[414] em legislações como da União Europeia[415], Canadá[416], e Argentina[417], é, também, identificado como vetor central dos *Fair Information Practices Principles/FIPPs*.[418]

Nota-se a adjetivação do consentimento. O primeiro aspecto é que essa manifestação de vontade seja livre e informada, para tanto, pressupõe-se a eficácia do direito à informação anteriormente previsto.

O Marco Civil da Internet adjetivou o consentimento no inc. IX do art. 7º, *in verbis*: "*consentimento expresso sobre coleta, uso, armazenamento e tratamento de dados pessoais, que deverá ocorrer de forma destacada das demais cláusulas contratuais*".

No entanto, a LGPD no art. 5º, inc. XII define consentimento como a "manifestação livre, informada e inequívoca pela qual o titular concorda

---

[413] NIGER, Sergio. *Op. cit.*, p. 153.

[414] Neste sentido é o que preceitua o princípio da coleta dos dados: *OECD Guidelines Governing The Protection Of Privacy And Transborder Flows Of Personal Data* (2013). p. 14: "Collection Limitation Principle: 7. There should be limits to the collection of personal data and any such data should be obtained by lawful and fair means and, where appropriate, with the knowledge or consent of the data subject"

[415] A diretiva da União Europeia, primeiramente, em sua considerada (30) preceituava que o consentimento do titular dos pessoais confere licitude para o tratamento dos pessoais, sem prejuízo, ainda, de conceituá-lo em seu artigo 2º, alínea "h". Atualmente, o GDPR traz o conceito de consentimento no art. 4o, alínea 11 como "uma manifestação de vontade, livre, específica, informada e explícita, pela qual o titular dos dados aceita, mediante declaração ou ato inequívoco, que os dados pessoais que lhe dizem respeito sejam objeto de tratamento."

[416] A legislação canadense sobre o tema - *Personal Information Protection and Electronic Documents Act/PIPEDA* – exige, também, o conhecimento e o consentimento do titular dos dados pessoais para a sua coleta, uso e compartilhamento – princípio 4.3.

[417] Nesse mesmo sentido, dispõe o artigo 5º da Lei de Proteção de Dados da Argentina: "1. El tratamiento de datos personales es ilícito cuando el titular no hubiere prestado su consentimiento libre, expreso e informado, el que deberá constar por escrito, o por otro medio que permita se le equipare, de acuerdo a las circunstancias. El referido consentimiento prestado con otras declaraciones, deberá figurar en forma expresa y destacada, previa notificación al requerido de datos, de la información descrita en el artículo 6º de la presente ley."

[418] Contextualizando as *FIPPS* com as *guidelines* das OECD, e, por fim, conceituando-as: CATE, Fred H., *Op. cit.*, p. 356: "Many sets of FIPPS, and particularly those adopted since the OECD's 1980 guidelines, have been implemented to reflect a distinct goal of data protection as empowering consumers to control information about themselves (...)."

com o tratamento de seus dados pessoais para uma finalidade determinada". No art. 8º, a LGPD detalha alguns aspectos do consentimento, estabelecendo que o consentimento pode ser fornecido por escrito ou outro meio que demonstre a manifestação de vontade do titular.

Como afirmado anteriormente, deve-se prevalecer o disposto na LGPD por ser lei posterior e específica quando comparada ao MCI.

Portanto, o consentimento é visto como elemento central da proteção dos dados pessoais. Mas, para que sirva realmente ao seu propósito, o titular deve estar apto a tomar uma decisão plenamente consciente dos seus efeitos. O questionamento que se faz é de que maneira esse consentimento é obtido?

É cediço que as licenças de uso e as políticas de privacidade, propositalmente longas, não são lidas pelos indivíduos. E quando, raramente, o são, não se consegue compreendê-las de forma adequada. Em outra oportunidade abordamos[419] esse tema e concluímos que há várias razões para os consumidores não lerem os contratos eletrônicos, dentre as quais: a) por pressa, o usuário assume o risco de estar vinculado a cláusulas que desconhece; b) pela falsa impressão de que na Internet, pela facilidade e aparente gratuidade dos serviços oferecidos, os contratos não serão abusivos; c) pela lógica do imediatismo, o usuário pretende satisfazer uma necessidade atual não se importando com as consequências futuras desse ato; d) pela impossibilidade de compreender os termos estabelecidos de maneira padronizada e poluída nos quais se misturam cláusulas importantes que mitiguem direitos dos consumidores; dentre outras.

Importante destacar que, em razão da vulnerabilidade do sujeito cujos dados são objeto de tratamento, preocupa a fragilidade do consenso[420]. Portanto, a assimetria de poderes na sociedade informacional se tornou estrutural e permanente, o que impõe um intervencionismo para ser garantida a igualdade real entre as partes. Nesse contexto, o

---

[419] LIMA, Cíntia Rosa Pereira de. O ônus de ler o contrato no contexto da "ditadura" dos contratos de adesão eletrônicos. In: Direito e novas tecnologias I [Recurso eletrônico on-line] CONPEDI/UFPB (org.) ROVER, Aires José Rover; CELLA, José Renato Gaziero; AYUDA, Fernando Galindo. Florianópolis: CONPEDI, 2014. pp. 343-365. Disponível em: <http://publicadireito.com.br/artigos/?cod=981322808aba8a03>, acessado em 06/11/2015. p. 345.
[420] BELLAVISTA, Alessandro. Op. cit., pp. 67; 72.

papel da ANPD é fundamental, para estabelecer alguns critérios para a realização de tratamento de dados mediante o consentimento.[421]

O consentimento não é a única base para o tratamento de dados, há situações em que a lei o dispensa, como o art. 7º, incisos II a X da LGPD, quando o tratamento for necessário para o cumprimento de uma obrigação legal ou para a própria execução do contrato, para realizar pesquisa histórica, estatística e científica, para a tutela de direitos humanos, como a vida e a saúde, para citar alguns exemplos.

Por fim, ao consentir, o indivíduo não perde o poder de controlar suas próprias informações, assim, a relação jurídica entre o responsável pela coleta e tratamento de dados e o titular desses permanece até quando os dados estiverem sob guarda e estiverem sendo tratados pelo responsável e, em algumas situações, mesmo após o término do tratamento.[422]

### 4.2.3 Direito de Acesso

O direito de acesso é garantido nas diretrizes internacionais sobre proteção de dados, *e. g.* art. 23 da APEC, art. 12 da revogada Dir. 95/46/CE, hoje o art. 13 do GDPR, art. 13 das *Diretrizes* da OCDE, no antigo Acordo *Safe Harbor*, atualmente no *EU-US Privacy Shield*, nos princípios estabelecidos pelo *FTC* e no art. 8 da Convenção n. 108 do Conselho da Europa. A LGPD garante expressamente este direito no art. 18, inc. II.

Para alguns, o direito de acesso é personalíssimo, somente pode ser utilizado pelo titular, tendo em vista que a proteção de dados é um direito de personalidade, exceto os incapazes que são representados ou assistidos.[423] Porém, aplicando-se as regras do *Habeas Data* pode-se entender que esse direito de acesso se aplica aos familiares.[424] Este é outro tema que a ANPD deverá regulamentar, para estabelecer um padrão de conduta a ser adotado pelas empresas.

Contudo, nossa conclusão é que, sendo um direito de personalidade, o direito de acesso é personalíssimo, ou seja, enquanto a pessoa estiver viva somente ela o pode exercer, a menos que seja incapaz, hipótese em

---

[421] Rodotà, Stefano. Persona, riservatezza..., *op. cit.*, p. 600.
[422] Niger, Sergio. *Op. cit.*, p. 157.
[423] Marcos, Isabel Davara Fernández de. *Op. cit.*, p. 331.
[424] Doneda, Danilo. *Da privacidade à proteção de dados pessoais. Op. cit.*, p. 336.

que se autoriza a assistência ou a representação no exercício desse direito. Apenas quando o indivíduo falecer que seus familiares teriam legitimidade a exercer esse direito, limitado àqueles previstos no parágrafo único do art. 12 do Código Civil:

> Art. 12. Pode-se exigir que cesse a ameaça, ou a lesão, a direito da personalidade, e reclamar perdas e danos, sem prejuízo de outras sanções previstas em lei.
> Parágrafo único. Em se tratando de morto, terá legitimação para requerer a medida prevista neste artigo o cônjuge sobrevivente, ou qualquer parente em linha reta, ou colateral até o quarto grau.

Assim, o interessado pode solicitar as informações que lhe digam respeito aos agentes de tratamento por simples requerimento, socorrendo-se da ação constitucional *Habeas Data* (pouco aconselhável) ou obrigação de fazer, caso tal acesso lhe seja negado.

Os dados pessoais devem ser armazenados em formato que favoreça o exercício do direito de acesso (§ 1º do art. 19 da LGPD), o que pode ser disciplinado pela ANPD ao sugerir alguns formatos, bem como o prazo de resposta. No requerimento de acesso aos dados pessoais, o titular deverá indicar se quer receber tais informações em meio eletrônico ou sob forma impressa (§2º do art. 19 da LGPD). Esse direito não tem ônus, se exercido inteiramente de maneira virtual; mas, se o titular solicitar o envio das informações em forma expressa, deve custear a impressão e a postagem, se for o caso. Veja que a própria Lei de Acesso à Informação, Lei n. 12.527, de 18 de novembro de 2011, prevê regra semelhante no art. 12: "O serviço de busca e fornecimento da informação é gratuito, salvo nas hipóteses de reprodução de documentos pelo órgão ou entidade pública consultada, situação em que poderá ser cobrado exclusivamente o valor necessário ao ressarcimento do custo dos serviços e dos materiais utilizados."

Em não sendo atendido pelo agente de tratamento, o titular pode se valer do *Habeas Data*. Este remédio constitucional se inspirou no direito norte americano denominado *writ of mandamus*, que foi incorporado em outros países. O art. 5º, inc. LXXII da CF/88 garante essa ação constitucional para assegurar o conhecimento de informações pessoais em registros mantidos por entidades governamentais ou de caráter público e para retificar os dados quando não tiver outro meio.

Essa ação constitucional pode ser utilizada não só com a finalidade de acesso (*habeas data* informativo), mas também para: a) acrescentar informações quando estiverem incompletas (*habeas data* inclusivo); b) corrigir informações incorretas (*habeas data* retificador); c) cancelar a informação, eliminando-a do banco de dados (*habeas data* expletivo), entre outros fins.[425]

Todavia, esta ação é muito burocrática e pouco funcional, por isso, o titular de dados pode, preferivelmente, ingressar com uma obrigação de fazer solicitando ao Judiciário o acesso às suas informações nos termos da LGPD. Mas nem sempre recorrer à via judicial será a melhor saída. Por isso, a LGPD abriu a possibilidade para os titulares de dados fazerem reclamações diretamente à ANPD (art. 55-J, inc. V), essa via poderá ser a mais eficiente para a concretude do direito de acesso.

### 4.2.4 Direito de Retificação, Oposição e Cancelamento

O interessado tem o direito de corrigir dados incompletos, incorretos ou desatualizados (art. 18, inc. III da LGPD); pode se opor ao tratamento ilícito (§ 2º do art. 18 da LGPD; ou, ainda, pode dissociar, bloquear ou cancelar os dados pessoais (incisos IV e VI do art. 18 da LGPD).

No direito estrangeiro, ao assegurar o direito de acesso, garante-se, também, o direito à retificação e ao cancelamento. Por exemplo, o art. 23 do quadro de princípios da APEC, o art. 12, "b" e "c" da revogada Diretiva 95/46/CE, substituído pelos artigos 19 e 21 do GDPR, art. 13 das *Diretrizes* da OCDE, no antigo acordo *Safe Harbor*, hoje *EU-US Privacy Shield* e no art. 8º da Convenção n. 108 do Conselho da Europa.

O direito de retificação e de oposição, por sua vez, está relacionado à qualidade dos dados, que devem ser fiéis à realidade.[426] Não se pode valer desse direito para retificar opiniões valorativas que lhes digam respeito.[427] Assim, se estas opiniões forem injuriosas, caluniosas ou difamatórias, ao indivíduo caberá a tutela penal e civil, esta para pleitear a reparação por danos morais e materiais. Nesse caso, deve-se ponderar entre o direito à liberdade de expressão e o direito à privacidade, intimidade e vida privada.

---

[425] DONEDA, Danilo. *Da privacidade a proteção...*, *op. cit.*, pp. 352-353.
[426] SALOM, Javier Aparicio. *Op. cit.*, p. 299.
[427] FINOCCHIARO, Giusella. *Op. cit.*, p. 239.

Por fim, garante-se também o direito ao cancelamento ou à exclusão dos dados pessoais. O Marco Civil da Internet garante o direito ao cancelamento de maneira ampla, no inciso X do art. 7º: *"X – exclusão definitiva dos dados pessoais que tiver fornecido a determinada aplicação de internet, a seu requerimento, ao término da relação entre as partes, ressalvadas as hipóteses de guarda obrigatória de registros previstas nesta Lei"*.

A LGPD, por sua vez, além de prever o direito à eliminação de dados desnecessários, excessivos, tratados em desconformidade com a lei (art. 18, inc. IV), traz a eliminação de dados como consequência do término do tratamento (art. 16). A conservação dos dados pelo agente de tratamento só será admitida para: 1) cumprimento de obrigação legal ou regulatória; 2) estudo por órgão de pesquisa, garantida sempre que possível a anonimização; 3) transferência para terceiros observados os requisitos legais; e 4) uso exclusivo do controlador, sendo vedado o acesso por terceiro, desde que os dados sejam anonimizados.

Como o direito de acesso, o direito à retificação, à oposição e ao cancelamento são direitos personalíssimos, podendo ser exercidos pelo próprio indivíduo, ressalvadas as hipóteses de assistência ou representação conforme for o caso.[428] Porém, quanto aos mortos, deve-se garantir a tutela pelos legitimados previstos no parágrafo único do art. 12 do CC, isto é, cônjuge ou companheiro sobrevivente, ou qualquer parente em linha reta, ou colateral até o quarto grau.

A questão que se coloca é se esses legitimados poderiam agir somente quando estiver em jogo um interesse próprio, por exemplo, a viúva que necessita ter acesso aos dados bancários do marido morto para usufruir de seu direito patrimonial. Ou, além disso, eles poderiam agir alegando a defesa do interesse do morto?

Na Itália, por exemplo, a Autoridade de Garantia tende a ser mais permissiva quando esses direitos são exercidos para tutela de interesse próprio como no exemplo acima.[429] Entretanto, são raros os casos em que esses legitimados agem exclusivamente no interesse do morto. Este tema deverá ser regulado pela ANPD, ou seja, as condições para o exercício pelos legitimados do art. 12 do CC.

---

[428] SALOM, Javier Aparicio. *Op. cit.*, p. 307.
[429] FINOCCHIARO, Giusella. *Op. cit.*, p. 246.

## 4.3 Obrigações dos Agentes de Tratamento de Dados Pessoais

Para que os direitos dos titulares dos dados sejam efetivamente assegurados, o modelo de regulação de proteção de dados pessoais disciplina de maneira correlata as obrigações dos agentes, responsáveis pelo tratamento dos dados pessoais. Eles estão previstos na LGPD que faz distinção entre controlador e operador no art. 5º, incisos VI e VII, respectivamente. A LGPD trouxe, ainda, a figura do "encarregado", que tende a ser regulada pela ANPD para se equiparar ao *Data Privacy Officer* previsto no GDPR (arts. 37 a 39).

Importante apresentar uma evolução dos "agentes de proteção de dados" desde o Anteprojeto de Lei sobre Proteção de Dados de 2011, para compreender a atual caracterização destas figuras na LGPD.

O Anteprojeto de Lei sobre Proteção de Dados Pessoais, de 2011[430], trazia duas figuras, quais sejam: "responsável" e "subcontratante", conceituadas no art. 5º, como segue:

> VI – responsável: a pessoa física ou jurídica, de direito público ou privado, a quem competem as decisões referentes às finalidades e modalidades de tratamento de dados pessoais;
>
> VII – subcontratado: a pessoa jurídica contratada pelo responsável pelo banco de dados como encarregado do tratamento de dados pessoais;

No entanto, a redação deste APL/PD ao caracterizar o "subcontratado" no art. 25 acabava por relacioná-la ao que hoje se entende por operador. Portanto, o art. 5º, inc. VIII do APL/PD, entendia por "responsável" àquele a quem competem as decisões referentes ao tratamento de dados pessoais Por sua vez, o "subcontratado" era definido como o indicado pelo responsável para ser o encarregado da proteção de dados; no entanto, lhe atribuía obrigações próprias do "operador".

Constata-se, claramente, que estes anteprojetos de lei se inspiravam na revogada Dir. 95/46/CE (art. 2º, alínea "d"), na época ainda em vigor. Todavia, a Dir. 95/46/CE adotava um conceito mais descritivo que merece atenção, pois pode ser utilizado como norte para a caracterização

---

[430] BRASIL. Ministério da Justiça. *Anteprojeto de Lei sobre Proteção de Dados Pessoais*. Versão de 2011. Disponível em: <http://culturadigital.br/dadospessoais/files/2011/03/PL-Protecao-de--Dados_.pdf>. Acesso em: 25 agosto 2019.

destas figuras desses agentes. Atualmente, estas figuras foram mantidas, pois o GDPR prevê o "controller" e "processor" no art. 4º, alíneas 7 e 8 respectivamente. Além disso, prevê a figura do "data protection officer" nos artigos 37 a 39.

> *(7) "controller" means the natural or legal person, public authority, agency or other body which, alone or jointly with others, determines the purposes and means of the processing of personal data; where the purposes and means of such processing are determined by Union or Member State law, the controller or the specific criteria for its nomination may be provided for by Union or Member State law;*
> *(8) "processor" means a natural or legal person, public authority, agency or other body which processes personal data on behalf of the controller;*

Quase 4 (quatro) anos depois, o Anteprojeto de Lei sobre Proteção de Dados Pessoais (1ª versão de 2015)[431], foi o primeiro a fazer a separação e caracterização específica das três figuras (responsável, operador e encarregado) no art. 5º:

> VIII – *responsável*: a pessoa natural ou jurídica, de direito público ou privado, a quem competem as decisões referentes ao tratamento de dados pessoais;
> IX – *operador*: a pessoa natural ou jurídica, de direito público ou privado, que realiza o tratamento de dados pessoais em nome do responsável;
> XVIII – *encarregado*: pessoa natural, indicada pelo responsável, que atua como canal de comunicação perante os titulares e o órgão competente.

O grande avanço deste projeto foi fazer a distinção necessária entre "operador" e "encarregado", pois isto implica em obrigações diversas no desempenho de suas respectivas funções.

Essa primeira versão do Anteprojeto de Lei de Proteção de Dados Pessoais foi submetida à consulta pública, culminando na 2ª versão, também em 2015[432], que manteve as três figuras (responsável, opera-

---

[431] BRASIL. Ministério da Justiça. *Anteprojeto de Lei sobre Proteção de Dados Pessoais*. 1ª versão de 2015 (antes da consulta pública). Disponível em: <http://pensando.mj.gov.br/dadospessoais/texto-em-debate/anteprojeto-de-lei-para-a-protecao-de-dados-pessoais/>. Acesso em: 25 agosto 2019.
[432] BRASIL. Ministério da Justiça. *Anteprojeto de Lei sobre Proteção de Dados Pessoais*. 2ª versão de 2015 (depois da consulta pública). Disponível em: <http://www.justica.gov.br/noticias/

dor e encarregado) nos incisos VIII, IX e X do art. 5º, respectivamente. O texto continuou restringindo o que considera "agentes de tratamento de dados": apenas o responsável e o operador (art. 36), disciplinando as atribuições mínimas do encarregado no art. 41. Quanto à responsabilidade, o art. 42 manteve o texto genérico no sentido de que todo aquele que participa do tratamento de dados pessoais poderiam ser responsabilizados pelos danos que sofrerem os seus titulares. Como o encarregado não era considerado "agente de tratamento", a conclusão era que este não seria responsabilizado.

Essa 2ª versão do Anteprojeto de Lei de Proteção de Dados Pessoais serviu de base para o Projeto de Lei n. 5.276-A, de iniciativa da Presidência da República, em 2016[433]. Assim, o PL 5.276-A manteve os mesmos conceitos acima mencionados, nos mesmos dispositivos. O texto aprovado na Câmara dos Deputados seguiu para o Senado Federal, sob o Projeto de Lei nº 53, de 2018[434], conservando substancialmente as mesmas disposições sobre "responsável", "operador" e "encarregado", mudando apenas a numeração dos dispositivos.

A partir deste breve resumo, constata-se que esta figura foi sendo construída até chegar ao texto final da LGPD em 2018. Portanto, nos termos da lei, consideram-se "agentes de tratamento", apenas o "controlador" e o "operador" (inc. IX, art. 5º da LGPD). Sendo que o "controlador" é a "pessoa natural ou jurídica, de direito público ou privado, a quem competem as decisões referentes ao tratamento de dados pessoais" (inc. VI, art. 5º da LGPD). "Operador", por sua vez, é "pessoa natural ou jurídica, de direito público ou privado, que realiza o tratamento de dados pessoais em nome do controlador", devendo seguir suas instruções.

---

mj-apresenta-nova-versao-do-anteprojeto-de-lei-de-protecao-de-dados-pessoais/apl.pdf>. Acesso em: 25 agosto 2019.

[433] BRASIL. Câmara dos Deputados. *Projeto de Lei nº 5.276, de 2016, do Poder Executivo.* Disponível em: <https://www.camara.leg.br/proposicoesWeb/prop_mostrarintegra;jsessionid=62B6CCB8D15F03BD169F7421D3CDB6EE.proposicoesWeb1?codteor=1457971&filename=Avulso+-PL+5276/2016> Acesso em: 25 agosto 2019.

[434] BRASIL. Senado Federal. *Projeto de Lei da Câmara nº 53, de 2018.* Disponível em: < https://legis.senado.leg.br/sdleg-getter/documento?dm=7738705&ts=1559744659551&disposition=inline>. Acesso em: 25 agosto 2019.

Atualmente, a figura do "encarregado", definido como "pessoa indicada pelo controlador e operador para atuar como canal de comunicação entre o controlador, os titulares dos dados e a Autoridade Nacional de Proteção de Dados (ANPD)" conforme o inc. VIII do art. 5º, tem suas atribuições elencadas no art. 41 da LGPD e que deverá ser minuciosamente regulada pela ANPD.

Assim, o elemento central para a caracterização do "controlador" do tratamento dos dados é seu poder de gerenciamento e de tomada de decisão no tratamento de dados. Às vezes, estas condutas são delegadas para outra pessoa que realiza o tratamento de dados em nome do controlador que o contratou para tanto, essa é a figura do "operador".

O direito italiano adota terminologia distinta, fazendo distinção entre o *"titolare del trattamento"* (data controller), o *"responsabile del trattamento"* (data processor) e o *"incaricati"* ou *"responsabile per la protezione dei dati"* (data protection offcer).[435] O *"titulare del trattamento* é a pessoa física ou

---

[435] Esta terminologia estava consolidada desde a redação original do *Codice della Privacy*, sendo que os referidos artigos foram revogados pelo Decreto Legislativo 101/2018, mas ainda servem como base conceitual para uma melhor caracterização destas figuras:
"Titolo IV – Soggetti che effettuano il trattamento
Art. 28. Titolare del trattamento
1. Quando il trattamento è effettuato da una persona giuridica, da una pubblica amministrazione o da un qualsiasi altro ente, associazione od organismo, titolare del trattamento è l'entità nel suo complesso o l'unità od organismo periferico che esercita un potere decisionale del tutto autonomo sulle finalità e sulle modalità del trattamento, ivi compreso il profilo della sicurezza.
Art. 29. Responsabile del trattamento
1. Il responsabile è designato dal titolare facoltativamente.
2. Se designato, il responsabile è individuato tra soggetti che per esperienza, capacità ed affidabilità forniscano idonea garanzia del pieno rispetto delle vigenti disposizioni in materia di trattamento, ivi compreso il profilo relativo alla sicurezza.
3. Ove necessario per esigenze organizzative, possono essere designati responsabili più soggetti, anche mediante suddivisione di compiti.
4. I compiti affidati al responsabile sono analiticamente specificati per iscritto dal titolare.
5. Il responsabile effettua il trattamento attenendosi alle istruzioni impartite dal titolare il quale, anche tramite verifiche periodiche, vigila sulla puntuale osservanza delle disposizioni di cui al comma 2 e delle proprie istruzioni.
Art. 30. Incaricati del trattamento
1. Le operazioni di trattamento possono essere effettuate solo da incaricati che operano sotto la diretta autorità del titolare o del responsabile, attenendosi alle istruzioni impartite."

jurídica ou a administração pública ou outro ente ou associação que determinam a finalidade e as formas de tratamento dos dados, bem como as medidas de segurança a serem adotadas; o segundo (*"responsabile del tratamento"*) é a pessoa física ou jurídica ou órgão da administração pública ou outro ente, associação ou organização que atua como preposto do titular no tratamento dos dados, colocando em prática as condutas de tratamento de dados conforme as instruções do primeiro; e, por fim, o *"responsabile per la protezione dei dati"* é a pessoa encarregada pela proteção de dados por indicação do primeiro.

Quanto à terminologia, o ideal é utilizar corretamente os termos para evitar confusões decorrentes de interpretação, de maneira que a LGPD definiu e distinguiu o "controlador", "operador" e "encarregado". Assim, melhor não usar o termo "titular", pois pode gerar confusão com a figura do "titular dos dados"; e, melhor não usar o termo "responsável", porque nos termos da lei o controlador e o operador, como agentes de tratamento, são responsáveis por eventuais danos que vierem a causar aos titulares dos dados, ou seja, o "encarregado" não é tido como responsável.

A doutrina italiana[436] explica que o controle do tratamento é um fato, porque a lei não prevê nenhum ato de formalização de tal condição. Quanto à administração pública ou às pessoas jurídicas, que tem uma existência fática complexa, a *Autorità Garante* italiana já entendeu que se considera controlador a administração pública responsável pelo setor, bem como a pessoa jurídica, ou seja, não se considera o indivíduo que trabalhava em determinado setor da administração pública ou da pessoa jurídica (semelhantemente ao direito brasileiro, art. 37, § 6º da CF/88).

O problema realmente é a dificuldade de limitar a responsabilidade de cada um por eventuais danos causados aos indivíduos. Quanto a esse tema, a 1ª versão do APL/PD de 2015[437] (39, § 1º) estabelecia a responsabilidade solidária entre os operadores e responsáveis pelo tratamento de dados, regra que foi mantida na LGPD. Entretanto, a 2ª versão do APL/PD brasileiro de 2015 estabelecia a responsabilidade solidária

---

[436] FINOCCHIARO, Giusella. *Op. cit.*, pp. 80-81.
[437] Disponível em: <http://pensando.mj.gov.br/dadospessoais/texto-em-debate/anteprojeto-de-lei-para-a-protecao-de-dados-pessoais/>, último acesso em 26 de novembro de 2015. ANEXO 2.

entre cedente e cessionário apenas na hipótese de transferência de dados (art. 44).[438]

Quanto à responsabilidade, o art. 42 da LGPD determina que o controlador e o operador são solidariamente responsáveis pelos danos que causarem a outrem no exercício de atividade de tratamento de dados pessoais. A dúvida que persiste diz respeito à definição se respondem objetiva ou subjetivamente, pois a lei não deixou expresso?

Entendemos que se trata de responsabilidade objetiva, primeiro porque a LGPD parte do pressuposto da vulnerabilidade dos titulares de dados que estão sujeitos às atividades de tratamento realizadas pelo controlador e operador; segundo, porque a LGPD trouxe excludentes no art. 43, que só fazem sentido em um regime de responsabilidade objetiva, pois senão o fosse, bastaria comprovar a ausência de culpa para afastar o dever de reparar, sendo desnecessário prever um rol de possíveis excludentes de responsabilidade subjetiva; e, terceiro, porque a LGPD deixa claro a aplicação do CDC, no art. 45. Ora, sendo uma relação de consumo, no Brasil, todos os participantes da atividade de tratamento de dados respondem solidariamente e independentemente de culpa nos termos do art. 3º e dos arts. 12, 14 e 18 do CDC, aplicando-se também aos agentes e operadores do tratamento.

Não se caracterizando uma relação jurídica de consumo, a responsabilidade é disciplinada pelo art. 927, parágrafo único do CC/02, ou seja, a responsabilidade é objetiva fundada na teoria do risco, diante dos riscos aumentados pelo tratamento de dados pessoais em face dos sujeitos dos dados. Por exemplo, o tratamento automatizado dos dados pulveriza a disseminação dessas informações, deixando o indivíduo muito exposto (segundo a metáfora do *"vitreous man"* de Stefano Rodotà)[439].

Além disso, dado o princípio da necessidade acima descrito, a responsabilização objetiva dos envolvidos no tratamento de dados (os responsáveis e os operadores) contribuirá, automaticamente, para a coleta e o tratamento de dados estritamente necessários para as suas atividades, para não aumentar os riscos de prejuízos no exercício de suas atividades.

---

[438] "Art. 44. Nos casos que envolvem a transferência de dados pessoais, o cessionário ficará sujeito às mesmas obrigações legais e regulamentares do cedente, com quem terá responsabilidade solidária pelos danos eventualmente causados."

[439] *A vida na sociedade da vigilância: a privacidade hoje. Op. cit.,* p. 47.

Tratando-se de órgão da administração pública, a conclusão será a mesma tendo em vista o art. 37, § 6º da CF, ou seja: *"As pessoas jurídicas de direito público e as de direito privado prestadoras de serviços públicos responderão pelos danos que seus agentes, nessa qualidade, causarem a terceiros, assegurado o direito de regresso contra o responsável nos casos de dolo ou culpa".*

Dessa forma, o funcionário público não será acionado porque, não sendo a ordem manifestamente ilegal, apenas cumpre as ordens dos empregadores. Somente responderão, em regresso, perante os empregadores se provada a culpa ou dolo desses.

Quanto ao regime jurídico dos agentes de tratamento de dados (capítulo VI, arts. 37 e seguintes da LGPD), em suma, o controlador e o operador devem manter registro das operações de tratamento de dados pessoais, notadamente quando o fizerem sob o fundamento do legítimo interesse (art. 36 da LGPD). A ANPD pode determinar a elaboração de relatório de impacto de proteção de dados (art. 38) e o operador deve observar as instruções do controlador ao realizar as operações de tratamento de dados pessoais (art. 39). O controlador e o operador devem observar os padrões técnicos de interoperabilidade quando definidos pela ANPD (art. 40).

### 4.3.1 *Dever de Notificação ou Avaliação de Impacto sobre a Proteção de Dados Pessoais*

O dever de notificação pressupõe a existência de uma entidade de controle e fiscalização do cumprimento das regras relacionadas à proteção dos dados pessoais, como a ANPD. Esse dever, portanto, impõe aos responsáveis e operadores do tratamento de dados informarem à Autoridade de Proteção de Dados previamente a realização do tratamento, bem como suas finalidades.

Na vigência da Diretiva 95/46/CE, esse dever estava previsto no art. 18, sendo dispensado quando se tratar de tratamento de dados que não prejudicará o sujeito. Além disso, a diretiva dava margem para os Estados-Membros disciplinarem as circunstâncias do dever de notificação:

SECÇÃO IX - NOTIFICAÇÃO
Artigo 18 - Obrigação de notificação à autoridade de controlo
1. Os Estados-membros estabelecerão que o responsável pelo tratamento ou, eventualmente, o seu representante deve notificar a autoridade de

controlo referida no artigo 28º antes da realização de um tratamento ou conjunto de tratamentos, total ou parcialmente automatizados, destinados à prossecução de uma ou mais finalidades interligadas.

Por exemplo, o *Codice della Privacy*, ao incorporar esta previsão da normativa, impôs o dever de notificar (art. 37)[440] apenas para tratamento de dados elencados nesse artigo, ou seja: a) quando o tratamento tiver por objeto os dados genéticos, biométricos e que indicam a posição geográfica; b) quando se tratar de dados que revelem o estado de saúde e a vida sexual, tratados para a finalidade de procriação assistida, de serviços sanitários; c) ou quando estes dados revelem a vida sexual ou a esfera psiquiátrica, mesmo quando tratados por associação ou organismo sem fins lucrativos; d) quando os dados forem tratados com auxílio da tecnologia para definir perfis dos indivíduos ou atribuir preferências de consumo; e) em se tratando de dados sensíveis; e f) quando os dados forem registrados em instituições bancárias.

---

[440] "Art. 37. Notificazione del trattamento
1. Il titolare notifica al Garante il trattamento di dati personali cui intende procedere, solo se il trattamento riguarda: a) dati genetici, biometrici o dati che indicano la posizione geografica di persone od oggetti mediante una rete di comunicazione elettronica; b) dati idonei a rivelare lo stato di salute e la vita sessuale, trattati a fini di procreazione assistita, prestazione di servizi sanitari per via telematica relativi a banche di dati o alla fornitura di beni, indagini epidemiologiche, rilevazione di malattie mentali, infettive e diffusive, sieropositività, trapianto di organi e tessuti e monitoraggio della spesa sanitaria; c) dati idonei a rivelare la vita sessuale o la sfera psichica trattati da associazioni, enti od organismi senza scopo di lucro, anche non riconosciuti, a carattere politico, filosofico, religioso o sindacale; d) dati trattati con l'ausilio di strumenti elettronici volti a definire il profilo o la personalità dell'interessato, o ad analizzare abitudini o scelte di consumo, ovvero a monitorare l'utilizzo di servizi di comunicazione elettronica con esclusione dei trattamenti tecnicamente indispensabili per fornire i servizi medesimi agli utenti; e) dati sensibili registrati in banche di dati a fini di selezione del personale per conto terzi, nonché dati sensibili utilizzati per sondaggi di opinione, ricerche di mercato e altre ricerche campionarie; f) dati registrati in apposite banche di dati gestite con strumenti elettronici e relative al rischio sulla solvibilità economica, alla situazione patrimoniale, al corretto adempimento di obbligazioni, a comportamenti illeciti o fraudolenti.
1-bis. La notificazione relativa al trattamento dei dati di cui al comma 1 non è dovuta se relativa all'attività dei medici di famiglia e dei pediatri di libera scelta, in quanto tale funzione è tipica del loro rapporto professionale con il Servizio sanitario nazionale."

Atualmente, o GDPR prevê, no art. 35[441], o dever de "*Data protection impact assessment and prior consultation*" (DPIA) quando um determinado tipo de tratamento, em particular que utilize novas tecnologias, considerando sua natureza, âmbito, contexto e finalidades, implicar em elevado risco para os direitos e liberdades das pessoas. Nestas circunstâncias, o responsável pelo tratamento deve, antes de iniciar o tratamento, apresentar uma avaliação de impacto das operações de tratamento sobre a proteção de dados pessoais.

Este dever vai ao encontro dos princípios de segurança de prevenção e de *accountability*, previstos no art. 6º, incisos VII, VIII e X respectivamente. O APL/PD era omisso sobre esse dever, mesmo porque o papel da Autoridade não estava definido.

Na LGPD, não ficou expresso o dever de notificação prévia quanto aos riscos, apenas o art. 48 da LGPD menciona o dever de comunicar à ANPD a ocorrência de incidentes de segurança que possam acarretar risco ou dano relevante aos titulares de dados. O ideal é que a lei, também, tivesse mencionado a obrigatoriedade desta análise prévia, que poderá ser regulada pela ANPD (nos termos do art. 55-J) ao regular a lei, pois tal procedimento é fundamental para evitar a ocorrência de danos e irá alertar a ANPD em sua atividade de fiscalização.[442]

### 4.3.2 *Códigos de Boas Práticas*

Este tema está intimamente ligado à corregulação, entendida como formas de coordenação, ora iguais, ora hierárquicas, entre reguladores públicos e reguladores privados. Há muitas possibilidades de se concretizar, mas pode ser resumido na determinação de regras compartilhadas

---

[441] GDPR: "Article 35 – Data protection impact assessment
1. Where a type of processing in particular using new technologies, and taking into account the nature, scope, context and purposes of the processing, is likely to result in a high risk to the rights and freedoms of natural persons, the controller shall, prior to the processing, carry out an assessment of the impact of the envisaged processing operations on the protection of personal data. A single assessment may address a set of similar processing operations that present similar high risks.
[442] MANTELERO, Alessandro. Il nuovo approccio della valutazione del rischio nella sicurezza dei dati. Valutazione d'impatto e consultazione preventiva (artt. 32-39). *In*: FINOCCHIARO, Giusella (coord.). *Il nuovo Regolamento europeo sulla privacy e sulla protezione dei dati personali*. Torino: Zanichelli Editore, 2017. pp. 287-334. p. 308.

entre o poder público e os entes privados, bem como a fiscalização. Em matéria de proteção de dados pessoais, visto como um direito fundamental, questiona-se a possibilidade da autorregulação ou corregulação.[443]

A revogada Dir. 95/46/CE disciplinou os denominados "Códigos de Boas Práticas" no art. 27[444], estabelecendo que as associações e outras organizações representativas de determinado setor poderão estabelecer normas deontológicas para estabelecer um padrão ético e legal para o tratamento de dados, sujeitas à apreciação da Autoridade de Proteção de Dados.

Entende-se por "Códigos de Boas Práticas" os documentos normativos internos das empresas ou associações cujo objeto é adequar as práticas da empresa ou da associação à lei de proteção de dados, esclarecendo as peculiaridades do tratamento dos dados daqueles que aderirem ao tratamento de dados mediante regras ou padrões específicos que permitam harmonizar os tratamentos de dados realizados, bem como facilitar o exercício dos direitos assegurados aos sujeitos.[445]

Tendo em vista os resultados positivos desta prática, no GDPR (art. 40), estes códigos de boas práticas assumiram claramente um instrumento de corregulação.[446]

A LGPD (art. 50) prevê a possibilidade dos controladores e operadores adotarem *"regras de boas práticas e de governança que estabeleçam as condições de organização, o regime de funcionamento, os procedimentos, incluindo*

---

[443] POPOLI, Anna Rita. Codici di condotta e certificazioni. *In*: FINOCCHIARO, Giusella (coord.). *Il nuovo Regolamento europeo sulla privacy e sulla protezione dei dati personali*. Torino: Zanichelli Editore, 2017. pp. 367-422. p. 372.

[444] "CAPITULO V – CODIGOS DE CONDUTA
Artigo 27 1. Os Estados-membros e a Comissão promoverão a elaboração de códigos de conduta destinados a contribuir, em função das características dos diferentes sectores, para a boa execução das disposições nacionais tomadas pelos Estados-membros nos termos da presente directiva.
2. Os Estados-membros estabelecerão que as associações profissionais e as outras organizações representativas de outras categorias de responsáveis pelo tratamento que tenham elaborado projectos de códigos nacionais ou que tencionem alterar ou prorrogar códigos nacionais existentes, podem submetê-los à apreciação das autoridades nacionais."

[445] SALOM, Javier Aparicio. *Op. cit.*, p. 198.

[446] POPOLI, Anna Rita. Codici di condotta e certificazioni. *In*: FINOCCHIARO, Giusella (coord.). *Il nuovo Regolamento europeo sulla privacy e sulla protezione dei dati personali*. Torino: Zanichelli Editore, 2017. pp. 367-422. p. 395.

reclamações e petições de titulares, as normas de segurança, os padrões técnicos, as obrigações específicas para os diversos envolvidos no tratamento, as ações educativas, os mecanismos internos de supervisão e de mitigação de riscos e outros aspectos relacionados ao tratamento de dados pessoais."

No sistema brasileiro, o perigo está justamente em que estes "Códigos de Boas Práticas" não é preventivamente avalizado pela ANPD. No entanto, eles podem ser reconhecidos e divulgados pela ANPD conforme dispõe o § 3º do art. 50. Semelhantemente, o contrário do Direito italiano atribuía esta missão à *Autorità Garante per la protezione della privacy e dei dati personali* (art. 12 do *Codice*, revogado pelo Decreto Legislativo 101/2018).[447] No entanto, dada a incorporação do GDPR ao direito interno italiano, a Autoridade italiana de proteção de dados continuará desempenhando tal função.

Em sum, dada a natureza de direito fundamental, a ANPD deve adotar medidas cautelosas sobre o tema, verificando a adequação ou não dos "Códigos de Boas Práticas" adotados pelas empresas. Vale ressaltar que tal prática pode representar uma atenuante às sanções administrativas previstas no § 1º do art. 52 da LGPD.

### 4.3.3 Dever de Informar

O dever de informar por parte dos agentes de tratamento de dados é de suma importância para viabilizar todo o sistema de proteção de dados, notadamente no que diz respeito ao consentimento do titular dos dados. Mas essa obrigação deve ser cumprida de maneira eficaz. Em outras palavras, o agente de tratamento de dados não se libera desse dever apenas adotar políticas de privacidade, pois, além disso, deve adotar uma linguagem clara e de fácil compreensão.

---

[447] "Art. 12. Codici di deontologia e di buona condotta: 1. Il Garante promuove nell'ambito delle categorie interessate, nell'osservanza del principio di rappresentatività e tenendo conto dei criteri direttivi delle raccomandazioni del Consiglio d'Europa sul trattamento di dati personali, la sottoscrizione di codici di deontologia e di buona condotta per determinati settori, ne verifica la conformità alle leggi e ai regolamenti anche attraverso l'esame di osservazioni di soggetti interessati e contribuisce a garantirne la diffusione e il rispetto.
2. I codici sono pubblicati nella Gazzetta Ufficiale della Repubblica italiana a cura del Garante e, con decreto del Ministro della giustizia, sono riportati nell'allegato A) del presente codice."

O art. 10 da revogada Dir. 95/46/CE[448] determinava que é dever do responsável informar o sujeito cujos dados serão tratados sobre sua identidade e do seu representante, quando for o caso, a finalidade do tratamento, bem como outras informações relevantes. O atual GDPR esmiuçou este dever nos artigos 13 e 14 acima analisados. Assim, este é simultaneamente um dever do agente de tratamento e um direito dos titulares dos dados.

O *Codice della Privacy* disciplina detalhadamente a *"informativa"* no artigo 13[449], hoje revogado pelo Decreto Legislativo 101/2018, no entanto, vale a pena ressaltar tendo em vista sua didática em expor quais os itens que, minimamente, devem ser informados.

A LGPD menciona o dever de informar em diversos dispositivos, entretanto, pecou a lei brasileira a não conferir as informações que obrigatoriamente devem ser disponibilizadas pelo agente de tratamento. Contudo, esta tarefa ficará a cargo da ANPD.

---

[448] "SECÇÃO IV INFORMAÇÃO DA PESSOA EM CAUSA
Artigo 10 Informação em caso de recolha de dados junto da pessoa em causa: Os Estados-membros estabelecerão que o responsável pelo tratamento ou o seu representante deve fornecer à pessoa em causa junto da qual recolha dados que lhe digam respeito, pelo menos as seguintes informações, salvo se a pessoa já delas tiver conhecimento: a) Identidade do responsável pelo tratamento e, eventualmente, do seu representante; b) Finalidades do tratamento a que os dados se destinam; c) Outras informações, tais como: — os destinatários ou categorias de destinatários dos dados, — o carácter obrigatório ou facultativo da resposta, bem como as possíveis consequências se não responder, — a existência do direito de acesso aos dados que lhe digam respeito e do direito de os rectificar, desde que sejam necessárias, tendo em conta as circunstâncias específicas da recolha dos dados, para garantir à pessoa em causa um tratamento leal dos mesmos."

[449] "Art. 13. Informativa
1. L'interessato o la persona presso la quale sono raccolti i dati personali sono previamente informati oralmente o per iscritto circa: a) le finalità e le modalità del trattamento cui sono destinati i dati; b) la natura obbligatoria o facoltativa del conferimento dei dati; c) le conseguenze di un eventuale rifiuto di rispondere; d) i soggetti o le categorie di soggetti ai quali i dati personali possono essere comunicati o che possono venirne a conoscenza in qualità di responsabili o incaricati, e l'ambito di diffusione dei dati medesimi; e) i diritti di cui all'articolo 7; f) gli estremi identificativi del titolare e, se designati, del rappresentante nel territorio dello Stato ai sensi dell'articolo 5 e del responsabile. Quando il titolare ha designato più responsabili è indicato almeno uno di essi, indicando il sito della rete di comunicazione o le modalità attraverso le quali è conoscibile in modo agevole l'elenco aggiornato dei responsabili. Quando è stato designato un responsabile per il riscontro all'interessato in caso di esercizio dei diritti di cui all'articolo 7, è indicato tale responsabile."

Além da preocupação com o conteúdo da informação, a ANPD deve estabelecer a maneira pela qual tais informações deverão ser publicizadas pelos agentes de tratamento. Em outra oportunidade[450], analisamos que *Human Computer Interaction – HCI* é a ciência cujo objeto de estudo trata da interação entre o homem e o computador. Assim, com o auxílio da tecnologia, é possível criar um ambiente propício para que a informação seja eficiente, contrariando a prática até então predominante e experimentada por termos e políticas de privacidade em que o "concordo" e "aceito" deságua em experiências pitorescas.

Assim, a *HCI* considera a capacidade cognitiva[451] do usuário para nele despertar uma reação que o habilitará a tomar uma real e efetiva decisão[452], a exemplo de estímulos visuais[453] que alertam e provocam o

---

[450] Lima, Cíntia Rosa Pereira de; Bioni, Bruno Ricardo. A proteção dos dados pessoais na fase de coleta: apontamentos sobre a adjetivação do consentimento implementada pelo artigo 7, incisos VIII e IX do Marco Civil da Internet a Partir da *Human Computer Interaction* e da *Privacy by Default*. In: De Lucca, Newton; Simão Filho, Adalberto; Lima, Cíntia Rosa Pereira de. *Direito & Internet III:* Marco Civil da Internet (Lei n. 12.965/2014). Tomos I e II. São Paulo: Quartier Latin, 2014. pp. 263-290, p. 271.

[451] Ebert, Achim; Gershon, Nahum D. Veer, Gerrit C. van der. Human-Computer Interaction: Introduction and overview. In: *KI – Künstliche Intelligenz*. Maio, 2012, Volume 26, Issue 2, p. 121-126, p. 121: "HCI could provide extremely powerful means for the development of really effective and appealing visual interfaces, that benefit from the capabilities and functionalities of the human visual system, e.g., visual perception and other cognitive abilities. Furthermore, the HCI approach merges several additional aspects of different research areas, such as scientific visualization, data mining, information design, graph drawing, computer graphics, cognition sciences, perception theory, and psychology."

[452] Prabhu, Prasad V.; Prabhu, Girish V. *Handbook of Human-Computer Interaction*. Elsevier Science B.V, 1997. p. 492: "Develop consistent information transformation concepts for data integration to enable the interface to present information at the level that is most appropriate for decision making."

[453] Tullis, Thomas S. Screen Design. *In Handbook of Human-Computer Interaction*. M. Helander, T.K. Landauer, P. Prabhu (eds.). Elsevier, 1997, p. 503-531, p. 503-504: "Since the visual channel is still the predominant method of conveying information to the user, it is easy to understand why effective screen design is so important. (...) The design of the visual interface to computer systems has perhaps received more attention in human computer interaction guidelines than has any other aspect of the interface. The apparent abundance of guidelines addressing screen design may lead one to believe that there is a corresponding abundance of empirical evidence related to screen design. While there have been quite a few relevant studies, many screen design issues remain to be addressed empirically, especially those related to GUI screens."

usuário para tal desiderato, ao invés de textos longos e de difícil compreensão de políticas de privacidade.

Portanto, é fundamental que haja um processo de comunicação pelo qual o usuário deve ser *informado (notice)*[454] sobre a possibilidade de controlar os seus dados pessoais. Caso contrário, o dever de informar não será capaz de despertar a atenção e compreensão no receptor da mensagem para nela desencadear uma reação, sequer restará superado o primeiro adjetivo (*informado*).[455] A ANPD desempenhará um papel importante quanto à fiscalização deste dever, estabelecendo, inclusive, um padrão tecnológico, quando for o caso.

### 4.3.4 Dever de Adotar Medidas de Segurança e Dever de Sigilo

Já foi analisado o princípio de segurança, e destacado que tal princípio está elencado em todo o modelo regulatório de proteção de dados, por exemplo, art. 22 da APEC, art. 17 da Dir. 95/46/CE, hoje o art. 32 do GDPR, art. 11 das *Diretrizes* da OCDE, no antigo Acordo *Safe Harbor*, atualmente previsto no *EU-US Privacy Shield*, nas regras do FTC e na Convenção n. 108 do Conselho da Europa (art. 7º). Na Itália, esse dever estava disciplinado com ênfase nos arts. 31 a 36 do *Codice della Privacy*, revogados pelo Decreto Legislativo 101/2018, em decorrência da incorporação das regras previstas no GDPR.

---

[454] A autodeterminação informacional iguala-se ao *notice and consent* que parte da mesma premissa de que o usuário deve consentir para o uso das informações pessoais, de modo que quem as processou deve cientificar o seu titular para então expressar o seu consentimento (controle). Nesse sentido, um dos princípios estruturantes da proteção de dados pessoais no sistema norte-americano desempenhado pela *Federal Trade Comission*/FTC é, justamente, o *notice and consent*. Para uma consulta de todos os princípios, bem como do quadro regulatório da proteção de dados pessoais americano: http://www.ftc.gov/reports/privacy3/fairinfo.shtm. SOLOVE, Daniel J. and Hartzog, Woodrow, *The FTC and the New Common Law of Privacy* (August 15, 2013). v. 114 In: Columbia Law Review, pp. 583-676 (2014); Disponível em: SSRN: http://ssrn.com/abstract=2312913 or http://dx.doi.org/10.2139/ssrn.2312913. Acesso em: 15 de agosto de 2014.

[455] BIONI, Bruno Ricardo. O dever de informar e a teoria do diálogo das fontes para a aplicação da autodeterminação informacional como sistematização para a proteção dos dados pessoais dos consumidores: convergências e divergências a partir da análise da ação coletiva promovida contra o *Facebook* e o aplicativo 'Lulu'. In: Revista de Direito do Consumidor, v. 94, 2014, p. 283-326.

No Brasil, semelhantemente, houve uma preocupação com a garantia da segurança e sigilo dos dados tratados desde o Anteprojeto de Lei sobre Proteção de Dados (arts. 45 a 49 do APL/PD de 2015, 2ª versão). A LGPD manteve substancialmente a mesma redação do APL/PD nos artigos 46 a 49. Nos termos do art. 46, o Legislador deixou expresso o dever dos agentes do tratamento de dados pessoais de adotarem medidas de segurança, técnicas e administrativas eficazes à proteção dos dados pessoais, impedindo o acesso não autorizado, bem como a destruição, perda, alteração, dentre outras.

A segurança é um conceito dinâmico e relacional, portanto deve acompanhar os avanços tecnológicos.[456] Em todos os documentos acima citados, não estão mencionadas especificamente as medidas que seriam necessárias, utilizando um termo genérico ("medidas de segurança"), porque essas medidas são definidas pelo estado da arte no campo da tecnologia e da informática, levando em consideração a natureza dos dados e características específicas do tratamento. O dever de segurança existe antes mesmo de realizado o tratamento e deve permanecer durante todo o período em que o tratamento se realiza, bem como após sua execução (culpa *post pacto finitum*). Neste ponto, o § 2º do art. 46 da LGPD impõe tal dever "desde a fase da concepção do produto ou do serviço", ou seja, antes de realizado o tratamento; porém "até sua execução", todavia, tal dever persiste haja vista os efeitos que o tratamento tem mesmo após seu término; além disso, o art. 47 da LGPD impõe tal dever mesmo após o término do tratamento.

O responsável e o operador do tratamento de dados pessoais devem comunicar imediatamente à ANPD e ao titular dos dados quando houver um acesso não autorizado dos bancos de dados (art. 48 da LGPD, semelhante ao art. 33 do GDPR). Mais uma vez, esse órgão desempenhará uma missão relevante, que poderá agir quando for o caso para diminuir os efeitos danosos.

Por fim, o dever de sigilo ou de confidencialidade é inerente ao tratamento de dados, previsto no antigo art. 16 da Diretiva 95/46/CE, hoje, art. 28 e 32 do GDPR. Assim, os arts. 46 a 49 impõem, também, o dever de sigilo em relação aos dados pessoais.

---

[456] FINOCCHIARO, Giusella. *Op. cit.*, p. 251.

## 4.4 Circulação Transfronteiriça de Dados Pessoais e a Necessária Uniformização das Regras sobre Proteção de Dados

Uma das preocupações atuais é com a eficácia (*enforcement*) das leis de proteção de dados pessoais, já que a circulação transfronteiriça é uma realidade ainda mais facilitada com a utilização da Internet, que desconhece limites geográficos. Assim, não basta ter leis sobre proteção de dados se esses puderem circular entre *players* de diferentes países que adotam ou não um padrão de proteção dos dados pessoais.

Desde a Dir. 95/46/CE, determinou-se que os Estados-Membros da União Europeia somente poderiam transferir dados de cidadãos europeus desde que o país destinatário assegurasse um nível de proteção adequado ao padrão europeu (art. 25).[457]

O problema é que "nível adequado" é um termo amplo, e assim o é de maneira proposital, pois a avaliação desse nível adequado depende da natureza dos dados em questão, da finalidade e da duração do tratamento. Portanto, o art. 25.6 da Dir. 95/46/CE[458] determinava que a Comissão de Proteção de Dados Pessoais da União Europeia poderá verificar se um país, externo à UE, assegurasse ou não um nível de proteção adequado a partir de decisões, como o fez no caso dos Estados Unidos, Argentina e Uruguai acima citados.

O GDPR manteve o mesmo critério nos artigos 43 a 50, mantendo a competência da Comissão para tal análise, e determinando que as decisões tomadas sob a égide da Diretiva 95/46/CE continuam em vigor, a menos que haja suspeita razoável para a Comissão rever a decisão:

---

[457] "CAPITULO IV – TRANSFERÊNCIA DE DADOS PESSOAIS PARA PAÍSES TERCEIROS
Artigo 25 – Princípios
1. Os Estados-membros estabelecerão que a transferência para um país terceiro de dados pessoais objecto de tratamento, ou que se destinem a ser objecto de tratamento após a sua transferência, só pode realizar-se se, sob reserva da observância das disposições nacionais adoptadas nos termos das outras disposições da presente directiva, o país terceiro em questão assegurar um nível de protecção adequado."
[458] "6. A Comissão pode constatar, nos termos do procedimento previsto no n. 2 do artigo 31º, que um país terceiro assegura um nível de protecção adequado na acepção do n. 2 do presente artigo em virtude da sua legislação interna ou dos seus compromissos internacionais, subscritos nomeadamente na sequência das negociações referidas no n. 5, com vista à protecção do direito à vida privada e das liberdades e direitos fundamentais das pessoas."

Article 45 – Transfers on the basis of an adequacy decision
1. A transfer of personal data to a third country or an international organisation may take place where the Commission has decided that the third country, a territory or one or more specified sectors within that third country, or the international organisation in question ensures an adequate level of protection. Such a transfer shall not require any specific authorisation.

Semelhantemente, a LGPD adota a mesma regra no art. 33, ou seja, a transferência internacional é permitida quando o dado for enviado para países estrangeiros ou organismos internacionais que proporcionem um nível de proteção de dados adequado ao previsto na LGPD (inc. I); ou quando o controlador ou o operador oferecer garantias de que suas condutas estão adequadas à LGPD (inc. II); quando for necessária para a cooperação jurídica internacional para fins de inteligência, investigação conforme os tratados e acordos internacionais (inc. III); para salvaguardar a vida ou incolumidade física do titular dos dados ou de terceiro (inc. IV); mediante autorização pela ANPD (inc. V); resultar de compromisso internacional (inc. VI); necessária à execução de política pública ou atribuição legal do serviço público (inc. VII).

As *Diretrizes* da OCDE foram revisitadas em 2013[459] justamente para tratar desse tema dada sua importância. O grande desafio é determinar a lei aplicável e a jurisdição quando se trata de circulação transfronteiriça de dados, porque há vários elementos de conexão como, por exemplo, o domicílio da pessoa cujos dados são tratados, o local da sede da empresa (e de suas filiais), o local onde os dados estão armazenados (mas a prática do armazenamento em nuvem acaba comprometendo tal localização) e etc.

De maneira que já foram enfrentadas situações em que o prejudicado iniciava o processo para a tutela de seus direitos em um país, mas a empresa, por ter sede em outro país alegava ilegitimidade de partes porque a sede da empresa atrai a competência para tal local. Note-se que, na

---

[459] OECD GUIDELINES GOVERNING THE PROTECTION OF PRIVACY AND TRANSBORDER FLOWS OF PERSONAL DATA. Recommendation of the Council concerning Guidelines governing the Protection of Privacy and Transborder Flows of Personal Data (2013) [C(80)58/FINAL, as amended on 11 July 2013 by C(2013)79] Disponível em: <http://www.oecd.org/sti/ieconomy/2013-oecd-privacy-guidelines.pdf>, acessado em 06 de novembro de 2015.

sociedade informacional, uma empresa que tenha sede em determinado país, pode oferecer produtos e serviços em vários outros países, sem ter lá uma filial.

O caso recente da investigação do *Whatsapp* pela Autoridade de Garantia holandesa e pelo *Privacy Commissioner* canadense é emblemático para compreender esses desafios.

*WhatsApp Inc* é uma empresa que desenvolveu um aplicativo para equipamentos móveis (como celulares e *tablets*) que permite a comunicação por mensagens de texto, de voz, multimídia, inclusive como um telefone, sem que se pague por isso, basta ter acesso à Internet. Em razão dessas facilidades, esse aplicativo teve uma adesão em massa, com cerca de 400 milhões de usuários[460] distribuídos em vários países. Todavia, o serviço oferecido pelo aplicativo é aparentemente gratuito, mas a licença de uso do *Whatsapp* revela a monetização dos dados na medida em que há uma cláusula que permite que o aplicativo acesse, armazene e utilize as informações inseridas no aplicativo. Assim, os usuários consentem com o acesso do aplicativo à lista de contatos e todos esses números são coletados pelo *Whatsapp*, podendo constatar quem é ou não é usuário do aplicativo.

Durante as investigações, as autoridades holandesa e canadense identificaram que o serviço exigia dos usuários o total acesso à lista de contatos do celular, não sendo dada opção de escolha para o não fornecimento da informação ou seu fornecimento de forma manual, sendo que tais dados permaneciam armazenados pela empresa por tempo indeterminado, permitindo acompanhar a relação de números usuários e não usuários do aplicativo.

No ano de 2012, as autoridades identificaram que as mensagens trocadas entre os usuários do aplicativo não eram criptografadas, havendo grave falha na segurança dos dados, uma vez que podiam ser interceptadas, especialmente quando enviadas por redes de conexão sem fio não protegidas.

Por isso, a Autoridade de Garantia holandesa e o *Privacy Commissioner* canadense passaram a investigar o aplicativo, pois constataram a vio-

---

[460] Cf. WhatsApp investigated by Canadian and Dutch Privacy Authorities. Disponível em: <http://www.twobirds.com/en/news/articles/2012/whatsapp-investigated-canadian-dutch-privacy-authorities0113>, acessado em 06 de novembro de 2015.

lação de vários dos princípios de proteção de dados segundo as leis holandesas e canadenses. Ao final, esses procedimentos fizeram com que o aplicativo fosse alterado para observar os princípios para a proteção de dados pessoais.[461]

Em razão da ubiquidade e da mobilidade das novas tecnologias, fica muito difícil estabelecer limites físicos para utilizar as regras de definição de competência tradicionais que tomam por base o local do dano ou o local do cumprimento da obrigação, isso porque não existe mais um local definido. Tal constatação trouxe à tona a preocupação com a eficácia das leis de proteção de dados pessoais no contexto da circulação transfronteiriça de dados pessoais.

Por isso, as *Diretrizes* da OCDE preveem a criação de um órgão responsável pela eficácia internacional das leis de proteção de dados pessoais, ou seja, *"'Privacy enforcement authority' means any public body, as determined by each Member country, that is responsible for enforcing laws protecting privacy, and that has powers to conduct investigations or pursue enforcement proceedings"* (art. 1º, "d"). A ideia das *Diretrizes* é eliminar os entraves para a circulação de dados pessoais, fortalecendo, assim, o comércio na economia informacional de empresas sediadas em países que asseguram uma proteção adequada dos dados pessoais. Mas, ao contrário, dificultar essa circulação quando a empresa estiver sediada em país que não oferece leis de proteção de dados, inclusive onde não exista um órgão independente para fiscalizar e controlar a aplicação da lei de proteção de dados.

Em 2013, as políticas do *Action Plan for the Global Privacy Enforcement Network (GPEN)*[462] foram reformuladas para inserir a previsão dessa entidade cuja missão é fiscalizar e controlar a eficácia das leis de proteção de dados em todo o mundo. Portanto, a LGPD era uma premente necessidade para que o Brasil pudesse se inserir no capitalismo informacional. Mas não basta somente ter uma lei, além disso, deve-se comprovar um

---

[461] WhatsApp's violation of privacy law partly resolved after investigation by data protection authorities. Disponível em: < https://www.priv.gc.ca/media/nr-c/2013/nr-c_130128_e.asp>, acessado em 06 de novembro de 2015.

[462] Disponível em: <https://www.privacyenforcement.net/public/activities>, acessado em 06 de novembro de 2015.

sistema eficiente para a proteção de dados pessoais, como por exemplo, a criação da Autoridade Nacional de Proteção de Dados.[463]

### 4.4.1 Jurisdição, Dúvida sobre a Lei Aplicável e Eficácia das Normas de Proteção de Dados Pessoais no Contexto Transfronteiriço

A aplicação de determinada lei nacional, bem como a fixação de sua jurisdição[464], em detrimento de outra, esbarra na pedra angular de uma nação independente: sua soberania. O problema é que a ideia de soberania e nação está estruturada a partir de elementos físicos, desconhecidos pela Internet. Assim, a possibilidade de circulação transfronteiriça de dados é uma realidade que deve ser enfrentada para evitar a ineficácia das normas de proteção de dados pessoais.

A solução mais adequada seria a uniformização das leis de proteção de dados, para garantir a eficácia de um modelo regulatório de proteção de dados, mas essa tentativa é feita em várias áreas, com poucos resultados positivos.

O critério aplicado pelo intérprete brasileiro para se definir a lei aplicável à contratação internacional é o do local da celebração, ou seja, *lex loci celebrationis*[465]. Quanto aos atos ilícitos, a lei aplicável é a do local do

---

[463] MARCOS, Isabel Davara Fernández de. *Op. cit.*, p. 281.

[464] Segundo a definição de FREDERICO MARQUES, José. *Manual de Direito Processual Civil*. Vol. I: Teoria geral do Processo Civil. 5. ed. São Paulo: Saraiva, 1977. p. 64 – 65: jurisdição civil "[...] é a função estatal, exercida no processo, por órgão da justiça ordinária, mediante propositura de ação, a fim de compor um litígio não-penal"; GRECO FILHO, Vicente. *Direito Processual Civil Brasileiro*. Vol. 1: Teoria geral do processo a auxiliares da justiça. 13. ed. atual. São Paulo: Saraiva, 1998. p. 167: "A jurisdição é, em primeiro lugar, um poder, porque atua cogentemente como manifestação da potestade do Estado e o faz definitivamente em face das partes em conflito; é também uma função, porque cumpre a finalidade de fazer valer a ordem jurídica posta em dúvida em virtude de uma pretensão resistida; e, ainda, é uma atividade, consistente numa série de atos e manifestações externas de declaração do direito e de concretização de obrigações consagradas num título"; e conclui, com base em Couture, quanto à distinção entre jurisdição e competência, p. 170 – 171: "[...] a competência é o poder da jurisdição para uma determinada parte do setor jurídico: aquele especificamente destinado ao conhecimento de determinado órgão jurisdicional. Em tudo aquilo que não lhe foi atribuído, um juiz, ainda que continuando a ter jurisdição, é incompetente".

[465] LUCON, Paulo Henrique dos Santos. Competência no comércio e no ato ilícito eletrônico. *In*: DE LUCCA, Newton; SIMÃO FILHO, Adalberto. (coords.) *Direito & Internet*: aspectos jurídicos relevantes. 2. ed. São Paulo: Quartier Latin, 2005. p. 389 – 410. p. 391: o autor sustenta que é impraticável aplicar a regra do art. 11 da LICC (*locus regit actum*), pois é impraticável

dano, isto é, *lex loci delicti*[466]. O tratamento ilícito de dados pessoais pode decorrer de uma relação contratual ou de um ato ilícito, portanto, ambos critérios podem, em tese, ser utilizados. O problema, como já destacado, é definir o "local".

Para tentar resolver esse dilema, o Marco Civil da Internet que, no art. 11, estabelece que a lei brasileira será aplicada se qualquer ato de coleta, uso, armazenamento ou tratamento de dados ocorra no território brasileiro, o que pode ser difícil definir no contexto transfronteiriço da sociedade informacional. No entanto, o § 2º trouxe uma novidade, estabelecendo que se aplica a lei brasileira às pessoas jurídicas sediadas no exterior, quando estas ofertem seus serviços ou produtos ao público brasileiro:

> Art. 11. Em qualquer operação de coleta, armazenamento, guarda e tratamento de registros, de dados pessoais ou de comunicações por provedores de conexão e de aplicações de internet em que pelo menos
> um desses atos ocorra em território nacional, deverão ser obrigatoriamente respeitados a legislação brasileira e os direitos à privacidade, à proteção dos dados pessoais e ao sigilo das comunicações privadas e dos registros.
> § 1º O disposto no caput aplica-se aos dados coletados em território nacional e ao conteúdo das comunicações, desde que pelo menos um dos terminais esteja localizado no Brasil.
> § 2º O disposto no caput aplica-se mesmo que as atividades sejam realizadas por pessoa jurídica sediada no exterior, desde que oferte serviço ao público brasileiro ou pelo menos uma integrante do mesmo
> grupo econômico possua estabelecimento no Brasil.
> § 3º Os provedores de conexão e de aplicações de internet deverão prestar, na forma da regulamentação, informações que permitam a verificação quanto ao cumprimento da legislação brasileira referente à coleta, à guarda,

---

determinar o local em que o ato foi praticado tendo em vista as novas tecnologias; portanto, este jurista conclui pela não aplicabilidade desta regra aos contratos eletrônicos. O que demonstra mais uma vez a fragilidade da LICC face às novas tecnologias.

[466] Em matéria de responsabilidade civil (e. g. de acidentes com produtos e serviços defeituosos), o critério, também, decorre do art. 9º da LICC, que deve, nestas hipóteses, ser interpretada como *lex loci delicti*, isto é, aplica-se a lei do lugar em que foi cometido o ato ilícito, ou lei do lugar em que aconteceu o dano e suas consequências.

ao armazenamento ou ao tratamento de dados, bem como quanto ao respeito à privacidade e ao sigilo de comunicações.

Nesse sentido, o GDPR trouxe norma parecida (art. 3º, parágrafo 2). Semelhantemente o fez a LGPD no art. 3º, inc. II: *"II – a atividade de tratamento tenha por objetivo a oferta ou o fornecimento de bens ou serviços ou o tratamento de dados de indivíduos localizados no território nacional"*. Assim, aplica-se a LGPD ao tratamento de dados feito por pessoa física ou jurídica independentemente do meio utilizado ou do país de sua sede ou mesmo do país onde os dados estejam armazenados, quando: a) a operação de tratamento seja realizada no território nacional; b) a atividade de tratamento seja decorrente de fornecimento de bens e serviços ofertados no Brasil ou quando os indivíduos (destinatários desses bens e serviços) estiverem em território nacional; e c) os dados pessoais tiverem sido coletados no Brasil.

Quanto à competência, nas relações de consumo, o art. 101, inc. I do CDC estabelece o foro privilegiado do consumidor. O domicílio do consumidor é, inclusive, o elemento de conexão eleito pela *Convenção de Roma de 1980*[467], cujo art. 5.3 estabelece:

> *3. Notwithstanding the provisions of Article 4, a contract to which this Article applies shall, in the absence of choice in accordance with Article 3, be governed by the law of the country in which the consumer has his habitual residence if it is entered into in the circumstances described in paragraph 2 of this Article.*

Em todo caso, esse tema é um dos mais controversos e demanda uma ação conjunta de vários países para que se assegure o *enforcement* das leis de proteção de dados. Conforme estabelecem as *Diretrizes* da OCDE:

> *PART SIX. INTERNATIONAL CO-OPERATION AND INTEROPERABILITY*
> *20. Member countries should take appropriate measures to facilitate crossborder privacy law enforcement co-operation, in particular by enhancing information sharing among privacy enforcement authorities.*

---

[467] "Convention on the law applicable to contractual obligations opened for signature in Rome on 19 June 1980 (80/934/EEC)". In: *Official Journal* L 266, 09/10/1980 p. 0001-0019.

*21. Member countries should encourage and support the development of international arrangements that promote interoperability among privacy frameworks that give practical effect to these Guidelines.*
*22. Member countries should encourage the development of internationally comparable metrics to inform the policy making process*
*related to privacy and transborder flows of personal data.*
*23. Member countries should make public the details of their observance of these Guidelines.*

Portanto, seguindo estas *Diretrizes*, o Brasil, para se inserir na sociedade informacional, precisa adotar mecanismos que facilitem a eficácia e a aplicação de leis estrangeiras sobre proteção de dados. A tendência é aumentar o número de acordos de cooperação entre países para esse fim.

Na Europa, por exemplo, foi criado um *Grupo de Proteção das Pessoas no que diz respeito ao tratamento de dados pessoais,* no art. 29 da Diretiva 95/46/CE com a finalidade de congregar representantes das Autoridades Nacionais de Proteção de Dados de todos os países membros da União Europeia. Este órgão foi substituído pelo *"European Data Protection Board"* no GDPR, art. 68 e seguintes e tem personalidade jurídica. A relevante missão deste órgão é emitir pareceres na tentativa de uniformizar a interpretação do GDPR (art. 70), além de outras previstas neste artigo, que são resumidamente elencadas abaixo:

a) Controla e assegura a correta aplicação do GDPR, sem prejuízo das funções das autoridades nacionais de proteção de dados;

b) Aconselha a Comissão em todas as questões relacionadas à proteção de dados pessoais na União, nomeadamente em qualquer projeto de alteração ao presente regulamento;

c) Emite diretrizes, recomendações e melhores práticas para diversos pontos elencados no GDPR;

d) Analisa, por iniciativa própria, a pedido de um dos seus membros da Comissão, qualquer questão relativa à aplicação do presente regulamento e emite diretrizes, recomendações e melhores práticas, a fim de incentivar a aplicação coerente do presente regulamento;

e) Elabora diretrizes dirigidas às autoridades nacionais de proteção de dados em matéria de aplicação das medidas a que se refere o artigo 58;

f) Examina a aplicação prática das diretrizes, recomendações e melhores práticas referidas nas alíneas "e" e "f";

g) Incentiva a elaboração de códigos de conduta e a criação de procedimentos de certificação, bem como de selos e marcas de proteção dos dados nos termos dos artigos 40º e 42º;

h) Procede à acreditação dos organismos de certificação e à respetiva revisão periódica nos termos do artigo 43º e conserva um registo público de organismos acreditados, nos termos do artigo 43º, n. 6, e de responsáveis pelo tratamento ou subcontratantes acreditados, estabelecidos em países terceiros, nos termos do artigo 42º, n. 7;

i) Dá parecer à Comissão para a avaliação da adequação do nível de proteção num país terceiro ou organização internacional, e também para avaliar se um país terceiro, um território ou um ou mais setores específicos desse país terceiro, ou uma organização internacional, deixou de garantir um nível adequado de proteção. Para esse efeito, a Comissão fornece ao Comité toda a documentação necessária, inclusive a correspondência com o Governo do país terceiro, relativamente a esse país terceiro, território ou setor específico, ou com a organização internacional;

j) Promover a cooperação e o intercâmbio bilateral e plurilateral efetivo de informações e as melhores práticas entre as autoridades de controlo;

l) Promover programas de formação comuns e facilitar o intercâmbio de pessoal entre as autoridades de controlo, e, se necessário, com as autoridades de controlo de países terceiros ou com organizações internacionais;

m) Promover o intercâmbio de conhecimentos e de documentação sobre as práticas e a legislação no domínio da proteção de dados com autoridades de controlo de todo o mundo;

n) Emitir pareceres sobre os códigos de conduta elaborados a nível da União nos termos do artigo 40.o, n. 9; e

o) Conservar um registo eletrónico, acessível ao público, das decisões tomadas pelas autoridades de controlo e pelos tribunais sobre questões tratadas no âmbito do procedimento de controlo da coerência.

Esse Comitê Europeu para a Proteção de Dados, antes conhecido como *Working Party article 29*,[468] tem uma missão importante que é desenvolver estudos sobre diversos aspectos relevantes no que diz respeito à proteção de dados pessoais, dentre suas atribuições estão: análise sobre a aplicação das leis nacionais dos Estados-membros para que se possa atingir uma uniformidade sobre o tema; emitir pareceres à Comissão da Comunidade Europeia sobre o nível de proteção dos Estados-membros e dos países que não fazem parte da Comunidade; aconselhamento da Comissão sobre a necessidade de alteração da diretiva ou outras medidas que sejam necessárias para a proteção dos direitos e liberdades fundamentais quanto ao tratamento de dados pessoais; análise e emissão de parecer sobre os códigos de conduta elaborados por instituições que fazem parte da Comunidade Europeia. Além disso, o Comitê pode formular recomendações por iniciativa própria sobre quaisquer temas relacionados à proteção de dados, ou seja, as opiniões, disponíveis antes no site do *WP29*, revelam justamente esta atuação do órgão, sendo crucial para que a legislação sobre proteção de dados esteja alinhada às novas tecnologias.

Além disso, o mesmo Comitê tem uma atuação muito importante no que diz respeito à circulação transfronteiriça de dados pessoais, pois tem por objetivo a uniformização da legislação pertinente na Comunidade Europeia e a análise de legislação de outros países para que se possa determinar quais deles oferecem o mesmo nível de proteção dos dados pessoais para que tais informações sobre cidadãos europeus possam ser enviadas. Em âmbito da América Latina, seria muito interessante caminhar para a criação de um Comitê Latino Americano sobre Proteção de Dados Pessoais, em prol do fortalecimento e da harmonização das leis de proteção de dados.

Em outras palavras, para o pleno acesso à economia informacional, o fortalecimento das empresas nacionais depende, também, de uma legislação que garanta um nível de proteção dos dados pessoais adequado, inclusive com a previsão de uma entidade de controle ou de garantia.

---

[468] Disponível em: <http://ec.europa.eu/justice/data-protection/article-29/index_en.htm>, acessado em 24 de janeiro de 2020.

## 4.5 Formas de Tutela dos Dados Pessoais

O sistema de proteção de dados pessoais acima relatado, ou seja, os direitos dos titulares dos dados e as obrigações dos agentes de tratamento dos dados comporta tutela na esfera do direito penal; mas, também, no campo privatístico. Assim, esse trabalho se concentra neste último aspecto, isto é, formas privatísticas de tutela dos dados pessoais.

A tutela mais eficaz, realmente, é a prevenção da utilização indevida dos dados pessoais. Notadamente, tendo em vista as tecnologias que viabilizam o tratamento automatizado de dados[469], uma vez que os dados são coletados e armazenados em bancos de dados eletrônicos, os quais são distribuídos ilicitamente, dificilmente se retornará ao *status quo*.

Porém, a tutela preventiva depende do conhecimento da possível violação de seus dados pessoais pelo titular, o que quase nunca ocorre, isto é, na prática só se toma conhecimento da utilização indevida dos dados pessoais quando já se sofrem as consequências.

Mas, essa forma de tutela é viabilizada de maneira mais eficaz pela atuação da ANPD, que tem, dentre outros, a possibilidade de fiscalizar as empresas responsáveis pelo tratamento dos dados pessoais (art. 55-J, inc. IV da LGPD), bem como receber reclamações dos titulares dos dados pessoais (art. 55-J, inc, V da LGPD).

Por fim, a tutela repressiva é a que se destina à reparação do dano já caracterizado (responsabilidade civil). Assim, o art. 42 da LGPD, como afirmado anteriormente, prevê o ressarcimento de danos decorrentes do tratamento de dados.

Em âmbito administrativo, a tutela ocorre a partir do que prevê o art. 55-J, inc. VI, ou seja, a ANPD, mediante processo administrativo que assegure o contraditório, a ampla defesa e o direito de recurso, pode aplicar as sanções previstas no art. 52 da LGPD, quais sejam: a) advertência, com indicação de prazo para adoção de medidas corretivas; b) multa simples, de até 2% (dois por cento) do faturamento da pessoa jurídica de direito privado, grupo ou conglomerado no Brasil no seu último exercício, excluídos os tributos, limitada, no total, a R$ 50.000.000,00 (cinquenta milhões de reais) por infração; c) multa diária, observado o limite total a que se refere o inciso II; d) publicização da infração após

---

[469] CIRILLO, Gianpiero Paolo. *La tutela della privacy nel sistema del nuovo codice sulla protezione dei dati personali*: tutela civile – in via amministrativa – penale. Padova: CEDAM, 2004. p.79.

devidamente apurada e confirmada a sua ocorrência; e) bloqueio dos dados pessoais a que se refere a infração até a sua regularização; e f) eliminação dos dados pessoais a que se refere a infração.

Entretanto, caberá à ANPD, uma vez efetivamente nomeados seus integrantes, estabelecer por seu Regimento Interno o procedimento para a fiscalização, bem como aplicação das sanções previstas na lei.

### *4.5.1 Tutela Administrativa*

A tutela administrativa deve ser entendida como uma alternativa ou faculdade do interessado[470], pois nenhuma lesão ou ameaça de lesão pode ser afastada da apreciação do poder judiciário (art. 5º, inc. XXXV).

No direito italiano a tutela administrativa dos dados pessoais pode ocorrer mediante: 1) a reclamação do interessado, entendida como uma representação feita pelo próprio indivíduo, ou por procurador constituído para tal finalidade, alegando a violação dos dispositivos do *Codice della Privacy* e do GDPR;[471] 2) um pedido genérico de possível violação dos dados pessoais (*"segnalazione"*), solicitando procedimentos de controle à entidade; e 3) o recurso à Autoridade de Garantia (art. 140-bis do *Codice della Privacy* após a reforma pelo Decreto Legislativo 101/2018).

Assim, toda reclamação do interessado culmina com um "provimento" da *Autorità Garante* nos termos do art. 143 do *Codice*, que prevê uma série de procedimentos que poderão inspirar a ANPD brasileira.

Preliminarmente, a Autoridade de Garantia deve verificar se trata de reclamação fundada e verossímil, inclusive mediante o contraditório com a possibilidade de juntada de documentos e o direito das partes de serem ouvidas.

Ao final, a Autoridade de Garantia irá determinar algumas medidas para o tratamento dos dados pessoais ou proibir o tratamento dos dados. E essa decisão não pode ser rediscutida em âmbito jurisdicional, a menos que a decisão seja ilíquida. Nessa hipótese, a autoridade judiciária irá definir o *quantum debeatur* tendo em vista a determinação da conduta ilícita pela Autoridade. Assim, a grande vantagem de recorrer à Autoridade de Garantia é que a questão é decidida de maneira breve; no entanto, a desvantagem é ter que recorrer ao judiciário caso seja

---

[470] FINOCCHIARO, Giusella. *Op. cit.*, p. 336.
[471] *Idem* p. 337.

necessário determinar o *quantum* devido.[472] Cabe destacar que a decisão da *Autorità* é obrigatória e o não cumprimento é definido como crime no *Codice della Privacy* (art. 170)[473]. Na LGPD não houve previsão de condutas criminosas, o que nos parece uma lacuna perigosa.

### 4.5.2 Tutela Jurisdicional

A via judicial pode ser desde o início eleita pelo titular dos dados, porém a desvantagem dessa opção é a demora na demanda e que, nem sempre, o julgador terá amplos conhecimentos técnicos sobre o tema. Ao contrário, a composição multissetorial da ANPD, notadamente o Conselho Nacional de Proteção de Dados Pessoais e Privacidade (art. 58-A da LGPD), viabiliza decisões especializadas e, por isso, pode oferecer soluções mais factíveis e de maneira muito mais célere.

Entretanto, a via judicial poderá ser a via direta para a tutela dos dados pessoais, quando o juiz irá analisar os fatos alegados como possíveis tratamentos ilícitos e determinará as consequências. No Direito brasileiro, o art. 55-J, inc. V previu a possibilidade de o titular fazer reclamações para a ANPD, no entanto, o procedimento não foi detalhado na lei.

No Direito italiano, por exemplo, é possível que a *Autorità Garante della Privacy* reconheça o tratamento de dados ilícito e o dano sofrido pelo titular, reservando ao Judiciário a fixação do montante da indenização. O art. 42 da LGPD ao tratar da responsabilidade civil não menciona nada a respeito, mas seria uma opção muito interessante a ser estabelecida em lei. Assim, para desafogar o Poder Judiciário, a ANPD possa ter competência para analisar as reclamações como previsto no inc. V do art. 55-J, reconhecendo ou não a existência do dano, sem definir o valor da indenização, o que poderia ser feito judicialmente. Neste caso, o provimento da ANPD servirá de título executivo extrajudicial, podendo ocorrer a liquidação na execução desse título. Todavia, a LGPD não evidenciou tal hipótese, o que deve ser objeto de lei específica alterando a LGPD.

---

[472] *Idem* p. 338.
[473] Art. 170 (Inosservanza di provvedimenti del Garante)
1. Chiunque, essendovi tenuto, non osserva il provvedimento adottato dal Garante ai sensi degli articoli 58, paragrafo 2, lettera f) del Regolamento, dell'articolo 2-septies, comma 1, nonchè i provvedimenti generali di cui all'articolo 21, comma 1, del decreto legislativo di attuazione dell'articolo 13 della legge 25 ottobre 2017, n. 163 e' punito con la reclusione da tre mesi a due anni. (redação alterada pelo Decreto Legislativo 101/2018).

Além disso, na Itália, o Judiciário poderá ser acionado quando a decisão da Autoridade de Garantia for impugnada. Nesse sentido, a decisão de 20 de maio de 2002, da *Corte di Cassazione*, n. 7341[474], que entendeu possível que a Autoridade figurasse no polo passivo de uma ação judicial quando se questione determinado provimento por ela emanado com base no interesse público.

Quanto à competência, a regra é que o juízo competente é o do lugar onde reside o responsável pelo tratamento dos dados. No entanto, sendo uma relação de consumo, entende-se pelo foro privilegiado do consumidor.[475] Em 2009, a *Corte di Cassazione*, decisão n. 21814 de 14 de outubro, afirmou que a regra de competência contida no art. 33 alínea "u" do *Codice della Privacy*, que estabelece o foro onde reside quem realiza o tratamento de dados, é afastada nas relações de consumo. Atualmente, essa regra não foi mantida após a reforma da lei, valendo o disposto no GDPR. Todavia, sendo uma relação de consumo, o mesmo raciocínio deve imperar, para considerar competente o foro do domicílio do consumidor.

No Brasil, as regras de competência estão estabelecidas no Código de Processo Civil (arts. 91 e ss. CPC/1973 e arts. 21 e ss. CPC/2015). Pela regra prevista no art. 94 CPC/73 e art. 46 do CPC/2015, o juízo competente será o do domicílio do réu. No entanto, sendo uma relação de consumo (além do consumidor *standard*, o consumidor *bystander*, a coletividade e o consumidor intermediário) aplica-se o foro privilegiado previsto no art. 101, inc. I do CDC.

Por fim, quando à tutela ressarcitória, a indenização por violação dos dados pessoais é devida nos termos do art. 42 da LGPD, bem como nos termos do parágrafo único do art. 927 do Código Civil, sendo uma relação de consumo aplicam-se também o art. 6º, inc. VI, art. 12 e art. 18 do CDC. A reparação inclui não só os danos materiais, cuja comprovação deve ser feita quanto aos lucros cessantes e aos danos emergentes; mas, também, os danos morais. Nessa hipótese, o melhor entendimento é que a solução do dano *in re ipsa*, ou seja, o titular dos dados deve demonstrar a violação dos direitos que a lei lhe assegure, dispensando a prova do dano.[476]

---

[474] In *Dir. Informaz. e informaica, 2002:* "il Garante per la protezione dei dati personali è legittimato a partecipare a qualunque giudizio abbia ad oggetto un suo provvedimento per far valere davanti al giudice lo stesso interesse pubblico in funzione del quale esso è predisposto, ancorché si tratti dell'opposizione contro lo stesso provvedimento".
[475] FINOCCHIARO, Giusella. *Op. cit.*,p. 340.
[476] *Idem*, p. 109.

# Parte II
# O PAPEL DA AUTORIDADE NACIONAL DE PROTEÇÃO DOS DADOS PESSOAIS

> *[...] un'autorità amministrativa indipendente, eventualmente dotata di poteri regolamentari di adattamento dei principi contenuti nelle clausole generali a situazioni nuove o particolari; l'esigenza di questa autorità è confermata dall'esperienza di quei paesi che non l'hanno prevista, dove si è dimostrata insufficiente la protezione affidata solo alla magistratura.*
>
> Stefano Rodotá[477]

---

[477] RODOTÀ, Stefano. Privacy e costruzione della sfera privata. Ipotesi e prospettive. *In: Rivista Politica del Diritto*, anno XXII, numero 4, pp. 521 – 546. Bolonha: Il Mulino, dezembro 1991. p. 543.

# Capítulo 5
# A Atuação da *Autorità Garante Della Privacy e dei Dati Personali* na Experiência Italiana e os Possíveis Caminhos para a Autoridade Nacional de Proteção de Dados Pessoais (ANPD)

> *Senza una forte tutela delle loro informazioni, le persone rischiano sempre di più d'essere discriminate per le loro opinioni, credenze religiose, condizioni di salute: la privacy si presenta così come un elemento fondamentale della società dell'eguaglianza.*
>
> Stefano Rodotà[478]

Diante do avanço da informática e do uso do computador, capaz de transformar a informação dispersa em informação organizada, aumentou-se a necessidade de se estruturar um sistema sólido de proteção de dados. Isso porque os dados coletados são armazenados e agregados de maneira automatizada de acordo com determinada lógica do tratamento empregado pelo agente. Além disso, a circulação transfronteiriça dessas

---

[478] RODOTÀ, Stefano. *Discorso del Presidente dell'Autorità Garante della privacy e dei dati personali, Stefano Rodotà*, 2004. Disponível em:< http://www.garanteprivacy.it/web/guest/home/docweb/-/docweb-display/export/1093776>, acessado em 20 de janeiro de 2014.

informações passou a ser uma realidade muito vantajosa para o mercado, gerando a preocupação com o *enforcement* das leis nacionais de proteção de dados pessoais.

Nesse contexto, a *Convenção de Estrasburgo sobre a Proteção de Dados Pessoais*, denominada *Convenção n. 108*, de 28 de janeiro de 1981, conforme mencionado no capítulo 2, tem por objetivo garantir em todo o país o respeito à liberdade fundamental, à vida privada, à identidade pessoal e à proteção de dados no que diz respeito ao tratamento automatizado dos dados pessoais e a circulação transfronteiriça desses.

Para tanto, a *Convenção de Estrasburgo*, após o protocolo adicional de 2001[479], estabeleceu a necessidade de criação de uma autoridade independente para a efetiva proteção dos dados pessoais, destacando que a lei por si só será pouco eficaz. Portanto, o art. 8, que disciplina a proteção de dados, dispõe no item 3: "*Compliance with these rules shall be subject to control by an **independent authority**.*" (grifo nosso)

Este órgão tem a função primordial de fiscalização e controle do cumprimento da lei pelos agentes que realizam tratamento de dados. Inclusive, este já era o modelo adotado na Diretiva 95/46/CE, arts. 28 a 30, que utiliza a denominação *Autoridade de Controle ("Supervisory Authoroty", "Autoridad de Control"* ou *"Autorità Garante"),* designada pela sigla *DPA – Data Protection Authorities.*

O órgão foi mantido no atual GDPR, capítulo VI, arts. 51 a 59, ampliando a competência e os poderes deste órgão, enfatizando a necessária independência no desempenho de suas funções, consolidando os mais de vinte anos de existência destes órgãos desde a Diretiva 95/46/CE.[480]

Essas entidades de controle ou de garantia nacionais tem poderes atribuídos pelo art. 58 do GDPR, quais sejam: o poder de investigação, isto é, o direito de acessar os dados que estão sendo tratados e de receber todas as informações necessárias para o pleno desempenho de sua missão de fiscalização e controle; o poder de intervenção, entendi-

---

[479] Additional Protocol to the Convention for the Protection of Individuals with regard to Automatic Processing of Personal Data regarding supervisory authorities and transborder data flows. Disponível em: <http://www.apd.cat/media/2299.pdf>, acessada em 20 de novembro de 2015.

[480] GUARDIGLI, Elena. Il Garante per la Protezione dei Dati e la Cooperazione fra Autorità Garanti. *In*: FINOCCHIARO, Giusella (coord.). *Il nuovo Regolamento europeo sulla privacy e sulla protezione dei dati personali.* Torino: Zanichelli Editore, 2017. pp. 489-515. p. 494.

do como medidas que podem ser adotadas por esta entidade para que a proteção dos dados pessoais seja eficaz, por exemplo, determinar o bloqueio, a destruição de dados, proibir o tratamento de dados provisória ou definitivamente e etc.; e a capacidade processual para ingressar em juízo quando comprovada uma violação às regras sobre proteção de dados pessoais.

Para que essa entidade realize suas atribuições, é fundamental que ela seja independente como na proposta feita por Danilo Doneda[481], que inicialmente propõe uma definição desta entidade como "entes ou órgãos públicos dotados de substancial independência do governo, caracterizados pela sua autonomia de organização, financiamento e contabilidade; da falta de controle e sujeição ao poder Executivo". Além disso, o autor destaca a necessidade de que os membros integrantes desse órgão sejam escolhidos de forma autônoma, comprovada sua competência na matéria, e com prévia definição da duração dos respectivos mandatos. Cada país tem seu próprio modelo para um órgão com tais características, no Brasil, estaria mais próximo das Agências Reguladoras, o que será detalhado a seguir.

O fato é que, no Brasil, este órgão foi intensamente debatido nas discussões seja dos Anteprojetos de Lei de Proteção de Dados Pessoais, seja nos Projetos de Lei analisados na Câmara dos Deputados e no Senado Federal. Assim, a LGPD foi inicialmente aprovada sem a ANPD, que foi inserida pela Medida Provisória n. 869, de 27 de dezembro de 2018, convertida na Lei n. 13.853, de 08 de julho de 2019, cujos integrantes ainda não foram indicados.

Assim, o Anteprojeto de Lei brasileiro sobre proteção de dados de 2015 atribuiu uma série de funções ao que chamava de "órgão competente", porém não definia qual seria este órgão, o que deveria ser feito por ato do Poder Executivo. Nesta proposta legislativa, foi prevista a criação do *Conselho Nacional de Proteção de Dados Pessoais e da Privacidade* (arts. 53 a 55) responsável pelo fornecimento de "subsídios para a elaboração da Política Nacional de Proteção de Dados Pessoais e da Privacidade" (art. 55, inc. I).

Um dos entraves para a criação de um órgão independente e autônomo para a proteção dos dados pessoais seria o contexto político e eco-

---

[481] *Da privacidade à proteção de dados pessoais*. Rio de Janeiro: Renovar, 2006. p. 388.

nômico do país o qual inviabilizava a criação de uma entidade que representaria mais gastos ao Governo[482].

Assim, no anteprojeto de lei sobre proteção de dados de 2015, a primeira versão que foi levada à consulta pública, também de iniciativa do Ministério da Justiça, não previa a criação deste órgão. Entretanto, durante tal consulta, a ausência desse órgão tornou-se uma das críticas, haja vista o importante papel que essas entidades apresentariam na efetivação da proteção dos dados pessoais.

Consequentemente, a última versão do APL/PD de 2015 (após a consulta pública) voltou a mencionar essa entidade, porém de maneira muito mais tímida do que a proposta original. Na *Seção II* (Órgão Competente e Conselho Nacional de Proteção de Dados e da Privacidade), falava-se em "órgão competente" e sobre a criação do Conselho Nacional de Proteção de Dados e da Privacidade (arts. 53 a 55).

Preliminarmente, os motivos que fundamentaram a criação deste órgão são vários, a saber: a necessidade de fortificar a economia nacional, de criar um órgão com competência reconhecida sobre a matéria, de proteger os direitos constitucionalmente garantidos, tais como privacidade, honra e etc.[483]

Na Itália, este órgão foi criado pela Lei n. 675/1996, porém o nome originário era *"Garante per la tutela delle persone e di altri soggetti rispetto al trattamento dei dati personali"*. Buscando simplificar o nome, o Decreto Legislativo n. 123, de 09 de maio de 1997, alterou o nome desta entidade para o atualmente vigente, isto é, *"Autorità Garante della Privacy e dei Dati Personali"*.[484]

Esse órgão foi mantido no Título II (arts. 153 a 160) do Decreto Legislativo n. 196, de 30 de junho de 2003, intitulado *"Il nuovo Codice della Privacy"*, sendo que é assegurada plena autonomia e independência na sua atuação quanto às decisões e avaliações. Na revisão do *Codice della*

---

[482] Disponível em: <http://www.opovo.com.br/app/economia/ae/2015/01/28/noticiaseconomiaae,3384156/senacon-ve-dificuldade-para-criar-orgao-de-protecao-a-dados-pessoais.shtml>, acessado em 20 de novembro de 2015.

[483] CIRILLO, Gianpiero Paolo. *Op. cit.*, pp. 131 – 132.

[484] CATALLOZZI, Marina. I provvedimenti del Garante per la protezione dei dati personali. *In: La nuova giurisprudenza civile commentata*, ano XIV, 2º Parte. Padova: CEDAM, 1998. pp. 436 – 451. p.438.

*Privacy* pelo Decreto Legislativo 101/2018, o órgão continua previsto com algumas alterações para adequar ao GDPR.

A independência é um traço bem marcante destes órgãos, pois tem a missão, dentre outras, de fiscalizar os agentes de tratamento sejam eles entes públicos, sejam entes privados. Por isso, o próprio *Codice della Privacy* determina que se for indicado um funcionário público ele deve se afastar do cargo e se for um profissional da iniciativa privada, este não poderá receber salário de nenhum ente privado. Esta regra é crucial para assegurar a autonomia e independência para que o órgão possa desempenhar suas missões e atribuições que serão analisadas.

Ora, sendo uma entidade de fiscalização e controle, podendo inclusive aplicar sanções administrativas, como multa, além de avaliar os Códigos Deontológicos apresentados pelos representantes de setores específicos, tal atividade deve ser exercida com plena autonomia e independência. Outrossim, a *Autorità Garante* italiana tem um *Código Ético*, que entrou em vigor em 1º de julho de 1998, para reforçar a correta e transparente atuação do órgão dada a importância da matéria que lhe diz respeito, ou seja, direitos e garantias fundamentais.

### 5.1 Missões e Atribuições das Autoridades de Controle

A *Autorità Garante* tem múltiplas funções, *e. g.*, de fiscalizar e de controlar, função extrajudicial, função administrativa, função consultiva, função de promover iniciativa de leis, funções de cooperação internacional, entre outras, com o fim de assegurar a efetiva proteção dos dados pessoais.[485] Tais funções estão descritas no art. 57 do GDPR e 154 do *Codice della Privacy*, com a redação atual do Decreto Legislativo n. 101/2018.[486]

Em síntese, este órgão pode impor multa pecuniária (pois as sanções penais somente podem ser aplicadas em juízo); tem o dever de cooperar com outros órgãos de vigilância quando o interesse púbico o exigir; mantém um registro geral dos tratamentos de dados que estão sendo

---

[485] FINOCCHIARO, Giusella. *Op. cit.*, p. 320.

[486] No próximo capítulo serão abordados a experiência de outros países, por exemplo, no Canadá, o *Privacy Commissioner* é um *ombudsman*, ou seja, não tem esse poder de polícia que o modelo europeu prevê. HOULE, France; Sossin, Lorne. *Powers and Functions of the Ombudsman in the Personal Information Protection and Electronic Documents Act*: An Effectiveness Study. Research report. Disponível em: <https://www.priv.gc.ca/information/research-recherche/2010/pipeda_h_s_e.pdf>, acessado em 25 de novembro de 2015. P. 07.

feitos por notificação dos responsáveis; e avalia a conformidade dos *Códigos Deontológicos* com o ordenamento jurídico.[487]

Diante de tantas atribuições e poderes, essa entidade é alvo de críticas porque tem, simultaneamente, poder "legiferante" (*"quasi-legislative"*) e "judicante" (*"quase-giudiziali"*), a ponto de se constituir em um quarto poder.[488] Este foi, e ainda é, um grande receio com a criação da ANPD no Brasil.

O art. 55-J da LGPD, a partir da redação da Lei n. 13.853/2019, traz rol das competências da ANPD, quais sejam:

> I – zelar pela proteção dos dados pessoais, nos termos da legislação;
> II – zelar pela observância dos segredos comercial e industrial, observada a proteção de dados pessoais e do sigilo das informações quando protegido por lei ou quando a quebra do sigilo violar os fundamentos do art. 2º desta Lei;
> III – elaborar diretrizes para a Política Nacional de Proteção de Dados Pessoais e da Privacidade;
> IV – fiscalizar e aplicar sanções em caso de tratamento de dados realizado em descumprimento à legislação, mediante processo administrativo que assegure o contraditório, a ampla defesa e o direito de recurso;
> V – apreciar petições de titular contra controlador após comprovada pelo titular a apresentação de reclamação ao controlador não solucionada no prazo estabelecido em regulamentação;
> VI – promover na população o conhecimento das normas e das políticas públicas sobre proteção de dados pessoais e das medidas de segurança;
> VII – promover e elaborar estudos sobre as práticas nacionais e internacionais de proteção de dados pessoais e privacidade;
> VIII – estimular a adoção de padrões para serviços e produtos que facilitem o exercício de controle dos titulares sobre seus dados pessoais, os quais deverão levar em consideração as especificidades das atividades e o porte dos responsáveis;
> IX – promover ações de cooperação com autoridades de proteção de dados pessoais de outros países, de natureza internacional ou transnacional;

---

[487] CATALLOZZI, Mariana. *Op. cit.*, p. 440.
[488] COPPARONI, Monia. Note sulle autorizzazioni generali al trattamento dei dati particolari emanate dal garante per la protezione dei dati personali. *In: Diritto e Società*, fasc. 3, 1º parte, pp.419-434. Padova: CEDAM, 2000. p. 433.

X – dispor sobre as formas de publicidade das operações de tratamento de dados pessoais, respeitados os segredos comercial e industrial;

XI – solicitar, a qualquer momento, às entidades do poder público que realizem operações de tratamento de dados pessoais informe específico sobre o âmbito, a natureza dos dados e os demais detalhes do tratamento realizado, com a possibilidade de emitir parecer técnico complementar para garantir o cumprimento desta Lei

XII – elaborar relatórios de gestão anuais acerca de suas atividades;

XIII – editar regulamentos e procedimentos sobre proteção de dados pessoais e privacidade, bem como sobre relatórios de impacto à proteção de dados pessoais para os casos em que o tratamento representar alto risco à garantia dos princípios gerais de proteção de dados pessoais previstos nesta Lei;

XIV – ouvir os agentes de tratamento e a sociedade em matérias de interesse relevante e prestar contas sobre suas atividades e planejamento;

XV – arrecadar e aplicar suas receitas e publicar, no relatório de gestão a que se refere o inciso XII do caput deste artigo, o detalhamento de suas receitas e despesas;

XVI – realizar auditorias, ou determinar sua realização, no âmbito da atividade de fiscalização de que trata o inciso IV e com a devida observância do disposto no inciso II do caput deste artigo, sobre o tratamento de dados pessoais efetuado pelos agentes de tratamento, incluído o poder público;

XVII – celebrar, a qualquer momento, compromisso com agentes de tratamento para eliminar irregularidade, incerteza jurídica ou situação contenciosa no âmbito de processos administrativos, de acordo com o previsto no Decreto-Lei nº 4.657, de 4 de setembro de 1942;

XVIII – editar normas, orientações e procedimentos simplificados e diferenciados, inclusive quanto aos prazos, para que microempresas e empresas de pequeno porte, bem como iniciativas empresariais de caráter incremental ou disruptivo que se autodeclarem startups ou empresas de inovação, possam adequar-se a esta Lei;

XIX – garantir que o tratamento de dados de idosos seja efetuado de maneira simples, clara, acessível e adequada ao seu entendimento, nos termos desta Lei e da Lei nº 10.741, de 1º de outubro de 2003 (Estatuto do Idoso);

XX – deliberar, na esfera administrativa, em caráter terminativo, sobre a interpretação desta Lei, as suas competências e os casos omissos;

XXI – comunicar às autoridades competentes as infrações penais das quais tiver conhecimento;
XXII – comunicar aos órgãos de controle interno o descumprimento do disposto nesta Lei por órgãos e entidades da administração pública federal;
XXIII – articular-se com as autoridades reguladoras públicas para exercer suas competências em setores específicos de atividades econômicas e governamentais sujeitas à regulação; e
XXIV – implementar mecanismos simplificados, inclusive por meio eletrônico, para o registro de reclamações sobre o tratamento de dados pessoais em desconformidade com esta Lei.

Nota-se grande semelhança entre este dispositivo e o que prevê o GDPR.

O art. 55-C da LGPD traz a estrutura da ANPD, que é composta:

1) Conselho Diretor, órgão máximo de direção;
2) Conselho Nacional de Proteção de Dados Pessoais e da Privacidade;
3) Corregedoria;
4) Ouvidoria;
5) Órgão de assessoramento jurídico próprio;
6) Unidades administrativas e unidades especializadas necessárias à aplicação da LGPD.

O Conselho Nacional de Proteção de Dados Pessoais e da Privacidade, nos termos do art. 58-A da LGPD, faz parte da ANPD, e tem uma composição multissetorial, pois participam representantes do Legislativo, Judiciário, sociedade civil e empresas. Ao Conselho Nacional de Proteção de Dados Pessoais e da Privacidade cabe (art. 58-B): propor diretrizes estratégicas e fornecer subsídios para a elaboração da Política Nacional de Proteção de Dados Pessoais e da Privacidade e para a atuação da ANPD; elaborar relatórios anuais de avaliação da execução destas políticas; sugerir ações a serem adotadas pela ANPD; realizar estudos e debates sobre o tema; e, disseminar o conhecimento sobre proteção de dados pessoais e privacidade à população em geral.

### 5.1.1 Controle e Fiscalização

A missão de maior impacto destas entidades, como o caso da ANPD, é o poder de controle e fiscalização, o que está explícito na própria nomenclatura destes órgãos acima relatados. O poder de controle e de fiscalização implica na faculdade da entidade em requisitar informações dos responsáveis pelo tratamento de dados, ao titular dos dados e a terceiros quando for o caso, além de realizar diligências, procedimentos de auditoria e inspeções em entidades públicas e privadas que realizam atividades de tratamento de dados pessoais.

O art. 154 do *Codice della Privacy* explicita todos os deveres deste órgão, sendo que o primeiro deles é o controle. Contudo, o art. 158 do *Codice* descreve as condutas que podem ser adotadas pela *Autorità* no cumprimento deste dever.

Sobre essa missão, o Protocolo Adicional à *Convenção de Estrasburgo*, de 08 de novembro de 2001, ressaltou a necessidade de ampliar os poderes de investigação e intervenção. Inclusive, nas Diretrizes da OCDE, comentadas nos capítulos anteriores, destacou-se a atuação deste órgão na circulação transfronteiriça de dados pessoais (*Cross-Border Privacy Law Enforecment Cooperation*).[489]

Essa atividade é de suma importância porque irá, se eficaz, impedir que os dados pessoais sejam tratados de maneira ilícita.[490] Exemplos desta atuação foi o recente caso de investigação pelo *Privacy Commissioner* holandês em cooperação com o *Privacy Commissioner*[491] canadense do *Whatsapp* citado no capítulo 4 e que culminou com uma série de medidas para assegurar que os dados (número de telefones dos contatos dos usuários) não fossem acessados sem prévia autorização seguindo os princípios de proteção de dados. Além desta missão, esses órgãos têm o poder de estabelecer padrões técnicos que assegurem a proteção efetiva aos dados pessoais, à identidade pessoal e à privacidade.

Importante destacar que o GDPR e a LGPD determinam a obrigação da notificação por parte dos agentes do tratamento de dados qualquer incidente de segurança que possa causar graves danos aos titulares, devendo a Autoridade fiscalizar se foram tomadas todas as medidas necessárias para minimizar ao máximo a extensão do dano.[492]

---

[489] OCDE. *The OECD Privacy Framework*. Disponível em: < http://www.oecd.org/sti/ieconomy/oecd_privacy_framework.pdf>, acessado em 25 de novembro de 2015.
[490] CIRILLO, Gianpiero Paolo. *Op. cit.*, p. 166.
[491] Disponível em: <https://www.priv.gc.ca/media/nr-c/2013/nr-c_130128_e.asp>, acessado em 25 de novembro de 2015.
[492] CATALLOZZI, Mariana. *Op. cit.*, p. 440.

### 5.1.2 Padrões Técnicos que Garantam a Proteção dos Dados Pessoais

Também com um escopo preventivo de tutela da dignidade da pessoa humana, a ANPD pode estimular a adoção de padrões técnicos que garantam segurança no tratamento dos dados, bem como facilitem o controle de suas informações pelos titulares (art. 55-J, inc. X da LGPD).

Aliás, a arquitetura da rede tem se mostrado uma forma eficaz de regular comportamentos e assegurar direitos e garantias fundamentais. Lawrence Lessig[493] estabelece que as leis pensadas para o mundo material não podem ser, automaticamente, replicadas no ciberespaço. O autor oferece um exemplo: se um governo não quer que as crianças e os adolescentes tenham acesso a conteúdo pornográfico, irá determinar leis que proíbam a venda ou disponibilização deste tipo de conteúdo ao público infanto-juvenil. Assim, se uma criança vai a uma loja vestida como adulto e com bigode falso, facilmente ela será desmascarada pelo vendedor. Todavia, esta regra não pode ser automaticamente aplicada na Internet, pois a característica de ser uma criança não pode ser constatada de início pela simples identificação do TCP/IP que se refere a um computador. Isto é sintetizado na famosa frase: *"Hey, on the Internet, no one knows you're a dog!"* Então, pode-se criar uma camada neste protocolo TCP/IP para estabelecer um sistema eficiente de autenticação e identificação.

Realmente, a regulação com base em leis e códigos nem sempre será eficiente no mundo desmaterialização, "desterritorializado", despersonalizado como o ciberespaço. Portanto, as alternativas tecnológicas com base nos *códigos de programação* (softwares) podem ser utilizadas para a garantia de direitos fundamentais tais como a privacidade e a proteção de dados.

#### 5.1.2.1 Privacy by Default e Privacy by Design

São exemplos de padrões tecnológicos para assegurar a proteção à privacidade e aos dados pessoais a *privacy by default* e a *privacy by design*.

Esses mecanismos foram idealizados pela Dra. Ann Cavoukian[494] (*Information & Privacy Commissioner* da Provícia de Ontário, Canadá),

---

[493] *Code:* version 2.0. *Op. cit.*, pp. 45-47.
[494] *Privacy by Design:* the 7 Foundational Principles. Disponível em: <www.privacybydesign.ca>, acessado em 20 de setembro de 2014.

que desenvolveu o conceito de *privacy by design* na década de 90. Em outras palavras, tal conceito impõe que o próprio sistema de informação (arquitetura da rede) garanta um ambiente seguro para a coleta, tratamento e transferência de dados, sempre informando o titular destes.

Portanto, a confluência do direito e da tecnologia é fundamental para assegurar a proteção dos dados pessoais – um dos direitos de personalidade –, pelo menos quanto aos princípios da transparência (conhecimento de que há coleta de dados pelo indivíduo) e do consentimento (prévia anuência do titular dos dados), o que se denomina *privacy by default*.

Essa ferramenta será eficaz se tiver a coordenação da trilogia: i) sistemas de informação; ii) boas práticas de mercado; e iii) *design* físico e infraestrutura da rede. Ann Cavoukian cita, assim, sete princípios básicos para atingir tal finalidade, quais sejam:

1) *Principle proactive not reactive; preventative not remedial;*
2) *Privacy as the default setting;*
3) *Privacy embedded into design;*
4) *Full Functionality – Positive-Sum, not Zero-Sum;*
5) *End-to-End Security – Full Lifecycle Protection;*
6) *Visibility and transparency – keep it open;*
7) *Respect for user privacy – keep it user-centric.*

Essa ideia já estava timidamente na Diretiva 95/46/CE, no *Considerando* 46:

> (46) Considerando que a proteção dos direitos e liberdades das pessoas em causa relativamente ao tratamento de dados pessoais exige que sejam tomadas medidas técnicas e organizacionais adequadas tanto aquando da concepção do sistema de tratamento como da realização do próprio tratamento, a fim de manter em especial a segurança e impedir assim qualquer tratamento não autorizado; que compete aos Estados-membros zelar por que os responsáveis pelo tratamento respeitem estas medidas; que estas medidas devem assegurar um nível de segurança adequado, atendendo aos conhecimentos técnicos disponíveis e ao custo da sua aplicação em função dos riscos que o tratamento implica e a natureza dos dados a proteger;

Em síntese, a ideia de *privacy by design* impõe uma cooperação tecnológica e boas práticas para implantar um sistema de informação que assegure a informação sobre a coleta, tratamento e transferência dos dados, tendo o consentimento do usuário. Portanto, *privacy by design* destina-se, justamente, a capacitar o usuário com o controle de seus dados pessoais, por meio de interfaces mais amigáveis que lhe despertem tal capacidade (*e. g. human computer interaction*)[495].

Assim, dada a importância destas ferramentas para a proteção de dados, o GDPR mencionou de forma expressa no art. 25, comentado anteriormente nesta obra.

Um estudo empírico qualitativo sobre o comportamento dos usuários desenvolvido por professoras das Universidades de Stanford e *Carnegie Mellon*[496] constatou que: apenas 23% dos usuários usariam o modo de navegação que protege mais a privacidade, ou seja, aquele que obsta a coleta dos dados pessoais. Contudo, 50% dos usuários afirmaram que não usam o padrão que proteja mais a privacidade; e 27% dos usuários afirmaram não terem certeza. Quanto aos *cookies*, somente 17% dos usuários afirmaram que deletam tais *softwares*, e 23% dos usuários não têm certeza, e, por fim, 60% dos usuários entrevistados não deletam tal ferramenta de coleta de seus dados pessoais.

Disto se conclui que os métodos tradicionais de informar devem ser repensados, pois não garantem de forma efetiva a proteção dos dados pessoais, porque dificilmente os usuários lerão os termos de uso e os compreenderão.

---

[495] Cf. LIMA, Cíntia Rosa P. de; BIONI, Bruno Ricardo. *Op. cit.*, p. 271. *Human Computer Interaction* é a ciência que estuda a interação entre o homem e o computador e que sustenta ser possível desenvolver um ambiente cuja interação seja positiva, ou seja, que garanta a real compreensão por parte do ser humano; ao contrário da prática consolidada, ou seja, os termos de uso longos e pouco esclarecedores.

[496] MCDONALD, Aleccia M. CRANOR, Lorrie Faith. Beliefs and Behaviors Internet Users' Understanding of Behavioral Advertising. Disponível em: <http://papers.ssrn.com/sol3/papers.cfm?abstract_id=1989092>, acesso em 21 de agosto de 2014. p. 11: "Several major web browsers offer a "private browsing" feature that allows users to toggle to a private mode that never saves cookies, history, and cache data. When finished, users exit private browsing and have access to their normal set of cookies, history, and cache data. Only 23% reported they ever use private browsing, 50% do not use private browsing, and 27% are not sure if they use private browsing. 17% use software that deletes cookies for them, 23% are not sure, and 60% answered no.

Inclusive, Alessandro Bellavista[497] constatou que, diante da insuficiência do consentimento do titular dos dados que é geralmente vulnerável e hipossuficiente, a atuação de uma entidade autônoma e independência para a controle e fiscalização do cumprimento da lei sobre proteção dos dados é de suma importância, a fim de se garantir a igualdade real entre o titular dos dados pessoais e os agentes que realizam as condutas de coleta, tratamento e armazenamento dos dados pessoais. Em outras palavras, a autoridade de garantia pode procurar tornar cogentes estes novos mecanismos para que o usuário exerça controle sobre seus dados pessoais, por exemplo, o consentimento granular entendido como a manifestação do titular de dados a cada nova fase do tratamento de seus dados pessoais através das denominadas *privacy enhancing Technologies* (aplicativos e *softwares* que são vinculados a prestação de serviço que ensejou a coleta de dados para que o titular desses tenham efetivo controle de suas informações pessoais).[498]

Outra maneira de se estabelecerem padrões mais seguros é impor aos agentes que coletam e tratam os dados pessoais a obrigação de o fazer o mínimo possível (*privacy by default*), ou seja, estabelecendo como padrão o denominado "*data minimization*". Assim, a *privacy by design* é uma espécie da *privacy by default*[499], que parte de uma ideia já bastante difun-

---

[497] *Op. cit.*, pp. 72-73.

[498] APL/PD 2015 (2ª versão): Requisitos para o tratamento
Art 8º, § 4º Quando o consentimento para o tratamento de dados pessoais for condição para o fornecimento de produto ou serviço ou para o exercício de direito, o titular será informado com destaque sobre tal fato e sobre os meios pelos quais poderá exercer controle sobre o tratamento de seus dados. § 5º O órgão competente poderá dispor sobre os meios referidos no parágrafo anterior.

[499] Cf. LIMA, Cíntia Rosa P. de; Bioni, Bruno Ricardo. *Op. cit.*, p. 277: A *privacy by default* é, apenas, um dos diversos tipos de abordagem propiciados pela *privacy by design*, a qual consiste como, a própria terminologia induz, em considerar privacidade como um elemento condutor na fase de projeção e desenvolvimento de produtos e serviços. Anonimização das informações pessoais, sistemas de notificação em torno de invasão de base de dados, auditoria e muitas outras práticas são exemplos de como a tecnologia em sua fase de concepção pode ser coerente com a proteção da privacidade dos usuários. Estabelecendo tal relação de espécie e gênero entre *privacy by design* e *privacy by default*: MULLIGAN, Deirdre K; KING, Jennifer, Bridging the Gap between Privacy and Design (April 2012). *In: University of Pennsylvania Journal of Constitutional Law*, Vol. 14, No. 4, 2012. p. 989. Disponível em: http://ssrn.com/abstract=2070401. Acesso em 19 de agosto de 2014; RUBINSTEIN, Ira; GOOD, Nathan, Privacy by Design: A Counterfactual Analysis of *Google* and *Facebook* Privacy Incidents. *In:*

dida de *corregulação* por uma simbiose entre direito e tecnologia,[500] sob a premissa de que ambos são elementos que se intercruzam para alçar efetividade na normatização dos comportamentos sociais na internet.

Nesse caso em específico, considera-se que o próprio produto ou serviço deve ser *arquitetado* de forma condizente a proteger as informações pessoais dos seus usuários. Especificamente, por meio de uma tradução literal do termo *default*, tal desenvolvimento deveria congregar um *padrão* que *automaticamente*[501] implementaria tal proteção com fundamento no princípio da minimização dos dados e no princípio da proporcionalidade tratados no capítulo 4. Assim, ao contrário do sistema anterior, para usar a ferramenta em um padrão menos protetivo à privacidade, o usuário deve adotar medidas para alterar tal perfil.[502]

Desta forma, somente com plena consciência do que sua atitude significa, o usuário irá optar em relativizar sua proteção de dados na medida em que lhe interessar de fato.

Além dessas medidas preventivas, a entidade de controle e garantia pode resolver muitos conflitos administrativamente, de maneira mais célere e econômica para o titular dos dados, mediante a reclamação dele.

---

*Berkeley Technology Law Journal* 1333; NYU School of Law, Public Law Research Paper No. 12-43. p. 1342. Disponível em: <http://ssrn.com/abstract=2128146 orhttp://dx.doi.org/10.2139/ssrn.2128146>, acesso em 19 de agosto de 2014.

[500] Estabelece-se uma clara alusão ao referencial teórico de Lawrence Lessig para quem o direito e a tecnologia (arquitetura da rede) podem ser combinados, não excluindo um ao outro para a regulação da internet. LESSIG, Lawrence. *Code...*, *op. cit.*, p. 84.

[501] O centro de tecnologia e excelência de *privacy design* da província de Ontário/Canadá identifica, também, a *privacy by default* como uma de suas ramificações (um dos 07 princípios), assim definindo-a: "We can all be certain of one thing — the default rules! Privacy by Design seeks to deliver the maximum degree of privacy by ensuring that personal data are automatically protected in any given IT system or business practice. If an individual does nothing, their privacy still remains intact. No action is required on the part of the individual to protect their privacy — it is built into the system, by default." Disponível em: <http://www.privacybydesign.ca/content/uploads/2009/08/7foundationalprinciples.pdf>. Acesso em 20 de agosto de 2014.

[502] Neste sentido: COLOMBO, Matteo. *Op. cit.*, p. 59: "Il principio della protezione dei dati di default prevede che le impostazioni di tutela della vita privata relative ai servizi e prodotti rispettino di default i principi generali della protezione dei dati, quali la minimizzazione dei dati e la limitazione delle finalità".

### 5.1.3 Tutela dos Dados Pessoais Mediante Ações Coletivas ou Reclamação do Interessado

A tutela dos dados pessoais, na via administrativa, oferece muitas vantagens tais como a celeridade na resolução dos conflitos, a análise do caso por especialistas no tema, menor custo e etc. Neste sentido, a atuação da entidade de garantia para a desjudicialização destes conflitos é, igualmente, fundamental.

Sobre o tema, Stefano Rodotà[503] ressalta a importância da atuação da autoridade de garantia para a efetiva tutela dos dados pessoais, dada a experiência dos membros integrantes. Eles são especialistas de notório saber sobre o tema e, por isso, nos países em que não há este órgão, constata-se uma atuação jurisdicional insuficiente.

Quanto à tutela judicial dos dados pessoais, constata-se a insuficiência da tutela reparatória individual, pois a atuação dessa autoridade geralmente atingirá um número indeterminado de pessoas seja pelo fato de que os titulares dos dados pessoais possam ser caracterizados como consumidores *bystander* (art. 17 e art. 29 do CDC), seja pelo fato de serem caracterizados como um grupo de pessoas ligadas aos agentes de tratamento de dados por uma relação jurídica base (art. 2º, parágrafo único do CDC).

Assim, andou bem a LGPD que, no art. 22, determina que a defesa dos interesses e direitos dos titulares dos dados poderá ser feita individual ou coletivamente. O problema é que o mesmo dispositivo apenas ressalta tal possibilidade em juízo.

Corrobora com este entendimento, Marcel Leonardi[504] ao ressaltar que só a tutela coletiva seria capaz de imprimir mudanças no mercado quanto aos modelos de negócio que, geralmente, são indiferentes à proteção dos direitos e garantias individuais.

Entretanto, a tutela administrativa individual é uma faculdade a todo titular de dados que teve seus direitos violados na coleta, no armazenamento ou no tratamento de seus dados.[505] Interessante que, na Itália, esta possibilidade de resolução administrativa pela Autoridade de Garantia foi discutida porque violaria o art. 102 e o art. 111, ambos da

---

[503] Privacy e costruzione della sfera privata..., *op. cit.*, p. 543.
[504] *Tutela e Privacidade...*, *op. cit.*, p. 232.
[505] CATALLOZZI, Marina. *Op. cit.*, p. 444.

Constituição italiana que asseguram, respectivamente, o juiz natural e o direito de acesso à justiça e ao amplo contraditório[506]. A estranheza dessa função da *Autorità Garante della Privacy* é porque, ao contrário das outras *Autorità* que têm somente a faculdade de proferir um juízo valorativo quanto à observância da lei ou não, ela tem uma discricionariedade de analisar a reclamação do interessado muito parecido com o julgamento jurisdicional, o que pode ser, para alguns, uma ameaça à separação dos poderes.

Porém, o caso foi julgado pela *Corte di Giustizia*, C-198/01, AIR, em 09 de setembro de 2003, que entendeu pela prevalência do Direito Comunitário sobre o nacional.[507] Ora tanto a antiga Diretiva 95/46/CE, quanto o atual GDPR, estabelecem a possibilidade de o interessado reclamar perante a Autoridade de Controle.

No mesmo sentido, a LGPD brasileira previu tal possibilidade no inc. V do art. 55-J, mas que depende de um detalhamento por meio de resolução da ANPD quando efetivamente nomeados seus integrantes.

Por exemplo, uma empresa instalou um programa que rastreava os *sites* acessados pelos trabalhadores, sendo que um empregado foi demitido por justa causa quando o histórico de navegação dele indicou que ele acessou *sites* não relacionados a sua atividade laborativa, além do fato de que tais *sites* instalaram vírus no computador danificando o sistema de informação da empresa. O trabalhador reclamou por entender que seu direito à proteção de dados pessoais (no caso o histórico de navegação) fora violado. A *Autorità Garante per la Protezione della Privacy e dei Dati Personali*, no provimento de 14 de fevereiro de 2006[508], entendeu que essa medida tomada pelo empregador extrapola seu direito porque as informações coletadas não foram previamente consentidas pelo empregado.

Outro exemplo de tutela individual são as inúmeras demandas de pessoas contra as ferramentas de busca, pleiteando o direito à desindexação com base no direito à oposição e ao cancelamento do tratamento de

---

[506] LOMBARDI, Rita. Autorità Garanti e Controllo del Giudice. *In: Giustizia Civile*, vol. L, 2º Parte, pp. 225-242. Milão: Giuffrè, 2000. pp. 236-237.
[507] Cirillo, Gianpiero Paolo. *Op. cit.*, p. 172.
[508] PERINA, Luigi. L'evoluzione della giurisprudenza e dei provvedimenti del Garante in materia di protezione dei dati personali dei lavoratori subordinati. *In: Rivista Italiana di Diritto del Lavoro*, fasc. 01, Milão: Giuffrè, 2010. pp. 305-328. pp. 320-322.

dados pessoais nos termos da Lei de Proteção de Dados. Desde 2002[509], a *Autorità Garante* italiana entendia favoravelmente a esses pleitos, o que foi confirmado em 2014 pelo Tribunal Europeu.[510]

### 5.1.4 Iniciativa Legislativa sobre Proteção de Dados Pessoais

Outra atuação da Autoridade de Garantia no sistema europeu de proteção de dados e, portanto, no sistema italiano, é a iniciativa legislativa sobre temas relacionados à proteção de dados, da privacidade e da identidade pessoal.[511]

Nesse sentido, Stefano Rodotà[512] destaca que o papel da *Autorità Garante della Privacy e dei Dati Personali* é muito particular, pois além de garantir a propagação e a observância do *Codice della Privacy*, ela tem o dever de indicar ao Parlamento e ao Governo, quando necessário, proposta legislativa para regular determinado aspecto, para garantir à proteção à identidade pessoal, à privacidade e aos dados pessoais, tendo em vista os avanços tecnológicos.

Além disso, esse órgão tem um poder legiferante que implica em um pluralismo normativo, mas que deve ser articulado. Assim, dentro de sua esfera de competência, a *Autorità Garante* pode regulamentar de estabelecer normas e códigos deontológicos específicos a determinados setores. As características destas normativas variam de entidade para entidade, mas o que é comum a esses órgãos é que regulamentam, quando o legislador utiliza propositalmente de termos vagos, demandando uma

---

[509] MEZZANOTTE, Massimiliano. Centrali rischi private, diritto all'oblio e potestà "normative" del Garante. In: *Il Diritto dell'informazione e dell'informatica*, fasc. 4-5, Milão: Giuffrè, 2014. pp. 661-678. p. 663: "I numerosi interventi del Garante in materia hanno permesso di delineare un quadro ben definito. In primis, è stato ritenuto applicabile l'articolo 13 della legge n. 675/96, vigente prima dell'entrata in vigore del codice della privacy, in base al quale l'interessato aveva il diritto di ottenere, a cura del titolare o del responsabile, senza ritardo, la cancellazione, la trasformazione in forma anonima o il blocco dei dati trattati in violazione di legge [...]"

[510] PIZZETTI, Franco. Le Autorità Garanti per la protezione dei dati personali e la sentenza della Corte di Giustizia sul caso *Google* Spain: è tempo di far cadere il "velo di Maya". In: *Il Diritto dell'informazione e dell'informatica*, fasc. 4-5, Milão: Giuffrè, 2014. pp. 805-829. p.

[511] RODOTÀ, Stefano. Tra diritti fondamentali..., *op. cit.*, p. 10.

[512] Tra diritti..., *op. cit.*, p. 10.

atividade regulatória para colmatar os princípios e conceitos jurídicos indeterminados.[513]

Na LGPD, por exemplo, o art. 41 § 3º estabelece que a ANPD poderá estabelecer normas complementares sobre a definição e as atribuições do encarregado, inclusive hipóteses de dispensa da necessidade de sua indicação, conforme a natureza e porte da entidade ou volume de operações de tratamento de dados. Assim, nos termos do art. 55-J, inc. II, a ANPD o fará por meio de normas e/ou procedimentos.

O interessante desta missão é que como essa entidade é formada por profissionais especialistas no tema que, além de atuarem na fiscalização e inspecionando os agentes que realizam o tratamento de dados, são os primeiros a terem o diagnóstico de regulação necessária e, além disso, preverem leis eficazes, pois estarão de acordo com os avanços tecnológicos.

### 5.1.5 Desenvolvimento de Políticas Públicas em Prol da Proteção de Dados Pessoais

O bem-estar social e a eficácia do sistema de proteção de dados estão conectados com políticas públicas que visem à educação, à conscientização dos titulares de dados dos perigos de publicarem dados pessoais, ao estímulo e ao incentivo àqueles que realizam a coleta, o armazenamento e o tratamento de dados para o fazerem de acordo com os ditames legais. Tudo com o objetivo de atingir o interesse público, que é a proteção de direitos e garantias fundamentais, no caso, a proteção dos dados pessoais.

Em linhas gerais, entende-se[514] por política pública o conjunto de ações, metas e planos que os governos (nacionais, estaduais ou municipais) estabelecem com o objetivo de atingir o bem-estar social e de garantir o interesse público. Para tanto, os dirigentes devem estabelecer as prioridades para definirem essas ações.

---

[513] BILANCIA, Paola. Riflessi del potere normativo delle autorità indipendenti sul sistema delle fonti. *In: Diritto e Società*, numero 1, Nuova Serie. Padova: CEDAM, 1999. pp. 251 – 278. p.255.
[514] SEBRAE. *Políticas Públicas*: conceitos e práticas. LOPES, Brenner; AMARAL, Ney Amaral (supervisores). CALDAS, Ricardo Wahrendorff. Belo Horizonte: Sebrae/MG, 2008. p. 05.

A LGPD prevê como do Conselho Nacional de Proteção de Dados Pessoais e da Privacidade (art. 58, inc. I) fornecer subsídios para que a ANPD elabore Políticas Públicas sobre Proteção de Dados Pessoais e da Privacidade.

Atualmente, diante do diagnóstico de que todos nós utilizamos o computador e a Internet e os diversos aplicativos que nos são oferecidos sem ter real conhecimento do funcionamento e objetivos mercadológicos (*data illiteracy*). Para minimizar os trágicos efeitos desses comportamentos, a atuação da autoridade de garantia a partir de medidas educacionais voltadas às crianças, aos adolescentes e aos universitários terão um impacto positivo quanto ao uso consciente e responsável das ferramentas tecnológicas (*data literacy*).

Parece interessante adotar e estimular essas políticas públicas, pois se apresenta como um mecanismo promissor para evitar a disponibilização de informações pessoais pelos indivíduos sem necessidade e o tratamento ilícito de dados pessoais.

Portanto, este papel da ANPD é crucial para prevenir que danos ocorram. Na Itália tal papel é desempenhado por meio das denominadas *Linee Guida* que orientam os agentes responsáveis pela coleta, pelo armazenamento e pelo tratamento de dados.[515]

### 5.1.6 *Definição de Regras Denominadas "Código de Boas Condutas"*

A expressão "Código de Boas Condutas" foi estabelecido a partir da Diretiva 95/46/CE (art. 27, Capítulo V), com o objetivo de estabelecer regras de proteção de dados para determinados setores e no art. 19 das Diretrizes da OCDE. Estes foram mantidos no art. 40 do GDPR.

Qual seria a relevância dessas normas deontológicas para o sistema de proteção de dados pessoais?

Quando se fala em tratamento automatizado de dados, um elemento essencial é a tecnologia que, por sua vez, evolui muito rapidamente. Assim, o ideal é que as leis sobre proteção de dados tenham um caráter principiológico e com cláusulas gerais para que possam perdurarem ainda que haja um considerável avanço tecnológico.[516] Por exemplo, já foram citados nos capítulos 2 e 4 os princípios que regem a coleta e o

---

[515] PIZZETTI, Franco. *Op. cit.*, p. 825.
[516] RODOTÀ, Stefano. Tra diritti fondamentali..., *op. cit.*, p. 08.

tratamento de dados pessoais, a partir desses o sistema de proteção de dados se estrutura.

Entretanto, cada setor, por exemplo, o registro civil, o Ministério da Fazenda, o setor bancário, o setor sanitário, e etc. tem especificidades que são disciplinadas, geralmente, nos Códigos de Conduta. Portanto, a relevância destes Códigos é a complementação e a atualização da lei sobre proteção de dados.

A quem caberia a função de elaborar códigos deontológicos e de boas práticas?

Desde a Diretiva 95/46/EC, os Códigos de Boas Práticas são instrumentos da corregulação, pois essas regras específicas de cada setor são elaboradas pelos próprios *players*. Assim, o art. 40 do GDPR determina que os agentes em determinado setor (empresas e associações civis) possam elaborar essas regras, que devem ser estimuladas pela Autoridade de Garantia.[517]

Semelhantemente, como destacado no capítulo 4, a LGPD menciona tal possibilidade no art. 50, de maneira que são os agentes de tratamento que elaboram os respectivos Códigos de Boas Práticas, que poderão ser reconhecidos e divulgados pela ANPD. Portanto, em seu Regimento Interno, a ANPD deverá prever o procedimento para tanto.

Porém, aqueles códigos não podem contrariar a lei de proteção de dados pessoais, nem tão pouco outras leis, os bons costumes e os princípios gerais de direito, uma vez que isso constituiria um vício material. Assim, quando se fala em corregulação não se pretende substituir as leis tradicionalmente elaboradas, mas apenas que elas sejam complementadas por normas que levarão em conta a própria realidade do país. Por isso, a autor regulação é muito conveniente aos temas em torno das novas tecnologias.[518]

Na Itália, por exemplo, compete à *Autorità Garante* a verificação da conformidade desses códigos de conduta estabelecidos por determinados setores nos termos do GDPR, que serão publicados no

---

[517] Dir. 95/46/CE, art. 27: "[...]2. Os Estados-membros estabelecerão que as associações profissionais e as outras organizações representativas de outras categorias de responsáveis pelo tratamento que tenham elaborado projectos de códigos nacionais ou que tencionem alterar ou prorrogar códigos nacionais existentes, podem submetê-los à apreciação das autoridades nacionais."

[518] MARCOS, Isabel Davara Fernández de. *Op. cit.*, pp. 97-98.

diário oficial (*Gazzetta Ufficiale della Repubblica*), com a finalidade de dar publicidade e amplo conhecimento[519]. Além disso, a própria *Autorità* pode estabelecer códigos deontológicos em determinados setores, por exemplo, quanto à atividade jornalística (provimento de 29 de julho de 1998, publicado na *Gazzetta Ufficiale della Republica* em 03 de agosto de 1998, n. 179); quanto à atividade com finalidade histórica (Provimento n. 8/P/21 de 14 de março de 2001, publicado na *G.U.* em 05 de abril de 2001, n. 80); o *Codice di deontologia e di buona condotta per i trattamenti di dati personali per scopi statistici e scientifici* (provimento de 16 de junho de 2004, publicado na *G.U.* em 14 de agosto de 2004, n. 190); entre outros.

O interessante dessa missão da *Autorità* diz respeito às fontes do direito, pois tais normas são estabelecidas no âmbito da categoria interessada e a entidade irá analisar a conformidade dos *Códigos Deontológicos* com o ordenamento jurídico. Em outras palavras, o Estado-Legislador ao prever essa possibilidade abre mão de uma normativa autoritária para estimular a corregulação, sendo uma fonte atípica do Direito.[520] Portanto, é plenamente reconhecida a natureza normativa dos *Códigos Deontológicos*.[521]

### 5.1.7 Publicação de Relatórios Anuais de suas Atividades

Por fim, cabe a esses órgãos publicarem suas atividades anualmente, tais como os provimentos, os pareceres, as investigações realizadas e os respectivos resultados, as decisões sobre reclamações feitas pelos titulares dos dados, entre outras.

Na Itália, este dever está expresso no art. 154 do *Codice*, seguindo o que dispõe o art. 57 do GDPR. No Brasil, isto está descrito dentre as competências da ANPD (art. 55-J, inc. XVI).

---

[519] BILANCIA, Paola. *Op. cit.*, p. 258. No mesmo sentido: CATALLOZZI, Mariana. *Op. cit.*, p. 449: "[...] sono fonti normative sub-primarie, riconducibili alla potetà normativa delle autorità amministrative indipendenti e collocabili tra il primo livello, constituito dalla legge e dai decreti delegati, e il secondo, constituito dai regolamenti di attuazione".

[520] BILANCIA, Paola. *Op. cit.*, p. 265: "[...] infatti si tratta di forme di auotodisciplina di categorie attuate dai loro organismi rappresentativi, quindi espressioni di potestà normativa di privati, ma che si realizzano sotto la vigilanza di un'Autorità indipendente che è tenuta a promuoverle ed a compiere un controllo di legalità delle norme relative, incidendo quindi anche sulla loro efficacia."

[521] PERON, Sabrina. La tutela del diritto all'imagine nei provvedimenti del Garante della Privacy. In: *Responsabilità e Previdenza*, fasc. ll, Milão: Giuffrè, 2009. pp. 2351-2357. p. 2353.

Estes relatórios são de suma importância para que se dê publicidade e transparência às atividades do órgão, desde que protegidos os interessados que não podem ter seus dados identificados.

### 5.1.8 Circulação Transfronteiriça de Dados

Por fim, deve-se realçar a atuação imprescindível da ANPD na circulação transfronteiriça de dados. Como já abordado no capítulo 1, a economia informacional desenvolve-se a partir de um modo revolucionário (global e interconectado) de estruturação do mercado e circulação dos produtos e serviços, sendo que a propriedade das coisas foi substituída pelo controle das informações. Além disso, esta estruturação é fluída ou "líquida", utilizando-se da metáfora de Zygmunt Bauman.[522] Em outras palavras, as grandes empresas controlam as informações sobre coisas e, principalmente, sobre pessoas, como seus produtos e serviços circulam pela sociedade globalizada e interconectada, as informações sobre as pessoas, consequentemente, terá o mesmo destino.

Diante desse contexto, isto é, processamento automatizado e comunicação à distância, surgiu a grande preocupação sobre as medidas que deveriam ser tomadas para a efetiva proteção de dados pessoais, já que uma lei de proteção de dados de determinado país poderia ser obstaculizada se o país (destinatário) das informações não adotassem leis sobre o tema, caracterizando como "paraísos informacionais".

A OCDE adiantou-se no tema e estabeleceu alguns princípios nas Diretrizes sobre *"Protection of Privacy and Transborder Flows of Personal Data"*[523]. A terceira parte destas Diretrizes contém o princípio geral de não se criar empecilhos à circulação de informação entre os Estados-membros e, ao mesmo tempo, de adotar leis sobre proteção de dados com o "mesmo nível de proteção" pelos Estados-membros.

---

[522] *Tempos Líquidos.* Tradução de Carlos Alberto Medeiros. Rio de Janeiro: Zahar, 2007. pp. 12-13.
[523] *Op. cit.*: PART THREE. BASIC PRINCIPLES OF INTERNATIONAL APPLICATION: FREE FLOW AND LEGITIMATE RESTRICTIONS
15. Member countries should take into consideration the implications for other Member countries of domestic processing and re-export of personal data.
16. Member countries should take all reasonable and appropriate steps to ensure that transborder flows of personal data, including transit through a Member country, are uninterrupted and secure.

Os artigos 40 e 41 do GDPR (assim como o fazia a Diretiva 95/46/CE) determinaram que uma das funções da Autoridade de Garantia é certificar quais países oferecem o "mesmo nível de proteção de dados" adotado no modelo europeu, o que já foi destacado no capítulo 4 desta obra.

Assim, os exemplos mencionados no decorrer desta obra, tais como as decisões de adequação das leis argentina e uruguaia, bem como do *EU-US Privacy Shield*, revelam uma função importante da ANPD diante da circulação transfronteiriça dos dados pessoais. Semelhantemente, a LGPD prevê a atuação da ANPD na transferência internacional de dados pessoais nos artigos 33 a 36. Caberá, no entanto, à ANPD regular o procedimento para desempenhar esta tarefa.

## 5.2 Estrutura, Organização e Composição da Autoridade Nacional de Proteção de Dados Pessoais

Na Itália, a *Autorità Garante della Privacy e dei Dati Personali* é um órgão colegiado, hoje composta de quatro membros eleitos, dois da Câmara dos Deputados e dois do Senado, com mandato de sete anos (alteração pelo Decreto Legislativo n. 248, de 31 de dezembro de 2008 e pela Lei n. 31 de 27 de fevereiro de 2008, pois antes o mandato era de quatro anos, podendo ser reeleito por mais um mandato), estrutura mantida após a reforma do Decreto Legislativo 101/2018.[524]

Portanto, esse órgão tem uma forte ligação institucional com o Parlamento no que diz respeito à nomeação de seus integrantes. Entretanto, foi a primeira vez que se estipulou a eleição destes integrantes adotando o procedimento de voto limitado para garantir a ampla participação da oposição, evitando transformar esse órgão um mero cabide de emprego ou "*spartizione lottizzatoria*".[525]

Os candidatos são escolhidos entre aqueles que detêm notório saber em direito e informática, sem especificação de categoria profissional, o que deve nortear a escolha dos diretores e conselheiros da ANPD brasileira nos termos do §2º do art. 55-D da LGPD.

A LGPD disciplina as regras quanto à composição e à competência do Conselho Diretor e do Conselho Nacional de Proteção de Dados Pessoais e da Privacidade. Os demais órgãos serão criados, bem como lhes

---

[524] FINOCCHIARO, Giusella. *Op. cit.*, p. 319.
[525] CATALLOZZI, Marina. *Op. cit.*, p. 438.

serão atribuídas competências, pelo regimento. Importante destacar que a estrutura regimental da ANPD será criada pelo presidente da República nos termos do art. 55-G da LGPD, cabendo ao Conselho Diretor dispor sobre o regimento interno nos termos do § 2º do mesmo dispositivo legal. Até a entrada em vigor dessa estrutura regimental, a ANPD contará com o apoio técnico e administrativo da Casa Civil da Presidência da República para o exercício de suas atividades. Não há alternativa, pois, quaisquer provimentos dos cargos e das funções necessárias à criação da ANPD depende de expressa autorização física e financeira na lei orçamentária anual e de permissão na lei de diretrizes orçamentárias § 3º do art. 55-A da LGPD.

Ademais, os cargos em comissão e as funções de confiança da ANPD serão remanejados de outros órgãos e entidades do Poder Executivo federal (art. 55-H da LGPD).

O Conselho Diretor é o órgão máximo de direção, o que deverá ser observado pelo regimento interno da ANPD. A LGPD determina que sua composição seja de 5 (cinco) diretores, incluído o diretor-presidente (caput do art. 55-D). Caberá ao presidente da República a escolha dos diretores que, após a aprovação pelo Senado Federal, serão nomeados pelo presidente da República nos termos do art. 52, inc. III, "f" da CF/88. Os membros do Conselho Diretor devem ser brasileiros com reputação ilibada, nível superior de educação e elevado conceito no campo da especialidade de proteção de dados (§ 2º do art. 55-D da LGPD).

A opção da lei foi instituir a nomeação por ato complexo, para que se possa assegurar autonomia funcional dos diretores no exercício de suas funções. Isso não impede a perda do cargo, que pode dar-se por renúncia, condenação judicial transitada em julgado ou pena de demissão decorrente de processo administrativo disciplinar (art. 55-E da LGPD).

Na hipótese de apuração de falta grave, o ministro chefe da Casa Civil da Presidência da República irá instaurar o processo administrativo disciplinar, que será conduzido por uma comissão especial, constituída para tal fim por servidores públicos federais estáveis (§ 1º do art. 55-E da LGPD). Durante a tramitação do processo administrativo disciplinar, a comissão especial pode sugerir o afastamento preventivo do diretor, o que será determinado pelo presidente da República.

Os diretores exercerão o cargo pelo mandato de 4 (quatro) anos nos termos do § 3º do art. 55-D da LGPD; entretanto, para evitar que a ANPD fique sem diretores se todos os mandatos vencerem no mesmo período, o § 4º do art. 55-D determina que os primeiros diretores nomeados exercerão o mandato por 2 (dois), 3 (três), 4 (quatro), 5 (cinco) e 6 (seis) anos, conforme estabelecido no ato de nomeação.

Após o exercício do cargo, os membros do Conselho Diretor ficam sujeitos ao disposto no art. 6º da Lei n. 12.813, de 16 de maio de 2013:

> Art. 6º Configura conflito de interesses após o exercício de cargo ou emprego no âmbito do Poder Executivo federal:
> I – a qualquer tempo, divulgar ou fazer uso de informação privilegiada obtida em razão das atividades exercidas; e
> II – no período de 6 (seis) meses, contado da data da dispensa, exoneração, destituição, demissão ou aposentadoria, salvo quando expressamente autorizado, conforme o caso, pela Comissão de Ética Pública ou pela Controladoria-Geral da União:
> a) prestar, direta ou indiretamente, qualquer tipo de serviço a pessoa física ou jurídica com quem tenha estabelecido relacionamento relevante em razão do exercício do cargo ou emprego;
> b) aceitar cargo de administrador ou conselheiro ou estabelecer vínculo profissional com pessoa física ou jurídica que desempenhe atividade relacionada à área de competência do cargo ou emprego ocupado;
> c) celebrar com órgãos ou entidades do Poder Executivo federal contratos de serviço, consultoria, assessoramento ou atividades similares, vinculados, ainda que indiretamente, ao órgão ou entidade em que tenha ocupado o cargo ou emprego; ou
> d) intervir, direta ou indiretamente, em favor de interesse privado perante órgão ou entidade em que haja ocupado cargo ou emprego ou com o qual tenha estabelecido relacionamento relevante em razão do exercício do cargo ou emprego.

Não observado o que dispõe esse dispositivo legal, responderá o condenado por ato de improbidade administrativa conforme o parágrafo único do art. 55-F da LGPD.

Ao Conselho Diretor da ANPD compete:
- dispor sobre o regimento interno da ANPD (§ 2º do art. 55-G);
- indicar os ocupantes dos cargos em comissão e das funções de confiança da ANPD, cuja nomeação será feita pelo diretor-presidente (art. 55-J).

Além dos diretores, faz parte da ANPD o Conselho Nacional de Proteção de Dados e Privacidade previsto no art. 58-A da LGPD.

composto por 23 (vinte e três) titulares e suplentes nos termos do art. 58-A da LGPD conforme a redação alterada pela Lei n. 13.853/2019. Os conselheiros serão provenientes dos seguintes órgãos:

a) Serão indicados pelos titulares dos respectivos órgãos e entidades da administração pública: – 5 do Poder Executivo federal; – 1 do Senado Federal; – 1 da Câmara dos Deputados; – 1 do Conselho Nacional de Justiça; – 1 do Conselho Nacional do Ministério Público; – 1 do Comitê Gestor da Internet no Brasil;

b) Serão indicados na forma de regulamento, desde que não façam parte do Comitê Gestor da Internet no Brasil, com mandato de 2 anos, permitida uma recondução: – 3 de entidades da sociedade civil com atuação comprovada em proteção de dados pessoais; – 3 de instituições científicas, tecnológicas e de inovação; – 3 de confederações sindicais; – 2 de entidades representativas do setor empresarial relacionado à área de tratamento de dados pessoais; e, – 2 de entidades representativas do setor laboral.

Os conselheiros serão designados por ato do presidente da República, permitida a delegação nos termos do § 1º do art. 58-A da LGPD. Destaca-se que os conselheiros não serão remunerados, considerada tal função como prestação de serviço público relevante nos termos do § 4º do mesmo dispositivo legal.

A composição multissetorial do Conselho Nacional de Proteção de Dados e Privacidade é interessante, pois propicia um natural sistema de freios e contrapesos interna corporis, colaborando para a autonomia técnica da ANPD, pois os representantes do setor privado serão constantemente fiscalizados pelos representantes do setor público e vice-versa. Portanto, seus integrantes devem ser especialistas na área e com notável atuação na área de proteção de dados pessoais, para que tenham um absoluto comprometimento com as atribuições da autoridade brasileira, atraindo, então, o reconhecimento pela União Europeia do nível protetivo adequado.

## Capítulo 6
## A Experiência de Alguns Países que Adotaram o Modelo Preconizado na *Convenção de Estrasburgo*

> *Em seu estágio pesado, o capital estava tão fixado ao solo quanto os trabalhadores que empregava. Hoje o capital viaja leve – apenas com a bagagem de mão, que inclui nada mais que pasta, telefone celular e computador portátil.*
>
> Zygmunt Bauman[526]

Interessante a comparação feita pelo filósofo polonês Zygmunt Bauman[527] entre o capitalismo "pesado" e o capitalismo "leve". O primeiro é caracterizado pelo modelo fordista, cujos objetivos eram volume da produção e definição de tarefas para otimizar os resultados, com um apego a fronteiras (limites), sempre firmes e impenetráveis. O segundo, por sua vez, representa uma quebra destes fundamentos. Assim, não há fixação de fronteiras tão rígidas e as tarefas não estão bem definidas. Então, conclui o filósofo que, se o "capitalismo leve" fosse um avião, seria como se os passageiros estivessem voando e descobrissem aterro-

---

[526] BAUMAN, Zygmunt. *Modernidade Líquida*. Tradução de Plínio Dentzien. Rio de Janeiro: Jorge Zahar, 2001. p.76.
[527] *Modernidade Líquida*. Op. cit., pp. 75-77.

rizados que não havia piloto e que não haveria como de se obter da "caixa preta" (piloto automático) qualquer informação sobre o destino da aeronave.

O capitalismo informacional, explicado no capítulo 1, é justamente esta segunda ideia, ou seja, não há limites geográficos impenetráveis, como antes. Ao contrário, a fluidez das informações que penetram e circulam na rede mundial de computadores traz a preocupação sobre a real proteção dos dados pessoais, no contexto de sua circulação transfronteiriça.

Constatada tal realidade, a *Convenção de Estrasburgo*, de 28 de janeiro de 1981, conhecida como *Convenção n. 108*, teve por objetivo a disciplina da matéria, com vistas à efetiva proteção dos dados pessoais de todo ser humano, independentemente do local de sua residência:

> *Chapter I – General provisions*
> *Article 1 – Object and purpose*
> *The purpose of this convention is to secure in the territory of each Party for every individual, whatever his nationality or residence, respect for his rights and fundamental freedoms, and in particular his right to privacy, with regard to automatic processing of personal data relating to him ("data protection").*[528]

Entretanto, questionava-se a efetividade desse direito no contexto do capitalismo informacional. Assim, a partir da experiência de alguns países europeus, como a França (vide capítulo 3), que já previam um órgão responsável por zelar pela proteção dos dados pessoais, concluiu-se pela necessidade desta entidade, dotada de plena autonomia e independência.

Vinte anos depois da *Convenção n. 108*, o importante papel desse órgão foi amplamente discutido, o que determinou a emenda da mesma *Convenção* em 2001, para acrescentar regras mais específicas e detalhadas sobre a atuação daquele órgão[529]:

---

[528] Disponível em: <http://www.coe.int/en/web/conventions/full-list/-/conventions/rms/0900001680078b37>, acessado em 20 de novembro de 2015.

[529] Additional Protocol to the Convention for the Protection of Individuals with regard to Automatic Processing of Personal Data regarding supervisory authorities and transborder data flows. Disponível em: <https://rm.coe.int/CoERMPublicCommonSearchServices/DisplayDCTMContent?documentId=090000168008c2b8>, acessada em 20 de novembro de 2015.

*Article 1 – Supervisory authorities*
*1. Each Party shall provide for one or more authorities to be responsible for ensuring compliance with the measures in its domestic law giving effect to the principles stated in Chapters II and III of the Convention and in this Protocol.*
*2. a. To this end, the said authorities shall have, in particular, powers of investigation and intervention, as well as the power to engage in legal proceedings or bring to the attention of the competent judicial authorities violations of provisions of domestic law giving effect to the principles mentioned in paragraph 1 of Article 1 of this Protocol.*
*b. Each supervisory authority shall hear claims lodged by any person concerning the protection of his/her rights and fundamental freedoms with regard to the processing of personal data within its competence.*
*3. The supervisory authorities shall exercise their functions in complete independence.*
*4. Decisions of the supervisory authorities, which give rise to complaints, may be appealed against through the courts.*
*5. In accordance with the provisions of Chapter IV, and without prejudice to the provisions of Article 13 of the Convention, the supervisory authorities shall co-operate with one another to the extent necessary for the performance of their duties, in particular by exchanging all useful information.*

Em suma, concluiu-se pela obrigatoriedade de cada país signatário em criar uma *Authority*, bem como algumas missões desta entidade. Uma das missões é a colaboração com outras *Authorities*, de outros países, para que seja eficaz a proteção dos dados pessoais, isto é, a missão de estabelecer mecanismos de *enforcement* para as leis nacionais de proteção de dados.

Note-se que, em 1995, a Diretiva n. 46 estableceu um modelo de proteção de dados pessoais para ser transposta pelos Estados-membros, prevendo, no art. 28, a criação de uma entidade independente, com a missão precípua de controlar e fiscalizar a aplicação da lei de proteção de dados, como já destacado em capítulos anteriores.

Com destaque, o art. 8º da *European Charter of Fundamental Rights*, ao citar a proteção de dados pessoais como direito fundamental, ressalta a criação de uma autoridade.[530]

---

[530] Disponível em: <http://www.europarl.europa.eu/charter/pdf/text_en.pdf>, último acesso em 27 de novembro de 2015.

Em 25 de janeiro de 2012, a Comissão Europeia apresentou um projeto de "Regulamento Geral de Proteção de Dados" (*General Data Protection Regulation*)[531], com o objetivo de atualizar e substituir as Diretivas 95/46/CE e 2009/136/CE. Ao contrário da Diretiva, que deve ser transposta para o Direito interno de cada Estado-membro, o GDPR, em vigor desde 2018, é *self-executing*, ou seja, é uma exceção à regra do direito internacional e prevalece sobre o direito interno. Consequentemente, esse instrumento viabiliza a proteção dos dados pessoais de maneira uniforme entre todos os Estados-membros.[532]

Na proposta do *Regulamento Geral de Proteção de Dados*, o Capítulo VI (*Independent Supervisory Authorities*), arts. 45 a 53, já trazia regras sobre poderes e estrutura desses órgãos, enfatizando sua atuação com autonomia e independência.[533]

---

[531] Disponível em: <http://ec.europa.eu/justice/data-protection/document/review2012/com_2012_11_en.pdf>, acessado em 20 de novembro de 2015.

[532] COLOMBO, Matteo. *Op. cit.*, pp. 18-21.

[533] Article 47 – Independence

1. The supervisory authority shall act with complete independence in exercising the duties and powers entrusted to it.

2. The members of the supervisory authority shall, in the performance of their duties, neither seek nor take instructions from anybody.

3. Members of the supervisory authority shall refrain from any action incompatible with their duties and shall not, during their term of office, engage in any incompatible occupation, whether gainful or not.

4. Members of the supervisory authority shall behave, after their term of office, with integrity and discretion as regards the acceptance of appointments and benefits.

5. Each Member State shall ensure that the supervisory authority is provided with the adequate human, technical and financial resources, premises and infrastructure necessary for the effective performance of its duties and powers, including those to be carried out in the context of mutual assistance, co-operation and participation in the European Data Protection Board.

6. Each Member State shall ensure that the supervisory authority has its own staff which shall be appointed by and be subject to the direction of the head of the supervisory authority.

7. Member States shall ensure that the supervisory authority is subject to financial control which shall not affect its independence. Member States shall ensure that the supervisory authority has separate annual budgets. The budgets shall be made public.

Em síntese, esta "Autoridade de Controle" é uma autoridade pública, instituída por um Estado-membro, nos termos do art. 54 do GDPR. A fim de que seja estabelecida uma trajetória comum destes órgãos em alguns países membros da União Europeia (França, Espanha e Itália), bem como Canadá e Argentina, neste capítulo será analisada a criação, estrutura e atuação destas entidades nestes países, pelas mesmas razões exteriorizadas no capítulo 3, ou seja, a relevante atuação das agências francesa, espanhola e canadense, além da análise da *Autorità Garante* italiana, realizada no capítulo anterior, com destaque, em razão da influência que este modelo exerceu no APL/PD brasileiro, que culminou na LGPD. Ademais, realizar-se-á a análise da agência argentina, tendo em vista o relevante papel deste país no MERCOSUL e a necessidade de criação e uniformização de leis sobre proteção de dados na América Latina. E, por fim, a análise dos Estados Unidos, que por não terem uma agência com tal finalidade, esta missão é exercida pelo *FTC*, o que acarreta uma fragilidade na proteção de dados, tanto é assim que, em 2015, foi revogada a autorização para a transferência de dados de europeus para este país[534], no contexto anterior da aprovação do GDPR, na União Europeia, o que acarretou na necessária aprovação do *EU-US Privacy Shield* (vide capítulo 3).

### 6.1 *Commission Nationale de l'Informatique et des Libertés* (CNIL)

A CNIL foi criada pela lei denominada *"Informatique et Libertès"*, de 1978[535] (Lei n. 78-17, de 06 de janeiro), antes mesmo da *Convenção n. 108* e da Diretiva 95/46/CE, cuja missão essencial é proteger os dados pessoais mediante o controle do cumprimento desta lei. Porém, em 06 de agosto de 2004, essa lei foi reformada, ampliando os poderes da CNIL, quando da transposição da Diretiva[536]. As Leis n. 493 e 699, de 20 de

---

[534] Court of Justice of the European Union. *The Court of Justice declares that the Commission's US Safe Harbor Decision is invalid*. In: PRESS RELEASE No 117/15, Luxembourg, 6 de outubro de 2015. Disponível em: < http://curia.europa.eu/jcms/upload/docs/application/pdf/2015-10/cp150117en.pdf>, último acesso em 25 de novembro de 2015.

[535] Disponível em: <http://www.cnil.fr/documentation/textes-fondateurs/loi78-17/>, acessado em 20 de novembro de 2015.

[536] MATTATI, Fabrice. *Op. cit.*, p. 55.

junho e 03 de agosto de 2018, respectivamente, adaptaram o diploma ao *General Data Protection Regulation*.[537][538]

A Lei *"Informatique et Libertès"*, no Capítulo III (arts. 11 a 21), estabelece os deveres, a composição e o funcionamento desse órgão. As missões institucionais da CNIL podem ser sintetizadas como: informar, proteger, regulamentar, aplicação sanções, controlar e fiscalizar, bem como compreender e antecipar as inovações tecnológicas para que seja garantida tanto a eficácia da proteção dos dados pessoais, quanto à adoção de padrões tecnológicos e administrativos de segurança.

Esse órgão apresenta uma composição mais extensa que a *Autorità Garante* italiana (composta de 04 membros). A CNIL, de acordo com o art. 13 da lei, é composta por dezoito comissários, dentre os quais: quatro parlamentares (dois deputados e dois senadores); dois membros do *Conseil* Économique, *Social et Environnemental*; seis representantes dos tribunais superiores (dois conselheiros do Estado, dois da *Cour de Cassation* e dois da *Cour des Comptes*); o Presidente da *Assemblée Nationale* e o Presidente do Senado; o Presidente da *Comissão d'accès aux documents administratifs*, ou seu representante; e três especialistas, com notável saber em informática, indicados por Decreto. O Presidente da CNIL é, por fim, eleito pelos seus Conselheiros.

Destaca-se o papel da CNIL na resolução de conflitos administrativamente, assegurando o contraditório e a ampla defesa, cabendo recurso ao Conselho de Estado.

A atuação da CNIL vem se destacando ao longo dos anos, tendo em vista o aumento de suas atribuições, já após a reforma de 2004. Por exemplo, em 2005, foram realizadas 96 fiscalizações; em 2009, 270;

---

[537] FRANÇA. Loi nº 2018-493 du 20 juin 2018 relative à la protection des données personnelles. Paris, *Journal Officiel de la République française* nº 0141, de 21 de junho de 2018. Disponível em: <https://www.legifrance.gouv.fr/affichTexte.do? jsessionid=F4F9E84CAA5 1F016C836254D8A268655.tplgfr42s_1?cidTexte=JORFTEXT000037085952&dateTex te=20180621>. Acesso em: 16 janeiro 2020.

[538] Idem. Loi nº 2018-699 du 3 août 2018 visant à garantir la présence des parlementaires dans certains organismes extérieurs au Parlement et à simplifier les modalités de leur nomination. Paris, *Journal Officiel de la République française* nº 0179, de 05 de agosto de 2018. Disponível em: <https://www.legifrance.gouv.fr/affichTexte.do;jses sionid=F4F9E84CAA 51F016C836254D8A268655.tplgfr42s_1?cidTexte=JORFTEXT000037284338&dateTex te=20180805>. Acesso em: 16 janeiro 2020.

e em 2012, 458 controles, o que demonstra a importância desse órgão para a atuação preventiva na proteção dos dados pessoais.[539]

Além destas fiscalizações, a CNIL tem poder regulamentar, por meio de deliberações em diversos temas, como aqueles referentes à geolocalização, Internet, dados sanitários, financiários e etc.[540]

Por fim, destaca-se o papel da CNIL na resolução de conflitos administrativamente, assegurando o contraditório e ampla defesa. Esta atuação foi julgada lícita pela decisão do Conselho de Estado, de 19 de fevereiro de 2008, pois essa atribuição decorre do Direito da União Europeia (decisão semelhante foi proferida na Itália, vide cap. 5), de sorte que, contra as decisões da CNIL, caberá recurso ao Conselho de Estado.[541]

Em síntese, a autoridade de garantia da proteção dos dados pessoais e da privacidade da França tem estrutura complexa, composta por dezoito membros. Contudo, há o predomínio dos Poderes Executivo e Judiciário nesta estrutura. Os três membros externos a esses poderes são, como referido, indicados por Decreto, o que pode, eventualmente, prejudicar a plena autonomia e independência de um órgão com tais características.

Por outro lado, a justiça administrativa francesa é muito eficiente e é uma alternativa interessante para que não haja o acúmulo de demandas sobre proteção dos dados pessoais e privacidade, perante o Judiciário. Essa parece uma missão interessante para o contexto socioeconômico brasileiro, ou seja, muito embora a criação deste órgão independente e autônomo no Brasil represente gastos, ela também representa economia de recursos destinados ao Judiciário. Ademais, a justiça administrativa, sendo mais célere e especializada, tem melhores condições de oferecer à sociedade respostas mais eficazes para um tema tão complexo como este: a proteção de dados e da privacidade.

## 6.2 *Agencia Española de Protección de Datos* (AEPD)

Na Espanha, a autoridade de controle e fiscalização foi criada pelo Decreto Real n. 428, de 26 de março de 1993. Semelhante à França, tal

---

[539] EYNARD, Jessica. *Op. cit.*, pp. 224-225.
[540] DESGENS-PASANAU, Guillaume. *La protection des...*, *op. cit.* pp. 70-72.
[541] _____. *Le correspondant...*, *op. cit.*, pp. 151-152.

entidade foi criada antes mesmo da Diretiva n. 46 de 1995. Porém, em 13 de dezembro de 1999, por meio da *Ley Orgánica n. 15*, as atribuições deste órgão foram adequadas ao Direito da União Europeia, no Título VI (arts. 35 a 42).[542]

A doutrina espanhola[543] define essa entidade como um órgão independente e especializado, cuja missão precípua é zelar pelo cumprimento das disposições da Lei Orgânica de Proteção de Dados e garantir o direito de informação, de acesso, de retificação, oposição e cancelamento dos dados, tida como a autoridade de controle máxima quanto à proteção de dados pessoais.

Nos termos do art. 44 da *Ley Orgánica n. 03/2018*, é um ente de direito público, com personalidade jurídica própria e com plena independência, como bem explicita a sua denominação oficial: *"Agencia Española de Protección de Datos, Autoridad Administrativa Independiente"*.

Antes da *Ley Orgánica n. 03/2018*, como um ente da administração pública, a AEPD estava sujeita ao Regime Geral da Administração Pública, previsto, inicialmente, pela Lei n. 30, de 26 de novembro de 1992, que foi derrogada pela Lei n. 40, de 1º de outubro de 2015. Como dispôs o art. 45, item 1, da *Ley Orgánica n. 03/2018*, a *Agencia Española de Protección de Datos* tornou-se independente das normas previstas do Regime Geral, sujeita ao GDPR e com aplicação apenas subsidiária da *Ley Orgánica n. 40/2015*:

> *1. La Agencia Española de Protección de Datos se rige por lo dispuesto en el Reglamento (UE) 2016/679, la presente ley orgánica y sus disposiciones de desarrollo.*
> *Supletoriamente, en cuanto sea compatible con su plena independencia y sin perjuicio de lo previsto en el artículo 63.2 de esta ley orgánica, se regirá por las normas citadas en el artículo 110.1 de la Ley 40/2015, de 1 de octubre, de Régimen Jurídico del Sector Público.*

As atribuições desse órgão estão descritas pelo art. 47 da *Ley Orgánica n. 03/2018*, que se remete, sobremaneira, aos dispostos pelo GDPR e que podem ser sintetizadas como controle e vigilância, autorização, informação, investigação, sanção, regulação, a saber:

---

[542] MARCOS, Isabel Davara Fernández. *Op. cit.*, p. 390.
[543] GARCÍA, Daniel Santos. *Op. cit.*, p. 227.

*Corresponde a la Agencia Española de Protección de Datos supervisar la aplicación de esta ley orgánica y del Reglamento (UE) 2016/679 y, en particular, ejercer las funciones establecidas en el artículo 57 y las potestades previstas en el artículo 58 del mismo reglamento, en la presente ley orgánica y en sus disposiciones de desarrollo.*

*Asimismo, corresponde a la Agencia Española de Protección de Datos el desempeño de las funciones y potestades que le atribuyan otras leyes o normas de Derecho de la Unión Europea.*

Quanto à estrutura, a *Agencia Española* é composta pelo Presidente e um adjunto (nomeados pelo Conselho de Ministros, mediante decreto real, mediante proposta do Ministério da Justiça, entre pessoas de reconhecida competência profissional, em particular quanto a proteção de dados pessoais), que é assessorada pelo *Consejo Consultivo de la Agencia Española de Protección de Datos*, prevista pelo art. 49 da *"Ley Orgánica de Protección de Datos y Garantía de los Derechos Digitales"*.

O *Consejo Consultivo de la Agencia Española de Protección de Datos*, por sua vez, é composto da seguinte forma, conforme o art. 49 da *Ley Orgánica de Protección de Datos Personales y garantia de los derechos digitales*, de 05 de dezembro de 2018: um deputado; um senador; um representante designado pelo Conselho Geral do Poder Judiciário; um representante da Administração Central; um representante de cada Comunidade Autônoma (que tenham uma autoridade de proteção de dados em seu âmbito territorial); um especialista proposto pela Federação Espanhola de Municípios e Províncias; um especialista proposto pelo *Consejo de Consumidores y Usuarios*; dois especialistas propostos por organizações empresariais; um representante dos profissionais de proteção de dados pessoais e privacidade (proposto pela associação de âmbito estatal com maior número de associados); um representante das entidades de supervisão e resolução extrajudicial de conflitos (proposto pelo Ministro da Justiça); um especialista proposto pela *Conferencia de Rectores de las Universidades Españolas*; um representante das organizações que englobam os Conselhos Gerais, Superiores e Colégios Profissionais de âmbito estatal das diferentes profissões colegiadas (proposto pelo Ministro da Justiça); um representante dos profissionais da segurança da informação (proposto pela associação de âmbito estatal com maior número de associados); um especialista em transparência e acesso à informação (proposto pelo *Consejo de Transparencia y Buon Gobierno*); e dois especialistas propostos pelas organizações sindicais.

O interessante dessa estrutura é que, mesmo antes do GPDR, seu modelo é pautado pelo *multistakeholderism,* que parece ser o mais adequado para um tema tão complexo e interdisciplinar, como o é a proteção de dados pessoais. Tratar-se-á sobre este modelo com detalhes no capítulo seguinte.

### 6.4 *Privacy Commissioner* na Experiência Canadense

Como visto no capítulo 3, no Canadá, há duas leis federais sobre privacidade, isto é, o *Privacy Act* (que possuiu alterações em 2018, em face ao *General Data Protection Regulation,* da União Europeia)[544], que se aplica ao setor público, e o *Personal Information Protection and Electronic Documents Act* (PIPEDA), aplicado ao setor privado. Além das leis federais, cada província e território pode adotar leis próprias.

O *Privacy Commissioner* canadense é definido como *"ombudsman",* que é um membro do Parlamento (*House of Commons* e Senado)[545], cuja com-

---

[544] CANADÁ. Office of the Privacy Commissioner of Canada. Privacy Act. An Act to extend the present laws of Canada that protect the privacy of individuals and that provide individuals with a right of access to personal information about themselves. Ottawa, *Office of the Privacy Commissioner of Canada*, 1985. Disponível em: <https://laws-lois.justice.gc.ca/PDF/P-21.pdf>. Acesso em: 26 janeiro 2019.

[545] Disponível em: <https://www.priv.gc.ca/au-ans/mm_e.asp>, acessado em 20 de novembro de 2015: "As a public advocate for the privacy rights of Canadians, the Commissioner carries out the following activities:
Investigating complaints and issuing reports with recommendations to federal government institutions and private sector organizations to remedy situations, as appropriate; Pursuing legal action before Federal Courts where matters remain unresolved; Assessing compliance with obligations contained in the Privacy Act and PIPEDA through the conduct of independent audit and review activities, and publicly report on findings; Advising on, and review, privacy impact assessments (PIAs) of new and existing government initiatives; Providing legal and policy analyses and expertise to help guide Parliament's review of evolving legislation to ensure respect for individuals' right to privacy; Responding to inquiries of Parliamentarians, individual Canadians and organizations seeking information and guidance and taking proactive steps to inform them of emerging privacy issues; Promoting public awareness and compliance, and fostering understanding of privacy rights and obligations through: proactive engagement with federal government institutions, industry associations, legal community, academia, professional associations, and other stakeholders; preparation and dissemination of public education materials, positions on evolving legislation, regulations and policies, guidance documents and research findings for

petência se restringe, exclusivamente, à proteção dos dados pessoais e privacidade, como, por exemplo, direito de acesso à informação, investigação, publicação de informativos e promoção de *findings* sobre determinados temas relacionados à sua esfera de atuação.

Originalmente, a ideia de um *ombudsman*, que surgiu na Suécia, em 1809, resumia-se em um indivíduo indicado pelo Poder Executivo para fiscalizar legalidade e justiça na Administração Pública (*justice ombudsman*)[546]. Atualmente, porém, este modelo tem sido utilizado com formatos bem variados. Por exemplo, no Canadá, tem-se utilizado este órgão para assegurar direitos e valores fundamentais (como a proteção de dados e a privacidade) em um contexto de autorregulação, sempre para garantir a qualidade e equidade dos serviços prestados por determinados setores.

No Canadá, pode-se entender o *Privacy Commissioner* como um ente que atua imparcialmente, devendo comunicar seus estudos e conclusões de forma transparente e dialogando com todos os *players*. Em outras palavras, este órgão não tem competência para decidir conflitos, nem tão pouco resolver as reclamações individuais, porque não é um "tribunal administrativo". Por outro lado, o *Commissioner* atua de maneira proativa junto às partes envolvidas para alcançar uma solução justa e amigável em determinadas situações.[547]

---

use by the general public, federal government institutions and private sector organizations; Providing legal opinions and litigate court cases to advance the interpretation and application of federal privacy laws; Monitoring trends in privacy practices, identify systemic privacy issues that need to be addressed by federal government institutions and private sector organizations and promoting integration of best practices; and Working with privacy stakeholders from other jurisdictions in Canada and on the international scene to address global privacy issues that result from ever-increasing trans-border data flows".

[546] STODDART, Jennifer. Cherry picking among apples and oranges: refocusing current debate about the merits of the ombuds-model under PIPEDA. In: *The Canadian Business Law Journal*, vol. 44, n. 1, pp. 01 – 22, outubro de 2006. p. 01.

[547] HOULE, France; SOSSIN, Lorne. Powers and Functions of the Ombudsman in the Personal Information Protection and Electronic Documents Act: An Effectiveness Study. Research report. Disponível em: <https://www.priv.gc.ca/information/research-recherche/2010/pipeda_h_s_e.pdf>, acessado em 25 de novembro de 2015. p. 09: "The Office of the Privacy Commissioner is not an administrative tribunal, and therefore should not be assessed against the criteria of an administrative tribunal. The Privacy Commissioner acts as a neutral third party who has the mandate to communicate openly with both parties involved in a

O aspecto positivo desse modelo é que o papel de um *ombudsman* não é simplesmente remediar, antes, sua missão é transformadora por sua essência, isto é, o *Commissioner* participa de maneira proativa entre todos os envolvidos e interessados em determinado caso, para que a solução justa e equânime parta destes e não seja uma imposição de um órgão mediante a possibilidade de aplicações de sanções, em casos de descumprimento.[548]

Além disso, a missão de investigar e fazer auditorias é plenamente desenvolvida por esse órgão. Assim, o ponto questionável deste modelo diz respeito às outras atribuições que deveriam ser atribuídas a este órgão de tutela da privacidade e dos dados pessoais. Por exemplo, este modelo não permite ao *Commissioner* resolver demandas como um juízo administrativo.

A doutrina canadense[549] entende que seria mais adequado ampliar os poderes deste órgão para a proteção de dados e da privacidade de maneira integral. A sugestão é de uma "agência reguladora social" (e não econômica), pois a PIPEDA é uma regulação social e não econômica. Portanto, este órgão deve estar adequado às finalidades desta legislação, sendo-lhe conferidos poderes administrativos, tais como de investigar, de criar normas e regulamentos, bem como de impor sanções, quando preciso.

Quanto à estrutura do *"Office of the Privacy Commissioner"* canadense, além do *Privacy Commissioner*, que exerce a função de um presidente ou diretor, é composto por um *"Assistant Privacy Commissioner"* e por um "Conselho Consultivo Externo", que conta com a participação do setor privado, também seguindo a lógica multissetorial.

---

matter. The Commissioner has to work actively with the parties to settle the dispute and reach a fair solution."

[548] STODDART, Jennifer. *Op. cit.*, p. 08.

[549] HOULE, France; SOSSIN, Lorne. *Op. cit.*, p. 12: "Finally, it would seem that replacing the Office of the Privacy Commissioner with an agency in the decentralized organizations category, and more specifically, a social regulatory agency ('social' and not 'economic', since PIPEDA is social and not economic regulation) endowed with administrative powers (e.g. power of investigation), decision-making powers (e.g. power to issue orders and impose penalties) and regulatory powers, is an option which could be considered."

## 6.5 A Atuação do *Federal Trade Commissioner* nos Estados Unidos

Ao contrário do que ocorre nos países comentados até então, os Estados Unidos não adotaram uma legislação específica sobre proteção de dados e, nem tão pouco, criaram uma agência cuja atuação seja voltada para esta temática.

Contudo, para não prejudicar a inserção do país no capitalismo informacional transfronteiriço, o Departamento do Comércio dos EUA estabeleceu um quadro normativo principiológico, o denominado "*Safe Harbor*" (vide capítulo 3), o que, em tese, permitiria empresas estadunidenses que aderissem aos princípios transferir dados para países membros da União Europeia.

A atuação do FTC na proteção de dados pessoais acontece, atualmente, não somente sob o *framework* do "*EU-US Privacy Shield*" (que veio a substituir o "*Safe Harbor*", aos fins da adequação do nível protetivo dos EUA com a União Europeia), mas também em evitar práticas abusivas e enganosas ("*abusive and deceptive practices*") contra consumidores e, consequentemente, atua em prol da proteção de dados pessoais, haja vista que, geralmente, os titulares dos dados são usuários de serviços ou adquirentes de produto, de maneira que a *Federal Trade Commission* tem exercido uma função semelhante à das agências acima mencionadas, no que diz respeito à fiscalização e controle da observância desses princípios. Além disso, o *FTC* tem recomendado ao Congresso leis sobre o tema e também monitora as práticas das empresas que aderiram ao "*EU-US Privacy Shield*".

Em face da inexistência de legislação e de um órgão específicos para desempenhar esta missão, a doutrina[550] já tinha antecipado a fragilidade do modelo regulatório de proteção dos dados pessoais e da privacidade, baseado no "*Safe Harbor*". Isso foi confirmado em outubro de 2015, por meio da Decisão do Tribunal de Justiça Europeu[551], que declarou invá-

---

[550] CONNOLLY, Chris. *Op. cit.*, pp. 08-09.
[551] Court of Justice of the European Union. *The Court of Justice declares that the Commission's US Safe Harbor Decision is invalid*. In: PRESS RELEASE No 117/15, Luxembourg, 6 de outubro de 2015. Disponível em: < http://curia.europa.eu/jcms/upload/docs/application/pdf/2015-10/cp150117en.pdf>, último acesso em 25 de novembro de 2015.

lida a antiga decisão 200/520/CE[552] (que autorizava a transferência de dados de europeus para empresas dos EUA).

Essa decisão originou-se em uma reclamação (Caso C362/14) feita por um sueco, que questionava a transferência de seus dados para o *Facebook*, por esta não oferecer um nível adequado de proteção, na medida em que o país não tem um órgão como as agências europeias de controle e garantia da proteção dos dados pessoais e da privacidade, o que não garantia que os princípios dispostos no *"Safe Harbor"* eram, efetivamente, aplicados e seguidos. O Tribunal de Justiça Europeu, entre outros argumentos, concluiu que a Comissão Europeia não poderia mitigar as atribuições das agências de garantia de cada país, que tem a competência de avaliar o nível do país terceiro destinatário dos dados pessoais, e que o *"Safe Harbor"* por si só não supria tal análise:

> *Finally, the Court finds that the Safe Harbor Decision denies the national supervisory authorities their powers where a person calls into question whether the decision is compatible with the protection of the privacy and of the fundamental rights and freedoms of individuals. The Court holds that the Commission did not have competence to restrict the national supervisory authorities' powers in that way.*
>
> *For all those reasons, the Court declares the Safe Harbor Decision invalid. This judgment has the consequence that the Irish supervisory authority is required to examine Mr Schrems' complaint with all due diligence and, at the conclusion of its investigation, is to decide whether, pursuant to the directive, transfer of the data of Facebook's European subscribers to the United States should be suspended on the ground that that country does not afford an adequate level of protection of personal data.*

Na verdade, o modelo regulatório dos EUA sobre o tema é disperso e fragmentado, por isso, a atuação do *FTC* consolidou-se, como um órgão, dentre outras funções, controlador, fiscalizador e regulamentador da proteção dos dados e da privacidade nos Estados Unidos.[553]

---

[552] Publicada no Diário Oficial da União Europeia (*Official Journal of the European Communities*) de 25 de abril de 2001. Disponível em: < http://eur-lex.europa.eu/legal-content/EN/TXT/PDF/?uri=CELEX:32000D0520R(01)&from=PT>, acessado em 18 de outubro de 2015.

[553] SOLOVE, Daniel J. and Hartzog, Woodrow, The FTC and the New Common Law of Privacy (August 15, 2013). v. 114 *In: Columbia Law Review, pp.* 583-676 (2014); Disponível em: SSRN: http://ssrn.com/abstract=2312913 or http://dx.doi.org/10.2139/ssrn.2312913. Acesso em: 15 de agosto de 2014. p. 588.

Entretanto, o tema já era debatido nos Estados Unidos, por outros órgãos. Por exemplo, os princípios conhecidos como *Fair Information Practice Principles (FIPPs)* ou *Fair Information Practices (FIPs)* já trouxeram regras importantes sobre a proteção dos dados pessoais, em 1973.[554] Esses princípios foram sistematizados pelo Departamento de Saúde, Educação e Bem-Estar Social dos Estados Unidos (*"U.S. Department of Health, Education, and Welfare"*), que, durante muito tempo, também desempenhou uma função importante para a implementação desses princípios.

O *Department of Commerce* dos Estados Unidos mantinha, também, uma lista de empresas que aderiam ao *"Safe Harbor"*, por meio de requerimento destas em que demonstravam a adequação de suas práticas aos princípios do acordo, obtendo uma marca de certificação (*"Safe Harbor self-certification mark"*). Estas empresas deveriam renovar esta certificação, anualmente. As empresas que não obtivessem esta certificação não mais poderiam receber dados de cidadãos residentes em países que oferecessem um nível adequado de proteção de dados.

Além deste sistema, implementado pelo *"Safe Harbor"* (e ainda utilizado, porém, sob fundamento do *"EU-US Privacy Shield"*), há empresas privadas que oferecem serviços de certificação semelhante, por meio dos *"seals"* ou selos de certificação de que as práticas da empresa estão adequadas com os princípios internacionais de proteção de dados. Por exemplo, a empresa *TRUSTe (Privacy Assessments and Certification)*[555] oferece serviços de certificação, para a comprovação da conformidade das práticas de determinadas empresas com os princípios de acordos e tratados internacionais sobre proteção de dados e da privacidade.

O problema deste sistema é que, muitas vezes, as empresas não renovam a certificação, o que deve ser feito periodicamente, mas, ainda assim, continuam exibindo o selo e acabam não sofrendo punições. Neste sentido, a doutrina[556] apontava que várias empresas constavam como certificadas pelo acordo de *"Safe Harbor"* quando, na verdade, não estavam sendo fiscalizadas e já não estavam adequadas ao modelo regulatório de proteção dos dados pessoais.

---

[554] Disponível em: <http://www.nist.gov/nstic/NSTIC-FIPPs.pdf>, último acesso em 28 de novembro de 2015.
[555] Cf. <www.truste.com>, último acesso em 26 de novembro de 2015.
[556] CONNOLLY, Chris. *Op. cit.*, p. 10.

Quanto à estrutura, por fim, o *FTC* é composto por cinco "*Commissioners*", indicados pelo Presidente e confirmados pelo Senado, com mandato de sete anos, sendo que, durante este período, estes não podem ser removidos da função, a menos que tenham sido ineficientes ou negligentes. Dentre suas funções estão: investigatória, regulatória e decisória.[557]

### 6.6 *Dirección Nacional de Protección de Datos Personales* (DNPDP)

Na Argentina, a Lei n. 25.326, de 04 de outubro de 2000, denominada "*Ley de Protección de los Datos Personales*", disciplina a proteção de dados. No art. 29 dessa lei, criou-se a "*Dirección Nacional de Protección de Datos Personales*"[558], atribuindo-lhe as seguintes funções: a) de auxiliar e assessorar as pessoas que solicitarem dentro do escopo da lei; b) de estabelecer normas e regulamentos sobre proteção de dados; c) de manter um repertório com informações de todas as bases de dados, arquivos e registros que coletam e tratam dados pessoais; d) de fiscalizar a observância dessa lei, podendo, para tanto, solicitar autorização judicial para ter acesso a equipamentos, locais e programas de tratamento de dados; e) de solicitar informações de entidades públicas e privadas sobre as respectivas atividades de coleta, armazenamento e tratamento de dados pessoais; f) de impor sanções administrativas, quando houver violação a essa lei; g) de ingressar como querelante em ações penais, cujo objetivo seja a imposição de sanção penal, por violação a essa lei; e h) de controlar o cumprimento dos requisitos e garantias que os agentes, responsáveis pela coleta e pelo tratamento de dados, devam adotar.

Nota-se que as atribuições desse órgão são plenas, para que seja garantida a eficácia da "*Ley de Protección de los Datos Personales*". Inclusive, o art. 29, "2", garante o exercício daquelas funções com plena autonomia e independência.

A Comissão da União Europeia, em vista desse modelo, entendeu que a Argentina oferece um nível de proteção adequado para a transferência de dados, em 2003.[559]

---

[557] SOLOVE, Daniel J. and Hartzog, Woodrow. *Op. cit.*, p. 608.

[558] Disponível em: <http://www.jus.gob.ar/datos-personales.aspx>, último acesso em 28 de novembro de 2015.

[559] Decisão da Comissão Europeia de 30/06/2003 (artigo 9º). Disponível em: <http://www.infoleg.gov.ar/infolegInternet/anexos/70000-74999/70368/texact.htm>, último acesso em 28 de novembro de 2015.

Quanto à estrutura, esse órgão atua no âmbito do Ministério da Justiça e Direitos Humanos, porém com autonomia e independência, como foi destacado. É presidido por um Diretor indicado pelo Presidente da República e aprovado pelo Senado, com mandato de quatro anos.

Para o fortalecimento do MERCOSUL, o ideal seria que todos os Estados membros adotassem leis específicas semelhantes, que proporcionem um nível adequado de proteção dos dados pessoais. Sendo assim, urge estudar esses vários modelos regulatórios e contextualizá-los à realidade latino-americana, para que se possa, também, construir um modelo eficiente de proteção de dados pessoais ao MERCOSUL.

# Capítulo 7
# A Imprescindibilidade da Autoridade Nacional de Proteção dos Dados Pessoais (ANPD) no Contexto Socioeconômico Brasileiro

> *La nozione di dignità dev'essere tenuta presente tutte le volte che bisogna identificare l significato complessivo della protezione delle informazioni personali e, in questo quadro, della tutela della riservatezza e dell'identità.*
>
> Stefano Rodotà[560]

O escopo deste trabalho é trazer de maneira sistematizada os pilares da proteção dos dados pessoais. Um destes pilares é a existência de uma entidade independente cujas funções seriam: fiscalizar o cumprimento das regras sobre o tema, especificar padrões técnicos e administrativos para garantir a segurança das atividades de coleta e tratamento de dados, elaborar regulamentos, analisar os Códigos de Boas Práticas (as normas deontológicas), verificar o nível de proteção de outros países para receber dados pessoais dos cidadãos de seu país, receber e apreciar as reclamações dos indivíduos, aplicar sanções administrativas quando

---

[560] RODOTÀ, Stefano. Persona, riservatezza, identità. *Op. cit.*, p. 584.

necessário, entre outras que forem necessárias para que o órgão possa cumprir diligentemente com a sua missão precípua, que é a garantia de um sistema eficiente de proteção dos dados pessoais.

Portanto, além da experiência europeia, ficou demonstrado a imprescindibilidade de uma entidade de garantia para a efetiva proteção dos dados pessoais, tido como um direito de personalidade autônomo, além de um direito fundamental.

Veja, por exemplo, o Marco Civil da Internet (MCI), Lei n. 12.965/2014, que previu dentre outras coisas algumas sanções como a multa do art. 12, para os casos de tratamento de dados ilícito. Mas a multa nunca chegou a ser aplicada, por ausência de um órgão independente para sua aplicação. Observe-se que a multa é até maior do que a que foi prevista no art. 52, inc. II da LGPD:

> Marco Civil da Internet
> Art. 12. Sem prejuízo das demais sanções cíveis, criminais ou administrativas, as infrações às normas previstas nos arts. 10 e 11 ficam sujeitas, conforme o caso, às seguintes sanções, aplicadas de forma isolada ou cumulativa:
> I – advertência, com indicação de prazo para adoção de medidas corretivas;
> II – multa de até 10% (dez por cento) do faturamento do grupo econômico no Brasil no seu último exercício, excluídos os tributos, considerados a condição econômica do infrator e o princípio da proporcionalidade entre a gravidade da falta e a intensidade da sanção;
> III – suspensão temporária das atividades que envolvam os atos previstos no art. 11; ou
> IV – proibição de exercício das atividades que envolvam os atos previstos no art. 11.
> Parágrafo único. Tratando-se de empresa estrangeira, responde solidariamente pelo pagamento da multa de que trata o caput sua filial, sucursal, escritório ou estabelecimento situado no País.

Desta forma, constata-se a ineficácia das regras sobre proteção de dados pessoais previstas no MCI por inexistência de um órgão independente que fiscalize o cumprimento da lei.

O longo histórico das discussões e os *lobbies* que tentaram inviabilizar a criação da ANPD revelam o quão importante será este órgão para a eficácia das regras previstas na LGPD. Foram diversas propostas, que serão detalhadas a seguir, principalmente os anteprojetos de lei sobre proteção de dados pessoais do Ministério da Justiça, Secretaria Nacional do Consumidor, cujos trabalhos foram coordenados por Danilo Doneda.

O Anteprojeto de Lei sobre Proteção de Dados Pessoais de 2011 previa, no título II (arts. 38 a 40) a criação de uma "Autoridade de Garantia" que seria o "Conselho Nacional de Proteção de Dados Pessoais", porém cuja estrutura e atribuições seriam estabelecidas em legislação específica (art. 38). Constata-se que este APL/PD 2011 fazia menção à "Autoridade de Garantia" para a concretude de vários direitos dos titulares dos dados, por exemplo, para autorizar ou não a transferência dos dados pessoais para um país estrangeiro (art. 37), sem, contudo, criar concretamente tal órgão. Assim, se este anteprojeto fosse aprovado, a proteção de dados pessoais dependeria, para sua plena eficácia, da criação esta entidade. Por este motivo este APL/PD de 2011 foi arduamente criticado.

Em outra proposta, a SENACON apresentou um outro texto, o *Anteprojeto de Lei sobre Proteção de Dados Pessoais* em 2015, que foi submetido à consulta pública em um processo democrático e legítimo de contribuição colaborativa de vários setores da sociedade brasileira.

O APL/PD de 2015 (1ª versão, antes da consulta pública) mencionava um "órgão competente" em diversos artigos, sem o qual não haveria a lei (se o texto fosse aprovado) seria ineficaz. Em síntese, o APL/PD de 2015 retirou de seu texto a anteriormente mencionada "Autoridade de Garantia" ou "Conselho Nacional de Proteção dos Dados Pessoais". No entanto, o APL/PD estabeleceu sanções administrativas que seriam aplicadas pelo "órgão competente" (art. 50), bem como a transferência para países estrangeiros que deveria ser precedida de uma análise por este "órgão competente" para atestar se o país destinatário oferece um nível adequado de proteção (art. 28, inc. III). Poucos benefícios traria a aprovação deste texto se não fosse criado este órgão.

Após a consulta pública, em 20 de outubro de 2015[561], foi apresentado um outro APL/PD no qual era mencionado trinta e três vezes o "órgão competente" em apenas 56 artigos que compõe o APL. Em outras

---

[561] Disponível em: <http://www.justica.gov.br/noticias/mj-apresenta-nova-versao-do-anteprojeto-de-lei-de-protecao-de-dados-pessoais/apl.pdf>, último acesso em 26 de novembro de 2015. ANEXO 4.

palavras, manteve-se o mesmo problema da redação anterior, qual seja, se aprovado o texto e vir a lume como a lei brasileira de proteção de dados, esta seria inaplicável.

Por exemplo, o art. 8º, inc. VII trazia alguns direitos do titular dos dados, sendo que na alínea "b" determinou-se a possibilidade de denunciar ao órgão competente o descumprimento desta lei; e no § 3º deste mesmo artigo, que trata da coleta continuada de dados pessoais, menciona-se o direito do titular de ser informado sobre as principais características do tratamento conforme determinação do "órgão competente", isto apenas para citar alguns exemplos.

Em suma, sem a criação deste órgão competente, este texto traria poucos benefícios para a concreta proteção de dados pessoais no Brasil. Entretanto, houve um singelo avanço na 2ª versão do APL/PD de 2015 (após a consulta pública) que foi a criação do "Conselho Nacional de Proteção de Dados Pessoais e da Privacidade" (art. 54). O problema é que pelo texto desta proposta, as funções deste órgão seriam meramente consultivas.

Resta, portanto, comprovada a imperiosa criação de uma entidade de garantia para a efetiva proteção de dados pessoais no Brasil. Por isso, a LGPD, em 14 de agosto de 2018, estabeleceu a Autoridade Nacional de Proteção de Dados, bem como o Conselho Nacional de Proteção de Dados e Privacidade, todavia, os artigos que faziam referência a estes órgãos foram vetados por possível vício formal, pois somente o Presidente da República poderia ter a iniciativa de criar o órgão. A lacuna que foi sanada com a Medida Provisória n. 869, de 27 de dezembro de 2018, convertida na Lei n. 13.853, de 08 de julho de 2019.

Um dos grandes dilemas foi a estrutura deste órgão, seria vinculado à administração pública direta ou indireta? Seja qual fosse o modelo adotado, fica claro que deveria ser independente para desempenhar suas funções pouco simpáticas, a de fiscalizar, regular e de impor sanções quando descumpridas as normas da lei. A doutrina cita alguns exemplos, como o Conselho Nacional de Telecomunicações (CONTEL) e o Conselho Administrativo de Defesa Econômica (CADE), cujas funções regulatórias restaram frustradas por não serem órgãos independentes.[562]

---

[562] BARROSO, Luís Roberto. Apontamentos sobre as agências reguladoras. *In:* FIGUEIREDO, Marcelo (org.). *Direito e Regulação no Brasil e nos Estados Unidos*. São Paulo: Malheiros, 2004. pp. 87-110. p. 95.

## 7.1 Os Desafios a Serem Suplantados pela Autoridade de Proteção de Dados Brasileira

Nos capítulos anteriores, constataram-se as diversas atribuições de uma "autoridade de garantia independente", com destaque para sua atribuição regulatória, decisória, sancionatória e fiscalizatória. Qual seria o órgão no contexto sócio econômico brasileiro que melhor se encaixaria no exercício de tais atribuições? Seria uma outra agência reguladora, que representaria mais gastos para o Governo? Seria um setor de autorregulação como o CONAR, comprometendo a função sancionatória?

Quando se fala em regulação, remete-se à tensão entre interesses públicos e interesses econômicos.[563] Inclusive, Floriano de Azevedo Marques Neto[564] adverte que a noção moderna de regulação está calcada na ideia de equilíbrio entre os interesses públicos e os interesses econômicos de um determinado setor.[565]

O objetivo não é tratar de regulação ou das agências reguladoras, que não são o objeto desta obra, mas sim trazer alguns argumentos sobre os pontos positivos e negativos da criação da ANPD, apontando os desafios que este órgão enfrentará nos próximos anos.

As agências reguladoras, no sistema brasileiro, são criadas para regular um determinado setor cuja exploração compete à União (art. 21, inc. XI da CF/88), como é o caso, por exemplo, dos serviços de telecomunicações e de fornecimento de energia. O que não seria o caso de coleta e tratamento de dados pessoais, uma vez que a própria LGPD se aplica tanto aos entes privados quanto aos entes públicos quando realizem tratamento de dados pessoais. E isto desemboca na outra crítica às agências reguladoras, quanto à impossibilidade de fiscalização o próprio Estado, na medida em que estão vinculadas a um Ministério.

No Direito Anglo-Saxão, as agências reguladoras (*agency* ou *commissions*) originaram-se na Inglaterra mediante criação do Parlamento em 1934, influenciando outros países como os Estados Unidos, que estru-

---

[563] SALOMÃO FILHO, Calixto. *Regulação da atividade econômica:* princípios e fundamentos jurídicos. São Paulo: Malheiros, 2001.
[564] *Agências reguladoras independentes:* fundamentos e seu regime jurídico. Belo Horizonte: Fórum, 2005. pp. 33-34.
[565] *A conformação do Direito Administrativo da Concorrência:* organização, processos e acordos administrativos no SBDC. Tese de Livre Docência na Área de Direito Administrativo apresentada à Universidade de São Paulo. São Paulo, 2014. p. 478.

tura seu Direito Administrativo com base nas agências reguladoras ("direito das agências").⁵⁶⁶ A atuação destes órgãos tem por objetivo a aplicação e concretização de determinada lei.

No Brasil, a agência reguladora é um ente da administração pública indireta, constituída na modalidade de autarquia de regime especial. Muito embora seja um órgão independente, está vinculada ao Ministério competente para tratar da respectiva atividade. Seus integrantes têm um mandato fixo (de três a quatro anos) o que lhes garante maior segurança em sua atuação.⁵⁶⁷

Por isso, este modelo para a ANPD é mais interessante, porque vai ao encontro do atributo de independência preconizado na Convenção 108, ou seja, as agências têm plena autonomia político-administrativa e econômico-financeira, fundamentais para o melhor exercício das funções atribuídas.⁵⁶⁸ Tal independência, como ressaltado nos capítulos anteriores, é fundamental no que diz respeito à proteção dos dados pessoais, pois muitas vezes o agente responsável pela coleta e pelo tratamento de dados é o próprio Poder Público.

Neste ponto, a LGPD garantiu a autonomia decisória e técnica no art. 55-B com a redação dada pela Lei n. 13.853, de 08 de julho de 2019: "Art. 55-B. É assegurada autonomia técnica e decisória à ANPD."

Além disso, consoante as funções que são atribuídas a este órgão na LGPD assemelham às atribuições das agências reguladoras, a saber: poder normativo, poder de outorga (relacionado a políticas públicas), poder de fiscalização do setor, poder sancionatório, poder de conciliação e poder de recomendação.⁵⁶⁹

Todavia, a ANPD, que originariamente tinha sido prevista como órgão da administração pública indireta (uma autarquia), na redação final foi criada como órgão da Administração Pública direta: "Art. 55-A. Fica criada, sem aumento de despesa, a Autoridade Nacional de Proteção de Dados (ANPD), órgão da administração pública federal, integrante da

---

[566] DE MORAES, Alexandre. Agências Reguladoras. *In*: DI PIETRO, Maria Sylvia Zanella; SUNDFELD, Carlos Ari (orgs). *Doutrinas essenciais – Direito Administrativo*. Vol. VI (Administração Pública Indireta e Regulação). São Paulo: Revista dos Tribunais, 2012. pp. 805-828. p. 814.
[567] *Idem*, p. 815.
[568] BARROSO, Luís Roberto. *Op. cit.*, p. 99.
[569] MARQUES NETO, Floriano de Azevedo. *Op. cit.*, pp. 60-61.

Presidência da República." Contudo, a própria LGPD destaca que esta forma é transitória e que será revista em até 2 anos (art. 55-A):

> § 1º A natureza jurídica da ANPD é transitória e poderá ser transformada pelo Poder Executivo em entidade da administração pública federal indireta, submetida a regime autárquico especial e vinculada à Presidência da República.
> § 2º A avaliação quanto à transformação de que dispõe o § 1º deste artigo deverá ocorrer em até 2 (dois) anos da data da entrada em vigor da estrutura regimental da ANPD.

O modelo de autor regulatório previsto no Projeto de Lei n. 4.060/2012 se espelhou no CONAR (Conselho Nacional de Auto-regulamentação Publicitária). Este órgão surgiu em razão d o temor de que o Governo sancionaria uma lei que estabelecesse uma espécie de análise prévia do conteúdo publicitário. Desta forma, temendo uma ingerência estatal, o CONAR foi fundado para coibir publicidade enganosa e abusiva. Este órgão é uma sociedade sem fins lucrativos, com sede em São Paulo e duração ilimitada.[570]

Assim, de maneira espontânea, esta sociedade civil criou o Código Brasileiro de Auto-regulamentação Publicitária[571]. Muito embora o CONAR não faça parte da administração pública indireta e não tendo seus poderes e atribuições definidas em lei, o CONAR recebe denúncias de consumidores, de autoridades e de associados sobre violação do Código e aplica sanção administrativa, porém sem coerção legal. A despeito das sanções impostas pelo CONAR não terem coerção legal, elas têm muita eficácia em razão da coerção ética.

Newton De Lucca[572] ressalta a importância da ética profissional que a defini como:

> [...] o conjunto de regras de conduta a que se submetem (ou, pelo menos, deveriam considerar-se submetidos...) aqueles que exercem uma determinada atividade. Essas regras de conduta – por muitos designadas de deon-

---

[570] FADEL, Marcelo Costa. Breves Comentários ao Código de Auto-Regulamentação Publicitária do CONAR. In: *Revista do Direito do Consumidor*, vol. 50, abril-junho de 2004. pp. 153-170. p. 155.
[571] Disponível em: <http://www.conar.org.br/>, último acesso em 27 de novembro de 2015.
[572] *Da ética geral à ética empresarial*. São Paulo: Quartier Latin, 2009. p. 341.

tológicas – distinguem-se das normas da moral comum, seja porque nelas a necessidade de rigor ético deva ser muito maior do que a de uma atividade comum, seja porque, eventualmente, possa ser até menor, em face da peculiaridade da atividade profissional exercida.

O problema é que se não existisse uma Autoridade Nacional de Proteção de Dados coloca o Brasil em uma situação desvantajosa perante outros países, na medida em que o sistema de proteção de dados brasileiro seria pouco eficaz. O que poderia deixar o Brasil à margem do capitalismo informacional, na medida que seria proibido receber dados de cidadãos de países que tem um adequado nível de proteção de dados.

Ressalte-se, mais uma vez, a experiência norte-americana, cuja Decisão da Comissão Europeia foi anulada pelo Tribunal de Justiça europeu impedindo a transferência de dados de europeus para empresas norte-americanas, como o *Facebook*, por exemplo, em outubro de 2015. A decisão do Tribunal estava fundada na ausência de lei específica sobre proteção de dados naquele país, bem como não considerou adequado o nível de proteção de dados estabelecido pelo acordo *Safe Harbor*. Após o *EU-US Privacy Shield*, a Comissão europeia reviu seu posicionamento para considerar adequado o nível de proteção de dados norte-americano, apontando alguns pontos vulneráveis que estão em constante monitoramento pelo órgão europeu.

Superada a dúvida em criar ou não a DPA, o outro impasse é quanto ao modelo a ser adotado: Criação de uma agência reguladora ou seguir como órgão da administração pública direta vinculado à Presidência da República?

Danilo Doneda[573] conclui pela criação de uma autoridade de garantia independente, nos moldes de uma agência reguladora. Porém, o autor ressalva que a estruturação deste órgão depende de um "juízo de caráter político e que deve necessariamente incluir uma avaliação econômica de seu custo e impacto".

Caberá um olhar atento às atividades desempenhadas pela ANPD quando efetivamente nomeada, para verificar qual será o melhor caminho para a sociedade brasileira.

---

[573] *Da privacidade...*, op. cit., p. 402.

## 7.2 Vantagens e Desvantagens da Criação de um "Órgão Brasileiro Independente" para a Proteção dos Dados Pessoais

São várias as vantagens da criação da ANPD para a proteção de dados pessoais. A primeira delas é o fortalecimento da posição do Brasil no contexto do capitalismo informacional. Em outras palavras, a criação de uma lei específica de proteção de dados e desta entidade trará, inclusive, benefícios econômicos à sociedade brasileira.

Uma segunda vantagem é a atuação de um órgão com uma missão específica e atribuições previstas em lei, garantido, portanto, a eficácia da lei de proteção de dados pessoais a ser adotada no país. Assim, este órgão tem missão fiscalizatória, regulatória, sancionatória e decisória como previsto na LGPD.

Portanto, outra vantagem é a possibilidade de tutela administrativa quando houver uma violação de dispositivos da lei de proteção de dados, evitando que o Judiciário, já obviamente abarrotado, continue a acumular ações desnecessárias.

Este órgão, por ser especializado e integrado por profissionais que tenham vasta experiência no tema, tendencialmente apresentará soluções mais adequadas e técnicas.

Outro ponto interessante é que a composição do Conselho Nacional de Proteção de Dados e Privacidade, que é multissetorial, a fim de representar todos os setores da sociedade, ou seja, governo, terceiro setor e academia. Assim, de maneira colaborativa, todos os integrantes (representantes destes vários setores) poderão contribuir com seus conhecimentos e experiência específicos.

Quanto às desvantagens de se criar uma entidade com tal finalidade, a primeira que se pode cogitar é de cunho político e financeiro, ou seja, ao criar um novo ente da administração pública, o Estado irá criar novos gastos com os quais não terá de arcar. A Itália também se deparou com este dilema ao criar a *Autorità Garante,* mas, no caso não tinha opção em razão do direito comunitário europeu.[574]

---

[574] SARDO, Cristiana. Autorità indipendenti e tutela della persona. *In: Federalism.it,* fasc. 11, pp. 246-253. p. 247: "Le nuove esigenze, e soprattutto i nuovi settori protetti, hanno evidenziato la necessità di creare nuovi organi di controllo che fossero sottratti, proprio perché preposti alla cura di interessi così fondamentali, alle pressioni politiche, burocratiche e finanziarie."

No entanto, estes gastos serão recuperados na medida em que tal órgão atuará preventiva e alternativamente, evitando que novas demandas judiciais acumulem as estatísticas judiciárias. Além disso, este investimento trará ao Brasil a condição de se inserir no mercado informacional em igualdade de condições, pois suas empresas poderão receber informações de outros países que adotam lei de proteção de dados pessoais quando necessário para sua atuação.

Os desafios da ANPD são muitos e substanciosos, primeiro é dar os primeiros passos em um contexto em que os recursos financeiros são escassos. Neste ponto, foi um retrocesso não ter sido mantida a taxa de poder de polícia, que seria uma taxa proporcional ao rendimento do controlador e do operador, destinados a cobrir as despesas de manutenção deste órgão tão importante. A taxa estava prevista dentre as receitas da ANPD (inc. V do art. 55-L), mas que foi vetado.

Além disso, a ANPD deverá articular-se para celebrar acordos de cooperação com outras Autoridades Nacionais para fortalecer a credibilidade externa no país. Outrossim, caberá a este órgão preparar a solicitação para que, enfim, seja reconhecida a adequação do sistema de proteção de dados brasileiro a outros sistemas, como o europeu.

## Conclusões

A Internet, assim como a evolução da informática e da telemática, oferece muitos benefícios aos usuários, como, por exemplo, realizar negócios *online*, criar uma rede social ou pessoal, manifestar pensamentos e trabalhos artísticos por meio de arquivos multimídia, comunicar-se em tempo real, entre outros, tudo isso com mais facilidade, velocidade e a custo muito baixo. No entanto, estas novas tecnologias podem ser utilizadas de maneira prejudicial, no que Demi Getschko ressaltou as paixões, qualidades e defeitos humanos.[575]

A economia informacional é assim denominada porque a produtividade e competitividade depende da capacidade de gerar, processar e aplicar de maneira eficiente as informações baseadas no conhecimento científico e tecnológico. Duas características importantes dessa economia são: *global* porque a produção, a distribuição e o consumo são organizados em nível global e com a interligação entre vários agentes da economia; e *interconectada* (*"networked"*, na expressão de Manuel Castells) porque as novas condições socioeconômicas impõem a interconexão em redes entre as empresas, quando mais sólida for tal *network*, mas competitiva a produção destes agentes econômicos será.

A informação tem um valor intrínseco determinando o fenômeno da monetização dos dados. Desta forma, as novas práticas e modelos de negócios não são essencialmente boas nem más, entretanto, há uma tensão

---

[575] Algumas características inatas da internet. *In:* CGI.br (Comitê Gestor da Internet no Brasil). *Pesquisa sobre o uso das tecnologias da informação e da comunicação 2007.* São Paulo, 2008, pp. 51-53.

entre a tutela de direitos fundamentais, *e. g.* a identidade pessoal, a privacidade e a proteção de dados, de um lado; e os interesses econômicos do capitalismo informacional de outro.

A proteção dos dados pessoais não pode ser encarada como um entrave à economia, ao contrário, um ambiente mais seguro e ético estimulará o maior uso destas ferramentas tecnológicas. Assim, o art. 170 da CF/88 estabelece que a ordem econômica e financeira deve respeitar princípios básicos, entre os quais está a defesa do consumidor (inc. V). Semelhantemente, a proteção dos dados pessoais deve ser observada pela ordem econômica de maneira harmoniosa.

Todas aquelas atividades inicialmente mencionadas, compras *online*, acesso às redes sociais, utilização das ferramentas de busca, acesso ao e-mail, entre outras, demandam muita informação. Assim, no capitalismo informacional há uma aparente gratuidade dos serviços oferecidos na rede mundial de computadores; quando na verdade, as empresas lucram muito, haja vista a quantidade de informação que estes indivíduos revelam.

Isso é ainda mais provável com o desenvolvimento de tecnologias para análise de bancos de dados massivos (isto é, *Big Data Analytics*), que dispensam a estruturação de dados, viabilizadas pelo desenvolvimento da capacidade computacional dos modernos equipamentos eletrônicos. Portanto, a tecnologia denominada *Big Data* é caracterizada pela grande quantidade de informação, velocidade na análise, variedade de dados, veracidade na medida em que as análises resultam em resultados verdadeiros e o valor econômico (*Data Volume, Veocity, Variety, Veracity, and Value*).

A proposta não é impedir o desenvolvimento destas tecnologias, mas sim compatibilizá-las com direitos e garantias individuais. Para tanto fala-se na necessidade de uma espécie de *"Constituição Informativa"* (*Costituzione Informativa* ou *information Bill of Rights*), que deve compreender o direito de procurar, receber e difundir informações, o direito à autodeterminação informacional e ao direito à denominada *"privacy informatica"* italiana.

Semelhantemente a esta ideia, o *Marco Civil da Internet* (Lei n. 12.965, de 23 de abril de 2014) garante aos usuários da rede direitos e garantias fundamentais, entre os quais está a proteção dos dados pessoais (art. 3º, inc. III).

CONCLUSÕES

A *"Carta dos Direitos Fundamentais"* (*Charter of Fundamental Rights of the European Union* – 2000/C 364/01) complementa a *"Convenção Europeia sobre Direitos Humanos e Liberdades Fundamentais"* (*Convention for the Protection of Human Rights and Fundamental Freedoms*), no texto atual elevou-se a proteção de dados à categoria de direito fundamental e autônomo em relação à privacidade. No Brasil, a PEC 17/2019 pretende inserir no rol do art. 5º da CF o direito à proteção dos dados pessoais.

A privacidade é um direito de personalidade, assim como a proteção de dados pessoais (tutela privatística), que também são direitos fundamentais e direitos humanos (tutela publicista). Mas se distinguem principalmente, porque o direito à privacidade está calcado na tutela estática e negativa; por outro lado, a tutela dos dados pessoais estrutura-se a partir de regras sobre o tratamento de dados, poderes de intervenção, entre outros, por isso, a tutela é dinâmica, ou seja, surge com a coleta dos dados e permanece com eles durante a circulação e armazenamento (autodeterminação informacional).

Pode-se concluir, portanto, que o direito à proteção dos dados pessoais diz respeito às regras de conduta impostas para o tratamento dos dados, que consiste em operação ou conjunto de operações, automatizadas ou não, que permitam a coleta, o armazenamento, a organização, a consulta, a modificação, a classificação, o cancelamento, a transmissão ou a difusão, bem como outras condutas com estas relacionadas a depender da evolução tecnológica.

Além disso, o fenômeno da monetarização dos dados estimula a criação de perfis dos indivíduos com base nas suas compras realizadas pela Internet, pelos sites acessados, pelas buscas feitas nas ferramentas de busca, e etc. Por isso, tal prática prejudica a chamada unidade da pessoa, que é vista de maneira fragmentada como tantas "pessoas eletrônicas" quantos seus perfis criados pela atual lógica do mercado. Neste sentido, fala-se no direito à identidade pessoal, entendido como o modo pelo qual o sujeito é projetado aos olhos do público por meio das informações que foram coletadas sobre ele, individualizando-o por suas próprias características.

Por fim, o conceito de privacidade é um conceito relacional, que não ser estabelecido *a priori* e de forma absoluta. Stefano Rodotà[576] sobre a

---

[576] Persona, riservatezza... *op. cit.*, pp. 588-591.

evolução cultural e jurídica do termo "privacidade" destaca quatro formas de análise: 1) do direito de ser deixado só ao direito de manter o controle sobre suas próprias informações; 2) da privacidade ao direito à autodeterminação informativa; 3) da privacidade à não discriminação; 4) do segredo ao controle. Em suma, a privacidade hoje não pode ser resumida, como antes, em "pessoa – informação – segredo"; mas sim em "pessoa – informação – circulação – controle", segundo observa o autor.

Desse modo, os principais desafios na tutela destes direitos são: *enforcement*, diante da circulação transfronteiriça das informações; e definição de padrões técnicos que estabeleçam um ambiente verdadeiramente seguro para a coleta e tratamento de dados pessoais.

Nota-se que as Diretrizes da OCDE (*"Guidelines on the Protection of Privacy and Transborder Flows of Personal Data"*) de 1980, revisitadas em 2013, exerceram forte influência sobre muitos modelos regulatórios de proteção de dados. Por exemplo, a *Convenção n. 108*, de 28 de janeiro realizada em Estrasburgo e alterada em 2001 para reforçar a atuação dos órgãos de controle (*Supervisory Authorities*) e a própria Diretiva 95/46/CE, revogada pelo Regulamento 2016/679.

As Diretrizes da OCDE estabeleceram os seguintes princípios, que estão presentes em todos os modelos regulatórios de proteção de dados: 1) princípio da limitação da coleta de dados (*Collection limitation*); 2) princípio da qualidade dos dados (*Data quality*); 3) princípio da especificação dos propósitos (*Purpose specification*); 4) princípio da limitação do uso (*Use limitation*); 5) princípio de garantias de segurança (*Security safeguards*); 6) princípio da transparência (*Openness*); 7) princípio da participação individual (*Individual participation*); e 8) o princípio da responsabilidade (*Accountability*).

Todas estas normativas tem um ponto em comum, qual seja a eliminação de entraves para a circulação de dados pessoais entre os Estados membros, em contrapartida com um controle rígido para o envio de dados pessoais a países que não adotarem um nível adequado de proteção de dados.

Portanto, os Estados membros da EU desenvolveram leis sobre proteção de dados, *e. g.* a lei n. 78-17, conhecida como *"Loi Informatique et Libertés"*, na França; a *Ley Orgánica de Regulación del Tratamiento Automatizado de Datos de Caráter Personal (Ley Orgánica n. 5 de 1992)* na Espanha; o *Codice della Privacy* (Decreto Legislativo 196 de 2003) na Itália, todas reformadas em 2018 para se adequarem ao GDPR. No Canadá, o *Privacy Act*, no âmbito do Poder Público, e o *PIPEDA*, no privado, oferecem uma sólida proteção de dados. Os Estados Unidos não têm lei específica, mas o atual *EU-US Privacy Shield*, que estabelece princípios idênticos aos da OCDE.

Na América Latina, o tratamento da matéria não tem sido uniforme, porque somente poucos países tem leis sobre proteção de dados, como a *"Ley de Proteccion de los Datos Personales"* (Lei n. 25.326, de 04/10/2000) na Argentina; a *"Ley sobre Protección de Datos Personales y Acción de Habeas Data"* (Ley nº 18.3312, de 11/08/2008) no Uruguai; e a *"Ley Estatutaria de Protección de Datos Personales"* (Ley nº 1581 de 2012) na Colômbia; outros países da América Latina que tem lei de proteção de dados pessoais não demonstraram sua eficiência. Este contexto coloca os países latinos, que não tem um nível adequado de proteção de dados pessoais, em desigualdade face aos países europeus e outros que oferecem tal tutela. Ademais, tal disparidade coloca em xeque a própria viabilidade do MERCOSUL, na medida em que não há uniformização legislativa entre os países membros sobre este tema. Por isso, seria importante a criação de um Comitê Latino Americano de Proteção de Dados Pessoais.

A ligação entre Brasil e Itália no desenvolvimento jurídico é muito forte, o que pode ser comprovado com diversos exemplos, como é o caso da proteção de dados pessoais. Atualmente, o tema está sistematizado pelo Decreto Legislativo n. 196, de 30 de junho de 2003, denominado *Codice in Materia di Protezione dei Dati Personali* ou *Codice della Privacy*, publicado em 29 de julho de 2003 e em vigor desde 1º de janeiro de 2004, reformado em 2018 pelo Decreto Legislativo 101 que adequou o *Codice* ao GDPR.

Tradicionalmente, a ideia de um "Código" é que seja autossuficiente e que concentre todas as regras e princípios sobre o tema que pretende regular. Entretanto, quanto ao tratamento automatizado de dados pessoais e outros tantos temas relacionados às novas tecnologias, isso seria inviável em razão da velocidade em que estas avançam o que demandaria constantes atualizações da lei. Portanto, o *Codice della Privacy* utiliza muitos princípios, conceitos jurídicos indeterminados e cláusulas gerais, para que possa acompanhar os avanços tecnológicos e científicos. Ademais, a *Autorità Garante* italiana exerce de maneira exemplar o seu poder regulatório, estabelecendo regras para a proteção de dados em setores específicos, tais como empresas jornalísticas, dados sanitários, pesquisas estatísticas e etc. Tudo isso para complementar o *Código*. Por fim, os Códigos de Boas Práticas integram este modelo regulatório de proteção de dados partindo da própria empresa que estabelece políticas de *compliance* às regras de proteção de dados, compondo um verdadeiro sistema de co-regulação.

É de extrema importância a técnica legislativa a ser adotada na legislação de proteção de dados pessoais, como aconselha Stefano Rodotà[577], para evitar o que ele chama de "regras do pôr do sol" (*"sunset rules"* ou *"tramonto"*), entendida como aquelas regras que nascem já com um curto prazo de validade.

Assim, no Brasil, a LGPD caminhou no mesmo sentido, é uma norma claramente fundamentada nos princípios, muitos dos quais estão expressos no art. 6º.

Na Itália, a proteção de dados pessoais tem *status* constitucional[578], pois decorre do art. 2º da Constituição Federal italiana. À mesma conclusão deve-se chegar no ordenamento jurídico brasileiro, seja porque muitas vezes será uma relação de consumo (cuja proteção tem *status* constitucional, art. 5º, inc. XXXII) seja porque é consequência do princípio da dignidade da pessoa humana previsto no art. 1º, inc. III da CF/88. No entanto, a dúvida será eliminada se aprovada a PEC 17/2019, em que o direito à proteção de dados pessoais está no rol dos direitos fundamentais.

Em síntese, a proteção dos dados pessoais está fundada, acima de tudo, no princípio da dignidade da pessoa humana,[579] e em outros princípios, quais sejam: o princípio finalidade; princípio da adequação; princípio da necessidade; princípio do livre acesso; princípio da qualidade dos dados; princípio da transparência; princípio da segurança; princípio da prevenção; princípio da não discriminação e princípio da responsabilização e prestação de contas.

A autodeterminação informativa é um dos fundamentos para a proteção de dados pessoais (art. 3º da LGPD), sendo assegurados mecanismos para que o sujeito realmente exerça o controle de suas informações.

---

[577] Privacy e costruzione della sfera privata..., *op. cit.*, pp. 543 – 544.
[578] RODOTÀ, Stefano. Persona, riservatezza, identità..., *op. cit.*, p. 592: "Così ha voluto l'art. 1 della legge n. 675, disegnando un quadro assai ampio con il suo parlar di diritti, libertà fondamentali e dignità della persona. Si ribadisce in questo modo la fondazione costituzionale della protezione dei dati personali.".
[579] RODOTÀ, Stefano. Persona, riservatezza, ... *op. cit.*, p. 584.

## CONCLUSÕES

A LGPD apresentou alguns avanços e retrocessos frente ao Projeto de Lei n. 5.276-A/2015. Entre os avanços, estão: a preocupação com a figura do Estado para a efetiva proteção dos dados pessoais (Cap. IV, arts. 23 a 32); os mecanismos de transparência; e a criação da ANPD.

Importante notar, então, que os princípios servem como elementos estruturantes do modelo regulatório de proteção de dados. Dessa forma, fica evidente que muitos dos direitos assegurados ao sujeito cujos dados são tratados, decorrem dos princípios acima elencados. Sinteticamente, os direitos assegurados são: 1) direito de ser informado; 2) direito de consentir; 3) direito de acesso; 4) direito de retificação; 5) direito de oposição; 6) direito à anonimização; 7) direito à portabilidade dos dados; e 8) direito à exclusão.

Quanto à responsabilidade dos agentes do tratamento dos dados pessoais, diante dos riscos aumentados por tal atividade em face dos sujeitos dos dados, essa atividade deveria ser considerada uma atividade de risco, fundamentando a responsabilização objetiva com base no parágrafo único do art. 927 do CC/02. Este raciocínio está fundado no próprio princípio da segurança, ou seja, o agente que realiza atividades de coleta, armazenamento e tratamento de dados deve adotar todas as medidas técnicas e administrativas para não causar dano ao titular dos dados, sendo inerente, portanto, do dever de segurança a assunção dos riscos desta atividade. Além disso, o art. 43 da LGPD traz excludentes de responsabilidade civil que somente fazem sentido para a responsabilidade objetiva.

Ademais, sendo uma relação de consumo, aplica-se o CDC por ser norma de ordem pública (art. 1º do CDC) e com *status* constitucional (art. 5º, inc. XXXII e art. 48 do ADCT da CF/88), que impõe a responsabilidade objetiva pelo fato do produto ou do serviço (arts. 12, 14 e 18 do CDC).

Quanto às obrigações dos agentes que realizam a coleta, o armazenamento e o tratamento de dados, destacam-se: o dever de notificar ao "órgão competente" sobre riscos inerentes às atividades – DPIA; o dever de elaborar Códigos de Boas Práticas; o dever de informar; o dever de adotar medidas de segurança e dever de sigilo, entre outros.

Atualmente, a preocupação é com o *enforcement* destes direitos e deveres, levando-se em consideração a circulação transfronteiriça dos dados. Desde a Dir. 95/46/CE, a transferência internacional de dados pessoais para países que não fação parte da União Europeia estava condicionada a comprovação de que o país destinatário tenha um nível de proteção adequado, o que foi mantido no GDPR. A autoridade de controle é que analisa a adequação do modelo regulatório de proteção de dados do país destinatário (LGPD, arts. 33 a 36). Nota-se, mais uma vez, o importante papel que a ANPD desempenhará em prol da efetividade do sistema de proteção de dados brasileiro.

Em 2013, as políticas do *Action Plan for the Global Privacy Enforcement Network (GPEN)*[580] foram reformuladas para inserir a previsão dessa entidade cuja missão é fiscalizar e controlar a eficácia das leis de proteção de dados em todo o mundo.

A tutela destes direitos pode ser feita, a escolha do titular, pela via judicial ou administrativa. Assim, a LGPD menciona, dentre as competências da ANPD, a de receber reclamações dos titulares (art. 55-J, inc. V).

Além desta, as missões da ANPD são: investigação, isto é, o direito de acessar os dados que estão sendo tratados e de receber todas as informações necessárias para o pleno desempenho de sua missão de fiscalização e controle; intervenção, entendido como medidas que podem ser adotadas por esta entidade para que a proteção dos dados pessoais seja eficaz, por exemplo, determinar o bloqueio, a destruição de dados, proibir o tratamento de dados provisória ou definitivamente e etc.; regulação, ou seja, estabelecer regras em caráter geral e obrigatório levando em consideração a necessidade de completar a lei de proteção dos dados pessoais; decisão, podendo avaliar as reclamações que receber sobre violação da lei de proteção de dados, entre outras.

Estes órgãos buscam estabelecer padrões técnicos que ofereçam maior proteção aos dados pessoais. Em outras palavras, só o direito não basta para assegurar este direito, deve sempre estar aliado às tecnologias que podem concretizar tal proteção. Por exemplo, a *privacy by design* e *privacy by default*, estabelecidas por Ann Cavoukian[581] (*Information & Privacy Commissioner* da Província de Ontário, Canadá). Em outras palavras, tal conceito impõe que o próprio sistema de informação (arquitetura

---

[580] Disponível em: <https://www.privacyenforcement.net/public/activities>, acessado em 06 de novembro de 2015.
[581] *Privacy by Design:* the 7 Foundational Principles. Disponível em: <www.privacybydesign.ca>, acessado em 20 de setembro de 2014.

da rede) garanta um ambiente seguro para a coleta, tratamento e transferência de dados, sempre informando o titular destes. Outra maneira de se estabelecer padrões mais seguros é impor aos agentes que coletam e tratam os dados pessoais a obrigação de o fazer o mínimo possível (*privacy by default*), ou seja, estabelecendo como padrão a denominada "*data minimization*".

Disto se conclui que a confluência do direito e da tecnologia é fundamental para assegurar a proteção dos dados pessoais, um dos direitos de personalidade, pelo menos quanto aos princípios da transparência (conhecimento de que há coleta de dados pelo indivíduo) e do consentimento (prévia anuência do titular dos dados). Tais ferramentas serão eficazes se tiver a coordenação da trilogia: i) sistemas de informação; ii) boas práticas de mercado; e iii) *design* físico e infraestrutura da rede. Esta coordenação é realizada mediante a aplicação de sete princípios básicos.

O primeiro é o *principle proactive not reactive, preventative not remedial*, segundo o qual construção da privacidade deve ser concebida e planejada antecipadamente, ou seja, não se deve esperar acontecer situações que coloquem em risco a privacidade. Em outras palavras, deve-se evitar situações remediativas, ou seja, a melhor forma é construir a privacidade de maneira proativa, utilizando medidas de prevenção sistemáticas e inovadoras.

O segundo, *privacy as the default setting*, implica fornecer a um indivíduo um produto, *software*, ou serviço respeitando a privacidade e os dados pessoais, ou seja, a responsabilidade pela proteção dos dados pessoais disponibilizados em decorrência desta prestação de serviço é do prestador do serviço ou do distribuidor ou do programador do *software*.

O terceiro é designado como *privacy embedded into design*, isto é, o usuário deve ter pleno acesso às tecnologias para que o usuário possa ter controle de seus dados pessoais, seja por meio de interfaces mais amigáveis que lhe despertem tal capacidade (*e. g. human computer interaction*).

O quarto princípio é o da funcionalidade completa (*Full Functionality – Positive-Sum, not Zero-Sum; End-to-End Security*), segundo o qual a funcionalidade de determinado produto ou serviço deve ser realizada de uma forma transparente e em conjunto com as funcionalidades de uma determinada tecnologia.

O quinto princípio é o do da proteção pelo ciclo de vida dos dados (*Full Lifecycle Protection*) que impõe em adoção de medidas de segurança desde o início, ou seja, da coleta do dado até o seu fim, quando um dado será devidamente destruído, como um ciclo de vida propriamente dito (o dado é coletado, é utilizado segundo o fim determinado e, depois, é destruído).

O sexto princípio é o da transparência (*visibility and transparency – keep it open*), ou seja, as políticas e procedimentos relacionados a privacidade e proteção de dados devem ser documentadas e comunicadas, além de estarem sempre a disposição para consulta.

Por fim, o sétimo princípio é o respeito pela privacidade e pelos dados pessoais dos usuários (*respect for user privacy – keep it user-centric*), isto é, o agente que realiza o tratamento de dados deve se colocar no lugar do usuário e agir como ele gostaria que outros agissem.

Estes princípios estão consagrados no *Regulamento Geral de Proteção de Dados* (art. 23) a proposta é especificar estes padrões como obrigações dos agentes que realizam coleta e tratamento de dados. O mesmo *Regulamento* ressalta a necessária e imprescindível atuação do órgão independente de fiscalização e controle (arts. 45 a 53), traz regras sobre poderes e estrutura destes órgãos, enfatizando sua atuação com autonomia e independência.

Na Itália, a *Autorità Garante della Privacy e dei Dati Personali* é um órgão colegiado, hoje composta de quatro membros eleitos, dois da Câmara dos Deputados e dois do Senado, com mandato de sete anos (alteração pelo Decreto Legislativo n. 248, de 31 de dezembro de 2008 e pela Lei n. 31 de 27 de fevereiro de 2008, pois antes o mandato era de quatro anos, podendo ser reeleito por mais um mandato).

Na França, a CNIL é composta por 17 comissários, dentre os quais: quatro parlamentares (dois deputados e dois senadores); dois membros do *Conseil* Économique, *Social et Environnemental*; seis representantes dos tribunais superiores (dois conselheiros do Estado, dois da *Cour de Cassation* e dois da *Cour des Comptes*); o Presidente da *Assemblée Nationale* e o Presidente do Senado; e três personalidades serão indicadas por decreto.

Na Espanha, a AEPD é composta por de vários órgãos: o *Conselho Consultivo* (art. 38 da LOPD) composto por nove membros, entre os quais, um deputado, um senador, um representante da Administração Central designado pelo Governo, um representante da Administração

Local indicado pela Federação Espanhola dos Municípios e Províncias, um membro da Academia Real de História por ela indicado, um especialista na matéria indicado pelo Conselho Superior das Universidades, um representante dos usuários e consumidores indicado como prevê o regimento, um representante da Comunidade Autônoma e um representante do setor dos bancos de dados privados, cada qual com mandato de quatro anos; o *Registro Geral de Proteção de Dados*; a *Inspeção de Dados*; e a *Secretaria*, todos descritos no Estatuto da AEPD (Decreto Real n. 428, de 26 de março de 1993).

No Canadá, o *Privacy Commissioner* é uma figura imparcial, devendo comunicar seus estudos e conclusões de forma transparente e dialogando com todos os *players*, ou seja, uma espécie de *ombudsman*, e, como tal, não tem poder de política e nem regulatório, o que tem sido alvo de crítica pela doutrina canadense. Nos Estados Unidos, esta função é desempenhada pelo *FTC*, cuja atuação também é criticada porque não há uma fiscalização rigorosa das empresas que alegam estarem de acordo com o *EU-US Privacy Shield*.

Na Argentina, a *Dirección Nacional de Protección de Datos Personales* atua no âmbito do Ministério da Justiça e Direitos Humanos, porém com autonomia e independência como foi destacado. É presidido por um Diretor indicado pelo Presidente da República e aprovado pelo Senado, com mandato de quatro anos.

No Brasil, a ANPD foi criada pela Medida Provisória n. 869, de 27 de dezembro de 2018, convertida na Lei n. 13.853, de 08 de julho de 2019, sendo um órgão da administração pública direta, integrante da Presidência da República, composta do Conselho Diretor, órgão máximo de direção, Conselho Nacional de Proteção de Dados e da Privacidade, Corregedoria, Ouvidoria, Órgão de Assessoramento jurídico próprio; e unidades administrativas e unidades especializadas necessárias à aplicação da LGPD (art. 55-C).

O problema, contudo, e grande desafio é financeiro, ou seja, como se criar um órgão com poder regulatório, fiscalizatório, decisório e sancionatório sem representar gastos para o Estado? Por isso, a ANPD tem hoje uma versão transitória, e em 2 anos, será apreciada a conveniência de transformar o órgão em agência reguladora ou não.

A proteção dos dados pessoais é um tema de muita complexidade, ainda mais quando aliado às novas tecnologias, por isso, talvez o Judiciário não seja a melhor instância para a apreciação de conflitos decorrentes de violação da proteção dos dados pessoais, quer em razão da especificidade da matéria, quer em razão da sua urgência, tudo isso de encontro ao acúmulo de milhares de processos.

Neste sentido, os gastos com a ANPD devem ser vistos como investimentos, pois coloca o Brasil em um patamar mais competitivo no capitalismo informacional e confere maior segurança ao centralizar em um órgão a normatização da LGPD.

# REFERÊNCIAS

ALMEIDA, Silmara Juny de Abreu Chinelato e. *Tutela civil do nascituro.* São Paulo: Saraiva, 2000.

ALPA, Guido. Cyber Law. Problemi Giuridici connessi allo Sviluppo di Internet. *In: La Nuova Giurisprudenza Civile Commentata,* ano XIV, 2a parte, *Rivista Bimestrale de le Nuove Leggi Civili Commentate.* Padova: CEDAM, 1998. pp. 385 – 388.

_____. Il ricorso all'analogia nella giurisprudenza. Esempi, tecniche, stili. *In: La Nuova Giurisprudenza Civile Commentata,* ano XIV, 2a parte. Milão: CEDAM, 1998. pp.45 – 67.

AUSIELLO, Umberto. Tutella della Privacy e Azione Inibitoria presso l'Autorità Garante per la Protezione dei Dati Personali. *In: Responsabilità, comunicazione e impresa,* vol. 4, Milão: Giuffrè, 2000. pp. 531-561.

ÁVILA, Humberto. *Teoria dos princípios:* da definição à aplicação dos princípios jurídicos. 6. ed. ampl. e atual. São Paulo: Malheiros, 2006.

ASCENSÃO, José de Oliveira. *Direito da internet e da Sociedade da Informação,* Rio de Janeiro: Forense, 2002.

_____. Direito da Sociedade da Informação e Direito de Autor. Portugal: Coimbra, 2012.

_____. Sociedade da informação e mundo globalizado. *In: Direito de Autor e da Sociedade da Informação.* Lisboa: Associação Portuguesa de Direito Intelectual (APDI), [s.d]. Disponível em: < http://www.apdi.pt/pdf/GLOBSOCI.pdf>, acessado em 10 de outubro de 2015. 22 páginas.

BANISAR, David. National Comprehensive Data Protection/Privacy Laws and Bills 2014 Map. (8 de dezembro de 2014). *In: SSRN,* Disponível em: <http://ssrn.com/abstract=1951416> ou <http://dx.doi.org/10.2139/ssrn.1951416>, último acesso em 27 de novembro de 2015.

Barlow, John Perry. *Economy of Ideas: selling wine without bottles on the global net*. Vired 2.03, março de 1994. 15 páginas. Disponível em: <http://archive.wired.com/wired/archive/2.03/economy.ideas_pr.html>, acessado em 12 de outubro de 2015.

_____. *The Next: Economy of Ideas*. In: Wired 8.10. 06 páginas. Disponível em: <http:...archive.wired.com/wired/archive/8.10/download_pr.html>, acessado em 12 de outubro de 2015.

Barroso, Luís Roberto. Apontamentos sobre as agências reguladoras. *In:* Figueiredo, Marcelo (org.). *Direito e Regulação no Brasil e nos Estados Unidos*. São Paulo: Malheiros, 2004. pp. 87 – 110.

Bauman, Zygmunt. *Modernidade Líquida*. Tradução de Plínio Dentzien. Rio de Janeiro: Jorge Zahar, 2001.

_____. *Tempos Líquidos*. Tradução de Carlos Alberto Medeiros. Rio de Janeiro: Zahar, 2007.

Bell, Daniel. *In: Business and Society Review/Innovation*. Disponível em: <https://www.os3.nl/_media/2011-2012/daniel_bell_-_the_coming_of_post-industrial_society.pdf>, acessado em 03 de junho de 2015.

_____*The coming of post-industrial society:* a venture in social forecast. Basic Books, 1973.

Bellavista, Alessandro. Società della sorveglianza e protezione dei dati personali. *In: Contratto e impresa*, ano 12. Padova: CEDAM, 1996. pp. 63-81.

Bernal-Castillero, Miguel. *Canada's Federal Privacy Laws*. Ottawa: Library of Parliament, 2013.

Bilancia, Paola. Riflessi del potere normativo delle autorità indipendenti sul sistema delle fonti. *In: Diritto e Società*, numero 1, Nuova Serie. Padova: CEDAM, 1999. pp. 251-278.

Bilotta, Francesco. Consenso e condizioni generali di contratto. *In: Il trattamento dei dati personali*. Vol. II. A cura di Vincenzo Cuffaro e Vincenzo Ricciuto. Giappichelli: Torino, 1999. pp. 87-109.

Bittar, Carlos Alberto. *Os direitos da personalidade*. 2º ed. Rio de Janeiro: Forense, 1995.

Bobbio, Norberto. *Teoria do Ordenamento Jurídico*. 10 ed. Tradução de Maria Celeste Cordeiro Leite dos Santos. Brasília: Editora Universidade de Brasília, 1999.

BRASIL. Senado Federal. *Proposta de Emenda à Constituição n. 17/2019*. Acrescenta o inciso XII-A, ao art. 5º, e o inciso XXX, ao art. 22, da Constituição Federal para incluir a proteção de dados pessoais entre os di-

# REFERÊNCIAS

reitos fundamentais do cidadão e fixar a competência privativa da União para legislar sobre a matéria. Disponível em: <https://www25.senado.leg.br/web/atividade/materias/-/materia/135594>, acessado em 20 de janeiro de 2020.

_____. Câmara dos Deputados. Audiência Pública sobre o tema: "Modelo Regulatório: órgão, agência ou autorregulamentação.". Disponível em: <https://www.camara.gov.br/proposicoesWeb/fichadetramitacao?idProposicao=548066&ord=1>, acessado em 21 de janeiro de 2020.

Bussani, Mauro; Musy, Alberto. I metodi della comparazione: il "Common Core" dei diritti europei del contratto. *In: Rivista Critica del Diritto Privato*, ano XVIII, n. 1, Março de 2000. pp. 537 – 545.

Castells, Manuel. *The information age: economy, society and culture.* Vol. I: *The rise of the network society.* Malden (MA): Blackwell Publishers, 2000.

_____. *The information age: economy, society and culture.* Vol. II: *The power of Identity.* 2 ed. Malden (MA): Blackwell Publishers, 2007.

_____. *The information age: economy, society and culture.* Vol. III: *End of Millennium.* 2 ed. Malden (MA): Blackwell Publishers, 2006.

_____. A Sociedade em rede – Volume I, trad. Roneide Venancio Majer. São Paulo: Editora Paz e Terra, 2000.

Catallozzi, Marina. I provvedimenti del Garante per la protezione dei dati personali. *In: La nuova giurisprudenza civile commentata*, ano XIV, 2ª Parte. Padova: CEDAM, 1998. pp. 436-451.

Cirillo, Gianpiero Paolo. *La tutela della privacy nel sistema del nuovo codice sulla protezione dei dati personali:* tutela civile – in via amministrativa – penale. Padova: CEDAM, 2004.

Colombo, Matteo. *Regolamento UE sulla Privacy:* principi generali e ruolo dei data protection Officer. Milão: ASSO/DPO, 2015.

Connolly, Chris. *US Safe Harbor: fact or fiction?* Disponível em: <http://www.galexia.com/public/research/articles/research_articles-pa08.html>, acessado em 03 de novembro de 2015.

Copparoni, Monia. Note sulle autorizzazioni generali al trattamento dei dati particolari emanate dal garante per la protezione dei dati personali. *In: Diritto e Società*, fasc. 3, 1º parte, pp.419-434. Padova: CEDAM, 2000.

De Cicco, Maria Cristina. Overview of the Circulation of the Italian Legal Model in Brazil. *In: Osservatorio del Diritto Civile e Commerciale*, anno III, numero 2. Bologna: Il Mulino, 2014. pp. 361-371.

De Cupis, Adriano. *I diritti della personalità*. Milão: Giuffré, 1950.

DE LUCCA, Newton. Prefácio. *In:* LEONARDI, Marcel. *Tutela e Privacidade na Internet.* São Paulo: Saraiva, 2012.

_____; _____. (coords.) *Direito & Internet:* aspectos jurídicos relevantes. 2. ed. São Paulo: Quartier Latin, 2005.

_____. *Teoria geral da relação jurídica de consumo.* 2. ed. São Paulo: Editora Quartier Latin, 2008.

_____; SIMÃO FILHO, Adalberto; LIMA, Cíntia Rosa Pereira de. *Direito & Internet III:* Marco Civil da Internet (Lei n. 12.965/2014). Tomos I e II. São Paulo: Quartier Latin, 2014.

_____. *Da ética geral à ética empresarial.* São Paulo: Quartier Latin, 2009.

_____. MACIEL, Renata Mota Maciel. A Lei nº 13.709, de 14 de agosto de 2018: a disciplina normativa que faltava. *In:* DE LUCCA, Newton; SIMÃO FILHO, Adalberto; LIMA, Cíntia Rosa Pereira de; MACIEL, Renata Mota. *Direito & Internet IV: Sistema de Proteção de Dados Pessoais.* São Paulo: Quartier Latin, 2019. pp. 21- 50.

DESGENS-PASANAU, Guillaume. *La protection des données à caractère personnel :* la loi «informatique et libertés». Paris: LexisNexis, 2012.

_____. *Le Correspondant "Informatique et Libertés».* Paris: LexisNexis, 2013.

DE MORAES, Alexandre. Agências Reguladoras. *In:* DI PIETRO, Maria Sylvia Zanella; SUNDFELD, Carlos Ari (orgs). *Doutrinas essenciais – Direito Administrativo.* Vol. VI (Administração Pública Indireta e Regulação). São Paulo: Revista dos Tribunais, 2012. pp. 805 – 828.

DINIZ, Maria Helena. *Curso de Direito Civil Brasileiro.* 13 ed. São Paulo: Saraiva, 1997.

_____. *O estado atual do biodireito.* 3 ed. São Paulo: Saraiva, 2006.

DONEDA, Danilo. *Da privacidade à proteção de dados pessoais.* Rio de Janeiro: Renovar, 2006.

_____. Um Código de Proteção de Dados Pessoais na Itália. Disponível em: <http://www.egov.ufsc.br/portal/sites/default/files/anexos/29727-29743-1-PB.pdf>, acessado em 14 de abril de 2014. [documento em meio eletrônico sem paginação].

_____. Princípios de proteção de dados pessoais. *In:* DE LUCCA, Newton; SIMÃO FILHO, Adalberto; LIMA, Cíntia Rosa Pereira de. *Direito & Internet III:* Marco Civil da Internet (Lei n. 12.965/2014). Tomos I e II. São Paulo: Quartier Latin, 2014. pp. 369 – 384.

DWORKIN, Ronald. *A Matter of Principle.* Cambridge, Massachusetts: Harvard University Press, 1985.

EBERT, Achim; GERSHON, Nahum D. VEER, Gerrit C. van der. Human-Computer Interaction: Introduction and overview. *In: KI – Künstliche Intelligenz.* Maio, 2012, Volume 26, Issue 2, p. 121-126.

EYNARD, Jessica. *Les données personnelles:* quelle définition pour un régime de protection efficace? Paris: Michalon Éditeur, 2013.

FADEL, Marcelo Costa. Breves Comentários ao Código de Auto-Regulamentação Publicitária do CONAR. *In: Revista do Direito do Consumidor,* vol. 50, abril-junho de 2004. pp. 153-170.

FERRAZ JUNIOR, Tercio Sampaio. Concorrência como tema constitucional: política de estado e de governo e o Estado como agente normativo e regulador. *In: Revista do IBRAC,* vol. 16, 2009. pp. 169-186.

FIGUEIREDO, Marcelo. *As agências reguladoras:* o Estado Democrático de Direito no Brasil e sua atividade normativa. São Paulo: Malheiros, 2005.

FINOCCHIARO, Giusella. *Privacy e protezione dei dati personali:* disciplina e strumenti operativi. Bologna: Zanichelli, 2012.

_____. Il Quadro d'Insieme sul Regolamento Europeo sulla Protezione dei Dati Personali. *In:* FINOCCHIARO, Giusella (coord.). *Il nuovo Regolamento europeo sulla privacy e sulla protezione dei dati personali.* Torino: Zanichelli Editore, 2017. pp. 01-22.

_____ (coord.). *Il nuovo Regolamento europeo sulla privacy e sulla protezione dei dati personali.* Torino: Zanichelli Editore, 2017. pp. 01-22.

FRANÇA. Loi nº 78-17 du 6 janvier 1978 relative à l'informatique, aux fichiers et aux libertés. Paris, *Journal Officiel de la République française,* 09 de janeiro de 1978. Disponível em: <https://www.legifrance.gouv.fr/affichTexte.do;jsessionid=F4F9E84CAA51F016C836254D8A268655.tplgfr42s_1?cidTexte=JORFTEXT000037085952&dateTexte=20180621>. Acesso em: 16 janeiro 2020.

FREDERICO MARQUES, José. *Manual de Direito Processual Civil.* Vol. I: Teoria geral do Processo Civil. 5. ed. São Paulo: Saraiva, 1977.

GARCÍA, Daniel Santos. *Nociones generales de la Ley Orgánica de Protección de Datos y su Reglamento.* 2. ed. Madrid: Tecnos, 2012.

GEIST, Michael. *Law, Privacy and Surveillance in Canada in the Post-Snowden Era.* Ottawa: University of Ottawa Press, 2015.

_____. Why Watching the Watchers Isn't Enough: Canadian Surveillance Law in the Post-Snowden Era. *In:* _____ (org.) *Law, Privacy and Surveillance in Canada in the Post-Snowden Era.* Ottawa: University of Ottawa Press, 2015. pp. 225-256.

GETSCHKO, Demi. Algumas características inatas da internet. *In:* CGI.br (Comitê Gestor da Internet no Brasil). *Pesquisa sobre o uso das tecnologias da informação e da comunicação 2007.* São Paulo, 2008, pp. 51 – 53.

GOGLIANO, Daisy. *Direitos Privados da Personalidade.* Dissertação de Mestrado. São Paulo: Faculdade de Direito da Universidade de São Paulo. 431 p. 1982.

GOMES, Orlando. *Introdução ao Direito Civil.* 18 ed. Rio de Janeiro: Forense, 2001.

Gonçalves, Carlos Roberto. *Direito Civil Brasileiro.* Vol. 1: Parte Geral. 8. ed. São Paulo: Saraiva, 2010.

GRAU, Eros Roberto. *Ensaio e Discurso sobre a Interpretação / Aplicação do Direito.* 2. ed. São Paulo: Malheiros, 2003.

GRECO FILHO, Vicente. *Direito Processual Civil Brasileiro.* Vol. 1: Teoria geral do processo a auxiliares da justiça. 13. ed. atual. São Paulo: Saraiva, 1998.

GUARDIGLI, Elena. Il Garante per la Protezione dei Dati e la Cooperazione fra Autorità Garanti. *In:* FINOCCHIARO, Giusella (coord.). *Il nuovo Regolamento europeo sulla privacy e sulla protezione dei dati personali.* Torino: Zanichelli Editore, 2017. pp. 489-515.

HIRATA, Alessandro. O *Facebook* e o direito à privacidade. *In: Revista de Informação Legislativa,* ano 51, n. 201, separata. Brasília: Senado Federal, Secretaria de editoração e publicações, março de 2014. pp. 17-27.

HOULE, France; SOSSIN, Lorne. *Powers and Functions of the Ombudsman in the Personal Information Protection and Electronic Documents Act*: An Effectiveness Study. Research report. Disponível em: <https://www.priv.gc.ca/information/research-recherche/2010/pipeda_h_s_e.pdf>, acessado em 25 de novembro de 2015.

IMPERIALI, Riccardo; IMPERIALI, Rosario. *Codice della Privacy:* commento alla normativa sulla protezione dei dati personali. Milão: Il sole 24 ore, 2004.

IRTI, Natalino. Le categorie Giuridiche della Globalizzazione. *In: Rivista di Diritto Civile,* ano XLVIII, 1ª Parte. Padova: CEDAM, 2002. pp. 625-635.

ITALIA, Vitorio (coord.) *Codice della Privacy*: le nuove leggi amministrative. Tomo I. Milano: Giuffrè, 2004.

KIRSCHEN, Sabina. Il Codice della Privacy fra Tradizione ed Innovazione. *In: Libera Circolazione e protezione dei dati personali.* A cura di Rocco Panetta. Tomo I. Milano: Giuffrè, 2006. p. 03-97.

LANEY, Doug. Application Delivery Strategies. *In: Meta Group,* 06 de fevereiro de 2001. Disponível em: <http://blogs.gartner.com/doug-laney/

files/2012/01/ad949-3D-Data-Management-Controlling-Data-Volume--Velocity-and-Variety.pdf>, acessado em 12 de outubro de 2015.

LARENZ, Karl. *Metodologia da Ciência do Direito*. 3. ed. Tradução de José Lamego. Lisboa: Fundação Calouste Gulbenkian, 1997.

LASELLI, Michele. *Il Codice della Privacy:* una lettura ragionata. Leipzig: Amazon Distribution, [s.d.].

LAWSON, Philippa. The Canadian approach to privacy protection on the internet. *In:* LIMA, Cíntia Rosa Pereira de; NUNES, Lydia Neves Bastos Telles. (coords) *Estudos Avançados de Direito Digital*. São Paulo: Campus Elsevier, 2014. pp. 135-160.

LEONARDI, Marcel. *Tutela e Privacidade na Internet*. São Paulo: Saraiva, 2012.

LESSIG, Lawrence. *Code version 2.0*. New York: Basic Books, 2006.

_____. *The future of ideas:* the fate of the commons in a connected world. Nova Iorque: Random House, 2001.

LEINER, Barry M.; CERF, Vinton G. CLARK, David D. Clark; KAHN, Robert E. Kahn; KLEINROCK, Leonard; LYNCH, Daniel C. Lynch; POSTEL, Jon; ROBERTS, Lawrence G.; WOLFF, Stephen. A Brief History of the Internet. Disponível em: <http://www.internetsociety.org/sites/default/files/Brief_History_of_the_Internet.pdf>, acessado em 10 de agosto de 2015.

LÉVY, Pierre. *Collective Intelligence:* mankind's emerging world in cyberspace. Tradução de Robert Bononno. Cambridge (MA): Perseus Books, 1997.

LICKLIDER, J. C. R. Man-Computer Symbiosis. *In: IRE Transactions on Human Factors in Electronics*, março de 1960. Disponível em: <http://worrydream.com/refs/Licklider%20-%20Man-Computer%20Symbiosis.pdf>, acessado em 20 de agosto de 2015.

LIMA, Cíntia Rosa Pereira de. O ônus de ler o contrato no contexto da "ditadura" dos contratos de adesão eletrônicos. *In: Direito e novas tecnologias I [Recurso eletrônico on-line]* CONPEDI/UFPB (org.) ROVER, Aires José Rover; CELLA, José Renato Gaziero; AYUDA, Fernando Galindo. Florianópolis: CONPEDI, 2014. pp. 343-365. Disponível em: <http://publicadireito.com.br/artigos/?cod=981322808aba8a03>, acessado em 06/11/2015.

_____; NUNES, Lydia Neves Bastos Telles. (coords) *Estudos Avançados de Direito Digital*. São Paulo: Campus Elsevier, 2014.

_____; BIONI, Bruno Ricardo. A proteção dos dados pessoais na fase de coleta: apontamentos sobre a adjetivação do consentimento implementada pelo artigo 7, incisos VIII e IX do Marco Civil da Internet a Partir da *Human Computer Interaction* e da *Privacy by Default*. *In:* DE LUCCA, Newton; SIMÃO FILHO, Adalberto; LIMA, Cíntia Rosa Pereira de. *Direito & Internet III:* Marco Civil da Internet (Lei n. 12.965/2014). Tomos I e II. São Paulo: Quartier Latin, 2014. pp. 263 – 290

_____. *Comentários à Lei Geral de Proteção de Dados*. São Paulo: Almedina, 2020.

_____. Direito ao esquecimento e internet: o fundamento legal no Direito Comunitário Europeu, no Direito Italiano e no Direito Brasileiro. *In:* CLÊVE, Clêmerson Merlin; BARROSO, Luis Roberto. *Coleção Doutrinas Essenciais em Direito Constitucional: direitos e garantias fundamentais*, volume VIII, São Paulo, Revista dos Tribunais, 2015, p. 511-544.

_____. *Contratos de adesão eletrônicos ("shrink-wrap" e "click-wrap") e os termos e condições de uso ("browse-wrap")*. São Paulo: Quartier Latin, 2020.

_____; DE LUCCA, Newton; SIMÃO FILHO, Adalberto; MACIEL, Renata Mota. *Direito & Internet IV: Sistema de Proteção de Dados Pessoais*. São Paulo: Quartier Latin, 2019.

LIMONGI FRANÇA, Rubens. *Manual de direito civil direito objetivo, direitos subjetivos, direitos privados da personalidade*. 2 ed. São Paulo: Revista dos Tribunais, 1971.

_____. *Do Nome Civil das Pessoas Naturais*. 2. ed. São Paulo: Revista dos Tribunais, 1964.

LOMBARDI, Rita. Autorità Garanti e Controllo del Giudice. *In: Giustizia Civile*, vol. L, 2ª Parte, pp. 225 – 242. Milão: Giuffrè, 2000.

LORENZETTI, Ricardo L. *Comércio eletrônico*. Tradução de Fabiano Menke. São Paulo: Revista dos Tribunais, 2004.

_____. *Teoria da decisão judicial*: fundamentos do direito. São Paulo: Editora Revista dos Tribunais, 2010.

LUCON, Paulo Henrique dos Santos. Competência no comércio e no ato ilícito eletrônico. *In:* DE LUCCA, Newton; SIMÃO Filho, Adalberto. (coords.) *Direito & Internet:* aspectos jurídicos relevantes. 2. ed. São Paulo: Quartier Latin, 2005.

MACHADO, Paulo Afonso Leme. Direito Ambiental Brasileiro. São Paulo: Malheiros, 2001.

MAGLIO, Marco; POLINI, Miriam; TILLI, Nicola. *Manuale di Diritto ala Protezione dei Dati Personali*. 2. ed. Santarcangelo di Romagna: Maggioli, 2019.

MAYER-SCHÖNBERGER, Victor; CUKIER, Kenneth. *Big Data*: a revolution that will transform how we live, work, and think. Boston: Houghton Mifflin Harcourt Publishing Company, 2013.

MANTELERO, Alessandro. Identificatori a radiofrequenza (RFID): si delineano le prime linee guida comunitarie. *In: Contratto e impresa / Europa*, ano X. Padova: CEDAM, 2005. pp. 474-482.

_____. Il nuovo approccio della valutazione del rischio nella sicurezza dei dati. Valutazione d'impatto e consultazione preventiva (artt. 32-39). *In*: FINOCCHIARO, Giusella (coord.). *Il nuovo Regolamento europeo sulla privacy e sulla protezione dei dati personali*. Torino: Zanichelli Editore, 2017. pp. 287-334.

MARCOS, Isabel Davara Fernández de. *Hacia la estandarización de la protección de datos personales*. Madrid: La Ley, 2011.

MARQUES, Cláudia Lima; BENJAMIN, Antônio Herman V.; MIRAGEM, Bruno. *Comentários ao código de defesa do consumidor*. 3 ed. São Paulo: Editora Revista dos Tribunais, 2010.

_____. *Contratos no Código de Defesa do Consumidor*: o novo regime das relações contratuais. São Paulo: Editora Revista dos Tribunais, 2011.

MARQUES NETO, Floriano de Azevedo. *Agências reguladoras independentes*: fundamentos e seu regime jurídico. Belo Horizonte: Fórum, 2005.

MARRARA, Thiago. *A conformação do Direito Administrativo da Concorrência*: organização, processos e acordos administrativos no SBDC. Tese de Livre Docência na Área de Direito Administrativo apresentada à Universidade de São Paulo. São Paulo, 2014.

MATTATIA, Fabrice. *Traitement des données personnelles*: le guide juridique. Paris: Éditions Eyrolles, 2012.

MAZUR, Maurício. A dicotomia entre os direitos de personalidade e os direitos fundamentais. *In*: MIRANDA, Jorge; RODRIGUES JÚNIOR, Otavio Luiz; FRUET, Gustavo Bonato. (orgs.) *Direitos da Personalidade*. São Paulo: Atlas, 2012. pp. 25-64.

MCDONALD, Aleccia M. CRANOR, Lorrie Faith. Beliefs and Behaviors Internet Users' Understanding of Behavioral Advertising. Disponível em: <http://papers.ssrn.com/sol3/papers.cfm?abstract_id=1989092>. Acesso: 21 de agosto de 2014.

MÉNARD, Marc. Autoroutes de l'information et société de l'information: pour un renversement de perspective. *In*: FRÉMONT, Jacques; DUCASSE, Jean-Paul. *Les Autoroutes de l'Information: enjeux et défis*. Montréal: Faculté de Droit, Université de Montréal, 1996. Pp. 103-120.

MENEZES CORDEIRO, António. *Tratado de Direito Civil Português*. Vol. I – Parte Geral, Tomo I: Introdução, doutrina geral e negócio jurídico. 3. ed. 2ª reimp. Coimbra: Almedina, 2009.

_____. *Tratado de Direito Civil Português*. Vol. I – Parte Geral, Tomo III: Pessoas. 2. ed. rev. e atual. Coimbra: Almedina, 2007.

MEZZANOTTE, Massimiliano. Centrali rischi private, diritto all'oblio e potestà "normative" del Garante. *In: Il Diritto dell'informazione e dell'informatica*, fasc. 4-5, Milão: Giuffrè, 2014. pp. 661-678.

MIRANDA, Jorge; RODRIGUES JÚNIOR, Otavio Luiz; FRUET, Gustavo Bonato. (orgs.) *Direitos da Personalidade*. São Paulo: Atlas, 2012.

MORAES, Maria Celina Bodin de. Apresentação do autor e da obra. *In:* RODOTÀ, Stefano. *A vida na sociedade da vigilância*: a privacidade hoje. _____ (org., seleção e apresentação). Tradução de Danilo Doneda e Luciana Cabral Doneda. Rio de Janeiro: Renovar, 2008. pp. 01-12.

MORATO, Antonio Carlos. O conceito de hipossuficiência e a exclusão digital do consumidor na sociedade da informação. In: _____; NERI, Paulo de Tarso (orgs). *20 anos do Código de Defesa do Consumidor*: estudos em homenagem ao professor José Geraldo Brito Filomeno. São Paulo: Atlas, 2010. pp. 09 – 21.

_____. A pessoa jurídica consumidora. São Paulo: Revista dos Tribunais, 2008.

MULLIGAN, Deirdre K; KING, Jennifer, Bridging the Gap between Privacy and Design (April 2012). *In: University of Pennsylvania Journal of Constitutional Law*, Vol. 14, No. 4, 2012. p. 989 Disponível em: http://ssrn.com/abstract=2070401. Acesso em 19 de agosto de 2014.

MURRAY, Andrew. *Information Technology Law*: the law and society. Oxford: Oxford University Press, 2010.

*National Institute of Standards and Technology (NIST)*. Definition of Cloud Computing (PDF). Retrieved 24 July 2011. Disponível em: <https://en.wikipedia.org/wiki/Cloud_computing>, acessado em 14 de outubro de 2015.

NAVARRO, Emilio del Peso; RUIZ, Mar Del Peso. Intimidad *versus* Seguridad. *In:* REILLY, Marcelo Bauzá; MATA, Federico Bueno de. (coord.) *El derecho en la sociedad telemática*. Santiago de Compostela: Andavira, 2012. pp. 197-214.

NEGROPONTE, Nicholas. *Being digital*. New York: Vintage books, 1996.

NIGER, Sergio. *Le nuove dimensioni della privacy:* dal diritto ala riservatezza ala protezione dei dati personali. Napoli: CEDAM, 2006.

NISSENBAUM, Helen. The Meaning of Anonymity in an Information Age. *In: The Information Society*, vol. 15, pp. 141-144, 1999. (Reprinted in Readings in CyberEthics (2001) R.A. Spinello and H.T. Tavani (eds.) Sudbury: Jones and Bartlett.), document em formato eletrônico, sem paginação.

NUNES, Luiz Rizatto. *Curso de direito do consumidor*. São Paulo: Saraiva, 2011.

OCDE. *The OCDE Privacy Framework*. Disponível em: <http://www.oecd.org/sti/ieconomy/oecd_privacy_framework.pdf>, acessado em 25 de novembro de 2015.

OLIVER-LALANA, A. Daniel; SORO, José Félix Muñoz. El mito del consentimiento y el fracaso del modelo individualista de protección de datos. *In:* TORRIJOS, Julián Valero. (coord.) *La protección de los datos personales en Internet ante la innovación tecnológica:* riesgos, amenazas y respuestas desde la perspectiva jurídica. Cizur Menor (Navarra): Editorial Aranzadi, Thomson Reuters, 2013. pp. 153-196.

ONTOSO, Rosa Maria García. Protección de Datos en las Comunidades Autónomas. *In:* REILLY, Marcelo Bauzá; MATA, Federico Bueno de. (coord.) *El derecho en la sociedad telemática*. Santiago de Compostela: Andavira, 2012. pp. 215-230.

ORWELL, George. *1984*. Nova Iorque: Penguin Group, 1977.

PANETTA, Rocco. *Libera Circolazione e protezione dei dati personali*. Tomo I. Milano: Giuffrè, 2006.

PARISIER, Eli. *The Filter Bubble*. Nova Iorque: Pinguin Books, 2011.

PASCUZZI, Giovanni. *Il diritto dell'era digitale*. Bolonha: Il Mulino, 2010.

PERINA, Luigi. L'evoluzione della giurisprudenza e dei provvedimenti del Garante in materia di protezione dei dati personali dei lavoratori subordinati. *In: Rivista Italiana di Diritto del Lavoro*, fasc. 01, Milão: Giuffrè, 2010. pp. 305 – 328.

PERLINGIERI, Pietro. *Il Diritto Civile nella legalità Costituzionale*: secondo il sistema italo-comunitario delle fonti. 3. ed. Tomo I: Diritto e Politica, metodi e scuole, unitarietà dell'ordinamento e pluralità delle fonti. Napoli: Edizioni Scientifiche Italiane, 2006.

_____. *Il Diritto Civile nella legalità Costituzionale*: secondo il sistema italo--comunitario delle fonti. 3. ed. Tomo II: Interpretazione sistematica e assiologica, situazioni soggettive e rapporto giuridico. Napoli: Edizioni Scientifiche Italiane, 2006.

_____. *Manuale di Diritto Civile*. 6. ed. Napoli: Edizioni Scientifiche Italiane, 2007.

_____. *Il diritto dei contratti fra persona e mercato:* problemi del diritto civile. Napole: Edizioni Scientifiche Italiane, 2003.

Peron, Sabrina. La tutela del diritto all'immagine nei provvedimenti del Garante della *Privacy. In: Responsabilità e Previdenza*, fasc. 11, Milão: Giuffrè, 2009. pp. 235-2357.

Perrin, Stephanie; Black, Heather H.; Flaherty, David H.; Rankin, T. Murray. *The Personal Information and Electronic Documents Act*. Toronto: Irwin Law Inc., 2001.

Pizzetti, Francesco (a cura di). *Sette anni di protezione dati in Italia:* un bilancio e uno sguardo sul futuro. Torino: G. Giappichelli Editore, 2012.

Pizzetti, Franco. Le Autorità Garanti per la protezione dei dati personali e la sentenza della Corte di Giustizia sul caso *Google* Spain: è tempo di far cadere il "velo di Maya". *In: Il Diritto dell'informazione e dell'informatica*, fasc. 4-5, Milão: Giuffrè, 2014. pp. 805-829.

Plaza, Cristiano. *Ensayo sobre la Regulación Tecnológica:* la era digital en Europa. Madri: Taurus, 2015.

Polini, Miriam. Principi, soggetti, diritti. *In:* Maglio, Marco; Polini, Mirian; Tilli, Nicola. Manuale di Diritto alla Protezione dei Dati Personali. 2. ed. Santarcangelo di Romagna: Maggioli, 2019. pp. 121-176.

Popoli, Anna Rita. Codici di condotta e certificazioni. *In*: Finocchiaro, Giusella (coord.). *Il nuovo Regolamento europeo sulla privacy e sulla protezione dei dati personali*. Torino: Zanichelli Editore, 2017. pp. 367-422.

Prabhu, Prasad V.; Prabhu, Girish V. *Handbook of Human-Computer Interaction*. Elsevier Science B.V, 1997.

Rasi, Gaetano. Evoluzione del concetto di "dato personale": il diritto di tutela soggettiva del giudizio espresso. *In: Assicurazioni*, 2002, fasc. 2, pp. 271-273.

Reilly, Marcelo Bauzá; Mata, Federico Bueno de. (coord.) *El derecho en la sociedad telemática*. Santiago de Compostela: Andavira, 2012.

Resta, Giorgio. Revoca del consenso ed interesse al trattamento nella legge sulla protezione dei dati personali. *In: Rivista Critica del Diritto Privato*, ano XVIII, n. 1, Março de 2000. pp. 299-333.

Rijmenam, Mark van. *Why The 3V's Are Not Sufficient To Describe Big Data*. Disponível em: <https://datafloq.com/read/3vs-sufficient-describe-big-data/166>, acessado em 12 de outubro de 2015.

Rodotà, Stefano. *A vida na sociedade da vigilância*: a privacidade hoje. Moraes, Maria Celina Bodin de (org., seleção e apresentação). Tradução de Danilo Doneda e Luciana Cabral Doneda. Rio de Janeiro: Renovar, 2008.

_____. Persona, riservatezza, identità. Prime note sistematiche sulla protezione dei dati personali. *In: Rivista Critica del Diritto Privato*, anno XV, n. 1, março 1997, pp. 583 – 609.

_____. (republicado) riservatezza, identità. Prime note sistematiche sulla protezione dei dati personali. *In: Studi in onore di Pietro Rescigno. Vol. V: Responsabilità Civile e Tutela dei Diritti*. Milão: Giuffrè, 1998. pp. 465-490.

_____. Tra diritti fondamentali ed elasticità della normativa: il nuovo codice sulla *privacy*. In: *Europa e Diritto Privato*, fasc. 01, pp. 01-11, Milão: Giuffrè, 2004.

_____. *Repertorio difine secolo*. Bari: Laterza, 1999.

_____. Privacy e costruzione della sfera privata. Ipotesi e prospettive. *In: Politica del Diritto*, ano XXII, número 1, pp. 521-546. Bologna: Il Mulino, março de 1991.

_____. La tecnica legislativa per clausole generali in Italia. *In:* CABELLA, Luciana; Nanni, Luca. *Clausole e principi generali nell'argomentazione giurisprudenziale degli anni novanta*. Milão: CEDAM, 1998.

_____. *Tecnopolítica* – la democrazia e le nuove tecnologie della comunicazione. Roma – Bari: Laterza, 2004.

_____. Prefazione. *In:* PANETTA, Rocco. *Libera Circolazione e protezione dei dati personali*. Tomo I. Milano: Giuffrè, 2006. p. X-XIX.

_____. *Discorso del Presidente Stefano Rodotà – Relazione 2004*. Disponível em: <http://www.garanteprivacy.it/web/guest/home/docweb/-/docweb-display/export/1093776>, acessado em 20 de janeiro de 2014.

_____. *Il diritto di avere diritti*. Bari: Laterza, 2012.

_____. *Il mondo nella rete*: quali i diritti, quali i vincoli. Bari: Laterza, 2014.

RODRÍGUEZ, Víctor Gabriel. *Tutela Penal da Intimidade*: perspectivas da atuação penal na sociedade da informação. São Paulo: Atlas, 2008.

ROSSETTI, José Paschoal. *Introdução à Economia*. 19 ed. São Paulo: Atlas, 2002.

RUBINSTEIN, Ira; GOOD, Nathan, Privacy by Design: A Counterfactual Analysis of *Google* and *Facebook* Privacy Incidents. *In: Berkeley Technology Law Journal* 1333; NYU School of Law, Public Law Research Paper No. 12-43. p. 1342. Disponível em: < http://ssrn.com/abstract=2128146 orhttp://dx.doi.org/10.2139/ssrn.2128146>. Acesso em 19 de agosto de 2014.

SALOM, Javier Aparicio. *Estudio sobre la Protección de Datos*. 4. ed. Cizur Menor (Navarra): Editorial Aranzadi – Thomson Reuters, 2013.

SALOMÃO FILHO, Calixto. *Regulação da atividade econômica:* princípios e fundamentos jurídicos. São Paulo: Malheiros, 2001.

SAMPAIO, José Adércio L. *Direito à intimidade e à vida privada.* Belo Horizonte: Del Rey, 1999.

SCHREIBER, Anderson. *Direitos da Personalidade.* 2. ed. rev. e atual. São Paulo: Atlas, 2013.

SCHWARTZ, Paul M. The EU – U.S. Privacy Collision: a turn to institutions and procedures. *In: Harvard Law Review,* vol. 126, pp. 1966-2009, 2013.

SEBRAE. *Políticas Públicas*: conceitos e práticas. LOPES, Brenner; AMARAL, Ney Amaral (supervisores). CALDAS, Ricardo Wahrendorff. Belo Horizonte: Sebrae/MG, 2008.

SIGA, Salvatore. Il consenso al trattamento dei dati personali: metodi e modelli di qualificazione giuridica. *In: Rivista di Diritto Civile,* ano XLVII, 2ª parte. Padova: CEDAM, 2001. pp. 621-641.

SNOWDEN, Edward. *US surveillance 'not something I'm willing to live under'.* 2ª parte da entrevista com a repórter Glenn Greenwald. *In: The Guardian.* Disponível em: <http://www.theguardian.com/world/2013/jul/08/edward-snowden-surveillance-excess-interview>, último acesso em 28 de novembro de 2015.

SOLOVE, Daniel. J. Conceptualizing Privacy. *In: California Law Review,* vol. 90, Issue 4 (2002), pp. 1087 – 1156.

_____. *The Digital Person:* technology and privacy in the Information Age. Nova Iorque: New York University Press, 2004.

SOLOVE, Daniel J. and Hartzog, Woodrow, The FTC and the New Common Law of Privacy (August 15, 2013). v. 114 *In: Columbia Law Review, pp.* 583-676 (2014); Disponível em: SSRN: http://ssrn.com/abstract=2312913 or http://dx.doi.org/10.2139/ssrn.2312913. Acesso em: 15 de agosto de 2014.

SOUSA, Rabindranath Valentino Aleixo Capelo de. *O Direito Geral de Personalidade.* Coimbra: Coimbra Editora, 1995.

STODDART, Jennifer. Cherry picking among apples and oranges: refocusing current debate about the merits of the ombuds-model under PIPEDA. *In: The Canadian Business Law Journal,* vol. 44, n. 1, pp. 01-22, outubro de 2006.

TENE, Omer; POLONETSKY, Jules. Privacy in the age of big data: a time for big decisions. *In: Stanford Law Review Online,* vol. 64, 02 de fevereiro de 2012. pp. 63 a 69.

THOMPSON, Brian; GORDON, Michael. *Constitutional & Administrative Law.* Oxford: Oxford University Press, 2014.

TULLIS, Thomas S. Screen Design. *In Handbook of Human-Computer Interaction.* M. Helander, T.K. Landauer, P. Prabhu (eds.). Elsevier, 1997, P. 503-531.

VICIANI, Simona. Strategie contrattuali del consenso al trattamento dei dati personali. *In: Rivista Critica del Diritto Privato,* ano XVII, nn. 1 – 2, junho de 1999. pp. 159 – 190.

UNIÃO EUROPEIA. *Regulation (EU) 2016/679 of the European Parliament and of the Council of 27 April 2016 on the protection of natural persons with regard to the processing of personal data and on the free movement of such data, and repealing Directive 95/46/EC (General Data Protection Regulation).* Disponível em: < https://eur-lex.europa.eu/legal-content/EN/TXT/HTML/?uri=CELEX:32016R0679&from=EN>, acessado em 20 de janeiro de 2020.

_____. *Charter of Fundamental Rights of the European Union.* Disponível em: <https://eur-lex.europa.eu/legal-content/EN/TXT/HTML/?uri=CELEX:12012P/TXT&from=EN>, acessado em 20 de janeiro de 2020.

_____. Comissão Europeia. Decisão da Comissão, de 30 de junho de 2003, nos termos da Diretiva 95/46/CE do Parlamento Europeu e do Conselho relativa à adequação do nível de proteção de dados pessoais na Argentina. *In: Jornal Oficial* nº L 168 de 05/07/2003 p. 0019 – 0022. Disponível em: < https://eur-lex.europa.eu/legal-content/EN/TXT/HTML/?uri=CELEX:32003D0490&from=PT>, acessado em 20 de janeiro de 2020.

_____. Comissão Europeia. Decisão de execução da Comissão, de 21 de agosto de 2012, nos termos da Diretiva 95/46/CE do Parlamento Europeu e do Conselho relativa à adequação do nível de proteção de dados pessoais pela República Oriental do Uruguai no que se refere ao tratamento automatizado de dados [notificada com o número C (2012) 5704]. *In: Official Journal of the European Union,* n. 227/11. Disponível em: < https://eur-lex.europa.eu/legal-content/EN/TXT/HTML/?uri=CELEX:32012D0484&from=EN>, acessado em 20 de janeiro de 2020.

_____. COMMISSION IMPLEMENTING DECISION (EU) 2016/1250 of 12 July 2016 pursuant to Directive 95/46/EC of the European Parliament and of the Council on the adequacy of the protection provided by the EU-U.S. Privacy Shield (notified under document C(2016) 4176).

Disponível em: < https://eur-lex.europa.eu/legal-content/EN/TXT/HTML/?uri=CELEX:32016D1250&from=EN>, acessado em 24 de janeiro de 2020.

WARREN, Samuel D.; BRANDEIS, Louis D. The Right to Privacy. *In: Harvard Law Review*, v.4, pp. 193-220, 1890.

WEBSTER, Frank. *Theories of the Information Society*. 3 ed. Londres: Taylor & Francis e-Library, 2006.

ZITTRAIN, Jonathan. *The Future of the Internet and How to Stop It*. Londres: Yale University Press, 2008.

## Legislação estrangeira disponível em meio eletrônico:

Alemanha. *Federal Data Protection Act*, de 15 de novembro de 2006.

Argentina. *Ley n. 25.326* de 30 de outubro de 2000.

Colômbia. *Ley n.1581 de 2012, Ley Estatutaria de Protección de Datos Personales*, de 17 de outubro de 2012.

Espanha. *Ley Orgánica 15/1999*, de 13 de dezembro – LOPD.

França. *Loi n. 78-17*, de 06 de janeiro de 1978 – *Loi Informatique et Lib*ertés.

Inglaterra. Data Protection Act de 1998.

México. *Ley Federal de Protección de Datos Personales en Posesión de Particulares.*

MINISTÉRIO DA JUSTIÇA. *Anteprojeto de Lei sobre Proteção de Dados Pessoais*. 1ª versão de 2015 (antes da consulta pública). Disponível em: < http://pensando.mj.gov.br/dadospessoais/texto-em-debate/anteprojeto-de-lei-para-a-protecao-de-dados-pessoais/>, último acesso em 26 de novembro de 2015. ANEXO 2.

_____. *Anteprojeto de Lei sobre Proteção de Dados Pessoais*. 2ª versão de 2015 (depois da consulta pública). Disponível em: < http://www.justica.gov.br/noticias/mj-apresenta-nova-versao-do-anteprojeto-de-lei-de-protecao-de-dados-pessoais/apl.pdf>, último acesso em 26 de novembro de 2015. ANEXO 4.

_____. *Anteprojeto de Lei sobre Proteção de Dados Pessoais*. Versão de 2011. Disponível em: <http://culturadigital.br/dadospessoais/files/2011/03/PL-Protecao-de-Dados_.pdf>, último acesso em 26 de novembro de 2015. ANEXO 3.

OCDE.

União Europeia. *Charter of Fundamental Rights of the European Union* – 2000/C 364/01. Disponível em: <http://www.europarl.europa.eu/charter/pdf/text_en.pdf>, acessado em 04 de junho de 2015.

_____. *Convention for the Protection of Human Rights and Fundamental Freedoms*. Disponível em: <http://www.echr.coe.int/Documents/Convention_ENG.pdf>, acessado em 04 de junho de 2015.

_____. *Proposal for a Regulation of the European Parliament and of the Council on the Protection of individuals with regard to the processing of personal data and on the free movement of such data (General Data Protection Regulation)*. Bruxelas, 2012. Disponível em: <http://ec.europa.eu/justice/data-protection/document/review2012/com_2012_11_en.pdf>, acessado em 25 de novembro de 2015.

Uruguai. *Ley nº 18.331 (aprobada el 11 de agosto de 2008) sobre Protección de Datos Personales y Acción de Habeas Data*.